• 北京市高等教育精品教材立项项目 •

国际私法原理与实务

(第二版)

孙智慧 著

中国政法大学出版社

2012·北京

作者简介

孙智慧,女,1965年11月生,北京市人,北京政法职业学院教授,北京市第二中级人民法院人民陪审员,中国国际私法学会理事,北京市法学会理事,首都女教授协会理事。第七届北京市高等学校教学名师奖获得者,北京市优秀教学团队——"法律事务教学团队"带头人。

参加编写的21世纪法学系列教材《国际私法》是普通高等教育"十一五"国家级规划教材,获教育部全国普通高等学校优秀教材一等奖。主持北京市优秀人才培养资助项目两项,北京市法学会科研项目两项,北京市高等教育精品教材建设立项项目两项;参加商务部、中央政法委、北京市哲学社会科学规划项目、北京市教育委员会人文社会科学研究计划重点项目等多项课题。

第二版修订说明

《国际私法原理与实务》一书获得2007年北京市高等教育精品教材建设项目立项,中国政法大学出版社2008年9月出版。自2008年出版以来已走过三个年头。在过去的三年中,由于各国(地区)国际私法的修订或新法的制定,统一国际私法的发展,特别是2010年10月28日第十一届全国人大常委会第十七次会议通过了《中华人民共和国涉外民事关系法律适用法》(该法已于2011年4月1日起生效),原教材援用的国内外立法规定已有改变。

本次修订主要在以下几方面做了修改和完善:①总的体系结构不变,仍为三编十四章,字数规模不变;②引用立法方面,以现行有效文本为准;③对每章最后一节中国有关规定做了重新修改,结合了《中华人民共和国涉外民事关系法律适用法》;④参考书目做了调整,加入了近三年的有关书籍与论文等;⑤同时考虑到我国最新国际私法立法的通过,附录了《中华人民共和国涉外民事关系法律适用法》全文。

本书写作和修订过程中,得到中国人民大学法学院章尚锦教授的指导,出版过程中得到责任编辑的大力协助。本书修订参考了相关的教材、书籍和网站的内容,限于篇幅,未能在参考文献中一一列出,在此一并致谢。书中的个人观点难免存在谬误,恭请读者不吝赐教。

孙智慧
2011年10月

目 录

第一编 总 论

■第一章 国际私法概论 ········· 3
- 第一节 国际私法的调整对象 ········· 3
- 第二节 国际私法的范围和定义 ········· 6
- 第三节 国际私法的渊源 ········· 7
- 第四节 国际私法的基本原则和作用 ········· 10
- 第五节 国际私法学 ········· 12
- 第六节 中国关于国际私法一般问题的观点 ········· 16
- 案例与评析 ········· 19

■第二章 国际私法的历史发展 ········· 22
- 第一节 国际私法的立法发展历史 ········· 22
- 第二节 国际私法学的发展历史 ········· 26
- 第三节 中国国际私法发展的历史 ········· 31

■第三章 国际私法的主体 ········· 34
- 第一节 自然人 ········· 34
- 第二节 法 人 ········· 36
- 第三节 国 家 ········· 38
- 第四节 国际组织 ········· 40
- 第五节 外国人民事法律地位的几种制度 ········· 41
- 第六节 中国关于国际私法主体的有关规定及实践 ········· 45
- 案例与评析 ········· 51

■第四章 冲突规范及其适用的各项制度 ········· 53
- 第一节 冲突规范 ········· 53

第二节 准据法及其确定 …… 59
第三节 识别 …… 61
第四节 反致 …… 64
第五节 公共秩序保留 …… 67
第六节 法律规避 …… 70
第七节 外国法内容的查明 …… 72
第八节 中国有关冲突规范及其适用的法律规定及实践 …… 74
案例与评析 …… 77

第二编 法律适用

■第五章 自然人、法人的权利能力和行为能力的法律适用 …… 81
第一节 自然人权利能力和行为能力的法律适用 …… 81
第二节 法人权利能力和行为能力的法律适用 …… 86
第三节 中国有关法律规定及实践 …… 89
案例与评析 …… 91

■第六章 涉外物权关系的法律适用 …… 93
第一节 涉外物权的法律冲突 …… 93
第二节 物之所在地法原则 …… 96
第三节 涉外物权关系法律适用中的其它问题 …… 101
第四节 中国关于涉外物权关系法律适用的规定及实践 …… 106
案例与评析 …… 109

■第七章 涉外知识产权关系的法律适用 …… 113
第一节 涉外知识产权的概念和特点 …… 113
第二节 涉外知识产权的法律保护 …… 114
第三节 知识产权的法律冲突和法律适用 …… 126
第四节 中国涉外知识产权法律适用的规定及实践 …… 132
案例与评析 …… 135

■第八章 涉外合同之债的法律适用 …… 137
第一节 涉外合同及其法律冲突 …… 137
第二节 涉外合同法律适用的理论和原则 …… 140
第三节 中国关于合同法律适用的立法及实践 …… 147

案例与评析 ……………………………………………………………… 152

■第九章　涉外非合同之债的法律适用 …………………………………… 155
　第一节　一般涉外侵权行为之债的法律适用 ……………………………… 155
　第二节　特殊涉外侵权行为之债的法律适用 ……………………………… 160
　第三节　涉外无因管理之债的法律适用 …………………………………… 164
　第四节　涉外不当得利之债的法律适用 …………………………………… 166
　第五节　中国关于涉外非合同之债法律适用的立法及司法实践 ………… 168
　　案例与评析 ……………………………………………………………… 171

■第十章　国际经济贸易交往中的若干法律适用问题 …………………… 174
　第一节　国际货物买卖的法律适用 ………………………………………… 174
　第二节　国际技术转让的法律适用 ………………………………………… 177
　第三节　国际服务贸易的法律适用 ………………………………………… 180
　第四节　国际投资关系的法律适用 ………………………………………… 183
　第五节　国际金融关系的法律适用 ………………………………………… 185
　第六节　票据的法律适用 …………………………………………………… 188
　第七节　国际保理的法律适用 ……………………………………………… 189
　第八节　中国有关国际经济贸易活动法律适用的规定及实践 …………… 191
　　案例与评析 ……………………………………………………………… 195

■第十一章　涉外婚姻家庭关系的法律适用 ……………………………… 198
　第一节　涉外结婚的法律适用 ……………………………………………… 198
　第二节　涉外离婚的法律适用 ……………………………………………… 202
　第三节　涉外夫妻关系的法律冲突与法律适用 …………………………… 204
　第四节　父母子女关系的法律冲突与法律适用 …………………………… 208
　第五节　收养、监护、扶养的法律冲突与法律适用 ……………………… 211
　第六节　中国有关涉外婚姻家庭关系法律适用的规定及实践 …………… 214
　　案例与评析 ……………………………………………………………… 218

■第十二章　涉外继承关系的法律适用 …………………………………… 221
　第一节　涉外法定继承的法律适用 ………………………………………… 221
　第二节　涉外遗嘱继承的法律适用 ………………………………………… 224
　第三节　无人继承财产的法律适用 ………………………………………… 227
　第四节　中国有关涉外继承关系法律适用的规定及实践 ………………… 229
　　案例与评析 ……………………………………………………………… 231

第三编　程序问题

■第十三章　国际民事诉讼程序 ……………………………………………… 237
第一节　国际民事诉讼程序概论 …………………………………… 237
第二节　外国人与外国国家及其财产的诉讼地位 ………………… 238
第三节　国际民事诉讼司法管辖权 ………………………………… 241
第四节　司法协助 …………………………………………………… 242
第五节　国际私法中的公证和认证 ………………………………… 243
第六节　中国关于国际民事诉讼程序的法律及实践 ……………… 246
案例与评析 …………………………………………………………… 252

■第十四章　国际商事仲裁 …………………………………………………… 255
第一节　国际商事仲裁的概念和特点 ……………………………… 255
第二节　仲裁机构和仲裁协议 ……………………………………… 256
第三节　国际商事仲裁中的法律适用 ……………………………… 259
第四节　仲裁程序 …………………………………………………… 260
第五节　国际商事仲裁裁决的承认与执行 ………………………… 262
第六节　中国关于国际商事仲裁的法律及实践 …………………… 263
案例与评析 …………………………………………………………… 266

■参考书目 ……………………………………………………………………… 270
■附录：中华人民共和国涉外民事关系法律适用法 ………………………… 272

第一编 总 论

第一章 国际私法概论

[本章概要]

世界上几乎每时每刻都在发生成立、变更或终止国际民商事关系的事情。这些关系的构成因素中都有一个以上的外国因素,涉及两个以上国家的司法管辖权、法律适用、判决的承认与执行问题。这些问题需要特殊的法律部门来调整,这个特殊的法律部门就是国际私法。

本章主要阐述国际私法的定义、调整对象、规范组成、调整方法、渊源、特点、基本原则和作用、国际私法和国际私法学等。通过本章学习,使学生正确理解、掌握什么是国际私法,并能正确运用国际私法原理来发展国际民商事关系和国际经济技术合作,为我国加速改革开放、加速社会主义现代化建设、繁荣和发展社会主义市场经济服务。

第一节 国际私法的调整对象

任何法律部门都有其特定的调整对象,调整对象的不同是划分不同法律部门的依据。国际私法的调整对象是国际民商事关系,从一个国家的角度来看就是涉外民商事关系。国际私法学术界一般认为,国际私法的调整对象是涉外民商事关系,本书也采用此观点。考虑到对各个问题学术界有不同的认识,本书先将目前我国学术界的主要观点进行列举分析,并对不同的主张进行比较,最后明确本书的观点。

一、国际民商事关系(涉外民商事关系)的含义及其范围

(一)国际民商事关系的含义

国际民商事关系,是指跨越或超越一国国界或一国法律调整界限的、涉及一国以上国家法律的民商事关系,和对一国来说具有司法管辖权或仲裁管辖权的外国人之间的民商事关系。例如,主体一方或双方为外国自然人、法人、国家或国际组织;客体(标的物)位于国外;其权利义务关系的设定、变更或消灭的事实发生在外国,如 A 国某进出口公司和 B 国的一家公司在某外国首都签订了一份买卖汽车的合同。或对一国来说,该案件主体、客体及法律事实都含有外国因素,但根据"协议管辖原则",该国享有司法管辖权或仲裁管辖权,则此案对该国来说也是国际民商事关系。

国际民商事关系是确定国际私法是一个独立的、专门的、特殊的法律部门的基础和根本标志。但对于如何确定某类关系是不是国际民商事关系,由哪些或根据哪些因素来

确定是国际民商事关系，则是一个非常复杂的问题。通常以社会关系的主体、客体含有外国因素或法律事实发生在外国作为标志。对一国境内的两个外资合资经营企业、合作经营企业、外资独资经营企业、内外合资经营企业间的合资或并购行为是否属于含有外国因素的问题，则存在着不同意见。通常认为，作为同居一国的两个法人来说，不应再认为两者之间的民商事关系包含着外国因素。但也有人认为，一方如为外商独资企业，虽为该国法人，如与内资企业合资或并购，还应视为其含有外国因素。这样一来，在法律调整上便麻烦了。因此，一般主张，在引进外资、引进技术的情况下，只在第一次引进时才视为含有外国因素，成为内国法人后，不应再视作含有外国因素。

（二）国际民商事关系的范围

国际私法调整的特定社会关系为国际民商事关系。例如，国际物权关系、国际知识产权关系、各类国际债权关系、跨国婚姻家庭关系、跨国继承关系、国际劳动关系、国际商务关系、国际运输关系、国际结算关系、国际破产关系、国际代理关系、国际工程承包和劳务合作关系、国际投资和技术转让关系、国际金融关系、国际保理关系、国际民商事诉讼和商事仲裁关系，等等。

国际民商事关系的范围，指其所包括的各类民商事关系的范围。总的看来，其范围非常广泛，包括具有外国因素的各类财产关系、人身非财产关系以及有关的国际民商事诉讼和国际商事仲裁关系。其中财产关系包括：物权关系、知识产权关系、债权关系、结算关系、继承关系等；人身非财产关系，包括婚姻关系、家庭关系、监护关系、劳动关系等；国际民商事诉讼和国际商事仲裁关系，包括外国人和外国国家及其财产的民商事诉讼地位关系、管辖权关系、特别诉讼和仲裁程序关系、司法协助关系等。国际私法解决的重点是外国人民商事法律地位问题、法律适用问题、管辖权问题、程序和司法协助等问题。

（三）国际民商事关系的特点及其与国内民商事关系的异同

1. 国际民商事关系的特点。国际民商事关系具有以下特点：①产生于国际民商事交往过程之中。②范围广泛（是广义的民事法律关系）。这里的民事法律关系，包括财产关系（物权关系、知识产权关系、债权关系及继承关系等），人身关系（婚姻关系、家庭关系、监护关系、劳动关系），以及国际民事诉讼和仲裁程序中产生的关系。③超越一国国界而涉及两个或两个以上国家的法律。④具有这样或那样的"外国因素"。即构成国际民商事关系的诸要素主体、客体和法律事实之中至少有一个外国因素，或全部是外国因素但本国享有诉讼或仲裁管辖权等。例如：一个日本女子在中国留学期间与一个中国男子结婚；美国一艘轮船在我国领海将一艘日本轮船撞坏，造成海上侵权；北京市王某要求继承位于日本的遗产；中国某公司在美国与美国某公司签订货物买卖合同。

2. 国际民商事关系和国内民商事关系的异同。国际民商事关系和国内民商事关系的相同之处表现在：①两者都是民商事关系，性质相同；②一些制度和规则，如物权、所有权、财产权、债权、合同、知识产权、婚姻、家庭、继承、信托、破产、民商诉讼、仲裁等的含义相同。不同之处表现在：①国际民商事关系是具有国际因素或外国因素的广义的民商事关系；而国内民商事关系，则只具有国内性，其范围大小各国立法规定不同。②国际民商事关系，主要部分为国际经济贸易关系，其调整或规范的出发点和贯彻的基本原则是主权原则和平等互利原则；而国内民商事关系，则不必以主权原则为出发点，而以平等主体间的等价有偿原则为主。③在发生争议时，国际民商事关系争议可能在内国法院或仲裁机构也可能在外国法院或仲裁机构，按内国法、外国法、国际条约、国际惯例处理；国内民商事关系的争议，只在内国法院或仲裁机构按内国法处理。

二、法律冲突及其调整方法

1. 概念：法律冲突是指两个以上不同国家的民事法律对于同一国际民商事关系的规定各不相同，却又竞相要求将其本国法适用于该民商事关系，由此造成该民商事关系在法律适用上的矛盾冲突现象。

2. 法律冲突的产生原因。主要包括：①现实生活中大量出现涉外民商事关系；②内、外国的民商事法律规定不同；③内国在一定条件下承认外国民商事法律在内国的域外效力；④内国法律承认外国人的民商事法律地位并赋予外国人民事权利。

3. 几种不同性质的法律冲突。包括：①国际法律冲突：是指不同国家的法律之间的冲突；②区际法律冲突：是指一个主权国家内部具有独特法律制度的不同地区之间的法律冲突；③时际法律冲突：是指在一个法律体系内，同属一种法律的新法与旧法或后法与前法之间在时间效力上的冲突；④人际法律冲突：是指在一个国家内适用于不同民族、种族、部落、阶级以及教徒的法律之间的冲突，或者说适用于不同人员集团的法律之间的冲突。[1]

4. 法律冲突的调整方法。包括以下几种：①冲突法调整（间接调整的方法）：通过冲突规范来解决法律冲突的方法。通过冲突规范的指引，援引某国实体法作为处理当事人权利义务关系的准据法，根据该准据法的规定，确定当事人间的权利义务关系。②实体法调整（直接调整的方法）：以国际统一实体法直接适用于涉外民商事关系。在国际条约、国际惯例或国内法中，通过规定当事人权利义务关系的实体规范来调整国际民商事关系的方法。

三、国际私法的调整方法

（一）法律调整方法的含义

法律调整方法指法律上规范特定社会关系的方法，包括直接调整的方法和间接调整的方法。法律调整方法是划分不同法律部门的辅助标志。其他法律部门的调整方法都是直接调整的方法，即通过实体法的直接规定来确定当事人间的权利义务关系。而国际私法采用的主要是间接调整的方法。

（二）国际私法采用的主要是间接调整的方法

间接调整的方法是指，通过冲突规范的指引，援引某国实体法作为处理当事人间权利义务关系的准据法，根据该准据法的规定，来确定当事人间的权利义务关系的调整方法。国际私法是通过冲突规范援引某国实体法作为准据法来确定当事人的权利义务关系，冲突规范本身不能确定当事人间的权利义务关系，而只起一个指引"某国实体法"的作用。国际私法的主要规范是冲突规范，国际私法调整的方法主要是间接调整的方法。国际私法的内容包括外国人的民商事法律地位、法律冲突和法律适用、国际民事诉

---

[1] 章尚锦、徐青森主编：《国际私法》（第四版），中国人民大学出版社2011年版，第13～14页。

讼和仲裁程序问题。其中冲突规范是主要规范，用间接调整的方法；规定外国人民商事法律地位的规范是实体规范，用直接调整的方法；国际民事诉讼和仲裁程序规范，除民事诉讼管辖权冲突外，一般都是程序性的实体规定，也是用直接调整的方法。

（三）国际私法学界对国际私法调整方法的不同意见

国际私法学界对国际私法调整方法都有不同看法：①认为是间接调整的方法；凡主张国际私法等同于冲突法的学者，持此主张；②认为主要是间接调整的方法；③认为国际私法规范中包括统一实体法规范，这类规范是直接调整的方法；④认为主要是直接调整的方法；主张国际私法规范中包括了统一实体法规范和国内专用实体法规范，因此国际私法调整的方法主要是直接调整的方法。

第二节　国际私法的范围和定义

一、国际私法的范围

对于国际私法的范围有两种理解：一是国际私法的范围是指国际私法包括哪些规范，即国际私法规范的组成范围。[1] 二是国际私法的范围是指国际交往中所产生的涉外民商事关系中的哪些问题由国际私法来调整，即调整对象的范围。[2] 国际私法的组成规范是指，国际私法是由哪些规范组成的、国际私法的内容范围多大。本教材认为国际私法的组成规范，包括冲突规范、外国人民商事法律地位的规范、国际民商事诉讼和国际商事仲裁程序规范、统一实体规范。

（一）冲突规范

冲突规范是国际私法的主要组成规范，也叫法律适用规范，是国际私法的核心内容、本体部分。它是国际私法独有的规范。有关冲突规范的基本理论、基本制度是国际私法的基本理论和基本制度。国际私法中的核心内容——法律冲突和法律适用都离不开冲突规范，各国的国际私法典和国际私法条约，其主要内容也往往都是冲突规范。

（二）规定外国人民商事法律地位的规范

这类规范是指规定外国人在内国能够享有或不能享有什么样的民事权利、承担什么样的民事义务的规范。承认外国人的民商事法律地位，是产生国际民商事关系和法律冲突的前提，是国际私法赖以产生和存在的基础。这类规范，通常由所在地国家的国内法及其所缔结或参加的国际条约来加以规定，一般都是实体规范。

（三）国际民商事诉讼程序和国际商事（经济贸易）仲裁程序规范

这类规范是指一国司法机关和国际或涉外仲裁机构在审理国际民商事案件时，专门适用的特别程序和国际商事（经济贸易）仲裁程序规范。这类规范的任务是解决审理国际民商事案件的诉讼和仲裁程序及程序法冲突，尤其是解决国际司法管辖权和国际司法协助问题。这类规范是保护法律关系主体（自然人和法人）的正当合法权利和利益所必

---

[1] 韩德培主编：《国际私法》，武汉大学出版社1989年版，第6页。
[2] 钱骅主编：《国际私法》，中国政法大学出版社1992年版，第4页。

需的，没有司法诉讼和仲裁保护，则当事人的实体权利也就难以落实。

（四）统一实体规范

这类规范是指在国际条约或国际惯例中具体规定国际民商事关系当事人权利义务的规范。统一实体规范是为了调整国际民商事关系而产生的，它能够比较彻底地避免法律冲突，可以更准确、更迅速、更直接地确定当事人的权利义务。对于统一实体规范是否属于国际私法范围学术界有争议，这种状况也与国际私法的调整方法的不同观点有关。

二、国际私法的定义

1. 对部门法定义的两种方法。在法学领域，学者们往往采取演绎式或归纳式来给部门法下定义。本教材采用归纳方式下定义，先介绍国际私法调整的对象、规范组成和调整方法之后，再给国际私法下定义。

2. 对国际私法定义的不同主张。国际私法是国际民商事交往中的基础法，由一国立法机关制定但却调整国际民商事关系的一个特殊的法律部门。至今，国际私法学界尚无统一的公认的国际私法定义。有说在国际上有100多个国际私法定义，也有的说有80多个不同定义。我国国内大约有20多种不同的国际私法定义。不同的历史时期，不同的国家，不同的学者，对国际私法所下的定义也不同。

第三节　国际私法的渊源

一、国际私法渊源的含义及其二重性

1. 国际私法渊源的含义。国际私法渊源，是指赋予国际私法规范以法律效力的法律文件的表现形式。也就是处理涉外民商事案件的法律依据。

2. 国际私法的渊源的二重性。国际私法渊源具有国内渊源和国际渊源的二重性。国内渊源，包括各国的国内国际私法立法和普通法系（判例法）国家的有关判例；国际渊源，包括各国缔结或参加的有关国际私法的国际条约，以及承认或采用的有关国际私法的国际惯例。

二、国际私法的国内渊源——国内立法和法院判例

（一）国内立法

国内立法是国际私法渊源的最早表现形式，也是最主要的渊源。包括外国人民商事法律地位的规范、冲突规范、国际民事诉讼和仲裁程序方面的立法规定。国际私法的国内立法在第二次世界大战后加速发展，出现了国际私法法典化趋势。

国际私法的立法形式与法律规范的内容有：

1. 外国人民商事法律地位规范的国内立法。这类规范在国内法中分别规定在：①民法典。如《希腊民法典》第4条规定："外国人享受与本国人相同的民事权利。"②单行法规。如我国，在《中外合资经营企业法》、《中外合作经营企业法》、《外资企业法》、《专利法》等60个以上的法律、法规、条例、司法解释等中作了规定。③专门的外国人地位法。如原保加利亚等国家的规定等。

2. 冲突规范的国内立法。冲突规范的立法形式有：①专门的国际私法典。自1896

年《德国民法施行法》开始，日本、荷兰、波兰、泰国、奥地利、瑞士、韩国、朝鲜、前南斯拉夫、捷克、土耳其、匈牙利、阿尔巴尼亚、阿根廷、马耳他、列支登士敦、俄罗斯、乌拉圭、巴拉圭、约旦、哈萨克斯坦等数个国家均制定了专门的国际私法法典。②在民法典中规定。如法国、西班牙、意大利、比利时、希腊、埃及、墨西哥、智利、加蓬等国。③在民法典中规定较完整的国际私法。如《秘鲁民法典》第十编即为完整的国际私法。④在单行法规中规定。特别是普通法系国家采用这种形式，除了以判例法的形式存在外，如英国，除以前的汇票法令，第二次世界大战后，包括遗嘱法令、承认离婚和分居法令、婚姻案件法令等一系列单行法规中，有许多也规定了冲突规范。美国除《美国冲突法重述》外，其他方面规定也如此。澳大利亚、印度、新西兰、加拿大等国，也在不同程序上采用了这种形式。⑤在专门法典作专编、专章规定。如《塞内加尔家庭法》最后条款第二节等。

我国分别在《民法通则》、《海商法》、《票据法》、《民用航空法》等40个左右的法律、法规、条例、司法解释等中规定了冲突规范，总数达到120条以上。[1] 我国《涉外民事关系法律适用法》第3～50条的规定均为冲突规范。

3. 国际民商事诉讼和国际商事仲裁程序规范的国内立法。这方面的国内立法，按其规定的特点和立法模式不同，通常可以分为：①德国模式：以德国法为代表，包括奥地利、希腊、日本、泰国等；②拉丁法系国家模式：受法国法影响的一系列国家，包括法国、比利时、卢森堡、安道尔、摩纳哥、意大利、荷兰、圣马力诺、葡萄牙、西班牙及中美洲一些国家；③普通法系国家模式：包括英国、美国、爱尔兰、澳大利亚、印度、利比里亚等；④斯堪的那维亚半岛国家模式：包括瑞典、挪威、丹麦、冰岛、芬兰、格陵兰等国家和地区；⑤伊斯兰法系国家模式：包括摩洛哥、阿尔及利亚、突尼斯、毛里求斯、利比亚、埃及、沙特阿拉伯、约旦、科威特、巴林、卡塔尔、伊拉克、伊朗、阿富汗、巴基斯坦、印度尼西亚、苏丹、阿联酋等国家；⑥社会主义国家模式：如中国等。

同时各国采用的立法形式也不尽不同。主要形式有：①在民事诉讼法和仲裁法中规定。如我国《民事诉讼法》第四编，《仲裁法》第七章，《波兰民事诉讼法》第1096～1161条等。②在国际私法典中规定。如捷克、匈牙利、土耳其、巴西、委内瑞拉等的国际民事诉讼程序规范都规定在国际私法典中。③在个别成文法中规定。普通法系国家，如《英国关于涉外民事案件提出和验证文件和获取证据的司法程序法规》、《英国关于承认外国法院判决的法令》等。

（二）法院判例

法院可以援引判例作为审理同类案件的依据，即把以前对同类案件的判决作为先例，作为审理当前案件的根据。

判例在西方国家不同程度上起着国际私法渊源作用。在普通法系国家，判例是国际私法的主要渊源。权威性的、有代表性的判决，经过汇集和整理后，对以后法院审理同

---

[1] 参见章尚锦、张秀珍等编："中国立法和司法解释中有关国际私法的条文摘编"，载《在2004年中国国际私法学会年会论文集》。

类案件有法律拘束力。如1896年英国戴西（A. V. Dicey）整理的《法律冲突论》，1934年美国比尔（J. H. Beale）主编的《美国冲突法重述》，1971年美国里斯（W. L. M. Reese）主持修改和补充的《美国冲突法重述（第二次）》。大陆法系国家，判例作为国际私法渊源只具有辅助的意义。在法国和德国，只有在无法可依的情况下作出的判决，以后发生的类似案件才可将其作为判决的依据。

三、国际私法的国际渊源——国际条约和国际惯例

国际私法的国际渊源体现了国际私法的国际协调意志，包括国际条约和国际惯例。

（一）国际条约

国际条约是由两个或两个以上国际法主体缔结的调整其相互间权利义务关系的协议。按照不同的划分标准，国际条约可以分为如下几类：

1. 按缔约国的数量可以区分为双边和多边国际私法条约。①国际私法双边条约和协定：包括领事条约、通商航海条约、司法协助协议及涉及某个方面如司法管辖权、法律适用和外国人待遇的条约和协定。②国际私法多边条约：其中还可分为专门的和非专门的国际私法多边条约，数量较多。如1969年《国际油污损害民事责任公约》，1958年《承认和执行仲裁裁决的公约》，1965年《关于向国外送达民事或商事司法文书和司法外文书的公约》，1970年《关于从国外调取民事或商事证据的公约》等。

2. 按照缔约国的范围可以分为世界性和地区性的国际私法公约。世界性的如海牙国际私法会议签订的国际私法公约；地区性的如美洲国家间签订的一系列国际私法公约，最有名的是1928年《国际私法公约》，附有《布斯塔曼特法典》。

3. 按条约内容进行的分类。按条约的内容，国际私法条约可分为：有关人的身份能力、婚姻、家庭、继承、国际货物买卖、国际货物运输、国际结算、侵权行为、合同、国际私法一般问题、国际民事诉讼及仲裁的条约，解决民商事法律冲突的国际条约等。

国际条约作为国际私法渊源应注意的是：①条约作为国际私法渊源的基础：必须是在尊重国家主权和平等互利原则基础上签订，不平等条约不能作为国际私法渊源；而且，多边国际条约只对批准参加的国家才具有约束力；②必须慎重、妥善、正确地处理国际条约与国内法的关系。就其规定和国内法的关系来说，在国际条约规定的领域内应优先于国内立法。这为一些国家的国内法所规定，但各国规定的层次不同，效力范围不同。

（二）国际惯例

1. 概念。国际惯例是指在长期国际实践中反复使用而形成的，具有固定内容、未经立法程序制定的，如果为一国所承认或为当事人所采用就对其具有约束力的一种习惯做法和常例。

2. 国际私法惯例的分类。在国际私法上，国际惯例可以分为两种，国际私法惯例和统一实体民商法国际惯例。国际私法惯例，是关于冲突规范、规定外国人民商事法律地位的规范、国际民商事诉讼和国际商事仲裁程序规范方面的习惯做法和常例。长期实践中形成了关于冲突规范的一些各国共同的习惯做法，形成了一些各国公认的法律适用原则，如确定合同准据法的当事人意思自治原则，不动产物权适用不动产所在地法原则，行为方式适用行为地法（场所支配行为方式）原则，国家及其财产豁免原则等。关于外

国人民事法律地位方面，存在外国人必须遵守所在国法律的国际惯例。关于程序方面，存在程序问题依法院地法原则，或者程序问题除非条约另有规定否则依法院地法，等等。所有这些，都是在长期国际实践中形成的并为各国所普遍接受，可以认为都是国际私法的国际惯例。国际惯例主要是统一实体法国际惯例。对统一实体法国际惯例，主张国际私法规范包括统一实体法规范的学者认为统一实体法国际惯例也是国际私法渊源；主张国际私法规范不包括统一实体法规范的学者，则不认为统一实体法国际惯例是国际私法渊源。

四、关于学者的学说是否是国际私法的渊源问题

对于这个问题，国际上存在不同的意见和作法。英美普通法系国家认为，学者的学说也是国际私法的渊源。其理由是：学术"权威者"的意见，包含着人类最崇高的"正义"，应当起立法者的作用。因此，一些国际私法学者的著作便被认为是国际私法的渊源，如英国戴西的《法律冲突论》，戚希尔（G. C. Cheshire）的《国际私法》，美国施托雷（J. Story）的《法律冲突论》，美国比尔的《美国冲突法重述》，美国里斯的《美国冲突法重述（第二次）》等，都被认为是国际私法的渊源。

第四节 国际私法的基本原则和作用

一、国际私法基本原则和作用的含义及相互关系

（一）国际私法基本原则的含义

国际私法的基本原则是指，在制定、运用、贯彻实施和解释国际私法条文时，自始至终应加以贯彻执行的根本准则；也是在国际民商事活动中，在解决国际民商事争议时，必须遵循的根本原则。国际私法的基本原则主要来源于国际公法和国内民法，不是国际公法和国内民法基本原则的简单重复，而有自己的特点和内容。

（二）国际私法作用的含义

任何法律部门的存在，都有其合理性和客观必要性，国际私法作为独立的法律部门，也不例外。国际私法和其他法律部门都是建立在特定经济基础上的上层建筑，体现了特定国家的国家意志及其国际协调意志，为特定国家的政治、经济利益及其国际政策服务。国际私法的任务是调整具有民商事实体法、程序法法律冲突问题的国际民商事关系，核心是解决各国民商事实体法之间、程序法之间的法律适用冲突、司法管辖权冲突和国际司法协助问题；解决当事人间依何国法律建立、变更和终止国际民商事关系，发生争议时在何国法院依何国民商事法律处理等问题。国际私法对国际民商事关系特别是国际经济贸易交往关系起到了积极的促进作用。

（三）国际私法基本原则和作用的相互关系

一国在制定、运用和解释国际私法时，如果不贯彻执行国际私法的基本原则，就不可能正常而顺利地发展国际民商事关系和进行文化、经济交往。正确地贯彻执行国际私法的基本原则，可以促进国际民商事、文化和人员交往，促进国际经济贸易关系的发展。

二、国际私法的基本原则

（一）尊重国家主权原则

在国际民商事交往中，互相尊重国家主权，对国际私法具有特别重要的意义。在国际私法上，互相尊重国家主权原则，表示在以下几个方面：①承认"平等者间无裁判权"的国际惯例，遵守国家及其财产豁免原则；②坚持主权独立、领土完整、互不侵犯、互不干涉内政；③遵守各国的不同社会经济制度、法律制度及所有制平权原则：当事人之间相互承认对方根据其本国法律所取得的所有权；④相互尊重对方国家的属地优越权：相互尊重立法、司法主权，外国人必须遵守所在地国家的法律、法规，不动产的买卖和继承应依照所在地国家的规定；⑤相互尊重对方国家对其自然资源享有的永久主权；⑥外国法的适用不能损害国家主权，不应违背国家的社会公共利益。

（二）平等互利原则

平等互利原则是指，一国在制定、运用和解释国际私法时，要贯彻国家、当事人在法律上平等，在经济上互利的原则。

平等互利原则表现在以下几方面：①体现在国家关系特别是在民商事关系上，该原则要求：国家与国家之间处于完全平等地位；如果由于经济力量悬殊，一些表面平等的制度如国民待遇和最惠国待遇制度的执行使两国实质上处于不平等地位时，应设法予以补救，如实行"普遍优惠制"等。我国在实践中，一贯坚持平等互利原则。②体现在当事人间民商事关系上，该原则要求：充分尊重对方意愿，平等协商，切实保证当事人的民商事权益；在双边或多边民商事关系中，各方权利义务对等，地位平等，平等协商，优势地位方不得把自己的意志强加于人，不得存在有失公平或一方获取非法利益的情况。

（三）有约必守原则

有约必守原则是一个古老的民商法原则，又称条约必守原则，也是国际私法的基本原则之一。它是指：①主权国家之间签订了国际私法条约，就应认真地遵守和履行；②当事人之间如签订了合同，就必须认真遵守和履行；③否则，就应承担违约的法律责任。但是，有约必守原则也有限制或例外。通常有两个限制：一是条约或合同必须是合法有效的；二是条约或合同往往受"情势变迁"原则的制约。

（四）保护弱者原则

保护弱者原则是指，在制定、运用、实施和解释国际私法时，应侧重于保护在国际民商事关系中处于弱势一方当事人的合法权益。如在夫妻关系中侧重于保护女方，在父母子女关系中侧重保护儿童和老年父母，在产品责任问题中侧重保护消费者，侵权行为关系中侧重保护受害方，在劳动关系中侧重保护受雇人，社会人群中侧重保护未成年人、妇女、残疾人、老年人、失业人员等弱势群体。保护弱者原则，是在第二次世界大战后发展起来的一个国际私法基本原则，其目的在于实现法律所追求的公平和正义。

三、国际私法的作用

在国内不断深化改革，发展社会主义市场经济，加入世界贸易组织，实行企业"走出去战略"，积极参加区域经济活动的今天，不断扩大和发展国际经济技术交流，需要运用国际私法。在国际经济一体化、全球化过程中，国际经济贸易交往中当事人之间的权利义务争议，处处都需要借助国际私法来处理。

第五节　国际私法学

一、概念

国际私法是法律，是法律部门之一，是以涉外民商事关系为调整对象的一个特殊的法律部门。同民法、刑法、诉讼法、国际法一样，国际私法也具有法律效力，在国际民商事活动中，当事人应当严格遵守相关的国际私法。而国际私法学是以国际私法为研究对象，研究国际私法的产生、发展、法律形式、原则、制度、意义和本质等的一门法学学科。

二、国际私法和国际私学法的联系与区别

1. 国际私法和国际私法学的密切联系。它们之间的密切联系表现在：①国际私法学以国际私法为研究对象，研究国际私法的产生、发展规律、基本原则、基本制度、规范的结构和形式等；②两者都是由一定的社会经济基础所制约和决定的上层建筑，既受特定经济基础的制约，又反作用于特定经济基础并保护、巩固、发展特定经济基础；③两者都为特定的国家及其利益、特定的国际私法关系服务；④国际私法学以国际私法为依据，并为国际私法的发展提供理论指导和开辟道路；国际私法立法的发展和完善，往往先从理论研究开始，研究的成果体现在立法之中。

2. 国际私法和国际私法学的区别。两者的区别有：①国际私法是一个法律部门，是特定国际私法规范的总称；而国际私法学则是法学部门之一，是一种理论和学说体系；②国际私法研究的对象是国际民商事关系，而国际私法学研究的对象是国际私法本身；③国际私法是法律，是具有法律效力的国际私法规范的总称；而国际私法学则是科学，除了在英美普通法系国家外，国际私法学没有法律约束力，只有实践指导作用。

三、国际私法和国际私法学的名称

（一）国际私法的名称

作为法律部门之一的国际私法的名称，是指各国国际私法立法时采用的名称。从历史发展中各国的实践看，不同国家、不同时期，各国使用的国际私法名称也不同。

1. 涉外民事法律适用法类型。这一类型包括1896年《德国民法施行法》，1898年《日本法例》，1918年中国《法律适用条例》，1962年《韩国关于涉外民事法律的法令》等。

2. 国际私法类型。这一类型包括1924年《波兰国际私法》，1939年《泰国国际私法》，1979年《奥地利联邦国际私法法规》，1987年《瑞士联邦国际私法法规》等。

3. 冲突法类型。这一类型包括1982年3月《前南斯拉夫法律冲突法》，美国民间立法《美国冲突法重述》。

4. 国际私法及国际民事诉讼法类型。这一类型包括1964年原《捷克斯洛伐克社会主义共和国国际私法及国际民事诉讼法》，1982年5月《土耳其国际私法和国际诉讼程序法》等。

5. 把国际私法以编、章的形式规定在民法或其他单行法中。在这种场合，各国使用的名称不同。例如，《秘鲁民法典》第 10 编为完整的"国际私法"；我国《民法通则》第 8 章则只限于"涉外民事关系的法律适用"。

可见，国际私法的立法名称是很不相同的，各国往往根据自己的历史传统、国情、法律用语和看法而作出规定。从国际私法立法名称的不同及其发展变化的历史可以看出：国际私法的内容从不全面、不完善到充实、完善的方向发展，从单纯的法律适用法发展为包括法律适用、管辖权、程序和国际司法协助在内的完善的国际私法。这反映了各国对国际私法重要性的认识发展过程。

（二）国际私法学的名称

国际私法学的名称之多是任何其他法学部门所无法比拟的，经常看到和较常使用的约有 20 个左右。例如法则区别论、法律冲突论、法律之域外效力论、冲突法论、法律抵触法、私国际法、国际私法、限界法、法律适用法、外国法适用论、国际民法、国际民商法等。目前最常使用的国际私法名称主要有下面几种：

1. 国际私法学。1841 年德国学者薛福纳尔（Schaeffner）在其所著的《国际私法沿革史》（Entwicklung des Internationalen Privatrechts）一书中首先提出国际私法学这一名称，以后，该名称几乎先后为所有国际私法学家所接受。在我国，目前国际私法学界一般都采用国际私法学这一名称。

2. 法律冲突论。这是 17 世纪荷兰国际私法学家罗登堡（Rodenburg）最先提出的。他在《关于婚姻之法则或因习惯冲突而生之法律问题》中，把各国法律对同一个涉外民事关系因互相抵触的规定而出现的冲突状态，叫做法律冲突。法律冲突这个名称，后来为英美国际私法学者所采用。例如，美国施托雷 1834 年新著的书就叫《法律冲突论》（Commentaries on the Conflict of Laws）。后来，英国的戴西等都采用了法律冲突论这个名称。

四、国际私法的性质及其不同观点

（一）含义

国际私法的性质指国际私法在法律体系中的地位问题，包括国际私法属于国内法还是国际法、是公法还是私法、是程序法还是实体法、是任意性法还是强行性法等。主要的争论是，国际私法是国际法还是国内法的问题。就这一问题，国内外国际私法学界主要有 3 种不同的意见。本书主要就国际私法是国际法还是国内法、是任意性法还是强行性法作一简介。

（二）国内法学派（民族主义学派）

这一学派的观点认为：国际私法是国内法的一个学科。其理由是：①国际私法与国际法，虽然都有"国际"二字，但含义不同、主体不同、调整对象不同，因而国际私法不是国际法；②国际私法的主要渊源是国内法，各国都有自己的国际私法典、国际私法规范或判例法，比如说中国国际私法、德国国际私法、朝鲜国际私法，等等；而国际法的渊源只能是国际条约和国际习惯法；③国际私法的实施和争议的解决，依靠双方当事人之间的谈判、协商，或依靠一国的国内司法诉讼或仲裁程序解决；④国际私法由各国自行制定：在什么范围内适用外国法完全根据国情并结合国际实践的通行作法制定，即独立自主的制定国际私法典或国际私法规范。这一学派的代表学者有法国的巴丹（Bartin）、德国的沃尔夫（M. Wolf）、康恩（F. Kahn）、英国的戴西、莫里斯（J. H. C. Morris）、戚希尔、诺思（P. M. North）、美国的施托雷、比尔、库克（W. W. Cook）、里斯等。

（三）国际法学派（世界主义学派）

这一学派的观点认为：国际私法是国际法的一个部门法。其理由是：①国际私法调整的对象是超越一国领域的国际民事关系，具有国际性；②国际私法是划分国家之间司法主权范围的一个法律部门；③国际私法是在国际民商事交往过程中产生的，没有国际交往，就没有国际私法存在的基础；④国际私法的渊源主要是国际条约和国际惯例。这一学派的代表学者有德国的萨维尼（R. Von. Savigny）、巴尔（L. Von. Bar），意大利的孟西尼（Mancini），法国的魏斯（Weiss）、毕耶（Pillet）等。

（四）二元论者（综合论派、边缘学派或折中派）

这一学派的观点认为：国际私法是一个独立的法律部门，其既不同于国内法，也不同于国际法，而是处于两者之间的边缘学科，其既有国内法的性质，也有国际法的性质。理由是：①国际私法的调整对象是涉外民商事关系，既有国内性，也有涉外性；②国际私法的法律渊源具有双重性，既有国内渊源，又有国际渊源；③国际私法的基本原则和一些制度来源于国际法，而体系内容则来自国内民法。这一学派的代表学者有德国的齐特尔曼（Zitemann），捷克的毕斯崔克（Bystricky）和柯林斯（Kalensky）等。

（五）国际私法是任意性法还是强行性法

国际私法到底是强行性法律规范还是任意性法律规范，这在国际上也是有争议的。

1、国际私法是强行性法律规范。国际私法通常被理解为强行性法律规范，当事人必须按规定适用，而不能依其意思决定是否适用。在我国，无论理论上还是实践中，国际私法都是强行性法。在国际上，绝大多数的国际私法典也都是强行性法。

2、国际私法是任意性法律规范。这种观点认为，国际私法只有在当事人希望适用时才予以适用；否则，就不通过国际私法来确定准据法，而是适用内国法。这种主张被称为任意性冲突法理论。德国就有这种主张。例如，林笃（Lando）等主张：小额诉讼，为了避免外国法调查的困难、节省费用，应直接适用法院地法，而不需要适用国际私法。有的国家的国际私法立法反映了这种主张，如1979年《匈牙利国际私法》第9条规定："双方当事人得以协议要求不适用在没有法律规避时所应适用的准据法而适用匈牙利法律，或在可以选择法律时适用所选择的法律。"[1]这种主张的实质往往是在扩大内国法的适用范围，而国际私法成为任意性法律规范。

五、国际私法与邻近部门法的关系

（一）国际私法与国际法

1. 两者的共同点。①调整的都是在国际交往中产生的关系，而不是国内关系；②基本原则相同，如互相尊重国家主权和领土完整、互不侵犯、互不干涉内政、平等互利、和平共处；③国际私法要借助国际法上的一些法律概念和法律制度：如主权、国籍、国

---

[1] 李旺：《国际私法新论》，人民法院出版社2001年版，第30页。

际条约与协定、国际组织等。

2. 两者的显著区别。①主体不同。国际法的主体一般为主权国家;国际私法的主体大多数是自然人和法人还有国际组织,国家只在特定场合下才成为国际私法的主体。②调整的对象不同。国际法调整的是主权国家间的政治、外交、领土和军事关系等;国际私法调整的主要是自然人、法人等之间的国际民商事关系。③渊源不同。国际法的基本渊源是国际条约和国际惯例;国际私法的渊源主要是国内立法和判例、国际条约和国际惯例。④调整和解决争议的方法不同。国际法上的争议主要是斡旋、调解、谈判、国际法院诉讼解决;国际私法上的争议,则由协商、谈判、仲裁和诉讼解决。⑤"国际"二字的含义不同。国际法的"国际"表示主权国家之间的意思;国际私法的"国际"体现超出或越出一国国界或法律界限而涉及两国或两国以上法律的意思。

(二) 国际私法与国内民法

民法与国际私法有着许多共同之处;但国际私法属于国际法,而民法为国内法,因而也有显著的区别。

1. 两者的共同点。①调整的都是民商事关系;②调整的都是平等主体间的等价有偿关系;③国际私法要借助和使用民法上的一些法律制度和规则,如物权、所有权、知识产权、债、合同、民事权利能力和民事行为能力等,并且这些词在两个法之间的含义也相同;④具有共同的原则,如平等主体原则、等价有偿原则、有约必守原则等。

2. 两者的显著区别。①调整的对象有所不同。国际私法调整的是具有国际性的含有外国因素的广义的民商事关系;而民法调整的只限于一国境内的民商事关系。②基本原则和出发点不同。国际私法面对的是国际民商事关系,主要是财产和国际经济贸易关系,贯彻的基本原则是尊重国家主权原则、平等互利原则等;而国内民法面对的是国内民商事关系,不存在贯彻主权原则的问题。③渊源不同。国际私法的渊源除国内法和判例外,还包括有关的国际条约和国际惯例;而民法的渊源则全部为国内法或判例法国家的判例,与国际条约、国际惯例无关。④处理争议的管辖权和适用的法律不同。国际私法案件可能在内国法院或仲裁机构,也可能在外国法院或仲裁机构处理,使用特别的诉讼或仲裁程序,可能适用内国法,也可能适用外国法和国际条约及国际惯例;而民法争议只在内国法院处理,适用一般民事诉讼程序,只适用内国法。⑤规范组成不同。国际私法主要的规范是冲突规范和程序性规范;而民法则全部为实体法规范。

(三) 国际私法与国际经济法

国际经济法是刘丁教授于20世纪80年代初从国际私法中分离出来的。此二者既有共同之处,也有不同之处。

1. 两者的共同点。①主体相同。都是自然人、法人、国家和国际组织。②调整的对象有重合之处。都是私法关系,都属于民商事关系。③渊源比较近似。都表现为国内法、判例、国际条约和国际惯例中的有关规定。④"国际"二字的含义相同。都表示超越一国国界或一国法律界限的意思。⑤处理争议的途径和方式相似。都是通过协商、调解、仲裁和诉讼处理争议。

2. 两者的区别。①调整对象有所不同。国际私法调整包括外国人和外国国家的民商事法律地位、各类财产、婚姻、家庭、继承、经济贸易以及程序关系等在内的全部国际民商事关系；而国际经济法只调整国际民商事关系中的国际经济贸易关系。②调整的方法不同。与调整的对象相结合，调整的方法不同成为界定国际私法和国际经济法的标志；国际私法调整的方法主要是间接调整的方法；而国际经济法为直接调整的方法。③规范组成不同。国际私法规范主要是冲突规范；而国际经济法规范全部为专用实体法规范和统一实体法规范，特别是统一实体法规范。

六、国际私法的体系

（一）国际私法体系的含义

国际私法的体系，即立法体系，专指制定国际私法典时对法律条文内容的结构安排，如分为编、章、节、条文或分为总则、分则和附则等。其分别包含着两种不同的含义：①国际私法模式：指在立法体系中，采用规定在民法典或其他单行法中的模式，还是制定专门的独立的国际私法典；②国际私法的体例、体系、结构：指在制定专门的独立的国际私法典时，采用何种内容结构安排问题，即条文的排列组合问题。这里介绍国际私法的体系问题是指介绍国际私法立法条文的排列组合问题。

（二）国际上的国际私法体系

外国国际私法体系很不一致，内容的多少、条文的排列组合各不相同，主要分为三大类：①只规定涉外民事关系的法律适用：这是最早的立法体系，如1896年《德国民法施行法》，1898年《日本法例》，1918年中国《法律适用条例》等，都采用类似的国际私法体系；②国际私法由管辖权、法律适用和外国法院判决的承认与执行三部分组成：这是英美普通法系国家的传统作法，例如《美国冲突法重述（第二次）》，1987年《瑞士联邦国际私法法规》和《秘鲁民法典》第十编"国际私法"，也基本上采用这种做法；③内容上由管辖权、法律适用和外国法院判决的承认与执行三部分组成，但排列组合不同，顺序依次为法律适用、管辖权和外国法院判决的承认与执行（国际司法协助）。

第六节 中国关于国际私法一般问题的观点

一、国际私法的调整对象

中国相关法律的规定如下：

1. 《最高人民法院关于贯彻〈中华人民共和国民法通则〉若干问题的意见》（以下简称《民法通则司法解释》）第178条规定，凡民事关系的一方或者双方当事人是外国人、无国籍人、外国法人的，民事关系的标的物在外国领域内的，产生、变更或者消灭民事权利义务关系的法律事实发生在外国的，均为涉外民事关系。人民法院在审理涉外民事关系的案件时，应当按照民法通则第八章的规定来确定应适用的实体法。

2. 1992年7月14日《最高人民法院关于贯彻〈中华人民共和国民事诉讼法〉若干问题的意见》第304条规定，当事人一方或双方是外国人、无国籍人、外国企业或组织，或者当事人之间民事法律关系的设立、变更、终止的法律事实发生在外国，或者诉讼标的物在外国的民事案件，为涉外民事案件。

3. 2002年2月25日《最高人民法院关于涉外民商事案件诉讼管辖若干问题的规定》对涉外民商事案件作了进一步明确,包括:涉外合同和侵权案件;信用证纠纷案件;申请撤销、承认与强制执行国际仲裁裁决的案件;审查有关涉外民商事仲裁条款效力的案件;申请承认和强制执行外国法院民商事判决、裁决的案件。

4. 《民法典》(草案)第九编"涉外民事关系的法律适用法"第1条规定,有下列情形之一的,为涉外民事关系:

(1) 民事关系的一方是外国人、无国籍人、外国法人、国际组织、外国国家;

(2) 民事关系一方的住所、经常居住地或者营业所位于中华人民共和国领域外;

(3) 民事关系的标的在中华人民共和国领域外,或者争议标的物移转越出一国国界;

(4) 产生、变更或者消灭民事关系的法律事实发生在中华人民共和国领域外。

中华人民共和国的自然人之间、法人之间或者自然人和法人之间的民事关系,其标的物以及履行地不在中华人民共和国领域外的,不得选择适用外国法律。

5. 我国涉港、涉澳、涉台案件比照涉外案件处理。[1]

二、国际民商事关系(法律冲突)的调整方法

我国司法实践中既使用间接调整方法,也使用直接调整方法。如《民法通则》第八章第144条规定:"不动产的所有权,适用不动产所在地法律。"这条冲突规范本身不能确定不动产的所有权,必须找到不动产所在地国家或地区的实体法,才能最终确定该不动产的所有权关系。国际私法的内容包括外国人的民商事法律地位、法律冲突和法律适用,国际民事诉讼和仲裁程序问题。其中冲突规范是主要规范,用间接调整的方法;规定外国人民商事法律地位的规范是实体规范,用直接调整的方法;国际民事诉讼和仲裁程序规范,除民事诉讼管辖权冲突外,一般都是程序性的实体规定,也是用直接调整的方法。

三、关于国际私法的范围(规范组成)及定义

(一) 规范组成

1. 冲突规范。我国在《合同法》、《民法通则》、《海商法》、《票据法》、《民用航空法》、《收养法》、《民法通则司法解释》等共计40个左右的法律、法规、条例、办法、司法解释和地方性法规中,规定了120条左右冲突规范。2010年10月28日第十一届全国人民代表大会常务委员会第十七次会议通过了《涉外民事关系法律适用法》,该法自2011年4月1日起施行。

2. 规定外国人民商事法律地位的规范。这类规范,通常由所在地国家的国内法及其所缔结或参加的国际条约来加以规定,一般都是实体规范。例如,从1950年开始,在《宪法》、《国籍法》、《民法通则》、《中外合资经营企业法》及其实施条例、《公司法》、《商标法》、《专利法》、《民事诉讼法》等,共约60个以上的法律、法规、条例、规定、司法解释中做出规定。在我国与外国签订的通商航海条约、贸易关系协定、工业技术合

---

[1] 参见1987年《最高人民法院关于审理涉港澳经济纠纷案件若干问题解答》,1993年《全国经济审判工作座谈会纪要》等。

作协定,以及其他一系列经济贸易条约中,也都规定了相互给予对方自然人和法人的民商事权利。

3. 国际民商事诉讼程序和国际商事(经济贸易)仲裁程序规范。在我国,国际私法学一般都将这类规范包括在国际私法规范的组成之中。这类规范一般在各国民事诉讼法、仲裁法或国际私法典中规定。在我国,它是国际私法规范中规定最多的规范,在实行改革开放后,先后制定了《民事诉讼法》、《仲裁法》和《外交特权与豁免条例》等法律法规,规定了涉外民事诉讼和仲裁的特别程序。我国与外国签订的各类司法互助协定、中国国际经济贸易仲裁委员会与19个国家的相关机构签订的仲裁合作协议等也都有此类规定。

4. 统一实体规范。我国参加的国际条约有关于当事人具体权利义务的规定,实践中也有适用国际条约审理和解决国际民商事案件的情况。

(二) 国际私法定义

国际私法是以国际民商事关系为调整对象,以确定外国人民事法律地位为前提,以解决法律适用问题为核心,以司法保护为目的,包括冲突规范、统一实体规范、规定外国人民事法律地位规范、国际民事诉讼程序和国际商事仲裁程序规范在内的一个独立的法律部门。

四、中国国际私法的法律渊源

1. 中国国际私法的立法规定。我国实践中对国际私法规范的规定,采取了小分散相对集中的办法,自中华人民共和国成立50多年来,大致到2000年前,据不完全统计,大约在140个以上的法律、法规、条例、规定、司法解释和地方性法规中,规定了各类国际私法规范520条以上,已基本上奠定了国际私法的基础。2010年10月28日通过的《涉外民事关系法律适用法》标志着我国国际私法立法的新阶段。

2. 判例不是我国国际私法的渊源,但要研究和使用有关国家的国际私法判例。我国对判例的态度是:判例一般不具有法律效力,不是法律渊源,当然也不是国际私法的渊源;但是,为了保护中外当事人正当合法的权益、保护我国国家和人民正当合法权益,我们必须对有关国家的国际私法判例,特别是普通法系国家的判例认真加以研究,并加以运用。此外,根据"一国两制"的方针,在香港特别行政区,法院将依照特别行政区的法律审判案件,《中华人民共和国政府对香港的基本方针政策的具体说明》作了如下说明:"香港法院依照香港特别行政区的法律审判案件,其他普通法适用地区的司法判例可作参考。"

3. 国际条约是中国国际私法渊源。我国《民法通则》、《民事诉讼法》、《海商法》等都规定了立法和条约规定不同时,依条约;不过,应注意的是,我国这些规定往往不仅限于国际私法条约,还包括了可能作为准据法适用的国际民商事条约。

4. 我国关于国际惯例的规定。在理论、立法和实践中,我国都肯定国际惯例是国际私法的渊源。《民法通则》142条第3款规定,中华人民共和国法律和中华人民共和国缔结或者参加的国际条约没有规定的,可以适用国际惯例。司法实践中也有适用国际惯例的案件。

5. 我国不认为学者的学说是国际私法的渊源。我国不认为学者的学说是国际私法渊源的理由：学者的学说只是个人的意见，未经立法程序确认，没有法律效力。但是，我们要认真研究国内外的国际私法学说，特别要研究普通法系国家的国际私法学说，这在理论上和实践中都具有重要意义：①有助于从理论上了解国际私法及其科学的发展情况；②有助于了解国际私法学理论的特殊意义，以便运用其来公正、合理地处理涉及有关国家的国际私法案件，因为既然有的国家承认学者的学说是国际私法的渊源，具有法律效力，在国际交往中，我们就要将其当法律来对待，运用其来保护中外当事人和中外国家的合法权益。

五、国际私法基本原则和作用

我国在实践中一贯坚持尊重国家主权原则、平等互利原则、有约必守原则和维护弱者原则；例如，《民事诉讼法》第 5 条规定了"对等原则"；而《商标法》、《专利法》等则规定了互惠、平等互利原则，对商标的注册申请和保护以及发明专利的申请，按互惠原则处理。再如我国《民法通则》第八章第 148 条规定："扶养适用与被扶养人有最密切联系的国家的法律。"在国际实践中，在保护消费者权益方面，主要在消费合同的管辖权、法律适用和判决的承认与执行方面给消费者以保护，如限制协议管辖、限制意思自治选择适用的法律等，以保护弱势的消费者。

国际私法是促进国际民商事交往的行为规则；是一国贯彻对外政策特别是对外经济贸易政策的法律工具；是保护国家和当事人合法权益的重要法律工具；是发展国际友好合作和国际经济新秩序的法律工具；有利于中国加强国际民商事交往，促进社会主义现代化建设；是建设国际法治社会和构建和谐世界的法律工具。对我国来说，一方面，在我国加入世界贸易组织后，为了加强对外民事经济关系，更好地运用国际私法与世界贸易组织规则、国际贸易惯例相协调，便于更好地处理国际经济贸易关系中当事人间权利义务争议，调动国外当事人的积极性；另一方面，在"三个代表"重要思想的指导下，运用国际私法为引进外资，引进技术，发展国际民商事关系、促进西部大开发、发展社会主义市场经济、加速社会主义现代化建设和加速实现小康社会建设服务。

六、国际私法的名称和性质

我国在法学教学中，一般称为国际私法。我国有倾向于属于国际法性质的趋势，将其安排在属于国际法中的一个部门法。在我国，学者通常认为国际私法是强行性法律规范。

七、我国国际私法体系问题

我国目前采用了分散立法的模式。目前的争论集中在要不要制定国际私法典上，国际私法立法体系问题尚不明显。目前中国国际私法学会起草的《中华人民共和国国际私法示范法》和《民法典》（草案）第九编涉外民事关系的法律适用，都有一定参考价值。

案例与评析

[**案情介绍**] 2003 年 3 月 10 日，德国汉莎航空公司两次航班先后到达北京首都国际机场。旅客到行李领取处领取行李时发现，他们托运的行李被翻得乱七八糟，箱内的贵重物品失踪，一些小礼品也没能幸免。经查，这两次航班从德国纽伦堡飞

往北京，中途曾在德国法兰克福机场转机。乘客找到首都机场国际行李查询处。查询处工作人员解释，机场只负责被破坏了的箱子的赔偿，不承担箱内被盗物品的赔偿责任。乘客又找到德国汉莎航空公司驻首都机场办事处，办事处工作人员对被盗物品进行了简单登记。当天下午《北京青年报》记者和几名丢失物品的乘客再次来到德国汉莎航空公司驻首都机场办事处询问处理结果。

2003年3月11日，《北京青年报》以"德国纽伦堡经法兰克福飞北京的汉莎航班上出现'怪事'——数十旅客行李被撬"为题对此事进行了报道。第二天德国汉莎航空公司对外公关事务部门的负责人告诉记者：经调查，现怀疑旅客行李被盗事件发生在法兰克福机场，目前德国汉莎航空公司法兰克福机场安全部门和德国机场管理局正协同有关部门进行调查。根据1929年《统一国际航空运输某些规则的公约》（以下简称1929年《华沙公约》）有关规定，德国汉莎航空公司除了按行李的公斤数赔偿之外（每公斤赔偿额为20美元），还将根据乘客损失的程度进行赔偿。

[案例评析] **本案涉及到以下几个国际私法问题：**

1. 国际民商事案件的认定。本案与德国和中国有关，飞行出发地、中转地位于德国；航程目的地是北京；乘客有中国公民，也有外国公民，航空公司是德国公司；在案件中乘客遭到了财产损失；案件在中国境内进行解决，但事实的调查涉及到德国相关部门的配合等。从本案性质看，属于民商事案件，且具有外国因素，可以认定国际民商事案件（从中国角度，即是涉外民商事案件）。

2. 法律冲突的产生及法律冲突的解决方法。本案中会涉及到有关赔偿原则、赔偿标准、赔偿数额问题，对此中国《民法通则》和《德国民法典》有不同规定。法律冲突的解决有冲突规范间接调整方法和统一实体规范直接调整方法。关于间接调整方法，对于涉外侵权案件的损害赔偿，中国《民法通则》第146条规定，侵权行为的损害赔偿，适用侵权行为地法律。具体做法是，在双方当事人对本案性质确认后，通过冲突规范确定当事人权利义务的适用法律，根据该法律确定的民事责任的承担方式及民事赔偿标准进行赔偿，解决纠纷。

关于直接调整方法，在国际航空旅客运输方面，还存在着国际公约，其中最重要的当属1929年《华沙公约》。中国和德国都是1929年《华沙公约》的缔约国。在本案中德国汉莎航空公司提出适用1929年《华沙公约》，中国当事人未作反对，默示同意采用统一实体规范来解决法律冲突，即采用国际公约作为解决冲突的依据。

3. 国际民商事纠纷的解决方法。国际民商事纠纷的解决方法与国内民商事案件解决方式相同，除了当事人自行和解外，还可以进行民事诉讼；有仲裁协议的可以进行国际商事仲裁。

[问题与思考]

1. 什么是国际私法？它的调整对象是什么？
2. 国际私法的规范和渊源是什么？
3. 国际私法有哪些基本原则？国际私法在我国现代化建设中有何作用？
4. 国际私法在法律体系中处于什么样的地位？
5. 国际私法和国际私法学有什么联系与区别？

第二章 国际私法的历史发展

[本章概要]

任何事物都有历史,国际私法及其科学也不例外。国际私法的核心问题是解决法律适用(法律冲突)问题。如何解决这一问题,一国法院为什么要适用外国法,一国法院如何适用外国法是国际私法发展过程中的关键点。对这些问题的解答一直是国际私法历史发展的主要内容,由此形成了各种各样适用外国法的理论和世界各国的国际私法立法。通过本章教学,将使读者实事求是地、正确而全面地了解和掌握国际私法及其科学的世界历史发展,温故知新,推陈出新,古为今用,洞察国际私法和国际私法学今后发展的趋势和方向。

本章运用比较研究的方法和联系、发展的观点进行阐述,主要介绍适用外国法的理论及立法,提出了国际私法和国际私法学的历史分期,增加了社会主义国家、亚非拉发展中国家的国际私法和国际私法学的历史,特别是增加了我国国际私法和国际私法学的历史简介。本章教学方法,可视课时多少,采用自学为主的方式。

第一节 国际私法的立法发展历史

国际私法的立法发展可分为三个时期:萌芽期、形成期、发展期。一般认为,萌芽期始于古罗马《万民法》,和中国唐朝《永徽律》。

一、国际私法的萌芽——《万民法》、《永徽律·名例》

现代意义上的国际私法,开始于 13 世纪的"法则区别说"(Theory of Statutes)。[1]

国际私法的萌芽、形成和发展,是和国家及国际经济贸易、文化交往关系的产生、发展紧密相关的。在古罗马,从公元前 8 世纪中叶起与市民法同时存在的,直到公元 212 年与市民法统一的《万民法》,被认为是萌芽状态的国际私法规定。一般认为公元 651 年颁布的唐《永徽律》,在"名例"章中已有萌芽状态的较完整的国际私法规范,采用了属地和属人相结合的法律适用原则。[2]

《万民法》用于调整罗马人和非罗马人之间的权利义务关系、非罗马人彼此之间的

---

[1] 赵相林主编:《国际私法》,中国政法大学出版社 2007 年版,第 25 页。
[2] 刘振江主编:《国际私法纲要》,西北政法学院国际法教研室 1983 年编印。

权利义务关系，实际属于以人际私法出现的具有区际私法性质的规范。唐《永徽律》"名例"章中的"诸化外人同类自相犯者，各依本俗法；异类相犯者，依法律论。"这条冲突规范规定的还不完善，而且民刑不分，但属于世界上最早的冲突规范。

二、国际私法的形成——1804年《法国民法典》、1896年《德国民法施行法》

在欧洲，随着资本主义的萌芽、形成和发展，随着其对外经济扩张和殖民的需要，制定国际私法规范的速度加快了。1756年《巴伐利亚土地法》、1794年《普鲁士法典》都规定了冲突规范。影响最大的是1804年《法国民法典》。其规定了大量国际私法规范，不少欧洲国家仿照其立法例，在民法典中规定大量国际私法规范。以后发展为不同的立法模式，有的在民法典或其他法典中规定国际私法规范，有的在民法典中列为专章，有的制定了专门的国际私法典。如德国于1896年集中制定了《德国民法施行法》。但在普通法系国家，则以判例为主。如1896年英国戴西整理编辑了《法律冲突论》。此后，1898年《日本法例》，1918年中国的《法律适用条例》，1924年《波兰国际私法》等，不断有新的国际私法典颁布施行。

三、国际私法的发展——现代国际私法和当代国际私法

（一）国际私法发展的两个阶段

1. 现代国际私法（从国际私法形成到社会主义国际私法）。从国际私法的形成到社会主义国际私法的出现，这期间的国际私法叫现代国际私法。[1] 国际私法形成时已是自由资本主义向垄断资本主义过渡时期，当时国际私法的发展特点主要是：国际私法立法及立法模式变化不大，立法进展缓慢。

2. 当代国际私法（从社会主义国际私法出现开始）。自1917年出现社会主义国家，出现社会主义国家的国际私法，国际私法的发展进入当代国际私法阶段，国际私法获得了迅猛的发展。

（二）当代国际私法发展的五个方面

自20世纪出现社会主义国家以来，国际私法先后出现了多元化、法典化、条约化和完善化等发展趋势。

1. 国际私法多元化。进入20世纪，随着苏联和东欧人民民主国家的出现，国际私法呈多样化发展趋势。首先，中国国际私法形成并发展。1949年10月中华人民共和国成立，开始出现中国的国际私法，到20世纪八九十年代，中国的国际私法已基本形成。除了中国国际私法学会起草的《中华人民共和国国际私法示范法》供参考外，在国家的法律、法规、条例、最高人民法院的司法解释和地方性法规中，已规定了大量国际私法规范。其次，发展中国家也制定了国际私法。例如，1939年《泰国国际私法》、1941年《乌拉圭国际私法》、1962年《马达加斯加国际私法》、1964年《阿尔巴尼亚国际私法》、1964年《捷克斯洛伐克社会主义共和国国际私法及国际民事诉讼法》，1976年《约旦国际私法》，1985年《巴拉圭国际私法》、1982年《土耳其国际私法和国际民事诉讼程序法》以及哈萨克斯坦、朝鲜、韩国、阿根廷、委内瑞拉等，都制定了国际私法典。还有一系列国家，把国际私法规范规定在民法典或其他单行法中，如《加蓬民法

---

[1] 章尚锦、徐青森主编：《国际私法》（第三版），中国人民大学出版社2007年版，第43页。

典》、《希腊民法典》、《埃及民法典》、《塞内加尔民法典》、《秘鲁民法典》。发展中国家不仅积极制定国际私法典或国际私法规范,还积极参加国际私法条约的签订工作。最后,发达国家的国际私法加快发展。在发达国家,第二次世界大战后,国际私法的立法工作主要表现在两个方面:①制定国际私法法典:如欧洲的奥地利、瑞士联邦等;②修改原有的国际私法:如1988年《德国关于改革国际私法的立法》,意大利1978年修改《民法典》,法国1967年《关于补充民法典中国际私法内容的法律草案》,日本对《日本法例》的多次修改,最新文本是2006年《法律适用通则法》,以及1971年《美国冲突法重述(第二次)》等。

2. 国际私法的普及化。联合国的192个成员国,特别是加入世界贸易组织的国家和地区,几乎都有了国际私法典和国际私法判例,或制定了国际私法规范,或参加了世界性或地区性的国际私法公约。国际私法知识日益普及。

3. 国际私法的法典化。第二次世界大战后,特别是20世纪60年代以来,国际上出现国际私法法典化趋势,纷纷把分散的国际私法规范集中制定国际私法典,如朝鲜、韩国、哈萨克斯坦、列支敦士敦、马耳他等;判例法国家也纷纷在单行法中规定国际私法规范。

4. 国际私法条约化。从19世纪中叶开始,学者开始尝试有关国际条约制定的工作,接着开始了签订国际私法的地区性和世界性公约的工作,开始了国际私法统一化运动。首先在美洲开始,在缺少专门的国际私法立法形式时,在19世纪七八十年代开始签订区域性国际私法公约。海牙国际私法会议从19世纪80年代开始至今签订了近40个国际私法公约。如今,不包括统一实体法公约,全世界已有区域性和世界性国际私法公约110个左右。其中,特别是第二次世界大战后,形成了国际私法条约化趋势,出现了国际私法统一化和共同性增长趋势,签订国际私法条约的步伐大大加快了。

5. 国际私法完善化。在国际私法法典化趋势中,制定法中的法典化模式发展成为主要模式,纷纷制定专门的国际私法典。同时,国际私法立法的体例结构和内容也在不断完善和充实,制定法和判例法的国际私法体例和内容也日益趋同。

国际私法的体例和内容,可以综合为:①总则:宗旨,适用范围,调整对象,基本原则,与冲突规范适用有关的制度,准据法的确定和解释,连接点及其确定,国际条约和国际惯例的适用等。②国际私法主体及其民事法律地位:自然人,法人,国家,国际组织。③法律适用:人的权利能力和行为能力(人身权、法人破产、法律行为、行为方式、代理等),物权(动产、不动产、权利财产、抵押、质押、占有时效等),知识产权(专利、商标、著作权等),债权(合同、非合同之债等),婚姻家庭(结婚、离婚、夫妻关系、父母子女关系、扶养、收养、监护等),继承(法定继承、遗嘱继承、无人继承),国际民事诉讼和国际商事(经济贸易)仲裁的法律适用(程序问题和实体问题的法律适用)。④国际民商事案件的管辖权:一般管辖,特别管辖,专属管辖,协议管辖,必要管辖,继续管辖,裁量管辖,级别管辖,保护性管辖,应诉管辖,网络管辖,仲裁管辖,"一事两诉"和"一事再理"等。⑤国际民商事诉讼和国际商事仲裁程序及司法协助:国际民事诉讼特别程序,国际商事仲裁程序,司法和司法外文书送达,国外调查取证,法院判决和仲裁裁决的承认与执行,区际司法协助等。⑥附则。

四、国际私法统一化运动

(一) 海牙国际私法会议 (Hague Conference on Private International Law)

海牙国际私法会议成立于 1893 年,是世界上国际私法领域最权威的政府间国际组织,因会议地址在荷兰海牙而得名。自成立以来,一直致力于国际私法规则的统一工作。1893 年至 1951 年,海牙国际私法会议仅是临时性的国际会议,1951 年,第 7 届海牙国际私法会议通过的《海牙国际私法会议章程》,将它改为常设性的国际组织,此后每 4 年举行一次会议。标志着它已演变成以逐渐统一国际私法为目的的常设的政府间国际组织,已逐渐成为在统一冲突法和程序法方面,最有成效、最有影响的国际组织。截至 2007 年 11 月 25 日,海牙国际私法会议共有成员国 69 个。从 1951 年第 7 届会议至 2005 年 6 月,海牙国际私法会议已通过 37 个公约,其中 27 个公约已生效。

1981 年中国与海牙国际私法会议建立联系,并多次以观察员身份出席会议。1987 年 7 月 3 日,中国政府正式加入该组织,并指定外交部为负责与该组织联系的"国家机关"。我国接受了海牙国际私法会议第 20 届外交大会于 2005 年 6 月 30 日通过的《海牙国际私法会议章程修正案》。经修订的《海牙国际私法会议章程》将同时适用于香港特别行政区、澳门特别行政区。中国已加入《关于向国外送达民事或商事司法文书和司法外文书公约》、《关于从国外调取民事或商事证据的公约》两项海牙公约,并于 2000 年 12 月签署了《跨国收养方面保护儿童及合作公约》。

此外,根据中英、中葡关于香港、澳门适用国际公约问题的有关安排,一些海牙公约可单独适用于香港和澳门特区。单独适用于香港特区的公约包括:遗嘱形式公约、取消认证公约、承认离婚及分居公约、儿童诱拐公约、信托公约。单独适用于澳门特区的公约包括:民事程序公约、扶养儿童法律适用公约、保护未成年人公约、取消认证公约、儿童诱拐公约。经中国同意,香港及澳门特区代表作为中国代表团成员参加了海牙国际私法会议举办的一些会议。

(二) 欧洲欧盟 (European Union——EU)

欧洲联盟 (简称欧盟,) 是由欧洲共同体 (European Communities) 发展而来的,是一个集政治实体和经济实体于一身、在世界上具有重要影响的区域一体化组织。1991 年 12 月,欧洲共同体马斯特里赫特首脑会议通过《欧洲联盟条约》,通称《马斯特里赫特条约》(简称《马约》)。1993 年 11 月 1 日,《马约》正式生效,欧盟正式诞生。总部设在比利时首都布鲁塞尔。

1999 年 5 月 1 日生效的《阿姆斯特丹条约》对《欧洲联盟条约》以及成立欧洲各大共同体的条约进行了修改。《阿姆斯特丹条约》生效后,欧盟国际私法统一化的主要方法为欧盟理事会颁布条例 (Regulation, Verordnung) 或者指令 (Directive, Richtlinie) 制定统一的国际私法规则,直接在成员国发生效力[1]。

在国际民商事判决的执行和非合同之债法律适用等领域,欧盟已经成功地以条例的形式进行了统一立法。在合同冲突法领域,欧盟在 2008 年将 1980 年《罗马公约》(1980 年欧洲共同体《关于合同义务的法律适用公约》) 转化为共同体立法——《罗马

---

[1] 徐青森、杜焕芳主编:《国际私法专题研究》,中国人民大学出版社 2010 年版,第 27 页。

条例Ⅰ》。转化使得欧盟合同冲突法融入了共同体这一自足的法律体系，规则的解释得以统一，和其他领域的冲突法规则得以协调。2009 年 1 月 11 日开始生效的欧洲议会与欧盟理事会《关于非合同之债的法律适用条例》（简称《罗马条例Ⅱ》）首次以条例的形式在欧共体层面对欧洲的侵权法律适用制度作了统一，大大提高了欧盟成员国侵权之债法律适用结果的确定性与可预见性，避免了当事人选择法院的可能性，将欧洲国际私法的统一化运动推到了最高潮，基本实现了欧洲统一侵权之债法律适用制度的历来夙愿。

（三）罗马国际统一私法协会（International Institute for the Unification of Private Laws，简称 UNIDROIT）

罗马国际统一私法协会是国际私法领域重要的政府间国际组织，其主要职能是从事国际间私法的统一和协调，拟定法律和国际公约草案，形成为国际上不同国家所认可的统一的私法规则，促进国际商事活动的顺利进行。1985 年我国政府决定加入国际统一私法协会，1986 年 1 月 1 日起我国正式成为该组织的成员国。

国际统一私法协会于 1964 年在海牙的外交会议上通过了《国际货物买卖统一法公约》和《国际货物买卖合同成立统一法公约》、1983 年在日内瓦外交会议上通过了《国际货物销售代理公约》、1988 年渥太华外交会议上通过了《国际保理公约》、1994 年通过了《国际商事合同通则》等统一实体法公约。

第二节　国际私法学的发展历史

国际私法学的发展主要是围绕着国际私法的若干理论学说展开。一般认为，内国法院为什么要适用外国法以及怎样适用外国法是国际私法理论的核心问题。

一、国际私法学的萌芽期

（一）中国《唐律疏议》的有关"疏议"

公元 651 年，《永徽律》公布施行，长孙无忌等 19 人奉旨对其进行"注释"，编成《唐律疏议》，将《永徽律·名例》中的被我国学者看作萌芽状态冲突规范"诸化外人同类自相犯者，各依本俗法；异类相犯者，依法律论"进行"疏议"（注释）。"疏议"说："化外人，谓蕃夷之国别立君长者。各有风俗，制法不同。其有同类自相犯者，须问本国之制，依其俗法断之。异类相犯者，若高丽之与百济相犯之类，皆以国家法律论定刑名。"用现在的话来解释，"国家法律"，指《永徽律》（通称《唐律》）；"俗异"，即各当事人的本国法；"同类"，即是具有相同国籍的当事人；"异类"，指不同国籍的当事人；"相犯"，就是争议或争执的民刑事件[1]。这一"疏议"被我国学者认为是最早的国际私法学论述。在此其后，还有：①"海商客死，管籍其货，满三月，无妻子诣府者，则没入。"[2] ②"既入吾境，当依吾俗，安用岛夷哉。"[3]

---

[1] 章尚锦主编：《国际私法》，中国人民大学出版社 1992 年版，第 24 页。
[2] 《新唐书·孔戣传》
[3] 《宋史·汪大猷传》

以上"疏议"和"论述",都属于国际私法的内容;例如,后两段论述实即现在国际私法下列原则的最早表述:"无人继承的财产归国库","外国人必须遵守所在地国家的法律"。

（二）意大利早期注释法学派的"注释"

公元 212 年以前,在古罗马已有《万民法》。在欧洲,公元 5～9 世纪,处于种族法统治时期,所风行的是"绝对属人主义",被认为是国际私法属人法制度的"胚胎";公元 9～11 世纪,封建君主专制制度在欧洲形成的过程中,封建主喜欢的是"绝对属地主义",这被认为是国际私法上属地法制度的萌芽[1]。公元 12～13 世纪,意大利出现了注释法学派,在各城市国家的习惯法和罗马法同时并存、法律冲突不断发生的情况下,早期注释法学派企图通过对古罗马法的解释（注释）,来寻找解决法律冲突的办法,提出了"强大的和更有益的法律"主张,作为解决法律适用的唯一标准。

二、国际私法学的形成

（一）意大利法则区别说

该学说形成的背景是:意大利北部诸城邦国际贸易已很发达。在法律方面,被视为普通法的罗马法在各地仍然适用,各城邦根据流行于各自领域的习惯制定了作为特别法的"法则"。

"法则区别说"的创建人、评论法学派（后期注释学派）巴托鲁斯（BarTolus,1314～1357 年）被称为国际私法学"鼻祖"。后期注释学派促使罗马法和实际生活相结合提出了解决法律冲突的"法则区别说",也称"法则两分法"。巴托鲁斯把当时意大利的法律冲突概括为罗马法与城市国家法则间的冲突及城市国家彼此间法则的冲突两大类。前者按特别法优于普通法的原则依城市国家法则处理,后者采用法则区别法把各城市国家法则区分为"物法"和"人法",分别具有域内效力和域外效力。"物法"是属物的,也称属地法,用来解决物权、人的行为方式（包括遗嘱的执行、行为的限制、诉讼）等问题;"人法"是属人的,也称属人法,用来解决人的权利能力和行为能力、身份关系等问题。

法则区别说转到法国后,出现了"法则三分法",将法则分为人法、物法和混合法则。法国学者杜摩林（Dumoulin,1500～1566）在此基础上提出了"当事人意思自治原则"。

（二）国际礼让说

17 世纪,法则区别说传到了荷兰。荷兰学者仍然采用"法则区别"的方法,但提出了"国际礼让说",作为适用外国法的理论根据。当时该学派的学者很多,其中,以胡伯（Hober,1636～1694）的"国际礼让说"为典型代表。他提出了著名的"胡伯三原则":①一国法律对其领土上的一切人有约束,在域外无效;②在一国境内的居住者,不论是经常或是暂时居住,均属该国国民;③在外国领域内有效适用的法律,在内国领域内可以依照礼让原则准予适用。这是国际私法上由荷兰学者第一次提出适用外国法的统一标准"礼让"。这个统一标准"礼让",由荷兰学者首先在苏格兰传播,经苏格兰传

---

[1] 刘振江等主编:《国际私法教程》,兰州大学出版社 1988 年版,第 33～34 页。

入英格兰，然后传到美国，成为英美国际私法的基石；同时，该"礼让"标准还传播到了欧洲意大利、法国、德国等国。

国际礼让说直到如今仍在一些国家中有影响：例如美国施托雷 1834 年出版的《冲突法评论》中的属地主义，就是承袭了荷兰法则区别学者的属地主义和国际礼让说，奠定了美国国际私法学的基础。

三、国际私法学的发展期

国际私法学的发展，以 19 世纪德国萨维尼提出"法律关系本座说"为标志奠定了被西方国家学者称为"现代国际私法学"的基础，大致上可以划分为两个阶段：①现代国际私法学阶段（1848～1917）：从"法律关系本座说"的提出，到社会主义国家国际私法学的出现为止；②当代国际私法学阶段（1917 至今）：从前苏联学者提出"对外政策需要说"、中国学者提出"国际交往互利说"，形成社会主义国家的国际私法学、发展中国家的国际私法学和发达国家的国际私法学三大类。

（一）法律关系本座说

这是 19 世纪中叶德国著名国际私法学者萨维尼（Sevigny）提出。他在总结德国国际私法理论成果的基础上，在 1848 年出版的《当代罗马法体系》一书中系统论述了不同于"法则区别说"和"国际礼让说"的国际私法理论。根据其主张，坚持单一属地主义立场的传统国际私法理论是不可取的。现实生活中存在着"相互交往的国家的国际社会"，各种冲突法的建立不能脱离这一基础。他提出，每一种法律关系按其性质都和某一特定的法律制度相联系，归属于该"法域"，即法律关系所具有的确定的"本座"；冲突法的任务，正在于按照具有普遍意义的标准，具体的确定法律关系的本座及其应适用的法律。

依照上述原则，萨维尼提出了一系列具有连接点（因素）意义的法律关系"本座"。例如，①人的身份地位问题：以其住所地为"本座"；②物权关系：以物之所在地为"本座"；③契约之债：以债务履行地为"本座"；④侵权行为之债：以损害后果发生地为"本座"；⑤法律行为方式：以行为地为"本座"；⑥程序问题：以法院地为"本座"；等等。

法律关系本座说将本国法和外国法置于同等地位，公平地看待内外国法律。该学说改变了传统法则区别说分析"法则性质"决定法律适用的方法，代之以分析"法律关系性质"决定法律适用的方法。从而使国际私法建立在科学的基础上，奠定了现代国际私法的理论基础。该学说提出的各种法律关系"本座"，实际上作为连接点为国际私法所接受。该学说克服了"国际礼让说"的片面性，批评了单一属地主义立场和域内效力观点。认为这不能反映法律关系调整的客观公正要求，在新的基础上重新回归到国际私法的普遍主义或国际主义，对后世国际私法及有关理论的发展产生了重大的影响。当代国际私法中流行的"法律关系重心说"、"客观标志理论"、"最密切联系原则"等都是在法律关系本座说的基础上发展起来的。法律关系本座说甚至被认为是国际私法理论发展的里程碑，萨维尼也被称为现代国际私法的奠基人。

（二）国籍法说

意大利学者孟西尼（Mancini，1817～1888），在其《国籍乃国际法的基础》专题演讲中，提出国籍法说，主张超地域适用属人法（国籍所属国法），并建立了公共秩序保留原则。国籍法说主张：应给国籍以明确的概念并作为国际法的基础，每个人都应适用其本民族的法律。该学说有三大原则：①属地主权原则。以公共秩序为目的的法律应适用于包括居住在内国的外国人在内的一切人。②国籍原则。③自由原则。尊重当事人的意思自治。该学说打破了以住所地法为属人法的一统天下的状态，许多国家均改住所为国籍作为属人法的连接点。

（三）既得权说

19世纪末，英国学者戴西（Dicey，1835~1922）创立了既得权说。他在英美判例法实践和国际礼让说的影响下，在其1896年出版的《法律冲突论》中详细论述了国际礼让说中原已存在的既得权思想：一方面，坚持一国法律效力仅及于本国境内的属地立场，不承认外国法的域外效力，并强调管辖权冲突之解决较之法律适用确定的优先意义；另一方面，提出国内法院有时如考虑到外国法的效力，它所承认和执行的也不是外国法本身，而是当事人依据该外国法所取得的权利（既得权）。该学说还进一步提出，英国法院仅对依据任何文明国家的法律而应正当取得的权利予以承认和执行；这一原则，是确定法律域外实施规则的基础。

在西方国家的国际私法理论中，既得权说曾享有很高的地位，被作为是解决法律冲突和法律适用问题的理论根据和理论基础。1934年比尔主编的美国法学会《美国冲突法重述》就是以这个理论为基础编写的。但它一方面否认外国法的域外效力；另一方面又试图承认与执行外国法所创设的权利；理论上的矛盾使其难以自圆其说。第二次世界大战后，该学说在美国"国际私法革命"中，受到了猛烈的抨击；1971年里斯主编的《美国冲突法重述（第二次）》抛弃了这个主张。

（四）法律社会目的说

这是跨越现代国际私法学和当代国际私法学的一种理论[1]。早在20世纪初，法国学者毕耶在其《国际私法原理》中就提出法律冲突是主权冲突，主张探索特定法律所追求的目的来决定法律的地域适用范围。他把法律按社会目的区分为个人保护法和社会保护法，前者是超地域的、属人的，后者是属地的。

20世纪50年代，法国著名的国际私法学家巴迪福（Patiffol）主张根据法律所体现的社会目的来决定法律的适用。20世纪70年代，在其1977年的《国际私法利益论》中，巴迪福又将利益分析与其原来的法律社会目的说相结合，形成"利益分析论"。总之，在法律社会目的论的基础上，20世纪20年代的"价值论"、20世纪60年代德国的"利益论"和巴迪福的主张，构成了欧洲大陆近100年来的法律适用理论，各有其独特发展之处。

（五）最密切联系说

这一学说最早在美国判例中出现。1954年纽约上诉法院法官富德（Fuld）在审理奥汀诉奥汀案时，阐述并运用了最密切联系理论；1963年在贝科克诉杰克逊案中，又一次运用了这一理论。在这两个案件中，富德法官用最密切联系的思想确定合同之债及侵权

---

[1] 章尚锦、徐青森主编：《国际私法》（第三版），中国人民大学出版社2007年版。

行为之债的准据法,取代了传统的做法。里斯把富德的做法认为是国际私法发展中的一个里程碑,并在主编《美国冲突法重述(第二次)》时正式采用了这一新理论。

最密切联系说最初作为解决侵权法中的法律适用原则,但其很快被许多国家接受为合同法律适用的重要原则;后来,其又在国际私法理论中发展为法律适用的一般原则。类似的提法有:"重力中心说"、"最真实联系说"、"最强联系说"等。

最密切联系说认为:在确定某一法律关系的法律适用时,不应机械、呆板地根据该类法律关系的本座去确定准据法,而应当根据具体法律关系的各种主、客观因素进行权衡,选择与其有最密切联系的法律为其准据法。在我国,合同关系、侵权关系和抚养关系等,均已采用了最密切联系这一主张。

(六) 不成熟的实证主义——经验主义说

这是对第二次大战后美国各种国际私法学说的概括称呼,也有人称之为反对传统学说的扩大法院地法说等。该学说主张用实证方法,总的趋势是反对传统学说,扩大法院地法的适用。

1. 本地法说(Local law)。美国学者库克(Cook,1873~1943),在其1942年出版的《冲突法的逻辑学和法律基础》中坚持经验主义冲突法观点,直接针对"既得权理论"。库克认为法院承认的并不是依外国法产生的权利,而只是依本国法律所产生的权利,法院所执行的并不是外国法,而永远只是自己的法律。

2. 政府利益分析说(Governmental Interest Analysis)。美国学者柯里(Currie,1912~1965),在其1963年出版的《冲突法论文集》提出了"政府利益分析说",认为过去的一切法律适用标准都是不确切的,应该以政府利益作为适用法律的唯一标准。该学说认为只在存在"虚假的冲突",即只有在国际民商事案件中只有一方有利益的情况下,才会适用该外国法;对存在"真实的冲突",即双方都有利益时,还是适用本地法。因为政府利益分析说本身存在缺陷,后来又有学者提出了"损害比较说"、"较好法律说"、"功用分析说"、"合理调节说"等。

3. 其他各种法院地法说。除了上述理论学说外,在美国的"国际私法(冲突法)革命"中还有:艾伦茨威格(Ehrenzweig)的"适当法院的适当法律说";卡弗斯(Cavers)的"优先选择原则说";利弗拉尔(lefflar)的"五点考虑说";麦克多加(Mcdoga)的"综合利益分析说"等[1]。

(七) 国际交往互利说(平等互利说)

在20世纪80年代以前,中国少数国际私法学者受原苏联"对外政策需要说"的影响。在20世纪80年代初,编写国际私法统编教材时,有学者提出了"国际交往互利说"(平等互利说);后来,在一系列国际私法教材和专著中有所阐述和介绍。[2]

该学说认为,在处理国际民商事法律冲突问题时,有时需要适用外国法;而一国适

---

[1] 邓正来:《美国现代国际私法流派》,法律出版社1987年版。

[2] 曾有多本国际私法著作介绍或阐述了"国际交往互利说"(平等互利说),例如袁成弟:《国际私法教程》,西南政法学院校内教材1984年版,第74~75页;章尚锦主编:《国际私法》,中国人民大学出版社1992年版,第37~38页;李双元等:《中国国际私法通论》,法律出版社1996年版,第81页,等等。

用外国法的行动，在本质上是基于"国际交往互利"或"平等互利"和维护其本身利益的需要。具体来说，其理由是：①国际政治、经济关系发展，国际民商事交往发展的要求。为了促进这些关系的发展公平、有效的实现其法律调整，稳定当事人间的民商事关系，维护交往利益，维护自身的利益，适用外国法是必要的；有时适用外国法反而对自己有利。②从有利于国际民商事争议的解决和判决的执行考虑，某些情况下一定要适用外国法。如不动产物权、行为方式、侵权行为争议的解决等。③适用外国法实际上是各国间主权和法律协调的结果：在贯彻国际法上对等互惠原则时，互相适用对方国法律有着内在联系，也正是互相尊重主权的必然结果。④一国用立法形式规定有条件适用外国法并不违背国家主权原则；相反，其正是国家主权原则运用的表现，因为冲突规范是内国法。

第三节 中国国际私法发展的历史

一、中国国际私法的立法发展史

（一）1949 年以前中国的国际私法立法

公元 651 年颁布的唐《永徽律》，在"名例"章中已有萌芽状态的较完整的国际私法规范，采用了属地和属人相结合的法律适用原则。"诸化外人同类自相犯者，各依本俗法；异类相犯者，依法律论"。以后的立法还有：①"海商客死，管籍其货，满三月，无妻子诣府者，则没入。"[1] ②"既入吾境，当依吾俗，安用岛夷哉。"[2]

后两者即是现在国际私法原则的最早表述："无人继承的财产归国库"，"外国人必须遵守所在地国家的法律"。

《大明律》和《大清律例》一反唐宋时期属人主义和属地主义相结合的原则，规定"凡化外人犯罪者，并依律拟断"，显示了浓烈的属地主义倾向，一定程度体现了封建王朝长期实行闭关自守的政策。

1918 年北洋军阀政府颁布的《法律适用条例》承袭了 1896 年《德国民法施行法》和 1898 年《日本法例》，具有大陆法系特征。共计 27 条，对人的能力、婚姻、家庭、继承、财产、法律行为的方式等方面的法律适用问题作了规定。该条例经国民党政府修正后改名为《涉外民事法律适用法》，目前仍在台湾地区适用。[3]

（二）1949 年以后中国的国际私法立法

1949 年新中国成立后，废除了《法律适用条例》，但有关国际私法立法工作比较缓慢。20 世纪 50 年代中国同有关国家签订的双边条约中有一些国际私法条款，如，1959 年《中苏领事条约》。中央人民政府颁布的一些行政性文件也有一些零星的冲突法规定，如 1951 年 10 月颁布的，"外侨相互之间及外侨与中国人之间在中国结婚，适用中国

---

[1]《新唐书·孔戣传》
[2]《宋史·汪大猷传》
[3] 赵相林主编：《国际私法》（第三版），中国政法大学出版社 2007 年版，第 47 页。

法。"比较完整的国际私法立法长期缺乏。

1978年十一届三中全会后,国际民商事关系迅速发展,呼唤尽早出台国际私法立法。1985年我国相继制定了《涉外经济合同法》和《继承法》,这两个法律分别对中国涉外经济合同的法律适用问题和涉外继承的法律适用问题作了规定。1986年《民法通则》第八章专门规定了涉外民事关系的法律适用。1988年最高人民法院又做出了《民法通则司法解释》。目前有国际私法内容条款的立法还有《宪法》、《合同法》、《公司法》、《海商法》、《民用航空法》、《票据法》、《收养法》、《民事诉讼法》、《仲裁法》、《海事诉讼特别程序法》等。2010年10月28日第十一届全国人民代表大会常务委员会第十七次会议通过了《涉外民事关系法律适用法》,该法自2011年4月1日起施行。目前我国国际私法立法工作初步完成,但需要顺应国际私法立法工作的全球化趋势进一步完善。

二、中国国际私法学的发展历史

(一) 1949年以前的国际私法学

公元651年,《永徽律》公布施行,长孙无忌等人奉旨对其进行"注释",编成《唐律疏议》。《永徽律·名例》中的"诸化外人同类自相犯者,各依本俗法;异类相犯者,依法律论"。《唐律疏议》说:"化外人,谓蕃夷之国别立君长者。各有风俗,制法不同。其有同类自相犯者,须问本国之制,依其俗法断之。异类相犯者,若高丽之与百济相犯之类,皆以国家法律论定刑名。"用现在的话来解释,"国家法律",指《永徽律》(通称《唐律》);"俗异",即各当事人的本国法;"同类",即是具有相同国籍的当事人;"异类",指不同国籍的当事人;"相犯",就是争议或争执的民刑事件[1]。这一"疏议"被我国学者认为是最早的萌芽状态的国际私法学论述。

20世纪初,中国陆续出版了一批冲突法著作。1905年出版的第一套法学丛书《法政粹编》中就有一本《国际私法》;同年出版的《法政丛书》中有一本郭斌编写的《国际私法》;1907年出版的《法政讲义》中有傅疆编写的《国际公私法》;1911年出版的《京师法学堂笔记》中出现了熊元楷主编的《国际私法》。其他有关的著作还有:1930年陈顾远编著的《国际私法总论》、1931年周敦九编著的《国际私法新论》、1933年阮毅成编著的《国际私法》、1934年唐纪翔编著的《中国国际私法》、1935年翟楚编著的《国际私法纲要》、1937年卢峻编著的《国际私法之理论与实践》等。

(二) 1949年以后中国的国际私法学

从20世纪50年代开始,法律院校开设了国际私法课程,但当时唯一的教材是前苏联学者隆茨教授撰写的《国际私法》,理论研究完全按照苏联模式。1978年十一届三中全会后,国际私法研究焕发勃勃生机。1981年姚壮、任继圣教授合著的《国际私法基础》是新中国国际私法的拓荒之作;韩德培教授主编的《国际私法》是新中国第一部国际私法统编教材。此后一大批著作、学术论文、译著及教学参考资料不断出现。

1987年全国性的国际私法学术机构——中国国际私法研究会(1998年改名为中国国际私法学会)成立,并定期召开专题研讨会和年会。中国国际私法学会是中国国际私法研究的最高学术机构,它在2000年6月正式出版的《中华人民共和国国际私法示范

---

[1] 章尚锦主编:《国际私法》,中国人民大学出版社1992年版,第24页。

法》对中国国际私法各项制度作了较为全面、系统的规定,[1] 凝聚了中国国际私法学界的心血。

[问题与思考]
1. 你如何理解国际私法的历史发展?
2. 你如何理解国际私法学的历史发展?
3. 你最赞成哪种适用外国法的理论?
4. 学习、研究、完善国际私法对中国有何意义?

---

[1] 有关中国国际私法学发展的状况,可参见章尚锦:"我国国际私法和国际私法学发展的历史与现状",载《法学家》1999年第5期,第25~32页。

第三章 国际私法的主体

[本章概要]

国际私法的主体是指能够参与国际民商事关系，享有权利和承担义务的人。国际私法是以国际民商事关系为调整对象，国际民商事关系的主体就是国际私法的主体。通过本章的学习，我们应该掌握作为国际私法主体的基本条件，一是具有独立地参与国际民事关系的能力，二是要具有享有国际私法上的权利和承担国际私法上的义务的能力。国际私法的主体包括自然人、法人、国家和国际组织。

本章将重点阐述自然人的国籍和住所冲突的产生和解决、法人国籍和住所冲突的解决、外国法人的认可问题、国家和国际组织作为国际私法主体产生的特殊问题、国际民商交往中的各种待遇制度以及中国在国际私法主体方面的立法与实践。

第一节 自然人

一、概述

自然人是国际民商事关系的重要参与者。在国际私法中，自然人既包括本国公民，也包括外国人和无国籍人。作为国际私法主体的自然人首先依其本国法应是具有民事权利能力和行为能力的人，在有些国家的立法中，有限制或禁止本国人从事某项国际民商事活动的规定。但总的说来，各国立法中对本国公民的限制性规定是比较少的。

对于外国人和无国籍人，首先遇到的问题是外国人的民事法律地位问题，即外国人在内国享有民事权利和承担民事义务的范围，这是由一国的国内立法和参加或缔结的国际条约加以规定的，外国人应当在内国法律允许的范围内从事民事活动，只有这时，他才是国际民商事关系的合格主体。另外，由于各国立法中对自然人的权利能力和行为能力的规定不同，就会造成这一领域内的法律冲突现象，从而产生自然人的权利能力和行为能力的法律适用问题。而自然人的权利能力和行为能力准据法的确定又与自然人的国籍和住所有着极为密切的联系。在探讨自然人成为国际私法的主体这一问题时，主要研究自然人国籍和住所的确定，自然人权利能力和行为能力的法律适用及外国人的民事法律地位。

二、自然人国籍的确定

国籍是指一个人作为一个特定国家的成员资格，表明这个公民与所属国的一种特定的法律联系。国籍是国际私法中重要的连结点，国际私法研究国籍问题主要研究自然人国籍的确定，目的在于确定自然人的本国法。

自然人国籍的冲突源于各国国籍法对取得国籍、丧失国籍的标准的规定不同。国籍的冲突包括积极冲突和消极冲突两种。

（一）国籍积极冲突的解决办法

国籍积极冲突，是指自然人同时具有两个或两个以上国家的国籍。在国际民商事交往中，一个人拥有两个或两个以上国籍的情况并不鲜见。国际上有以下几种确定自然人国籍的做法：

1. 当事人具有的两个或两个以上国籍中有一个是本国国籍（或法院地国籍）。对此，各国通行的做法是：只承认其本国国籍，不承认其外国国籍，即本国国籍优先原则。

2. 当事人所具有的国籍均为外国国籍。对此，国际上做法不一致，有以下几种：

（1）以当事人最后取得的国籍为其国籍。例如，1939年的《泰国国际私法》第6条规定：在应适用当事人本国法时，如当事人不同时期取得两个以上国籍，则适用最后取得国籍所属国家的法律。

（2）以与当事人有最密切联系的国家的国籍为准。如《奥地利联邦国际私法法规》第9条规定：如一人具有多重国籍但无内国国籍，应以与之有最强联系的国家的国籍为准。1930年的《关于国籍法冲突的若干问题的公约》也采用这一标准。

（3）由法院从当事人的两个或两个以上国籍中决定其中一个国籍为当事人的国籍。如1948年《埃及民法典》第25条规定：在无国籍或多重国籍的情况下，应适用的法律由法官确定。

（4）以当事人有住所或者惯常居所的国家的国籍为准。

（二）国籍消极冲突的解决办法

国籍消极冲突，是指当事人不具有任何国家的国籍。这种情况下，国际上一般以当事人住所或居所地法律为其本国法。《2001韩国修正国际私法》规定：当事人的国籍不能确认或当事人没有国籍时，适用其惯常居所所在地法律，没有惯常居所时，适用其居所地法。1954年的《关于无国籍人地位的公约》第12条也有类似的规定。对于无国籍人在内国既无住所，又无居所的无国籍人的国籍的确定，有的国家规定办理一定手续加入内国国籍。但也有一些国家采取不同作法，如《埃及民法典》规定：无国籍人的本国法，由法官确定。

三、自然人住所的确定

住所在国际私法上有着重要意义，它对确定管辖权以及准据法起着重要作用，是一个重要的连结点。大陆法系国家大都以国籍法为当事人的本国法；英美各国法律所说的属人法，则指的是住所地法。

（一）住所的概念

关于住所的概念，各国并无统一的规定。《法国民法典》认为定居之地即为其住所，《加拿大魁北克民法典》以惯常居所地为住所，《瑞士民法典》则规定以有永久居住意思的居住地为住所，英美法则认为住所是人具有久居意思的事实上居住的地方。1986年11月召开的海牙国际私法会议，对住所的概念进行了广泛的讨论。一般认为，确定一个人的住所应从两个标准考虑,一是客观标准,如居住年限、家庭关系、财产所在地以及职业、社会和经济的联系等;另一个是主观标准,即当事人定居的意思。

通常认为,一个人仅能有一个住所,如《瑞士民法典》规定:一个人不能同时有几个住所。但有的国家允许一个人有数个住所,如《日本民法典》第74条规定:因某种行为的需要,可选定一个住所,但其原来的住所还存在。由于各国关于住所的概念及相关理解不同,就可能产生住所的冲突。

住所的冲突也分积极冲突和消极冲突。前者指一个人在同一时间,在不同的地方或国家有一个以上的住所;后者指一个人在同一时间在任何国家或任何地方都没有住所。

(二) 住所冲突的解决办法

1. 住所积极冲突的解决方法。主要有以下几种:

(1) 依当事人的意思确定其住所。法国学者罗梭(Loisseau)主张此说,认为,住所的选择属个人的自由,一个人有数个住所时,应以自己个人的意思决定住所。反对者认为,这种作法势必让当事人的意思左右其属人法的选择,很不妥当。

(2) 主张依法院地法确定当事人的住所。美国《冲突法重述(第二次)》第13条规定:法院在适用自己的冲突法规则时,依自己的标准确定住所。反对者认为,仅以法院地法作为解决住所冲突问题,就会因法院地的不同而造成住所时有变更,导致住所不确定。

(3) 依法律关系的性质解决当事人的住所冲突。例如:在解决当事人的身份能力问题时,住所的确定应依当事人本国法;解决无遗嘱继承问题时,依遗产所在地法或当事人的本国法确定住所;解决破产问题时,当事人的住所由法院地法确定。

(4) 同解决国籍积极冲突的方法相似,冲突的住所中有一个在国内,则以内国住所为住所。

2. 住所消极冲突的解决办法。对于住所的消极冲突,各国立法中采取的解决办法比较一致,一般均以当事人的居所代替住所;无居所的,以当事人的现在地为居所。

第二节 法 人

一、概述

世界各国都在立法中认可法人是一种享有民事主体资格的组织。法人也是国际民商事关系的主要参与者,法人是依法成立的一种组织,各国对法人成立的条件都有自己的规定,所以在一国成立的法人要到外国以法人的名义从事经营性或非经营性活动,其法人资格需要外国的认可。否则,就不能合法有效地开展国际民商事活动,不能成为国际民商事关系的合格主体。同自然人一样,各国立法中对法人的权利能力与行为能力的范围和内容的规定各不相同,作为国际民商事关系主体的法人也面临着确立其权利能力和行为能力的准据法问题。

二、法人国籍的确定

法人国籍是法人与其所属国的一种永久联系,是区分内国法人与外国法人的标志。从国外立法和实践看,一国确定外国法人或内国法人的标志并不是一成不变的,一个国家总是根据自己的对外经济政策寻求确定法人国籍的标准,情势变迁原则同样适用于此问题。确定法人国籍的标志一般有以下几种:

1. 以法人成立地为标志。英美法系各国采此标志。其理由是,一个组织之所以成为法人,具有民事权利能力和行为能力,是因为在该国依法登记或得到批准。这一主张也为《布斯塔曼特法典》所接受,该法典第 17 条规定,社团法人的原有国籍为其成立地,并依社团应予注册或登记地所属国家的国籍。

2. 以法人住所地为标志。由于各国对住所的确定不一致,这一标准分为:①以管理中心地为标志。《奥地利联邦国际私法》第 10 条规定:法人,其属人法应是该法律实体设有主要事务所的国家的法律。②以主要营业所所在地为标志。《泰国国际私法》第 7 条规定:法人国籍冲突时,以总店或主要营业所所在地国的国籍为法人的国籍。

3. 以自然人国籍为标志。该学说认为:法人只不过是覆盖在一群成员身上以使他们联合其中的一层薄纱,它使他们凝聚成一个人,这个人同他们自身毫无差别,因为这个人是他们本身,它的国籍无非就是他们自己的国籍。这种主张在实践中很少运用。

4. 以资本控制为标志。这一主张为一些国家接受。如英国在著名的戴曼尔案件中运用了这种主张。该案的案情是这样的:轮胎销售股份公司是在英国核准的,它的资本分为 25 000 股份,其中只有 1 股属于英国人,而其余的股份均由德国所有人掌握。该公司是按照英国法进行登记的,从英国法的观点看,该公司是英国法人。但法院认定,在这种情况下,应当确定谁控制着法人,并相应地根据这一点来解决法人的事实属性问题。

5. 以准据法为标志。该主张认为,根据哪一国法律成立的法人就具有哪一国的国籍。

三、法人住所的确定

同自然人一样,法人也有其住所,法人住所的确定,在国际私法中有重要意义。

1. 管理中心所在地说,也称为主事务所所在地说。其理由是法人的管理中心是法人的首脑机构所在地,法人经营活动的计划和决策都由该地作出。而且,通常法人的决策中心只有一个,在实践中比较容易确定其管理中心。但该学说的主要弊端在于,法人只要将其主要事务所搬到国外,就可以轻易地达到规避法律的目的。

2. 营业中心地说。依照该主张,法人的住所地是指法人从事实际经营活动的场所,因为法人的营业中心地是其利润的来源地,是实现法人经营目的的地方,并且法人的营业中心相对比较稳定,不容易搬迁,从而不易产生通过改变法人的住所规避法律的现象,许多发展中国家采纳这一主张。但这种做法的缺陷是:在实践中,常常遇到一个法人有多个营业地的现象,在现实生活中难以判断其中哪一个是法人的营业中心,从而难以确定法人的住所。

3. 章程规定说。此说认为法人的住所就是其章程中所载明的住所。由于法人在登记成立时,章程中一般都会证明其住所,所以依照这种办法来判断法人的住所简单明了。如《瑞士民法典》第 56 条规定:法人的住所,依法人章程的规定(而在无章程规定时,则以执行其事务之住所为法人住所)。

四、外国法人的认可

确定了法人的国籍,并不意味着该法人就可以在内国从事业务活动。根据国家主权原则,外国法人到其他国家进行民商事活动,必须得到其他国家的承认。外国法人的认可,是指一国政府承认外国法人人格的存在,赋予其民事权利地位。

一般地讲,除有条约规定外,外国法人的认可是内国行使主权的行为,应依内国法办理。各国关于外国法人的认可制度有以下几种:

1. 特别认可制。即通过特别批准的程序加以认可,内国可基于国家利益或行政理由拒绝承认。

2. 一般认可制。外国法人根据法律的一般规定,在民商事活动地国家办理必要的登记和注册手续,便可从事活动。英、美、法、西班牙、瑞士等国都采此种制度。

3. 分别认可制。即根据外国法人的性质,采取不同的认可办法。对商业性的法人采用一般认可制,对非商业性的法人(如文化、艺术、体育团体等)采取特别认可制。法国采用这种制度。

4. 相互认可制。根据条约的规定,相互承认对方的法人。如1966年《美国和多哥共和国友好和经济关系条约》规定:根据缔约任何一方的现行法律和条约而设立的公司,应被视为该方的公司,其法律地位应在缔约另一方领土内得到承认。1956年在海牙签订的《关于承认外国公司、社团、财团的法人资格公约》规定:"凡公司、社团、财团按照缔约国法律在其国内履行登记或公告手续并设有法定所在地而取得法律人格的,其他缔约国应予充分的承认……"

第三节 国 家

一、国家作为国际私法主体的特点

国家对于国际民商事关系的影响体现在两个方面。一方面,国家作为国际法的主体或行政法的主体发挥着作用。具体来说,国家通过立法和缔结国际条约的方式为国际民商事交往制定规则,同时,国家通过司法和行政手段来管理着一国的对外民商事交往秩序。另一方面,国家以自己的名义直接参与国际民商事交往。比如,以国家的身份与外国法人签订对外经济贸易合同,对外直接投资或者发行债券等。本节探讨的,是在后一种情况下国家成为国际民商事关系的主体的问题。

国家从事国际民商事交往时,在具体的权利和义务上与自然人和法人有明显的差别。国家作为国际私法主体具有以下特殊性:

1. 国家作为主权者,根据国际法和国际惯例,享有豁免权。国家豁免权是国家主权的体现,在国际关系中,任何国家都是平等的,不应存在一国主权高于另一国主权的情况,国家作为国际私法的主体参与国际民商事交往时,也享有国家豁免权。但为了保护国际民商事秩序的安全和对方当事人的正当利益,有时国家会主动放弃其豁免权,比如,放弃司法管辖豁免,到外国法院去应诉。放弃豁免权和限制豁免权是完全不同的。

2. 国家作为国际民商事关系的主体，其具有的民事权利能力和行为能力，与自然人和法人不同。首先，某些权利能力和行为能力是国家所独有的，比如发行国债的能力。这种能力只有作为主权者才能够享有。其次，国家的民事权利能力和行为能力的范围和内容是国家通过立法程序来制定的，国家是自己设定自己的权利能力和行为能力，而自然人与法人则无此权力。

3. 国家以国库的财产为基础承担民事责任。

4. 国家参与国际民商事交往时，其行为是由国家授权的机构或个人来实施的。国家只对经过其授权的机构或个人的行为负责，并且该机构或个人的行为应当以国家的名义实施，否则，国家不承担责任。需要注意，要把国有企业的行为与国家的行为区分。一般情况下，国有企业具有独立的法人资格，它以自己的名义而非以国家的名义从事对外经营活动，并以自己的全部财产独立承担民事责任。

二、国家及其财产司法豁免权问题

（一）国家豁免问题概述

国家豁免原则来源于国家主权原则，在国际民商事交往中，最主要的是国家的司法豁免权。国家及其财产的司法豁免权有三个方面的内容：①诉讼管辖豁免，指的是未经一国同意，不得在另一国法院对它提起诉讼或提起以其财产为诉讼标的的诉讼；②程序豁免，指即使一国放弃管辖豁免，未经其同意，不得对其财产采取诉讼保全措施，也不得强制其出庭作证或提供证据以及为其他诉讼行为；③执行豁免，系指即使一国放弃管辖豁免而同意在他国法院作为被告或主动作为原告参加民事诉讼，即使败诉，未经其同意，仍不得对其财产实行强制执行。

国家及其财产司法豁免权的三项内容既有区别又有联系。三者各有不同的含义，并与国际民事诉讼的不同阶段相联系；放弃其中一项豁免，并不等于放弃其他两项豁免。联系在于：三者都源于国家主权和独立原则，共同构成国家及其财产豁免原则的整体；管辖豁免为其他两项豁免的前提条件，一个国家只有享有管辖豁免，才当然地享有另两种豁免；只有一个国家放弃管辖豁免，才能提出后两种豁免的问题。

国家及其财产享有司法豁免权是国际民事诉讼中的一个重要原则，除非国家放弃豁免权。例如，一国明示放弃豁免权或根据条约的规定在某些事项上不享有司法豁免权。我国参加了 1969 年《国际油污损害民事责任公约》时即承担了放弃国有商船的豁免权和执行有关判决的义务。但国家放弃豁免权仅限于明示放弃的事项，不能对这种放弃作扩大解释。

（二）关于国家及其财产豁免权的理论

关于国家及其财产豁免权主要存在着两种不同的理论，即绝对国家豁免论和限制国家豁免论。绝对国家豁免原则认为，在任何情况下，国家及其财产都享有司法豁免权，除非国家自愿放弃这种豁免权。

限制豁免理论认为，国家行为应分为主权行为和非主权行为，国家及其财产是否享有豁免权，要看它从事的是哪一类行为。如果外国国家以政治主体资格行使统治权活动，即所谓的主权行为或公法行为时，享有豁免权；反之，外国国家从事商业活动，为非主权行为或私法行为时，则不享有豁免权。这种理论认为，国家越来越多的参加国际经济活动及其他国际民事活动，而民商事关系中主体应是平等的，国家主张豁免权会使其处于特权地位，这样就对对方当事人不利，造成不公正不合理的结果。

限制豁免的倾向是 19 世纪末 20 世纪初开始在国际上出现的。为了保护私人资本的利益，意大利、德国、比利时、荷兰等国法院开始对外国国家及其财产的豁免权施加限制，只对外国国家所谓主权行为给予豁免，而对所谓非主权行为则拒绝给予豁免。1976 年《美国外国主权豁免法》和 1978 年《英国国家豁免法》在承认国家及其财产司法豁免原则的前提下，都规定了许多豁免的例外情形。目前，越来越多的国家采取了限制豁免的主张，尤其是西方发达国家几乎无一例外的接受了这一主张。

（三）《联合国国家及其财产管辖豁免公约》

2004 年 12 月 2 日第 59 届联合国大会通过了《联合国国家及其财产管辖豁免公约》，中国政府在 2005 年 9 月 14 日正式签署了该公约。该公约尚未生效，但作为全面规定国家及其财产豁免权的国际公约，对于国际法的发展以及国家参与国际民商事交往必将产生重大影响。

第四节 国际组织

一、国际组织作为国际私法主体的法律问题

国际组织的出现是世界各国在政治、经济、文化等方面交往与合作的必然结果。二战以后，国际组织得到了蓬勃发展，数量急剧增多。现今有影响的国际组织已多达几千个，它们在促进各国交往与合作，维护正常稳定的国际秩序方面发挥着不可替代的作用。对于国际组织的理解有广义和狭义之分，狭义的仅指政府间国际组织，广义的则还包括民间组织。实践中，无论政府间组织还是民间组织都可以成为国际民商事关系的主体。国际组织的法律人格来源于组成国际组织的法律文件（章程、条约等）。其成员在建立该组织时一般都在成立文件中赋予该组织以一定权利能力和行为能力，使之拥有一定的法律人格。根据国际法和国际惯例，这些被赋予的能力不仅被其成员国承认，一般也能得到非成员国的尊重和承认。同时，国际条约，如《联合国宪章》、《维也纳外交关系公约》等，也对国际组织的资格和能力作出了规定。

作为国际私法主体的国际组织在法律上有如下特点：

1. 国际组织具有民事能力，但其权利能力和行为能力是受到限制的能力。国际组织的民事能力是成员国为履行职能的需要而赋予的，其权利能力和行为能力的范围及内容都规定于成立该组织的基本法律文件之中。这种能力相对于国家来说，常常是不完整，是与履行其自身职能相关的。国际组织在开展国际交往时，必须遵守这些法律文件中的规定。

2. 国际组织以自己的名义参加国际民商事交往活动。国际组织虽然是由国家或其他成员组成的，但对外交往时，它是直接地以自己的名义而非其成员国的名义活动。但这并不是说，国际组织具有凌驾于国家之上的特权。在国际法上，没有任何权力高于国家主权，在国际组织内部也不例外，各成员国是通过国际组织的决议规则来表达自己意愿的，国际组织要秉承其成员国的共同意志行事。

3. 国际组织以自身的财产独立承担民事责任，其财产责任与其各成员之间没有连带关系。为了实现国际组织职能的需要，在建立该组织时，一般其成员会给予其一定的财产，或国际组织通过自身活动积累起部分财产，这些财产就成为国际组织承担民事责任的基础。

4. 政府间国际组织为了履行职能的需要，享有一定的特权和豁免。

二、政府间国际组织的特权与豁免

国际组织不同于国家，它不享有主权，也就不具备像国家那样建立在主权原则基础之上的豁免权，它的特权与豁免主要通过国际条约确立。如1946年联合国大会第一届会议批准的《联合国特权及豁免公约》就对联合国机构及其工作人员的特权和豁免作出了详细的规定。另外，联合国国际法委员会起草并于1975年维也纳外交会议上通过的《关于国家在其对普遍性国际组织关系上的代表权公约》对国际组织的特权与豁免作了比较全面的规定，但是目前该公约还没有生效。此外，一些国家的国内立法也对本国参加的国际组织的特权与豁免问题作出了规定，如1950年《英国国际组织（豁免与特权）法》，1952年《美国国际组织豁免法》等。

有关国际组织豁免权基础来源有两种不同的理论，一是职能说。这一学说认为，国际组织之所以享有豁免权，是成员国为了使其正常履行其职能的需要而赋予的，《联合国宪章》第104条和105条的规定就体现了这一点。这两条明确规定联合国组织在各会员国境内享有为执行其职务和达成宗旨所必需的法律行为能力；并且规定了它享有达成其宗旨所必需的特权豁免。二是代表说，这一学说认为，成员国之所以授予国际组织以特权和豁免，是因为国际组织在一定程度上或某些方面代表着成员国的利益和愿望。这两种观点都有一定的道理，但现在更多的支持职能说[1]。国际法委员会在制定《维也纳外交关系公约》的过程中也认为，"国际组织的豁免权只能建立在职能的基础上"。

根据有关国际条约和国内立法的规定，国际组织在国际交往中的特权与豁免主要有：国际组织的会所、公文档案不受侵犯；国际组织的财产和资产免受搜集、征用、没收、侵夺或其他任何形式的干涉。另外，国际组织及其财产当地国享有司法管辖及执行豁免。

第五节 外国人民事法律地位的几种制度

一、概述

（一）外国人民事法律地位的概念

外国人民事法律地位，是指外国人在内国享有民事权利，承担民事义务的状况。在这里所指的"外国人"应做广义的理解，既包括外国的自然人，也包括外国法人和非法人组织。在国际私法中，外国人是指不具有本国国籍的人，包括外国人和无国籍人。外

---

[1] 韩德培主编：《国际私法新论》，武汉大学出版社1997年版，第113~114页。

国法人和非法人组织是指根据本国法律的规定不具有本国国籍的法人和非法人组织。

各国国内法中都有关于外国人民事法律地位的规定，同时也通过缔结国际条约的形式对外国人民事权利与义务加以规定。这些规定，既有原则性的制度，如国民待遇、最惠国待遇制度，也有大量的具体民事权利和义务，如劳动权、知识产权等。规定外国人民事法律地位的规范都是实体规范，但它们对于冲突法具有非常重要的意义，因为赋予外国人以民事权利，是发生国际民商事关系的前提。一个外国人，若根据内国法不享有任何权利，那也就不可能产生国际民商事关系，也就不会发生法律冲突。一国赋予外国人哪些民事权利取决于该国的对外政策，同时，也反映了一国的社会经济状况。

（二）外国人民事法律地位的几种制度

历史上曾形成过几种关于外国人民事法律地位的制度，这些制度体现了对外国人民事权利的保护和限制。从世界各国的实践来看，常见的外国人待遇的制度有国民待遇、最惠国待遇、不歧视待遇、普遍优惠待遇等，这些制度是被交叉采用的。

二、国民待遇制度

（一）国民待遇制度的概念及意义

国民待遇制度是指一国根据条约或者法律，在一定范围内给予在本国境内的外国自然人、法人和商船与本国自然人、法人和商船同等待遇的制度。实施国民待遇制度，可以保证一国领域内的内外国人之间的民事权利地位平等。从历史上看，国民待遇制度的发展主要经历了无条件的国民待遇、有条件的国民待遇等几个阶段。

（二）实施国民待遇制度应注意的问题

1. 实施国民待遇制度，以互惠为基础，即本国给予外国人以国民待遇以该外国也同样地给予本国人以国民待遇为条件。

2. 国民待遇仅限于民事权利方面，不包括政治权利。

3. 实施国民待遇制度，外国人获得的是同等而不是同样的民事法律地位。目前各国为维护本国人在外国的权利，限制外国人在本国的权利，普遍规定外国人在本国享有有限制的国民待遇，即外国人只在某些领域内享有国民待遇。从传统上看，各国主要是在公民人身权利和诉讼权利的保护方面相互赋予国民待遇，但现在国民待遇的授予范围已扩展至财产权的保护、专利、商标权的保护、海难救助等领域。对外国人的从业资格往往有限制，某些特定的职业外国人不能担当。目前，在公用事业、劳动权利、内水航运等领域通常不赋予外国人以国民待遇。例如，在英国，不允许外国人拥有船舶所有权，外国人不能担任商船船长、引水员；在美国，大多数州不允许外国人担任律师。

三、最惠国待遇制度

（一）最惠国待遇制度的概念及意义

最惠国待遇是指缔约国之间，一国已经或者即将给予任何第三国的优惠与权利，也同样给予缔约国对方。联合国国际法委员会1978年7月拟定的《关于最惠国条款的规定（草案）》给最惠国待遇下的定义是："最惠国待遇是指施惠国给予受惠国或与之有确定关系的人或事的待遇不低于施惠国给予第三国或与之有同于上述关系的人或事的待遇。"最惠国待遇涉及三方面的关系：第一国为施惠国；第三国为最惠国，享受最高民事权利；第二国为受惠国。

实施最惠国待遇的目的是保证一国领域内的所有外国人之间的民事权利地位平等。

(二) 最惠国待遇制度的特点

最惠国待遇主要具有以下特点：①最惠国待遇是一国对另一国的待遇，这种待遇是通过自然人、法人、商船及货物所享受的待遇表现出来的；②最惠国待遇条款一般都在对外经济贸易方面使用，主要的适用范围包括：商品进出口关税、捐税和其他费用的征收，商品进出口、过境时的许可程序、海关手续等方面；③最惠国待遇给予的权利和豁免，是同任何第三国相比而言的；④最惠国待遇是指现在已经给予而仍然存在的及从现在起将要给予任何第三国的优惠和豁免。

(三) 最惠国待遇制度的分类

最惠国待遇比国民待遇出现得要早些，在欧洲，早在12世纪就出现了最惠国待遇；到18世纪时，最惠国待遇制度开始在欧洲国家间普遍使用。按照表现形式的不同，最惠国待遇可分为：

1. 非互惠的和互惠的最惠国待遇制度。前者是指缔约国单方面享受最惠国待遇，这是历史上初期最惠国条款所采用的一种形式，如1858年的《中美望厦条约》第13条规定：将来大清皇帝给予他国的"恩典"与"恩惠"，大合众国一体均沾。但条约未规定美国也赋予中国公民最惠国待遇。这种类型的条款是帝国主义强迫殖民地、半殖民地国家签署的，具有不平等性，现在基本上不存在了。互惠的最惠国待遇是指缔约国双方相互给予对方人民以最惠国待遇。1979年7月7日的《中华人民共和国和美利坚合众国贸易关系协定》第2条第1款的规定属于这一形式。该款规定："为了使两国贸易关系建立在非歧视性基础上，缔约双方对来自或输出至对方的产品应相互给予最惠国待遇。"互惠的最惠国待遇一般都规定一个确定的范围，受惠国一般只能在这个确定的范围内取得最惠国待遇。

2. 有条件的和无条件的最惠国待遇制度。有条件的最惠国待遇指缔约国给予另一缔约国最惠国待遇，应以最惠国（第三国）给予施惠国同样权利为条件。历史上，美国为保护本国的经济利益，首先采用这种形式，因此，这种条款也称美国式最惠国条款。无条件的最惠国条款指缔约国给予第三国最惠国待遇时，应"自动地且无报偿地"给予缔约国另一方。欧洲国家普遍采用这种条款，也称欧洲式最惠国条款。美国从1923年以后，抛弃了有条件的最惠国待遇条款，而采用无条件的最惠国待遇条款。第二次世界大战以后，在美国与各国签订的此类条约中，几乎完全采取无条件的最惠国待遇形式。

3. 有限制的和无限制的最惠国待遇制度。无限制的最惠国待遇是指最惠国享受的最惠国待遇的范围是不受任何限制的，涉及经济贸易的任何领域，如1962年的《中朝通商航海条约》第13条规定："缔约任何一方的法人和自然人在缔约另一方境内在各方面享受不低于给予第三国法人和自然人的优惠待遇。"1962年的《中朝通商航海条约》第2条的规定也属这种形式。此外，还有有限制的最惠国待遇。有限制的最惠国待遇指施惠国给予最惠国的最惠国待遇是在一定的范围内的，而不是包括经济贸易的一切领域，这是常见的形式。

4. 双边和多边的最惠国待遇制度。双边的最惠国待遇仅适用于缔约双方，即一方享有的最惠国待遇必须通过在双边条约中订立该项条款才能取得。而多边条约如关贸总协定中的最惠国条款则属于多边的最惠国待遇，所有缔约国均自动享有各种优惠待遇，无须再缔结双边条约。

目前，国际上通行的做法是采用互惠的、无条件的、有限制的最惠国待遇制度。

（四）最惠国待遇制度的适用例外

最惠国待遇的实行也有例外。从各国条约实践上看，以下情形一般不适用最惠国待遇：①一国给予其边境邻国的特权与优惠，如互免入境签证、减免边贸关税；②关税同盟、自由贸易区或经济共同体内的优惠，如北美自由贸易区国家间的各种优惠、欧盟国家间的各种优惠；③基于特殊的历史、政治、经济关系的国家和地区之间的特权与优惠；④发达国家给予特定的发展中国家的优惠，如普惠制原则下的进口关税优惠，其他国家不得享有；⑤国际条约规定的其他不适用最惠国待遇的情形。

四、不歧视待遇

不歧视待遇是与歧视待遇相对应的。歧视待遇又叫差别待遇，是指一国给予另一特定国的自然人、法人的优惠或者权利，低于给予其他外国人的一般优惠或者权利；或者把给予内国或者其他外国的自然人、法人的某些优惠或者权利不给予特定外国的自然人或者法人；或者专门针对特定国家的自然人或者法人的权利，做出限制性规定。为防止这种歧视待遇的出现，在条约中往往规定，缔约国之间不得采用歧视待遇。

不歧视待遇，又叫无差别待遇，是指国家之间通过缔结条约，规定缔约国一方不把低于内国或者其他外国自然人和法人的权利地位或者特别限制适用于缔约另一方的自然人和法人。例如1984年中英签订的《关于对所得和财产收益相互避免双重征税和防止偷漏税的协定》中规定了缔约一方不应把高于内国国民、企业在相同情况下负担的税收加于另一方的国民或企业。这几个条款的规定都是为了防止本国人在对方国家遭受到特别的歧视待遇。这种歧视既有可能是相对于内国人而言的，也包括相对于其他外国人的歧视待遇。

不歧视待遇与国民待遇和最惠国待遇一样，也是规定外国人民事法律地位的制度。不同的是不歧视待遇是从消极的方面着手的，而国民待遇、最惠国待遇是从积极的方面来规定的。因此，在国际条约的实践中，最惠国待遇、国民待遇、不歧视待遇有时会同时规定于一个条约中。例如，1962年的《中朝通商航海条约》就同时规定了最惠国待遇、国民待遇和不歧视待遇这三种待遇制度。

五、普遍优惠待遇

普遍优惠待遇是指发达国家从发展中国家进口工业制成品或半成品时，给予减税或免税的优惠，而不要求发展中国家实行对等的措施。其特点是普遍的、非互惠的、只限于关税的临时措施，也称"普惠税制"或"普惠制"。

由于世界经济发展的不平衡，不论是国民待遇还是最惠国待遇，其所称的平等都仅仅是形式上的平等，这种形式上的平等掩盖了发达国家和发展中国家间经济发展的实质上的不平等。发达国家拥有资金、技术和生产能力上的优势，可以利用国民待遇和最惠国待遇等条款打开发展中国家的市场大门，大量输出商品；而很多发展中国家由于技术能力弱、产品成本高，在向发达国家出口产品时，很难从国民待遇和最惠国待遇中受益。长期以来，国际上就致力于建立一个新型的制度以帮助发展中国家的民族工业的发展，促进发展中国家的对外贸易的扩展。1968年，联合国贸易与发展会议通过决议，建议：发展中国家向发达国家出口制成品或半成品时，发达国家应给予发展中国家上述产品以免征关税和减收关税的优惠待遇，而不要求发展中国家就同样的产品对发达国家提供这种优惠。1974年，联合国大会通过的《各国经济权利和义务宪章》第19条明确肯定了这项制度。该条规定："为加速发展中国家的经济增长，弥合发达国家与发展中国家之间的经济差距起见，发达国家在国际经济合作可行的领域内应给予发展中国家普遍优惠的、非互惠的和非歧视的待遇。"此外，在1978年联合国国际法委员会制定的《关于最惠国条款的规定（草案）》中也对普惠制做出了许多规定，在《关税和贸易总协定》中也确定了这一制度。

依照上述文件的规定，普遍优惠待遇应遵循以下三个原则：①普遍原则，即所有发达国家对从所有发展中国家进口制成品或半成品时，都应给予普遍的优惠待遇；②非歧视原则，即该待遇应使所有的发展中国家都无歧视地、无例外地享有；③非互惠原则，即发达国家给予发展中国家的关税减让应当是单方面的，不能要求对等。

目前世界上有美国、英国、德国、法国、日本、比利时、丹麦、爱尔兰、意大利、卢森堡、荷兰、奥地利、加拿大、澳大利亚、新西兰、芬兰、挪威、瑞典等发达国家在不同程度上对发展中国家提供了普惠制待遇。需要注意的是，普遍优惠待遇从性质上讲是非强制性的，是否给予发展中国家普遍优惠待遇，给予哪些国家，以及针对哪些产品给予普遍的优惠待遇，均取决于发达国家。因此，是否能够享有普遍的优惠待遇，主动权并不在发展中国家，而在发达国家手中。近年来，随着我国综合国力的不断增强，外贸出口总量的不断提高，以及国际经贸格局的变化，在有些发达国家也出现了逐渐减少和限制我国的普惠制待遇的趋势。

第六节 中国关于国际私法主体的有关规定及实践

一、自然人

（一）国籍的确定

根据我国《国籍法》以及最高人民法院《民法通则司法解释》，我国对于自然人国籍确定有如下规定：

1. 不承认中国人具有双重国籍。《国籍法》第5条规定：父母双方或一方为中国公民，本人出生在外国，具有中国国籍；但父母双方或一方为中国公民并定居在外国，本人出生时即具有外国国籍的，不具有中国国籍。该法第9条规定：定居国外的中国公民，自愿加入或取得外国国籍的，即自动丧失中国国籍。

2. 《民法通则司法解释》第182条规定，双重或多重国籍的外国人，以其有住所或与其有最密切联系的国家的法律为其本国法。

3. 无国籍人的国籍问题。我国《国籍法》第6条规定，父母无国籍或国籍不明，定居在我国，本人出生在中国，具有中国国籍。第7条规定，外国人或无国籍人，愿意遵守中国宪法和法律，……可以经申请批准加入中国国籍。《民法通则司法解释》181条规定,无国籍人的民事行为能力,一般适用其居住国法律;如未定居,适用其住所所在地国法。

4. 2010 年我国《涉外民事关系法律适用法》第 19 条规定,依照本法适用国籍国法律,自然人具有两个以上国籍的,适用有经常居所的国籍国法律;在所有国籍国均无经常居所的,适用与其有最密切联系的国籍国法律。自然人无国籍或者国籍不明的,适用其经常居所地法律。

(二) 中国有关住所的规定

《民法通则》第 15 条规定,公民以他的户籍所在地的居住地为住所,经常居住地与住所不一致的,经常居住地视为住所。

《民法通则司法解释》第 183 条规定,当事人的住所不明或者不能确定,以其经常居住地为住所;当事人有几个住所的,以与产生纠纷的民事关系有最密切联系的住所为住所。

《最高人民法院关于适用〈中华人民共和国民事诉讼法〉若干问题的意见》第 5 条规定,公民的经常居住地是指公民离开住所至起诉时已连续居住 1 年以上的地方,但公民住院就医的地方除外。

2010 年《涉外民事关系法律适用法》第 20 条规定,依照本法适用经常居所地法律,自然人经常居所地不明的,适用其现在居所地法律。

二、法人

(一) 中国有关法人国籍确定的立法与实践

我国《民法通则》第 36 条规定,法人是具有民事权利能力和民事行为能力,依法独立享有民事权利和承担民事义务的组织。从立法和实践来看,关于法人国籍问题,有以下做法:

1. 解放初,为了肃清帝国主义在华特权,维护我国的利益,曾运用资本控制说解决一些问题。如上海永安公司案中,我们就采用这一标准。该公司成立时登记为美商,太平洋战争爆发后,为逃避日本帝国主义的迫害,改为华商。抗战胜利后,又恢复为美商,但该公司实际上为中国人所投资、掌握,解放后确定其为中国的私营企业。

2. 根据《中外合资经营企业法》、《中外合作经营企业法》、《外资企业法》的有关规定,在中国境内设立的外商投资企业,符合中国法律关于法人条件的规定的,依法取得中国法人资格。

3. 我国《公司法》第 192 条规定:本法所称的外国法人是指依照外国法律在中国境外设立的公司。

4. 《民法通则司法解释》第 184 条规定,外国法人,以其注册登记地国家的法律为其本国法。

由以上规定可以看出,我国立法中采用了注册成立地和准据法作为确定法人国籍的标志。

(二) 中国有关法人住所确定的立法

依照我国《民法通则》及《公司法》的有关规定,法人以它的主要办事机构所在地为住所。若法人只有一个办事机构时,该办事机构即为法人的住所,有几个办事机构时，则以起决策作用的主要办事机构所在地为法人的住所。《民法通则司法解释》第185条规定，当事人有2个以上营业所的，应以与产生纠纷的民事关系有最密切联系的营业所为准；当事人没有营业所的，以其住所或者经常居住地为准。2010年我国《涉外民事关系法律适用法》第14条规定，法人的主营业地与登记地不一致的，可以适用主营业地法律。法人的经常居所地，为其主营业地。

（三）中国关于外国法人认可的规定

我国《公司法》规定：外国公司在中国设立分支机构必须得到批准。1980年10月30日中华人民共和国国务院发布的《关于管理外国企业常驻代表机构的暂行规定》以及1995年2月13日外经贸部发布的《关于审批和管理外国企业在华常驻代表机构的实施细则》的规定：外国企业在中国设立常驻代表或常驻代表机构，必须提出申请，按其业务性质，报请中华人民共和国政府的主管委、部、局批准，到有关省、市、自治区工商行政管理局办理登记手续，领取登记证，未经批准登记的，不得开展常驻业务。

可见我国对外国法人的认可采取特别认可制，但需要注意的是，对于一般来华从事贸易的外国法人，是不需要经过政府机关的特别审批的。

三、中国在国家及其财产豁免问题上的理论和实践

我国在实践中一贯坚持国家主权平等和独立的原则，坚持国家及其财产司法豁免原则。在法院司法审判实践中，也没有以外国国家作为国际民事诉讼当事人的案例，但我国已在外国法院多次成为民事诉讼的被告。比较典型的案件有：美国地方法院亚拉巴马州地区法院受理的美国公民杰克逊控告中华人民共和国案（湖广铁路债券案）和美国得克萨斯州某地区的联邦法院受理的吉米诉中华人民共和国烟花产品责任损害赔偿案。

我国在国家豁免问题上的主要立场是：①坚持国家及其财产豁免是国际法上的一项基本原则，反对限制豁免论；②坚持国家本身或者以国家名义从事的一切活动享有豁免权，除非国家自愿放弃；③在对外实践中，把国家本身的活动和国有企业的活动区分开来，认为国有企业是具有独立法律人格的经济实体，不享有豁免权；④赞成通过达成国际协议来消除各国在国家豁免问题上的分歧；⑤如果外国国家无视中国主权，对中国或其财产强行行使司法管辖权，中国可以对该国采取相应的报复措施；⑥中国到外国法院特别出庭抗辩该外国法院的管辖权，不得视为接受该外国法院的管辖。[1]

随着涉及国家的民事诉讼案件日益增多，在国际上支持限制豁免论的国家也越来越多，特别是《联合国国家及其财产管辖豁免公约》通过后，我国在国家及其财产豁免问题上的立场面临重大挑战。有国内学者提出，中国应结合自己的国情和现状接受限制豁免论。尤其是如果对方国家采取限制豁免原则，对它们认为不应获得豁免的行为或财产，仍坚持绝对豁免，放弃对对方国家相应行为和财产的管辖，显然对我国当事人是不利的。因此，中国应在坚持国家及其财产豁免这一国际法原则的基础上，在实践中采取更为灵活多样的措施协调同其他国家及其自然人或法人的利害冲突。按照《联合国国家及其财产管辖豁免公约》所确立的规则，公正、合理地处理好涉及国家及其财产的诉讼

---

[1] 参见韩德培、肖永平主编：《国际私法学》，人民法院出版社、中国社会科学出版社2004年版，第37页。

案件。[1]

在国家及其财产豁免方面，我国国内立法欠缺，仅有一部《外国中央银行财产司法强制措施豁免法》（2005年10月25日通过）。该法仅涉及外国央行在华的豁免问题，适用范围有限。中国政府于2005年9月14日正式签署《联合国国家及其财产管辖豁免公约》。

四、外国人民事法律地位的制度

我国在国内立法、国际条约等方面均采用了国际社会通用的外国人民事法律地位的各项制度。

（一）国民待遇

我国在国内立法和条约实践中对国民待遇制度作了肯定。首先，从国内立法实践看，《民事诉讼法》第5条第1款规定："外国人、无国籍人、外国企业和组织在人民法院起诉、应诉，同中华人民共和国公民、法人和其他组织有同等的诉讼权利义务。"其次，从条约实践上看，1979年7月1日的《中华人民共和国和美利坚合众国贸易关系协定》第6条第2、3、5款规定在专利、商标、版权方面，相互赋予国民待遇，其中第5款规定：缔约双方同意应采取适当措施，以保证根据各自的法律和规章并适当考虑国际做法，给予对方的法人和自然人的版权保护，应与对方给予自己的此类保护相适当。

（二）最惠国待遇

互惠的最惠国待遇是指缔约国双方相互给予对方人民以最惠国待遇。1979年7月7日的《中华人民共和国和美利坚合众国贸易关系协定》第2条第1款的规定属于这一形式，该款规定："为了使两国贸易关系建立在非歧视性基础上，缔约双方对来自或输出至对方的产品应相互给予最惠国待遇。"1962年的《中朝通商航海条约》第13条规定："缔约任何一方的法人和自然人在缔约另一方境内在各方面享受不低于给予第三国法人和自然人的优惠待遇。"

（三）不歧视待遇

1984年中英签订的《关于对所得和财产收益相互避免双重征税和防止偷漏税的协定》中规定了缔约一方不应把高于内国国民、企业在相同情况下负担的税收加于另一方的国民或企业。1985年《中华人民共和国政府和丹麦王国政府关于鼓励和相互保护投资协定》第3条第4款规定："缔约任何一方保证，在不损害其法律和法规的情况下，对缔约另一方国民或公司参股的合资经营企业或缔约另一方国民或公司的投资，包括对该投资的管理、维持、使用、享有或处置，不采取歧视措施。"1962年的《中华人民共和国和朝鲜民主主义人民共和国通商航海条约》第7条第1款则规定了："缔约任何一方对从缔约另一方领土的输入或向缔约另一方领土的输出，都不应当采用对任何其它国家都不适用的任何限制或禁止。"

（四）普遍优惠待遇

到目前为止，已有美国、加拿大、澳大利亚、新西兰、日本、欧盟15个成员国等28个国家给予了中国普遍优惠待遇。

---

[1] 黄进、杜焕芳："国家及其财产管辖豁免的新发展"，载《法学家》2005年第6期。

五、外国人在中国的民事法律地位

（一）外国人在中国的民事法律地位的历史

外国人在中国的民事法律地位经历了四个时期：

1. 从汉朝到 16 世纪，为皇帝恩典赋予外国人以权利时期。在这个时期，各朝政府基本采取"开放"政策，允许外国人在中国学习、旅游、通商、甚至做官。据史载，唐朝时，在广州的外国人达几万人；元朝时，意大利人马可·波罗不但在中国旅游，甚至在中国做了 3 年的扬州知府。但在这一时期，给予外国人的一定的权利，都是皇帝特许的结果。皇帝也可以限制外国人的权利。如唐玄宗时曾颁布命令，在长安的外国人不准做生意，不准雇人，不准结婚。

2. 从明末到 1840 年鸦片战争，是闭关锁国时期。16 世纪以后，西方资本主义在封建社会内部孕育发展起来。经过战争，资产阶级取得了决定性的胜利，随后，他们为商品的国际化奔走。而当时的中国，仍然沉浸在封建的自给自足的小农经济的海洋中，面对西方的近代文明，中国明朝政府惊恐万状，他们借助种种手段限制外国人在中国的权利。到了清王朝，这种封建"闭关锁国"政策变本加厉。他们限制外国人在中国从事商业活动，外国人在中国经商只能到广州的商馆，与指定的少数人做交易，不得与一般中国人做生意，清政府甚至禁止外国人进入广州城。但闭关锁国并不能阻挡住帝国主义对中国的侵略。1840 年的中英鸦片战争，标志外国人在中国的民事地位进入了第三个时期。

3. 1840 年的鸦片战争到 1949 年中华人民共和国成立，是半封建半殖民地时期。1840 年的中英鸦片战争，打破了中国长期关闭的大门，帝国主义者带着他们的商品涌入中国。许多帝国主义国家凭借其大炮，强迫腐败无能的清政府签订了一个又一个的不平等条约，取得了种种特权，践踏了中国的立法、司法主权。如英国通过 1842 年的《中英南京条约》攫取了"五口通商"权，又通过 1843 年的《中英五口通商章程》取得了领事裁判权。美国通过《中美望厦条约》、《中美天津条约》、《中美条约》（1903），取得了在中国的领事裁判权、传教权和房地产永久租赁权。总之，帝国主义分子在中国处于特权地位是这一时期外国人在中国民事地位的突出特点。

4. 1949 年中华人民共和国成立之后。新中国成立以后，我国政府宣布废除一系列不平等的丧权辱国的条约，取消帝国主义者在华的一切特权，包括政治、经济和文化领域的非法权利，并在平等的基础上保护外国人的合法权益。1949 年起临时宪法作用的《中国人民政治协商会议共同纲领》就明确规定："中华人民共和国政府保护守法的外国侨民"；"中华人民共和国可以在平等互利的基础上，与各外国的政府和人民恢复并发展通商贸易关系"。我国通过国内立法和平等的国际条约，参照国际惯例，赋予了外国人广泛的民事权利。

（二）外国人在中国的民事法律地位

总的来讲，目前外国人在我国享有的民事权利是相当广泛的。我国现行法律主要从以下几个方面对外国人的民事权利作出了规定：

1. 一般规定。根据我国法律，外国人在我国进行民商事活动，依法受到我国法律的保护，我国《宪法》第 32 条第 1 款规定："中华人民共和国保护在中国境内的外国人的合法权利和利益，在中国境内的外国人必须遵守中华人民共和国的法律。"宪法的规定是外国人在中国进行民商事活动最基本的法律依据。

我国《民法通则》第 8 条规定："在中华人民共和国领域内的民事活动，适用中华人民共和国法律，法律另有规定的除外。本法关于公民的规定，适用于在中华人民共和国领域内的外国人、无国籍人，法律另有规定的除外。"由此可见，外国人在我国进行民事活动，原则上与我国公民一样享有平等的权利，即外国人原则上享有国民待遇。

另外，我国《对外贸易法》第 6 条规定："中华人民共和国在对外贸易方面根据所缔结或者参加的国际条约、协定，给予其他缔约方、参加方最惠国待遇、国民待遇等待遇，或者根据互惠、对等原则给予对方最惠国待遇、国民待遇等待遇。"

2. 婚姻家庭方面的权利。外国人和中国公民以及外国人之间均可以在中国自愿缔结或解除婚姻。但根据 1983 年我国民政部发布的《中国公民同外国人办理婚姻登记的几项规定》，现役军人、外交人员、公安人员、机要人员和其他掌握重大机密的人员、正在接受劳动教养和服刑的人员不准同外国人结婚。

根据我国《收养法》的规定，外国人可以在我国境内收养子女，也可以为中国公民收养。

3. 继承权。外国人在我国的合法继承权要受到保护。外国人可根据《继承法》的有关规定继承在中国境内的动产和不动产。

4. 劳动权。除国防、机要和某些特殊职业（如律师、船舶引水员）外，外国人可以在中国从事各种劳动，并依法享有劳动保护。需要注意的是，根据我国《外国人入境出境管理法》的规定，未取得居留证件的外国人和来中国留学的外国人，未经中国政府主管机关允许，不得在中国就业。

5. 知识产权。根据我国国内立法和参加或缔结的国际公约的规定，外国人依法取得的著作权、专利权和商标权受中国法律保护。《著作权法》第 2 条第 2、3、4 款规定："外国人、无国籍人的作品根据其作者所属国或者经常居住地国同中国签订的协议或者共同参加的国际条约享有的著作权，受本法保护。外国人、无国籍人的作品首先在中国境内出版的，依照本法享有著作权。未与中国签订协议或者共同参加国际条约的国家的作者以及无国籍人的作品首次在中国参加的国际条约的成员国出版的，或者在成员国和非成员国同时出版的，受本法保护。"《商标法》第 17 条规定："外国人或者外国企业在中国申请商标注册的，应当按其所属国和中华人民共和国签订的协议或者共同参加的国际条约办理，或者按对等原则办理"。《专利法》第 18 条规定："在中国没有经常居所或者营业所的外国人、外国企业或者外国其他组织在中国申请专利的，依照其所属国同中国签订的协议或者共同参加的国际条约，或者依照互惠原则，根据本法办理。"

我国已经加入了多项有关知识产权的国际公约，如《保护工业产权的巴黎公约》、《保护文学艺术作品的伯尔尼公约》、《世界版权公约》、《国际商标注册马德里协定》以及世界贸易组织的《与贸易有关的知识产权协议》等。

6. 投资经营权。根据我国《外资企业法》、《中外合资经营企业法》、《中外合作经营企业法》等法律的规定，外国人可以在我国进行投资和企业经营活动，外国投资者的合法权益受中国法律保护。例如《外资企业法》第 1 条规定："为了扩大对外经济合作和技术交流,促进中国国民经济的发展,中华人民共和国允许外国的企业和其他经济组织或者个人(以下简称外国投资者)在中国境内举办外资企业,保护外资企业的合法权益。"该法第4条规定:"外国投资者在中国境内的投资、获得的利润和其他合法权益,受中国法律保护。外资企业必须遵守中国的法律、法规,不得损害中国的社会公共利益。"

在外商投资领域,我国目前实行的并非是完全意义上的国民待遇,而实际上是一种差别待遇。在某些方面,如税收问题上,外资企业享有比内资企业更加优惠的待遇。而在市场准入、投资领域的问题上,外国投资者则受到更多的限制。随着我国国民经济的发展,并按照我国加入世界贸易组织时所作的承诺,外商投资的领域将不断地扩大,内外资企业间的差异也将逐步缩小。

7. 民事诉讼权。在外国人的诉讼权利方面,我国法律中规定了互惠基础上的国民待遇制度。《民事诉讼法》第5条规定:"外国人、无国籍人、外国企业和组织在人民法院起诉、应诉,同中华人民共和国公民、法人和其他组织有同等的诉讼权利和义务。外国法院对中华人民共和国公民、法人和其他组织的民事诉讼权利加以限制的,中华人民共和国人民法院对该国公民、企业和组织的民事诉讼权利,实行对等原则。"

案例与评析

[**案情介绍**] 1978年7月4日,美国人吉米和他的朋友乔治在他家门口燃放烟花。烟花本来指向空旷地方,但是点燃后突然改变了方向,朝站在他们身后的在不远处观看的吉米的弟弟杰克飞去,击伤了杰克的右眼,事后发现,这个烟花是从中国进口的"空中旅行"。于是杰克的父母委托律师,于1979年4月向美国得克萨斯州某地区的联邦法院提起诉讼,将中华人民共和国当作烟花的生产制造厂商并作为第一被告,以中国外交部长为中华人民共和国的代理人,并以进口烟花的美国某进口公司和烟花经销商为第二被告、第三被告。原告要求100万美元作为损害赔偿,同时对被告处以500万美元的惩罚性赔偿,共计600万美元。原告认为,该烟花由中国制造,由于产品缺陷,具有危险性从而导致了燃放者人身受到损害。根据美国产品责任法,产品的出口者应承担赔偿责任。

法院受案后,通过美国大使馆向我国外交部长送达传票,被我国外交部拒绝。之后,中国政府照会美国国务院,声明中华人民共和国是一个主权国家,享有豁免权,因而不能作为被告在另一个国家被起诉。同时,为了对消费者负责,我国有关部门立即着手调查此事,经查实,案件中所涉及的"空中旅行"烟花确系我国出口的商品。在调查了案件主要事实及我国产品可能存在的缺陷的同时,并且调查和了解了美国产品责任法的相关规定,在此基础上,我国有关部门根据有关事实和法律向受案法院提交了答辩。答辩称:首先,中华人民共和国作为主权国家,根据国际公法,各个国家是平等的,享有豁免权,所以美国法院不得以中华人民共和国为被告行使司法管辖权。其次,原告在起诉中仅仅提出产品存在缺陷并且具有危险性,并没有提出任何证据来证明这种缺陷来自生产、包装或者销售的哪个过程。再次,燃放烟花本身具有一定危险性，可能会对人身造成伤害。在我国产品出口包装上均写有警告和注意事项。但在本案起诉书中，对于受伤者在燃放烟花时燃放人是否遵守了上述警告这一问题没有作出具体说明，也没有提出证据来证明。最终，本案在美国以调解方式结案。

【案例评析】 本案涉及国家作为涉外民商事关系的主体享有国家主权豁免问题。美国法院能否将中华人民共和国作为被告？国家主权豁免是国际法的一项重要原则，其根据是联合国宪章所确认的国家主权平等原则。国家与国家之间是完全独立和平等的，任何一个国家不能对另一个国家行使管辖权，一个国家的法院没有经过国家同意，不能受理以外国国家作为诉讼对象的案件。国家参与涉外民商事活动是以国家的名义，由其机关或负责人代表进行的，并以国库对这种民商事活动承担财产责任。较之于自然人或法人参加涉外民商事法律关系，其特殊性有：国家需要遵守民事法律关系的平等性原则，以民事主体身份出现，自我限制其主权者的地位；国家参与涉外民商事活动是由其授权机构或负责人以国家的名义进行的；国家参与涉外民商事活动是以国库对其授权机构或代表人的涉外民商事行为承担民商事法律责任；国家参与涉外民商事活动依然是一个独立的主权者，依法享有豁免权。

本案中，中华人民共和国不应该作为被告，原因在于中国土产畜产进出口公司（即经营本案烟花出口贸易方）是独立法人，可以在美国起诉和应诉。并且中国作为一个主权国家享有豁免权，美国不得对中国行使司法管辖权。美国法院最后以调解的方式结案，不失为一种很好的解决途径。

[问题与思考]
1. 我国关于自然人国籍冲突与住所冲突的解决有哪些规定？
2. 我国关于确立法人国籍和住所的规定有哪些？
3. 国家作为国际私法主体有哪些特点？
4. 关于国家及其财产豁免权有哪些理论？
5. 设立不歧视待遇的主要作用。
6. 为什么要建立普遍优惠待遇制度？它的设立应遵循哪些原则？

第四章 冲突规范及其适用的各项制度

[本章概要]

国际私法的核心问题是解决法律适用（法律冲突）问题，解决这一问题的特有方法是间接调整的方法，即通过冲突规范，援引某国实体法作为处理当事人间权利义务关系的准据法，根据该准据法的规定，来确定当事人间的权利义务关系。国际私法的主要规范是冲突规范。冲突规范和准据法是国际私法中的基本问题，如何适用冲突规范，如何确定准据法是国际私法特有的制度。解决各种类型的国际民商事案件离不开正确了解冲突规范及其适用的各种制度，这些制度对于处理国际民商事案件意义重大。本章也是国际私法中的重点及难点问题。

本章将重点阐述冲突规范的一系列制度、确定准据法的方法以及冲突规范适用的几种制度（主要包括识别、反致、公共秩序保留、法律规避、外国法内容的查明）。中国关于冲突规范及其适用的各项制度的立法及实践是本章内容中的重要环节。

第一节 冲突规范

冲突规范是国际私法的特有规范、核心内容和本体部分，离开了冲突规范，国际私法就失去了其本质特征。

一、冲突规范的概念和特征

（一）冲突规范的定义

冲突规范是指，在调整国际民商事关系时，指明某一国际民商事关系应适用何国法律来确定当事人之间权利义务关系的法律规范。它又被称为"法律适用规范"、"法律选择规范"，狭义的"国际私法规范"，"冲突法规范"。

在国际私法中存在着大量如下形式的法律规范：人的权利能力适用当事人本国法，不动产所有权适用不动产所在地法，合同方式依合同缔结地法，合同关系适用当事人所选择的法律，等等。这类规范，国际私法将其称为冲突规范。我国《民法通则》第八章"涉外民事关系的法律适用"，自142～149条都属于这类规范。

（二）冲突规范的特征

冲突规范具有以下特征：

1. 内容上：冲突规范只指明某一国际民商事关系应适用何国法律，并不直接规定国际民商事关系当事人的权利义务。

2. 作用上：冲突规范对国际民商事关系只起"间接调整作用"、"路标作用"；冲突规范只有与其所援引的某国实体法律相结合，才能最终确定国际民商事关系当事人的权利和义务。

3. 性质上：冲突规范是一种既不同于实体法规范，也不同于程序规范的特殊类型的法律规范。它不同于实体法规范，并不直接规定当事人的权利义务；也不同于程序规范，不直接规定诉讼关系的内容或程序规则。

4. 结构上：冲突规范的结构和实体法规范不同。冲突规范的结构由"范围"和"系属"两部分构成；实体法规范的结构包括假定、处理和制裁三部分。

二、冲突规范的结构

冲突规范在结构上包括范围和系属两部分。

（一）范围

它是指冲突规范所要调整的国际民商事关系或所要解决的问题部分。因为它是导致该冲突规范指定应适用法律的起因或原因，所以又被称为连结对象、指定原因、诉讼动因。例如，"人的行为能力，适用当事人本国法"这条冲突规范中，"人的行为能力"是其范围；"侵权行为的损害赔偿，适用侵权行为地法律"这条冲突规范中，"侵权行为的损害赔偿"是其范围；此外，物权、知识产权、权利能力、合同方式、结婚、婚姻方式、扶养、法定继承、遗嘱继承等，各种各样的国际民商事关系都是有关冲突规范的范围，是冲突规范的基础。

（二）系属

它是指冲突规范中指明该冲突规范所调整的国际民商事关系应适用的特定法律那一部分，又被称为"冲突原则"。如上述列举的两条冲突规范中的"当事人本国法"和"侵权行为地法"部分，分别为这两条冲突规范的系属，它们指明了两种国际民商事关系应适用的特定法律。

三、连接点（point of connect）

（一）连接点的概念

连接点又称连接因素、联系因素（connecting factor）或连接根据（connecting ground）。它是指冲突规范系属中据以联系和确定应予适用的法律的客观标志部分，是把冲突规范的范围与所援引的准据法联系起来的因素、纽带或媒介。它反映了某种国际民商事关系与一定地域的法律之间客观的、内在的联系，从而使冲突规范调整的国际民商事关系可以借助连接点作为纽带和媒介找到应适用的准据法。例如，"不动产所有权，适用不动产所在地法律"这条冲突规范，"不动产所在地"就是连接点，它是该不动产应予适用的法律的根据。

运用冲突规范解决国际民商事法律冲突的方法，实际上就是"连接点"选择的方法、确定的方法。国际私法发展中出现的诸多理论、学说，也都正是围绕着"连接点"展开的；这些都说明"连接点"在国际私法上的重要意义。

（二）连接点的种类

从不同的标准和角度，可把连接点区分为不同种类。

1. 客观的连接点和主观的连接点。依是客观存在的标志还是当事人合意为标准可以区分为这两类连接点：①客观连接点，是一种客观存在的标志，主要有国籍、住所、居所、物之所在地、法院地、行为地等；②主观连接点，是指当事人之间的合意，主要指当事人选择适用于合同之债的连接点。

2. 动态连接点和静态连接点。依是否可以改变为标准，可以区分为动态和静态两类连接点：①动态连接点，是可以改变的连接点，如国籍、住所、居所、动产所在地等；②静态连接点，是固定不变的连接点，主要是指不动产所在地以及涉及过去的事件或行为地，如婚姻举行地、侵权行为地、合同缔结地等连接点。

3. 开放性连接点和硬性连接点。依是否具有灵活性为标准，可以区分为开放性连接点和硬性连接点：①开放性连接点，是具有一定灵活性的连接点，一般由法官根据具体案情自由裁量来确定，如最密切联系地等；②硬性连接点：是指非常确定的、不具有灵活性的连接点，如婚姻缔结地、离婚地等。

（三）常见的连接点

在国际实践中，常见的连接点有：国籍、住所或居所；物之所在地；行为地；当事人合意；法院地；最密切联系地等。作为把特定的国际民商事关系和特定国家的法律联系起来的"媒介或纽带"，是在长期实践中形成的，是有一定的历史客观原因的。

四、冲突规范的种类

根据冲突规范的系属不同，可以将其区分为不同的种类。系属不同，实际上是"连接点"不同，表现在对内国法和外国法的不同援引上。

（一）单边冲突规范（unilateral conflict rules）

1. 单边冲突规范的概念和特点。它是指冲突规范的系属直接指出某国际民商事关系应适用某国法的冲突规范。其特点是，其系属或者指出适用外国法，或者指明应适用内国法；指明适用内国法时，不能适用外国法；指明适用外国法时，不能适用内国法。

2. 单边冲突规范的三种不同情况。三种不同情况是：①单边冲突规范的系属直接指出应适用内国法：1896 年《德国民法施行法》规定最多；1804 年《法国民法典》也有不少规定；1983 年《中外合资经营企业法实施条例》第 15 条规定"合营企业合同的订立、效力、解释、执行及其争议的解决，均应适用中国的法律。"②单边冲突规范的系属直接指出应适用外国法，这类单边冲突规范，一般没有指明适用哪个外国法，究竟适用哪个外国法，还得结合具体情况来确定；例如，我国《民法通则》第 143 条规定："中华人民共和国公民定居国外的，他的民事行为能力可以适用定居国法律。"③单边冲突规范的系属明确指出应该适用特定国家的法律或国际条约：这类单边冲突规范，可能在双边国际条约中规定；例如，原《苏联和比利时、卢森堡经济同盟临时贸易专约》第 13 条："关于苏联驻比利时商务代表处订立或担保的贸易合同的一切争执，如在该合同中没有关于司法管辖或仲裁的专门条款，应受比利时法院的司法管辖，并依比利时法令解决。"

（二）双边冲突规范（bilateral conflict rules）

双边冲突规范是指冲突规范的系属含有抽象的连接点，并以该连接点为依据去推定应适用某国法的冲突规范。这类冲突规范的连接点是抽象的，具有隐含的双边意义，它指向的法律存在着内国法或外国法两种可能，被称为双边冲突规范。例如，我国《民法通则》第144、145、147、148、149 条都是双边冲突规范。以第144条为例："不动产的所有权，适用不动产所在地法律。"这条冲突规范，其系属只指出应根据"不动产所在地法律"来处理，至于到底依何国法处理，还要根据具体情况来确定：如商品房产，位于外国则依外国法，如位于中国的深圳经济特区，应依中国法办理。

（三）重叠适用的冲突规范（double rules for regulating the conflict of laws）

重叠适用的冲突规范是指冲突规范规定了两个或两个以上的系属，并且必须同时适用于某一国际民商事关系的冲突规范。例如，1902 年《关于离婚和别居的海牙公约》第 2 条规定："离婚之请求，若非依夫妇之本国法和法院地法皆有离婚之原因时，不得为之。"又如我国《民法通则》第 146 条规定：侵权行为之债，在适用侵权行为地法或当事人共同本国法或共同住所地法时，必须我国法律也认为是侵权行为时才能作为侵权行为处理。这种冲突规范，通常以法院地法作为重叠适用的准据法。

（四）选择适用的冲突规范（choice rules for regulating the conflict of laws）

选择适用的冲突规范是指冲突规范规定了两个或两个以上的系属，选择其中之一适用于国际民商事关系的冲突规范。选择适用的冲突规范，根据选择方式还可分为两种：

1. 无条件选择适用的冲突规范：在这种冲突规范的系属所指明的几种法律中，法院和当事人可以任意选择其中之一加以适用，而不分主次、前后，也不附带任何条件。例如，《日本关于动产遗嘱方式的准据法》第 2 条规定："遗嘱方式符合下列法律之一的，其方式有效：①行为地法；②遗嘱人立遗嘱或死亡时国籍所属国的法律；③遗嘱人立遗嘱时或死亡时的住所地法；④遗嘱人立遗嘱时或死亡时的经常居所地法。"即动产遗嘱的方式只要符合上述任何一个法律的规定，其方式为有效。

2. 有条件选择适用的冲突规范：这类规范只允许在规定的两个或两个以上的系属中按先后顺序或有条件地选择其中之一适用于有关国际民商事关系。例如，我国《民法通则》第 145 条规定："涉外合同的当事人可以选择处理合同争议所适用的法律，……涉外合同的当事人没有选择的，适用与合同有最密切联系的国家的法律。"

五、冲突规范的"软化处理"

冲突规范的软化处理是指，20 世纪中叶以来，在许多国际私法中出现的，采取旨在软化冲突规范以克服其机械、僵化的缺陷，即实现通过规定多数连接点、开放的连接点、扩展或分割法律关系类型等方式，创造"灵活冲突规范"的基本目的，从而适应于调整当今国际民商事关系的国际私法立法倾向和理论思潮。

（一）冲突规范"软化处理"的理由

国际私法产生时，国际民商事关系的种类少，内容简单，冲突规范也比较简单；为追求稳定、确定和概括，往往只规定一个"连接点"，这在国际私法产生之初是合理和适宜的。随着国际民商事关系的日益发展，特别是第二次世界大战后，世界经济一体化趋势的出现，国际民商事交往长足发展。在国际民商事关系日益多样化、内容日益复杂化的条件下，冲突规范的过于简单和概括的缺陷逐渐暴露出僵化和呆板的弱点，使得冲突规范难以科学、有效地解决当代国际私法实践中日益复杂的法律冲突，往往造成有悖公平和正义的法律适用后果。对传统的冲突规范进行改造，以增加法律选择的灵活性，国际社会逐渐形成对冲突规范软化处理的潮流。

（二）冲突规范软化处理的方式

软化冲突规范的方式主要是以下几种。

1. 采用灵活开放和复数可以选择的连接点。冲突规范的"软化处理"，本质上是连接点的软化。具体来说，可以以灵活、开放的连接点取代僵化的、封闭的连接点，如采取"当事人合意"、"最密切联系地"等连接点。如，我国《民法通则》第145条第2款规定："涉外合同的当事人没有选择的，适用与合同有最密切联系的国家的法律。"《奥地利国际私法法规》第1条规定："与外国有连结的事实，在私法上，应该依与该事实有最强联系的法律裁判。"还可以采取复数可选择连接点的方式，规定两个或两个以上可供选择的连接点。例如，1982年《土耳其国际私法和国际诉讼程序法》第14条规定："对于调整夫妻财产关系所适用的法律，夫妻双方可以在他们的住所地法或他们结婚时的本国法中选择。当事人没有选择的，适用夫妻双方共同的本国法。没有共同本国法的，适用缔结婚姻时夫妻共同住所地法。没有共同住所地法，则适用财产所在地法。"在国际条约的实践中，1961年《遗嘱处分方式法律适用公约》第1条规定："凡遗嘱处分方式符合下列国内法的，应为有效：立遗嘱人立遗嘱时所在地法；或立遗嘱人作出处分时或死亡时的本国法或住所地法或惯常居所地法；在涉及不动产遗嘱时，则适用财产所在地法。"

2. 对同类法律关系细分，并分别制定冲突规范。这也是对冲突规范软化处理的常见方法。在国际私法中，对同类法律关系，依其不同的性质加以进一步区分，并分别规定不同的冲突规范。如在侵权领域，可以就产品责任、交通事故、环境污染、国际诽谤等特殊国际侵权案件，分别制定冲突规范。对不同种类的合同，分别制定法律选择规则。

3. 对法律关系中的不同方面分别制定冲突规范。在国际私法中，对同一法律关系的不同方面并分别制定冲突规范，也是对冲突规范"软化处理"的一种方法。自法则区别说以来，国际私法学者中始终主张把法律行为能力、法律行为方式、法律行为内容加以区分，并依不同的连接点分别制定冲突规范。例如，有关合同关系的法律适用问题，把合同的不同方面加以区分，即缔约能力依属人法；合同方式依缔结地法；合同关系依当事人所选择的法律，没有选择的依最密切联系的法律等。

六、系属公式

国际私法中某些常见的、固定的双边冲突规范的系属之表述方式，是解决法律冲突的某些基本原则公式化的概括。在长期的国际私法实践中，有些双边冲突规范的系属，因具有普遍、稳定和典型的性质，因而被逐渐固定和保留下来，成为"系属公式"。

实践中国际私法上常见的系属公式，主要有以下几种。

（一）属人法（lex personalis；the personal law）

属人法是以自然人国籍、住所、惯常居所为连接点的系属公式。经常用来确定自然人权利能力和行为能力方面的一些问题，诸如能力、身份、婚姻家庭和动产继承等方面的法律冲突问题。19世纪中叶以来的国际实践中，欧洲大陆法系国家如法、德、意、比、荷、西班牙、葡萄牙、瑞典、芬兰、希腊、土耳其、伊朗、日本、叙利亚、古巴及拉丁美洲一些国家，把属人法理解为自然人国籍所属国法；而普通法系国家，英、美、阿根廷、巴西、秘鲁、尼加拉瓜、巴拉圭、挪威、丹麦、冰岛等，则把属人法理解为自然人住所地法。

20世纪80年代以来，住所地法的适用范围有扩大的倾向。例如，我国《民法通则》第八章，已有两处用了"住所地法"和"定居国法"。

另外还有法人属人法的概念，一般指国际民商事关系主体的法人国籍国法，经常用来解决法人权利问题，如法人成立的条件、内部组织及职权、权利能力和行为能力、法人财产的处理等。

（二）物之所在地法（lex lici actus；the law of the place where thing is located）

物之所在地法是指以国际民商事关系客体物的所在地作为连接点的系属公式。它曾被作为解决物权法律冲突最基本的原则，如"物权依物之所在地法"、"不动产所有权适用不动产所在地法"等。

（三）行为地法（lex loci actus；law of the place where act occurs）

行为地法是指以法律行为或有法律意义的行为完成地为连接点的系属公式。其来源于古老的"场所支配行为"原则，经常被用来解决一些有关法律行为方式及其他一些问题如事实行为、侵权行为问题，也有用来解决行为内容问题的。由于法律行为的性质不同，行为地法表示一系列的系属公式：①合同缔结地法：是以合同签订地为连接点的系属公式，通常用来解决合同方式的有效性问题；②合同履行地法：是以合同履行地作为连接点的系属公式，经常用来解决合同当事人之间的权利义务关系问题；③侵权行为地法：是以侵权行为地为连接点的系属公式，经常用来解决因不法行为而发生的债务问题；④婚姻举行（缔结）地法：是以婚姻缔结地为连接点的系属公式，一般用来解决婚姻方式问题，但也不排除解决婚姻实质要件问题；⑤立遗嘱地法：是以立遗嘱地为连接点的系属公式，经常用来解决遗嘱方式问题。此外还有出票地法、背书地法、债券发行地法、图书出版地法等其他行为地法。

（四）当事人所选择的法律（当事人意思自治，lex uoluntatis；party autonomy）

当事人所选择的法律是以当事人的合意选择为连接点的系属公式。经常被用来解决合同债务纠纷问题，也用于解决有关信托内容的法律冲突。意思自治原则为16世纪法国学者杜摩林首创，后来为许多资本主义国家所接受，目前为全世界所承认和采用。我国《民法通则》第145条第1款规定："涉外合同的当事人可以选择处理合同争议所适用的法律，法律另有规定的除外。"

（五）法院地法（lex fori；law of the court）

法院地法是指审理案件的法院所在地国家的法律，是以法院地作为连接点的系属公式。该规则一般用来解决诉讼程序问题，但也解决其他问题，如识别依据，被冲突规范援引的外国法违反了法院地国家的公共秩序时的法律适用问题等。

（六）国旗国法（lex bandi；law of the flag）

国旗国法是指国旗所属国家的法律，是以国旗为连接点的系属公式。通常用来解决船舶和飞行器在运输中的一些问题。

（七）最密切联系地法（law of the place of most signification relationship）

最密切联系地法是指与国际民商事关系有最密切联系国家的法律，是以最密切联系的因素为连接点的系属公式。该规则开始时用来解决合同和侵权的法律冲突问题,目前有逐渐发展为国际民商事法律冲突一般法律适用原则的趋势。我国已在合同、侵权和扶养关系中采用最密切联系地法。

第二节 准据法及其确定

一、准据法的概念和特征

(一) 准据法的概念

准据法是国际私法特有的概念,是指被冲突规范援引的,用来确定国际民商事关系当事人之间具体权利义务的某国(特定国家)的实体法。例如,我国《民法通则》第144条规定:"不动产的所有权,适用不动产所在地法律。"在这条冲突规范中,不动产所在地国家的实体法,就是有关不动产所有权关系的准据法。受理案件的法院应用这条冲突规范确认所涉不动产位于中国并适用中国实体法,则中国有关实体法就是该不动产所有权关系的准据法。准据法是国际民商事关系所具体适用的法律,不是冲突规范所抽象指定的法律;冲突规范的法律调整作用,不能离开准据法。

(二) 准据法的特征

1. 准据法必须是由冲突规范援引的某国实体法。如不是由冲突规范所援引的某特定国家的实体法,不能称为准据法。

2. 准据法必须是能够用来具体确定国际民商事关系当事人间权利义务的某国实体法。内国冲突规范基于反致、转致、间接反致而适用的外国冲突规范,虽然也是被冲突规范所援引的外国法,但因其不能直接用来确定当事人间的权利义务关系,不能称为准据法。

3. 准据法不是冲突规范逻辑结构的组成部分,必须结合具体的事实才能确定。准据法和系属是有区别的:系属是一个抽象的概念,准据法是具体确定当事人权利、义务的,只有和案件的具体事实结合起来才能确定。

4. 准据法不是笼统的法律制度或法律体系,而是一项具体的"法"。准据法是某国具体的实体法规范,而非该国的法律制度或法律文件。

二、准据法的确定

准据法的确定是指当事人、司法机构和仲裁机构等如何根据国际私法中的冲突规范确定应予适用的准据法。

(一) 确定准据法的过程

这个过程,大致可以分为三步。

1. 通过"识别"确定应予适用的冲突规范、连接点和可能的准据法。通过"识别",确定有关国际民商事关系的性质、确定连接点,找出应予适用的冲突规范,从而初步确定何国实体法为准据法。

2. 解决可能出现的准据法确定中的几个特殊问题。在确定了应予适用的冲突规范后,根据冲突规范的援引确定了应以某国实体法为准据法,但这时,还可能出现一系列特殊的问题需要加以解决。一般有区际法律冲突，时际法律冲突，人际法律冲突，需要确定先决问题的准据法，等等。但并不是所有的案件都会遇到这些问题。

3. 公共秩序保留等基本制度的制约。最终确定以某一外国法作为解决国际民商事关系的准据法之后，还可能遇到公共秩序保留、反致、法律规避和外国法内容的查明等问题，这些都会对外国法的适用起到一定的限制作用。

（二）准据法确定中的几个特殊问题

根据冲突规范的援引，确定了应以某国法为准据法时，还可能遇到下列问题：

1. 区际法律冲突与准据法的确定。当冲突规范援引某国法时，该外国是一个法律不统一的国家，而冲突规范又是以国籍而不是以住所、居所或行为地为连接点时，就会发生适用哪个法域的法律的问题。国际私法上将这类问题称为"准国际私法问题"，解决此类问题的法律称为区际私法。

国际实践中，解决区际法律冲突的原则有：①法院直接依据冲突规范中的连接点，如当事人住所、居所、行为地、物之所在地等来确定准据法。有人称这种方法为"直接指定"的方法。②依该国的区际冲突规则决定其本国法。有的称其为"间接指定"的方法，就是根据冲突规范所援引的国家法律规定的区际冲突法来确定。③按解决国际法律冲突的原则解决区际法律冲突。如《葡萄牙民法典》第20条规定，"在外国无区际私法时，采用该外国的国际私法。"④如果冲突规范中的系属为"本国法"，以当事人的住所地法、居所地法或所属地法代替本国法。

2. 时际法律冲突与准据法的确定。狭义的时际法律冲突，是指被冲突规范所援引的某国实体法已修订，新、旧法律作了不同的规定而产生的法律冲突；广义的时际法律冲突则包括实体法、冲突规范或连接点的改变而产生的法律冲突。处理时际法律冲突的规定叫做"时际私法"。

时际法律冲突的情况及解决办法如下：

（1）法院地国的冲突规范在国际民商事关系确立后发生变更。此时应适用何时的冲突规范来确定准据法的问题。这种情况一般按照时际冲突法的基本原则，即法律不溯及既往和新法优于旧法的原则解决。国家改变冲突规则时，应在有关立法中明确规定新的冲突规则是否具有溯及力以及溯及范围和条件。

（2）法院地国的冲突规范未变，但其指定的准据法发生了改变。这种情况一般按照时际冲突法的一般原则解决。

（3）法院地国的冲突规范未变，但作为连接点的当事人的国籍、住所地或物之所在地发生了变化，需要确定是适用原来的连接点还是新的连接点所指定的法律。这在国际私法理论上叫作"动态冲突"。各国立法与司法实践，至今未形成一致的解决办法，一般是根据国际民商事关系的性质，从有利于公正、合理解决案件的角度出发，分别采用"可变原则"和"不变原则"两个办法。所谓可变原则，是指某些国际民商事关系可以适用变更后的连接点所指定的准据法。不变原则，是指准据法不因连接点的变更而改变，而仍适用原来的连接点所指定的准据法。

在实践中，有些国家会对冲突规范易变的连接点加上时间限制。如我国《民法通则》第149条规定：遗产的法定继承，动产适用被继承人死亡时住所地法律。

3. 人际法律冲突与准据法的确定。一国对民族、种族、宗教信仰不同的人适用不同法律而产生的法律冲突即为人际法律冲突。当法院地国家的冲突规范指向人际法律冲突国家的法律时，产生了应如何确定准据法的问题。人际法律冲突的解决，一般按冲突规范指向该外国的人际私法来解决，如果该外国没有人际私法，则适用与案件或当事人有最密切联系的法律。一般是分别不同民族、种族、宗教而适用各自的法律。例如，在新加坡，穆斯林结婚按穆斯林法规定；非穆斯林结婚适用妇女大宪章的规定；穆斯林和非穆斯林结婚，则根据其采用的仪式来决定适用穆斯林法还是妇女大宪章。

4. 先决问题及其准据法的确定。先决问题（preliminary question），是指为解决国际民商事关系的主要问题而必须先行解决的附带问题。

与国际民商事案件有关的某些问题，只有符合下列三个条件者，才构成先决问题：①主要问题的准据法依法院地国的冲突规范援引的是外国法；②先决问题对主要问题来说具有相对独立性，有相应的冲突规范，可作为独立争议向法院提出；③在确定先决问题的准据法时，法院地国的冲突规范和主要问题准据法所属国的冲突规范不同，所援引的准据法的内容不同，判决的结果也将不同。

对于先决问题准据法的确定，目前国际私法实践中没有统一的做法，大致存在着两种对立主张，从而出现了三种意见：①先决问题的准据法应适用主要问题准据法所属国家的冲突规范来确定。这种主张强调附随性，为了避免可能出现的人为地分割主要问题和先决问题，从而求得两者协调一致的判决结果。目前，英美等国采此作法。②先决问题的准据法应依法院地国家的冲突规范来确定。主要考虑问题的相对独立性，因为主要问题与先决问题是两个独立的问题，应按照先决问题的性质，由法院地国的冲突规范来指定其准据法。例如，1979年美洲国家国际私法特别会议通过的《美洲国家间关于国际私法一般规则的公约》第8条规定："由主要问题产生的先决问题，不必一定依适用于主要问题的法律解决。"③根据先决问题是和法院地法还是和主要问题的准据法关系更为密切的情况，谋求个别解决。为了避免前述两种主张片面强调一方面所带来的缺点，有人提出了这一主张，认为先考察先决问题的重心偏向于哪个方面。

第三节 识 别

一国法院无论是审理国内案件还是涉外案件，都必须既准确理解法律的含义，又要了解案件的事实真相，这是正确审理案件必须具备的前提条件。

一、识别的概念

国际私法上的识别是指，在法院适用冲突规范的过程中，根据一个特定的法律概念，对有关的人、物、行为构成的事实进行法律上的分类和解释，赋予它以法律上的名称和给予它以法律上的地位、分类和定性，以便具体确定应予适用的冲突规范及其所援引的某国实体法，并对有关的冲突规范进行解释的认识活动过程。

国际私法上的识别具有特殊的意义，是和冲突规范的适用过程紧密相连的，识别包括相互制约和影响的两个阶段：①对有关的法律事实和问题进行识别，从而确定应予适用的冲突规范。即确定争议问题的性质，如判定是合同关系还是侵权问题，等等。②对冲突规范本身的识别，即对冲突规范中的"范围"、"连接点"中的有关法律概念进行解释。

国际私法学上对识别问题的研究是从 1889 年法国最高法院对马耳他人案（安东诉巴特鲁案）的处理引起的。法国学者巴丹和德国学者康恩在 19 世纪末叶首先把识别作为国际私法上的独立问题提出来。他们把各国在适用同一冲突规范而得出不同结果的现象称之为"识别冲突"（巴丹）或"隐存的法律冲突"（康恩）。后来又有学者称之为"冲突规范的冲突"。自此，识别问题在国际私法学界引起了广泛的重视和研究讨论。

二、识别产生的原因

在国际私法上，识别问题产生的原因有：

1. 不同国家法律对同一事实赋予不同的法律性质，因而可能援引不同的冲突规范。如未成年人结婚需有父母同意的问题，法国法认为属于婚姻能力问题，英国法认为是婚姻形式问题，所以适用不同的冲突规范。1907 年英国法院受理的奥格登诉奥格登案即说明了这一问题。[1]

2. 不同国家的法律把具有相同内容的法律问题分配到不同的法律部门中。如存活者取得权制度，一些国家认为它是实体问题，应依有关冲突规范确定准据法；而另一些国家则认为它是程序法问题，只能适用法院地法。英国法院审理的科恩案是这方面的典型案例。[2]

3. 不同国家对同一冲突规范中的相同用语的连接点赋予不同的含义。如不动产、动产、合同缔结地、侵权行为地等。

4. 由于社会制度或历史文化传统的不同，一些国家所具有的法律概念，是其他一些国家所没有的。如中国没有占有时效制度。

三、识别的依据

识别的依据，也有人将其称为识别的解决或识别冲突的解决，是指依据何国法律进行识别的问题。由于各国法律、法律观念不同，依不同的法律对相同的法律事实或同一冲突规范进行识别时，可能得出不同的结论，从而对案件作出不同的审判结果。对识别依据问题，主要有以下不同主张。

（一）依法院地法识别

最早由法国学者巴丹和德国学者康恩提出，后为许多国际私法学者所赞同，目前一般国家都采用这一主张。审理国际民商事案件时采用法院地法进行识别，在大多数国家的理论和实践中占主导地位。其理由是：

1. 冲突规范是国内法，其使用的名词或概念只能依照所属国的法律，即法院地法进行解释。依法院地法进行识别，可以保持一国冲突规范与该国其他法律对同一事实情况解释的同一性。

2. 法官熟悉自己国家的法律概念。依法院地法进行识别简便易行。

---

[1] 参见黄惠康、黄进：《国际公法、国际私法成案选》，武汉大学出版社 1987 年版。
[2] 参见黄惠康、黄进：《国际公法、国际私法成案选》，武汉大学出版社 1987 年版。

3. 识别是适用冲突规范的先决条件，除了法院地法外，不可能有其他法律可作为识别的依据。

(二) 依法律关系准据法识别

这是法国的德帕涅和德国的沃尔夫倡导的。他们认为应根据适用的冲突规范所援引的某特定国家的实体法（准据法）进行识别，即用于解决法律冲突的准据法同时也应当是解决识别冲突的依据。其理由是：

1. 准据法是支配具体法律关系的法律，如不以它进行识别，结果就是等于准据法没有被适用。

2. 适用冲突规范的目的是在指定准据法，依准据法识别既可避免因对冲突规范识别不准确而歪曲适用的法律，又可防止改变应适用的准据法。

3. 以事实构成为出发点来解决识别问题，应采用准据法识别，因准据法是和事实构成有密切联系的法律。

大多数国际私法学者认为这种主张自身存在着很大的矛盾，在理论上是本末倒置、自相矛盾，在逻辑上是讲不通的，因此在理论和实践中支持者不多。

(三) 依比较法学和分析法学的方法识别

这是德国学者拉沛尔、英国学者贝克特等的主张。他们认为在识别的标准上，不能局限于一国的法律，而应从建立在比较法研究基础上的分析法学中得来，即在比较研究的基础上获得普遍适用的共同原则、共同概念，寻找出某种各国都能接受的"普遍性概念"或"一般法律原则"，依此进行识别。其理由是：国际私法中的冲突规范是在涉及若干个法律制度中选择何国法的规范，在认识上具有国际普遍性；因而应在比较法和分析法基础上来解决识别的依据问题。

这是一种理想化但脱离实际的想法，各国法律中具有普遍性的共同概念很少，且分析各国法律的工作也将使法官不堪重负。

(四) 依不同情况采取不同依据进行识别

这是前苏联学者隆茨和联邦德国学者克格尔等所提出的。其不主张对识别依据问题采取统一的解决办法，而主张对不同的案件分别依不同的法律进行识别。其理由是：识别问题归根到底是对冲突规范的解释问题，不存在统一的识别问题；因而不应采取统一的方法，而应按照案情的具体情况和一国制定冲突规范时所追求的目标来决定是依法院地法还是依相关国家的法律进行识别。

(五) 以法律制度的功能识别

此学说是德国的纽包斯在1962年提出的。他认为，上述的识别方法都是从法律结构上的定性来解决识别依据，存在不足，应该从考察法律制度的目的和社会功能入手对相关问题进行识别，可以较好地解决问题。

(六) 二级识别说

二级识别说最早由英国学者戚希尔于1938年提出来的。他把识别分为"一级识别"（primary characterization）和"二级识别"（secondary characterization）。"一级识别"的任务是"把问题归入到适当的法律范畴"或按照法律分类对事实加以归类；"二级识别"是"给准据法定界或决定其适用范围"。"一级识别"发生在准据法确定之前，必须依法院地法；"二级识别"发生在准据法确定之后，要依准据法进行识别。

在国际私法实践中，各国法院一般依法院地法对与案件有关的事实或问题进行识别，但又不能把依法院地法识别作为一种僵硬不变的模式。必要时也适当考虑与案件有密切联系的有关法律制度来识别：①如果法院地法没有关于某一法律关系的概念时，就应按照组成该法律关系的外国法确定它的概念；②如果冲突规范是由条约规定的，应以该条约作为识别的依据；③特殊的或专门的国际民商事关系如动产或不动产的识别，应根据财产所在地国家的法律规定。

第四节 反 致

这里所说的反致是指广义的反致，包括反致、二级反致（转致）和间接反致以及英国法中的双重反致。它也是冲突规范适用过程中产生的一个问题。

一、反致的概念和种类

1. 反致（Remission；Renvoi）。狭义的反致，又称"一级反致"、"直接反致"，是指当甲国法院在审理某个国际民商事案件时，根据内国冲突规范的援引应适用乙国法，但根据乙国法中的冲突规范，这个国际民商事案件应适用甲国法，最后甲国法院按照内国实体法处理了这个案件的适用法律过程。

国际私法学界对"反致"问题的广泛兴趣和研究，是从 1878 年法国最高法院对福果继承案的处理开始的。该案的案情是：居住在法国的巴伐利亚人的私生子福果，1801 年 5 岁时随母亲到法国，68 岁死于法国，死前未立遗嘱，但在法国留下了一笔动产（存款）遗产。其在巴伐利亚的旁系亲属，根据巴伐利亚法律享有继承权，因而向法国法院要求取得这笔遗产。法国法院受理了这个案件，根据法国法，"动产继承依被继承人的原始住所地法"，应适用巴伐利亚法律；但根据巴伐利亚法律中的冲突规范，"无遗嘱的动产继承依事实上的住所（承认实际住所）地法"，据此，应适用法国法。法国最高法院就在 1878 年根据法国法作出了判决，确认这笔遗产为无人继承的财产，收归法国国库所有。法国法院这个适用法律的过程被称为反致。

2. 转致（Transmission）。转致，又称"二级反致"，是指当甲国法院在处理某国际民商事案件时，根据内国冲突规范的援引应适用乙国法，但乙国法中的冲突规范规定这个案件应适用丙国法（第三国法），最后甲国法院按丙国实体法处理这个案件的适用法律过程。例如，在德国法院确定一个定居在法国的中国公民是否具有行为能力的问题，根据德国冲突规范"自然人的权利能力和行为能力依其本国法"的规定，应适用中国法；而我国《民法通则》第 143 条规定，"中华人民共和国公民定居国外的，他的民事行为能力可以适用定居国法律"。如果德国法院根据这条规定，转而适用法国的实体法确定该中国公民的行为能力问题，这个适用法律的过程就构成了转致。从理论上讲，转致还可能出现再转致，即丙国冲突规范援引丁国法，丁国冲突规范又援引戊国法，最后，法院按戊国实体法处理了案件的法律适用过程；但这种再转致的情况不多。

3. 间接反致（Indirect Remission；Indirect Renvoi）。间接反致，又称"大反致"，是

指当甲国法院在处理某个国际民商事案件时,根据内国冲突规范的援引应适用乙国法,但乙国法中的冲突规范规定该案件应适用丙国法,而丙国法中的冲突规范却指向适用甲国法;据此,甲国法院适用内国的实体法作为准据法处理这个案件的适用法律过程。它比反致、转致更复杂,司法实践中不多见。学界经常用下列例子进行说明:一个阿根廷人死在英国,并在英国有住所,而在日本留有不动产,继承人在日本法院要求继承该不动产。法院按《日本法例》的规定,"不动产继承依被继承人本国法",即阿根廷法,但依阿根廷冲突规范的规定,应依被继承人最后住所地法,也就是英国法,这里出现了转致。然而按照英国判例法,不动产继承依不动产所在地法,即日本法。最后,日本法院适用内国实体法处理了这个继承案件。这个案件适用法律的过程,就构成了间接反致。

4. 双重反致（Double Remission；Double Renvoi）。双重反致是英国法中独有的反致制度,是指英国法官在处理特定范围（如家庭法问题以及遗赠有效性等问题）的国际民商事案件时,如果依据英国冲突规范的援引应适用某一外国法,英国法官应将自己视为在该外国审判,依该外国对反致的态度,决定最后应适用的法律。如果英国冲突规范所指向的那个外国承认反致,就会出现双重反致。如果英国冲突规范所指向的那个外国不承认反致,就只出现单一反致。如果英国冲突规范所指向的那个外国还承认转致,还可能出现转致。

二、产生反致的原因

国际私法上出现反致问题,是因为具备了产生反致的两个主、客观两个方面的条件。

1. 主观原因,是产生反致的前提条件。审理国际民商事案件的法院认为,它的冲突规范指向的是某外国法的全部,既包括该国的实体法,也包括该国的冲突法。如果一国法院把本国冲突规范所援引的外国法仅理解为该国实体法,依该实体法就可确定当事人的权利义务,反致问题就不会发生。认为本国冲突规范所指引的外国法是该外国法的全部是产生反致的主观条件。

2. 客观原因,是产生反致的根本条件。相关国家对同一国际民商事关系或同一法律问题所制定的冲突原则内容不一致,彼此存在冲突是产生反致的客观条件。

三、反致的理论分歧与各国的立法及条约规定

对反致问题,无论是理论上还是在各国的立法和条约实践中,都存在着赞成和反对两种意见。

（一）反致的理论分歧

理论上,赞成和反对两种意见的争论要点是:是否妨碍尊重国家主权原则,能否达到判决结果的一致性,能否把外国法的冲突规范和实体法规范加以分割等问题。

1. 赞成反致的理由。赞成反致的学者认为,反致应当是国际私法中的一个制度,理由主要有:

（1）承认反致制度符合尊重国家主权原则的要求。因为,根据外国冲突规范的规定而适用法院地法是尊重了外国的立法主权。既然外国法作出了规定,说明该外国自动放弃了其实体法的适用而指定适用法院地法或第三国法,与该国的主权和立法意旨相一致。

(2) 承认反致制度有利于达到判决结果的一致性。可以避免同一案件在不同国家的法院作出不同的判决。这正是国际私法的重要目的之一，有利于内国法院的判决为外国法院所承认与执行。

(3) 承认反致制度有利于维护和尊重一国（外国）法律的完整性。因为外国法律是由国际私法和实体法共同构成的、不可分割的整体，法院地国家的冲突规范援引外国法是一种总括性的援引，包括了外国的国际私法和实体法，是合理的。恶性循环的现象实际上是不易发生的。

(4) 承认反致制度可以扩大内国法的适用范围。在反致和间接反致情况下，可以导致法院地国家法律的适用，有利于维护法院地国的公共秩序。

2. 反对反致的理由。反对反致的学者认为，采用反致制度不仅毫无实际意义，而且有碍于国际私法的发展和贯彻实施。其理由是：

(1) 只看到外国的主权而忽视了法院地国家的主权；既然法院地国家的冲突规定适用外国法，就应依据规定去适用外国法；否则就是不尊重自己国家的主权和立法意旨，实际上等于放弃了自己国家的冲突规范。

(2) 在各国都采取反致的情况下，也并不一定能取得判决的一致性。所以前述福果继承案，如果分别在法国和巴伐里亚法院处理，结果就将不同。

(3) 将出现相互援引、无限循环的现象，永远无法确定准据法。如果被内国冲突规范所援引的外国法也包括冲突规范的话，就会出现这种互相援引的情况。1946年《希腊民法典》第32条就规定："在应适用的外国法中，不包括该外国法的国际私法在内。"

(4) 大大增加了法官和当事人查明外国法内容的任务，导致实践中的不便。

上述赞成和反对反致的不同主张，从不同的标准和视角出发，各有其合理之处。采用反致，增加了法律选择的手段，多了一个选择的可能：一方面，一些国家采用反致的主要原因在于扩大少数领域的内国法的适用；另一方面，也有的国家在发现依本国冲突规范适用外国实体法不利于贯彻自己国家的公共政策时，且又有可能采用反致时，就通过反致排除外国法的适用。

（二）关于反致的各国立法与国际条约实践

自反致成为国际私法上适用外国法的一个制度以来，就各国立法情况看，一直存在赞成和反对两种意见。自从1896年《德国民法施行法》第27条最先作规定以来，目前各国立法中，大致存在着以下三种不同态度：

1. 全部接受反致制度。在立法中全部接受反致、转致和间接反致。例如奥地利、法国、英国、波兰等国。《波兰国际私法典》第4条规定："①依本法而适用的外国法对波兰法反致时，则适用后者；②如依本法指定适用的外国法，对另一国法律转致时，则适用后者。"1979年《奥地利联邦国际私法法规》第5条第1、2款则规定最为详细，而且各种法律关系都适用反致；但英国合同关系不适用反致，美国只在动产继承和离婚接受反致。

2. 部分接受反致制度：只接受狭义的反致，拒绝转致。实践中，俄罗斯、匈牙利、日本、泰国等，只规定了直接反致，有的国家还规定了适用反致的具体的例外性规则。

3. 完全不接受反致制度。有些国家不接受任何形式的反致。这样态度的国家有荷兰、希腊、巴西、埃及、秘鲁、伊朗、伊拉克、意大利、叙利亚、摩洛哥等。例如，1964年《希腊民法典》第32条规定："在应适用的外国法中，不包括该外国的国际私法规则。"

（三）关于反致的国际条约实践

在国际条约的实践中，目前对反致制度的态度也可分为赞成和反对两种。一些国际条约赞成反致，如1902年《婚姻法律冲突公约》，1930年《关于解决汇票和本票某些法律冲突的公约》，1931年《解决支票某些法律冲突的公约》等明确接受直接反致；1955年《关于解决本国法和住所地法的法律冲突公约》明确规定接受反致和转致。有些国际条约明确排除反致制度，如1978年《国际代理法律适用公约》。

第五节 公共秩序保留

公共秩序保留，也是国际私法上为世界各国所广泛使用的、与适用外国法有关的一项法律制度。

一、公共秩序保留和公共秩序的概念

（一）公共秩序保留和公共秩序的含义

1. 国际私法上的公共秩序保留。公共秩序保留（Reservation of public order），也称"保留条款"，是指当一国法院在处理某国际民商事案件时，根据内国冲突规范的援引，本应适用被援引的外国法；但被援引的外国法违背了法院地国家（内国）的公共秩序，因而该国法院排除或拒绝适用被援引的外国法的制度。它是国际私法的一个基本制度，在国内立法和国际条约中都有规定。

2. 公共秩序的含义。至今国际上对公共秩序没有一个统一的明确解释。它是一个弹性概念、政治法律概念，各国立法中有各种各样的名称；例如，公共秩序、公共政策、外国法适用的限制、外国法的拒绝适用、适用外国法的例外、善良风俗、基本政策、制度基础、公共利益、社会利益、法律政策、法律目的等。公共秩序是指一国的根本利益问题，是指关系到一国的国内基本制度、基本政策、基本原则和社会公共利益的法律秩序和道德秩序。但是，各国在不同历史时期都有自己的解释。

（二）公共秩序保留的起源和发展

公共秩序保留的实践由来已久。早在公元14世纪，意大利后期诠释学派巴托鲁斯，就曾提出因"可厌恶的法则"、"道德"、"善良风俗"等原因而拒绝其他城市国家法则的问题，如歧视妇女继承权的规则。17世纪，荷兰的胡伯在提出国际礼让的同时，也指出，承认外国法的域外效力时，必须以其本国及人民的权利和利益不因此而遭受损害为条件。公共秩序的概念是在法国资产阶级大革命以后提出来的，并风行于全世界，广泛规定在国内立法中，20世纪80年代以来也在一些国际条约中得到规定。

1. 国内立法规定。1804年《法国民法典》第6条第一次用法律条文对"公共秩序保留"作了明确规定："不得以私人协议取消有关公共秩序及善良风俗法律的效力。"后来，"公共秩序保留"为美国施托雷在1834年出版的《法律冲突论》所接受。接着，19

世纪 60 年代又为英国戴西所接受，不过改为"英国的公共政策"。在西欧和拉丁美洲，公共秩序保留得到了广泛的应用，如意大利、西班牙、葡萄牙、阿根廷等国的民法典，1896 年《德国民法施行法》等都对此作了明文规定。20 世纪以来，1918 年中国《法律适用条例》第 1 条，《泰国国际私法典》、《奥地利联邦国际私法法规》、《加蓬民法典》、《希腊民法典》、《埃及民法典》、《秘鲁民法典》、《塞内加尔家庭法》、《土耳其国际私法和国际诉讼程序法》、《瑞士联邦国际私法法规》等都对公共秩序保留作了规定。

2. 国际条约中的规定。美洲国家的《布斯塔曼特法典》对公共秩序保留规定很详细，其总则的 8 条中有 6 条是关于公共秩序保留的，6 条中有 5 条是直接规定，1 条是间接规定，并把公共秩序区分为国内公共秩序和国际公共秩序。

（三）公共秩序保留的作用

公共秩序保留的作用就是排斥外国法的适用，是适用冲突规范必要的补充手段，起"安全阀"的作用。在国际实践中，公共秩序保留被广泛适用于下列场合：外国法的具体规定违背了内国法；外国法院的判决或仲裁裁决违背了内国的公共秩序；在外国作成的法律文书，如公证文件等要在内国使用时等。

二、公共秩序保留的立法形式

对于公共秩序保留的规定，根据其限制外国法采用的立法方式，大致上有三种形式。

（一）间接限制的规定

立法不直接规定在什么情况下拒绝适用外国法，只规定某些国内法规则为绝对强制性规范，必须直接适用，从而间接的排除了外国法适用的可能性。例如，《法国民法典》第 3 条第 1 款："有关警察和公共治安的法律，对于居住于法国境内的居民均有强行力。"此外，《比利时民法典》也采用这种方式。我国原《涉外经济合同法》第 5 条、《民法通则》第 7 条也规定适用于国内民商事关系时也是如此："民事活动应当尊重社会公德，不得损害社会公共利益，破坏国家经济计划，扰乱社会经济秩序。"但对于这种形式，也有人提出这是否属于传统意义上的公共秩序保留是值得商榷的。

（二）直接限制的规定

法律直接规定违背内国公共秩序的外国法不予适用。在目前国际实践中，大多数国家的立法采用这种立法形式。例如，1948 年《埃及民法典》第 28 条规定："如果外国法的适用与埃及的公共秩序或善良风俗相抵触，则将排除依上述条款而适用的外国法。"1979 年《奥地利联邦国际私法法规》第 6 条："外国法的规定，在其适用会导致与奥地利法律的基本原则互相抵触的结果时，不得适用。"我国《民法通则》第 150 条规定："依照本章规定适用外国法律或者国际惯例的，不得违背中华人民共和国的社会公共利益。"这种规定直接明确；但由于公共秩序、善良风俗、法律基本原则、社会公共利益等用语弹性很大，由法官灵活运用，实际上并非明确无误。

（三）合并限制的规定

合并限制的规定是指在同一法典中，一方面直接规定某些法律条款为绝对强制性规定；另一方面又规定，有害公共秩序的外国法不予适用。例如，《西班牙民法典》、《意大利民法典》都采用这种方式。1856 年《意大利民法典》第 11、12 条作了规定，经修改的 1978 年《意大利民法典》除了文字有不同外，立法形式相同。其第 28 条规定："刑法以及警察和治安法拘束所有在意大利领土上的人。"第 31 条规定："尽管有前述各条的规定，外国国家的法律和法规、任何机构或实体的规则和规定或私人间的规定和协议，如果违背公共秩序或道德，在意大利领土上均无效力。"

三、与公共秩序有关的几个问题

（一）依外国法的规定还是依外国法适用的效果决定是否采用公共秩序保留

这是指在什么情况下适用公共秩序保留，也可以说是与公共秩序保留适用的范围有关的问题。在什么情况下通过公共秩序保留而排除外国法的适用，只是因为外国法的内容违反了内国的公共秩序，还是因为外国法的适用效果违反内国的公共秩序。实际上反映了一国公共秩序保留制度的基本原则和适用规则。

1. 以冲突规范援引的外国法在内容上与内国公共秩序规则相抵触为标准而拒绝适用被援引的外国法。这是一些国家的实践：仅仅依外国法的规定违反了内国的公共秩序为理由和根据而排除外国法的适用。

2. 以冲突规范援引的外国法的适用将产生损害内国公共秩序的后果为标准而拒绝适用被援引的外国法。更多国家的国际私法规定，应按照公共秩序的功能来考虑是否拒绝适用被援引的外国法。只有在根据冲突规范的援引而适用外国法将会导致违反内国公共秩序的效果时，才应采用公共秩序保留制度。例如，1979 年《奥地利联邦国际私法法规》第 6 条规定："外国法的规定，在其适用会导致与奥地利法律的基本原则互相抵触的结果时，不得适用。"1964 年《捷克斯洛伐克社会主义共和国国际私法及国际民事诉讼法》第 36 条规定："适用外国法的结果"，同其"社会制度、政治制度及法律原则相抵触时，不予适用。"按照这种规定，仅仅"规定"抵触还不构成适用公共秩序保留的理由；只有在导致违反公共秩序的结果发生时，才适用公共秩序保留。多数国家都有类似规定。假如，甲国实行一夫一妻制，乙国容许一夫多妻制，若乙国公民的第二个妻子到甲国要求继承遗产；甲国法院在依冲突规范适用乙国法确定其婚姻关系是否合法存在时，从法律适用后果来看，尽管乙国的多妻制与甲国婚姻法原则相抵触，但并不违反甲国的公共秩序；因为，只要求甲国继承遗产并不涉及婚姻关系。

（二）公共秩序保留应否受国际条约的约束

早先，公共秩序保留问题并未引起国际条约的关注，条约中也未加规定；但近几十年来，越来越多的国际私法公约规定了公共秩序保留条款，允许缔约国以公共秩序保留排除依公约本应适用的外国法。因而实践中出现了两类不同规定的国际私法条约：①允许缔约国以公共秩序保留排除依条约应适用的外国法。如 1980 年欧洲共同体《罗马国际合同义务法律适用公约》第 16 条规定："凡依本公约规定所适用的任何国家的法律，只有其适用明显地违背法院地国的公共秩序时，方可以拒绝适用。"该公约第 7 条规定："本公约不限制适用法院地法的强制性规定，不管原来应适用于合同的是何法律。"1988 年海牙《遗产继承法律适用公约》也有类似规定。②未规定缔约国是否可以通过公共秩序保留来排除该国际条约和有关外国法的适用。许多国际公约或条约对此未加规定。

在这种实际情况下，出现了一个问题：法院地国家是否可以依据其公共秩序保留制度来排除国际条约的适用，并进而排除外国法的适用？对此问题，国际私法理论上出现了两种不同的看法：①无论有关的国际公约中是否规定了公共秩序保留，均不应影响法院地国家依据其公共秩序保留制度来排除外国法的适用。这是比较普遍的看法。有关的国际私法公约意在协调和统一各国的冲突规则，解决准据法的合理确定问题；而公共秩序保留，则是在冲突规范适用中的特殊国内法限制制度。因此，不管条约中是否规定了公共秩序保留均不影响法院地国家采用公共秩序保留。②即使在相关国际公约中规定了公共秩序保留情况下，缔约国也不应滥用公共秩序保留制度。这种意见认为，国际间的统一国际私法公约，其目的在于减少缔约国之间法律选择的不一致，尽可能的减少各国在有关问题上适用公共秩序保留的可能性。因此，即使有关的国际私法公约中规定了公共秩序保留，各缔约国也不应滥用公共秩序保留条款。上述《罗马国际合同义务法律适用公约》第16条中关于"明显地违背法院地国公共秩序"的适用原则显然值得重视，必须是要"明显地违背"。

（三）外国法被排除后的法律适用

在通过公共秩序保留制度排除了本应适用的外国法后，法院应适用何国法来处理该国际民商事案件的问题，近几十年来出现了两种不同的主张：①应适用法院地法的传统的国际私法理论。这是历来的做法，影响重要，目前多数国家的国际私法仍采用这一原则，是普遍作法。如奥地利、原民主德国、《联邦德国关于改革国际私法立法》第6条、《秘鲁民法典》第2049条、《塞内加尔家庭法》第851条，等等。②不应当一概以法院地法代替外国法的适用。近几十年来，始终有人主张：因公共秩序保留而排除了外国法的适用，不应当一概以法院地法代替适用外国法：其一，应当仅排除与法院地国公共秩序相抵触部分的外国法适用，并应根据其他的冲突原则，以第三国实体法代替适用。其二，根据最密切联系原则选择确定新的准据法。其理由是：一概以法院地法代替适用被排除的外国法：一是容易助长各国滥用公共秩序保留的倾向；二是明显有悖于国际私法的基本精神，不利于国际民商事案件得到与之有最密切联系的法律的适用和适当的审理。

第六节 法律规避

法律规避是冲突规范适用过程中产生的一个问题，也是影响冲突规范效力的一个问题，但它不是国家行为，而是当事人的行为，在国际私法上是被禁止的。

一、法律规避（Evasion of Law）的概念

国际私法上的法律规避，也称"法律诈欺"、"诈欺设立连接点"，是指国际民商事法律关系的当事人，为了逃避本来应该适用于他们之间民商事关系的某国实体法，通过故意制造条件、改变冲突规范的连接点（联系因素）的方法，而适用了对他们有利的另一国实体法的行为。国际私法上，对法律规避有广义和狭义两种不同的理解：狭义的法律规避只指规避内国法的行为；广义的法律规避是指，凡属法律规避行为，不论规避内国法还是外国法都属于法律规避。

法律规避在国际私法上引起广泛关注和研究开始于1878年法国最高法院对鲍富莱蒙

夫人离婚案的判决。该判决确定凡规避本国法的行为无效的原则。法国王子鲍富莱蒙的王妃原来是比利时人，与王子结婚后取得法国国籍。后来她想离婚，与罗马尼亚王子比贝斯哥结婚。但在当时1884年以前法国的法律不准其国民离婚。于是她便移居到德国并加入德国国籍，随即在德国获得离婚判决，然后与罗马尼亚王子比贝斯哥结婚。鲍富莱蒙王子得知此事后，在法国最高法院申请宣告其妻加入德国国籍、离婚和再婚行为均属无效。法国最高法院认为，依据法国法，离婚虽然应适用当事人的本国法，但鲍富莱蒙王妃取得德国国籍，显然是为了规避法国法律禁止离婚的规定，因而构成了法律规避。于是判决她在德国的离婚与再婚均属无效。至于入德国国籍问题，法国法院无权受理。

从目前的国际民商事交往来看，国际投资、补偿贸易、国际租赁、婚姻和财产继承等关系中，经常出现法律规避现象。有的企业界人士欲在英国境内设立公司从事特定的商业活动，又不愿受英国法关于特定公司征收设立税规定的约束，于是就在欧洲其他免税或低税的国家成立公司，再到英国以外国公司的名义进行该特定公司的特定商业经营；有的发展中国家，为了发展本国经济，给予本国公司以优惠待遇，有的发达国家的投资人，便到发展中国家建立公司，取得当地本国公司的名义，从而享受优惠待遇等。

二、法律规避构成的要件

构成法律规避行为，应该具备下列构成要件：

1. 当事人在主观上存在故意。即当事人在主观上必须具有规避某国法律的动机，法律规避是当事人有目的有意识的行为所致。

2. 规避的对象是本应适用的强制性或禁止性规范，而不是任意性规范。因为，任意性法律对当事人来说，既是可以适用的，也是可以不适用的，当事人根本不需采用规避手段。

3. 从行为方式上看，当事人是通过人为地制造或改变连接点来达到规避法律的目的的。如改变国籍，住所，行为地，物之所在地等。

4. 从客观结果上看，当事人达到了适用对自己有利的法律的目的。如果当事人"想"规避某国实体法，但只有主观规避的"意图"而没有实际行动，就不属于国际私法上所说的法律规避。

以上为构成法律规避必备的要件，其中当事人改变连接点这一具体事实体现了法律规避行为的基本或本质特征。

三、法律规避行为的效力问题

从各国关于法律规避的规定来看，法律规避行为的法律效力问题大致存在三种情况：

1. 规避法院地法的行为无效，而规避外国法的行为有效。1922年法国最高法院审理"佛莱案"，就持这种态度。佛莱夫妇因当时意大利法律规定只准别居不准离婚的限制性规定，而商定佛莱夫人归化为法国人，并在法国法院申请离婚。法国最高法院作出了准许离婚的判决。

2. 仅否认当事人规避内国法的效力。许多国家的国际私法只否定当事人规避内国法行为的效力，而对规避外国法行为的效力不作规定。1982年《前南斯拉夫法律冲突法》第5条规定："如适用依本法或其他联邦法可以适用的外国法是为了规避南斯拉夫法的适用，则该外国法不得适用。"1979 年《匈牙利国际私法》第 8 条也有类似规定。

3. 所有法律规避行为均无效。法律规避的本质是一种欺诈行为，只要不存在相反解释就不应该承认其效力，无论是规避本国法还是规避外国法。如《阿根廷民法典》第 1207 条规定："在国外缔结的规避阿根廷法律的契约无效，即使该契约依契约缔结地法是有效的。"该法第 1208 条又规定："在阿根廷缔结的规避外国法的契约无效。"美洲国家于 1979 年缔结的《美洲国家间关于国际私法一般规则的公约》第 6 条规定："一成员国的法律，不得在另一成员国的法律基本原则被欺诈规避时，作为外国法而适用。"根据该公约规定，凡规避公约任一成员国法律基本原则的行为，均不具有规避效力。

第七节 外国法内容的查明

外国法内容的查明，也叫外国法的确定、证明或举证，是和冲突规范的适用有关的一个问题。

一、外国法内容查明的含义

外国法内容的查明或确定是指，当一国法院在审理国际民商事案件时，当内国冲突规范指向某一外国法时，如何确定和证明该外国法关于这一特定问题的规定的问题。

世界各国的法律千差万别，纷繁复杂，任何法官都不可能通晓世界各国的法律。当一国法院审理涉外民商事案件时，如依本国冲突规范的指引应适用外国法，就必须通过一定的方式和途径来查明外国法的内容。对此，在具体做法上各国存在不同的主张。一般认为：对外国法的性质如何认识关系到外国法的查明方法和途径。如果把外国法认定为法律，根据"法官知法"原则，则外国法查明的任务就应由法官负责；如果把外国法认定为事实问题，则应当由当事人负责举证。

二、外国法内容查明的方法

从各国对外国法内容查明的理论和实践来看，外国法内容查明的方法大致有以下三种：

1. 由当事人举证证明外国法的内容。有些国家把冲突规范所援引的外国法看作是事实，而不是法律，从而要求当事人举证证明。法院也只负有适用内国法的职责。对于法院来说，其对所适用的外国法只能作为事实来对待，而不具有法律性质，应该由当事人自己负责提出和证明，法院并不负担认定和适用外国法的责任。其具体做法是：如诉讼双方当事人对该外国法有一致的理解，应向法院提交双方就此达成协议的声明，法院就可按协议确定外国法的内容；如双方对该外国法的内容理解不同，必须由双方各自在诉状或答辩状中引证外国法，或请有关专家提供证明，然后由法院认定。

目前，采用这种方法的国家主要有：英、美、英联邦国家、比利时、荷兰、部分东欧国家、阿根廷、墨西哥、智利、巴西等，只不过各国在具体做法上又有所不同。法国原则上也把外国法看作事实，要求当事人举证证明，但如果法院已经知道或易于知道有关外国法的内容，也可由法院直接认定外国法。

2. 法官依职权查明外国法的内容。这种做法是指把冲突规范所援引的外国法当作法律而不是事实，外国法的内容无须当事人负责证明，按照法官知法原则，由法官依职权调查并证明。欧洲一些大陆法系国家，如奥地利、意大利、荷兰等国家，以及采用《布斯塔曼特法典》的拉丁美洲 14 国，都采取这种方法。1979 年《奥地利联邦国际私法法规》第 3 条规定："外国法一经确定，应由法官依职权并按该法在原管辖范围那样予以适用。"该法第 4 条规定："外国法应由法官依职权查明，可以允许的辅助方法有：有关人员参加、联邦司法部门提供资料以及专家意见。"1928 年拉丁美洲国家签订的《布斯塔曼特法典》第 408 条规定："各缔约国的法官和法院应在适当的条件下依职权适用其他国家的法律。"

3. 法官依职权查明，当事人负有协助的义务。该种做法认为：经冲突规范援引的外国法，既不是单纯的法律，也不是纯粹的事实。外国法查明原则上应由法院负责查明，同时当事人也有协助的义务。当事人必须而且只能在法院要求时才可以举证。法院对当事人的证据既可以确认，也可以拒绝，同时也不受当事人所提供的材料的限制。德国、瑞士、土耳其、秘鲁等一些国家采用这种作法。《德国民事诉讼法》第 25 条规定："当事人对于法官不知之外国法，虽有举证之责，但法官对于不知之法律，依其职权亦得从事调查。"1987 年《瑞士联邦国际私法法规》第 16 条规定："法官负责查明外国法的内容，法官可以要求当事人予以合作。"

三、外国法内容无法查明时的解决办法

在各国司法实践中，如果经过各种努力，外国法内容仍无法查明时，各国国际私法实践采用了不同的解决办法。

1. 适用法院地法。国际上采用此种方法的国家比较多。其理由为：外国法不能查明的事实，既可以推定为该外国法内容与内国法相同，也可以推定为当事人放弃了适用外国法的权利，在这种情况下代之以法官最熟悉的法院地法是公平和可行的。奥地利、瑞士等国家都采用这种作法。例如，1979 年《奥地利联邦国际私法法规》第 4 条规定："如经过充分努力，在适当时期内仍不能查明外国法内容时，应适用奥地利法。"1987 年《瑞士联邦国际私法法规》第 16 条规定："外国法不能查明时，适用瑞士法律。"

在英美法系国家通常采用的是类推适用法院地法的方法。他们认为，既然外国法不能查明，就应推定外国法与内国法相同。

2. 驳回当事人的诉讼请求或抗辩请求。当外国法内容无法查明时，法院有权拒绝受理当事人的诉讼请求或抗辩请求，作为无法查明外国法的解决办法或辅助解决方法。采取这种做法的国家主要是德国和美国。《德国民事诉讼法》第 293 条规定：德国法院应依职权确定外国法的内容，但也有权要求当事人双方提供有关外国法的证明；如果负责证明外国法内容的一方不能提出证据，法院可以以证据不足为由，驳回当事人的诉讼请求或抗辩请求。在美国，当事人不能证明外国法内容时，同属普通法系国家则可"类推"适用美国法；若属于非普通法系国家，则不能采用"类推"适用办法；在这种情况下，法院有权以"证据不足"为由驳回当事人的请求。

四、适用外国法错误的补救方法

外国法适用错误的情况有两种：一是依冲突规范本应适用某一外国的法律，却适用了内国或另一外国的法律，或者本应适用内国法，却适用了外国法，这种情况叫做"适

用冲突规范的错误"。另一是虽依冲突规范适用了某一外国法，但对外国法的内容作了错误的解释，并据此作出了错误的判决，这叫做"适用外国法的错误"。

1. 适用冲突规范的错误。对于这类错误，虽然也属于外国法的错误适用，但从本质上讲，它是直接违反了内国的冲突规范，属于错误适用内国法的性质。在实践中，这与错误适用内国其他法律规范的性质相同，允许当事人依法上诉以纠正这种错误。

2. 适用外国法的错误。对于这类错误，是否允许当事人上诉，在国际私法理论和实践中有两种做法：

（1）不允许当事人上诉。持这种观点的国家一般把外国法看作是事实，而上诉法院只是对下级法院所审理的案件进行法律审，即它必须接受下级法院关于事实的认定，只能审查从事实得出的法律上的结论。因此对于适用外国法的错误不允许当事人上诉，不属于上诉法院的职责。采取这种制度的国家有法国、德国、瑞士、西班牙、希腊、比利时、荷兰等。

（2）允许当事人上诉。允许当事人以适用外国法的错误为由提起上诉的国家也有两种类型：一种类型是奥地利、葡萄牙、芬兰、意大利、波兰、美洲国家及原苏联、东欧等国家。他们认为，外国法作为处理涉外民商事关系的准据法时，同内国法并无差异，两者应同等对待；在外国法的查明上，进行上诉审的上诉法院更容易查明外国法，因此应允许当事人上诉。另一种类型是以英国、美国为代表的普通法系国家。他们虽将外国法视为事实问题，但在诉讼程序上，上诉法院对下级法院关于事实的认定和法律适用的问题均进行审查。因此对于外国法的错误适用是允许上诉的。

第八节 中国有关冲突规范及其适用的法律规定与实践

一、准据法的确定

关于准据法确定的几个问题，我国法律只对区际法律冲突情况下准据法的确定做出了规定。我国《民法通则司法解释》第192条规定，"依法应当适用的外国法律，如果该外国不同地区实施不同的法律的，依据该国法律关于调整国内法律冲突的规定，确定应适用的法律。该国法律未作规定的，直接适用与该民事关系有最密切联系的地区的法律。"我国2010年《涉外民事关系法律适用法》第6条规定："涉外民事关系适用外国法律，该国不同区域实施不同法律的，适用与该涉外民事关系有最密切联系区域的法律。"

二、中国司法实践中如何识别

识别制度的基本作用在于保障法院在审理国际民商事案件中正确适用冲突规范、正确确定适用于国际民商事关系的准据法。识别的过程，是法院正确适用冲突规范和正确确定国际民商事准据法所不可缺少的逻辑前提，其包括：①确定适用哪一条冲突规范；②确定适用哪一国的实体法；③决定案件审理的结果。

司法实践中也遇到过识别问题。1988年上海高级人民法院审理的中国技术进出口总公司诉瑞士工业资源公司侵权赔偿纠纷上诉案，中国法院根据识别规则，该案定性为侵权纠纷案件而非合同争议案件，应由中国法院管辖，适用侵权地行为地法中国法处理，驳回了瑞士工业资源公司主张的该纠纷属于合同争议和依原仲裁协议适用合同当事人所选择法律的要求。我国对识别的依据采用大多数国家立法和司法实践所遵循的依法院地法的做法，《涉外民事关系法律适用法》第8条规定："涉外民事关系的定性，适用法院地法律。"

三、我国理论和立法对反致的态度

中国国际私法学界对是否采用反致有分歧，存在赞成部分采用反致和反对采用反致两种意见。赞成部分采用反致的意见认为，既然反致制度是国际私法上与适用外国法有关的一项政策，没有反对的必要，不妨在有限的领域如继承领域等少数个别的领域，采用部分反致，即采用狭义的反致。而反对采用反致制度的意见则认为，没有必要采用反致，甚至有人认为，反致制度应予废除，如要扩大内国法的适用，完全可以在立法中规定，没有借助反致这个制度的必要。

我国在《民法通则司法解释》第178条第2项规定："人民法院在审理涉外民事关系的案件时，应当按照民法通则第八章的规定来确定应适用的实体法。"2007年《最高人民法院关于审理涉外民事或商事合同纠纷案件法律适用若干问题的规定》第1条规定，"涉外民事或商事应适用的法律，是指有关国家或地区的实体法，不包括冲突法和程序法。"2010年《涉外民事关系法律适用法》采取了完全不接受反致的立场，该法第9条规定："涉外民事关系适用的外国法律，不包括该国的法律适用法。"

四、我国关于公共秩序保留的理论和立法

自中华人民共和国成立以来，无论是理论上还是立法上，历来对公共秩序保留制度抱肯定态度；但除了在有关文件中使用过"公共秩序"字样外，在正式立法文件中没有使用过"公共秩序"字样。

（一）关于公共秩序保留的理论

我国国际私法学界一般都认为，公共秩序保留制度是在长期的国际实践中形成的一个国际私法基本制度，为不同的国家所普遍采用，我国在实践中也应运用这个法律制度，来使国际私法案件获得公平合理的解决和维护我国的权益；因为，公共秩序保留作为一种法律制度是一个法律工具，外国可以使用，我们也可以使用。但主张采用有限制的公共秩序保留。至于在外国根据外国法产生的权利，虽然违反我国的公共秩序，除非和我国有直接或重大的利益关系，否则没有必要适用公共秩序保留；例如，在外国，根据外国法一夫多妻制而成立的婚姻关系，如该外国人带了第二个妻子来我国，就没有必要去否定他们双方之间的夫妻关系，除非女方提出要求而符合有关管辖权的规定。

（二）关于公共秩序保留的法律规定

在我国立法中，历来对公共秩序保留抱肯定态度，从有关文件到正式立法中都有规定。

1. 关于公共秩序保留的具体规定。在法律和有关文件中，自1950年以来，有下列规定：①1950年《关于中国人与外侨、外侨与外侨结婚问题的意见》中指出：中国人与外侨、外侨与外侨在中国结婚或离婚的，不仅可以适用中国的婚姻法，而且适当限度内应考虑适用当事人本国的婚姻法，但适用当事人本国的婚姻法以不违背我国的公共秩

序、公共利益和目前的基本政策为限度。②1986年《民法通则》第150条规定："依照本章规定适用外国法律或国际惯例的，不得违背中华人民共和国的社会公共利益。"③1991年《民事诉讼法》第268条规定：对于外国法院要求我国承认和执行的判决，我国法院查明该判决不违背"中华人民共和国法律的基本原则或者国家主权、安全、社会公共利益的，裁定承认其效力，需要执行的，发出执行令"；凡"违反中华人民共和国法律的基本原则或者国家主权、安全、社会公共利益的，不予承认和执行。"④2010年《涉外民事关系法律适用法》第5条规定："外国法律的适用将损害中华人民共和国社会公共利益的，适用中华人民共和国法律。"

2. 我国法律中"公共秩序"具有的广泛含义。根据我国法律、法规的规定，我国法律中的"公共秩序"具有广泛的含义，它包括：①法律基本原则、国家主权、安全和社会公共利益；②我国公共秩序保留制度，既可以排除外国法的适用，也可以排除国际惯例的适用；③我国适用公共秩序是基于外国法的适用将导致有违于我国公共秩序的效果，而不是基于外国法内容上的差异；④我国法院在通过公共秩序保留制度排斥外国法的适用后，将以法院地法，即我国法代替外国法的适用。

（三）我国采用公共秩序保留的场合

从我国目前的司法实践看，我国立法规定的领域和世界上其他国家适用公共秩序保留的领域一样。但我国目前以公共秩序保留排斥外国法适用的案例不多，已有的案例多数为拒绝承认和执行外国法院判决、拒绝接受公证、认证文件。主要的适用场合为以下几种：

1. 适用于国际民商事法律关系的实体法。当冲突规范指向适用外国法时，有关外国法违反了我国的公共秩序。例如，我国《民法通则》第150条的规定。

2. 适用于司法协助和承认及执行外国法院判决与仲裁裁决。如我国《民事诉讼法》第263～267条的规定。

3. 适用于公证、认证的涉外法律文件。实践中，凡国外或域外来的文件中，含有"两个中国"、"一中一台"或其他有违我国法律基本政策、基本原则、社会公共利益等内容的，概不接受，也不给予公证或认证。

五、我国理论和立法对法律规避的态度

在我国国际私法学界中，一般认为国际私法上的法律规避应包括一切法律规避在内，既包括规避内国法，也包括规避外国法。至于法律规避行为是否有效，应视不同情况而定。首先，反规避我国法的行为均属无效。对于规避外国法要具体分析、区别对待，如果当事人规避外国法中某些正当或合理的规定，应该认为规避行为无效；反之则应认定该规避行为有效。

目前，在我国国际私法立法中，尚未对法律规避问题作出明确规定，但在1988年最高人民法院《民法通则司法解释》第194条规定："当事人规避我国强制性或禁止性法律规范的行为，不发生适用外国法律的效力。"在这个"意见"中，只规定了当事人规避我国强行性或禁止性法律规范属于无效行为，而对于规避外国法的行为效力问题没有规定。2007年《最高人民法院关于审理涉外民事或商事合同纠纷案件法律适用若干问题的规定》第6条规定，在涉外民事或商事合同纠纷案件中当事人规避中国法律、行政法规的强制性规定的行为，不发生适用外国法的效力；同时，明确规定该合同争议应当适用中华人民共和国法律。

六、我国关于外国法内容查明问题的规定和实践

我国大多数国际私法学者认为，我国诉讼法律制度并不是在严格区分事实问题和法律问题的基础上建立起来的。我国民事诉讼的"以事实为依据，以法律为准绳"的基本原则，要求人民法院在审理国际民商事案件时，要查清事实和法律，作出切合实际的、合理的判决。

《民法通则司法解释》第193条规定："对于应当适用的外国法律，可通过下列途径查明：①由当事人提供；②由与我国订立司法协助协定的缔约对方的中央机关提供；③由我国驻该国使领馆提供；④由该国驻我国使馆提供；⑤由中外法律专家提供。通过以上途径仍不能查明的，适用中华人民共和国法律。"

2007年《最高人民法院关于审理涉外民事或商事合同纠纷案件法律适用若干问题的规定》第9条规定，"当事人选择或者变更选择合同争议应适用的法律为外国法律时，由当事人提供或者证明该外国法律的相关内容。人民法院根据最密切联系原则确定合同争议应适用的法律为外国法律时，可以依职权查明该外国法律，亦可以要求当事人提供或者证明该外国法律的内容。当事人和人民法院通过适当的途径均不能查明外国法律的内容的，人民法院可以适用中华人民共和国法律。"该法第10条规定，"当事人对查明的外国法律内容经质证后无异议的，人民法院应予确认。当事人有异议的，由人民法院审查认定。"

2010年《涉外民事关系法律适用法》第10条规定："涉外民事关系适用的外国法律，由人民法院、仲裁机构或者行政机关查明。当事人选择适用外国法律的，应当提供该国法律。不能查明外国法律或者该国法律没有规定的，适用中华人民共和国法律。"

案例与评析

[**案情介绍**][1] 两位中国公民王钰和杨洁敏在我国结婚以后旅居在阿根廷。两人发生矛盾，但阿根廷法律禁止离婚，只允许别居。两人依照当地法律的规定达成别居协议，并请求我国驻阿根廷使馆领事部予以承认及协助执行。我国使馆发函询问最高人民法院的意见。最高人民法院复函指出，我国驻外使领馆办理中国公民间的婚姻家庭事宜须遵照我国法律。该双方当事人所达成的别居协议不符合我国法律的规定，不能予以承认和执行。该协议系依照阿根廷法律所允许的方式达成，只能依照阿根廷法律规定的程序向阿有关方面请求承认。如当事人希望取得在内国离婚的效力，须向国内原结婚登记机关或结婚登记地人民法院申办离婚手续。

[**案例评析**] 最高人民法院的此项复函虽未明确使用"公共秩序"或"社会公共利益"的词句，但实际上是运用公共秩序保留制度而拒绝承认和协助执行依照外国法律达成的别居协议。在本案中，阿根廷法律绝对地禁止离婚、只允许别居的规

---

[1] 齐湘泉：《涉外民事关系法律适用法总论》，法律出版社2005年版。

定可以看作是违反了我国法律的基本原则,可以借助公共秩序保留制度予以排斥。因为别居毕竟不同于离婚,它没有完全解除当事人之间的人身关系,当事人仍应受到婚姻的约束,不得再行结婚。这种制度事实上是对婚姻自由的一种限制。因此对于依照阿根廷法律所作出的别居判决或者别居协议,我国可以不予承认。

本案在学理上还有一些疑问。第一,有学者认为,如果当事人仅要求我国承认其长期分居的事实、不要求承认其已根据别居协议而离婚,我国应予以承认。第二,我国根据公共秩序保留制度拒绝承认该别居协议的效力,在学理上看,是因外国法律制度的内容本身违反我国公共秩序还是因其将会造成的实际结果违反我国公共秩序?

[问题与思考]

1. 什么叫识别?识别的依据是什么?
2. 说明反致产生的原因。
3. 我国关于公共秩序保留的理论与实践。
4. 我国对于法律规避问题是如何规定的?
5. 我国对外国法的查明途径是如何规定的?

第二编 法律适用

第五章　自然人、法人的权利能力和行为能力的法律适用

[本章概要]

在司法实践中，各国民法一般认为自然人的权利能力"始于出生，终于死亡"，由于各国在这方面的立法比较一致，因此通常不会发生法律冲突。差异较大的地方是在宣告失踪和死亡制度方面，所以自然人权利能力法律适用最主要的是解决宣告失踪与死亡的管辖权及法律冲突问题。自然人的行为能力由于各国民法对于行为能力取得的年龄、条件等因素规定不同，法律冲突时有发生。由于法人权利能力及行为能力方面具有一致性，所以二者的法律适用原则也是比较一致的。本章主要介绍作为国际私法主体的自然人和法人，其权利能力和行为能力的法律适用问题。

本章共分为三节，第一节介绍自然人权利能力和行为能力的法律适用。第二节介绍法人权利能力和行为能力的法律适用。第三节介绍中国有关的立法规定与实践。

第一节　自然人权利能力和行为能力的法律适用

一、自然人权利能力的法律冲突及法律适用

（一）自然人权利能力的法律冲突

自然人的权利能力是指自然人依法享有民事权利，承担民事义务的资格。自然人的权利能力是自然人成为国际私法主体的前提条件。各国民法都认为自然人的权利能力"始于出生，终于死亡"，非依法律规定不得剥夺，在这方面并没什么例外，所以在此方面本不应发生法律冲突。但是由于各国文化、民族传统等方面的差异，造成了各国在法律上对"出生"和"死亡"的理解不同，以及对推定死亡、宣告死亡等制度的规定有所不同，所以在某些情况也会产生法律冲突现象。自然人权利能力的法律冲突主要表现在以下两个方面：

1. 在权利能力的开始方面。自然人的权利能力始于出生，但对出生的判断标准，在各国民法学界却有不同的主张，比较常见的标准有"阵痛说"、"初声说"、"部分露出说"、"独立呼吸说"等。立法上，各国的规定也不尽相同。如1804年《法国民法典》要求出生时必须具有生命才取得自然人的权利能力，《瑞士民法典》规定：胎儿，只要其出生时尚生存，出生时即具有权利能力；而《西班牙民法典》则规定自然人与其母体分离后需存活24小时以上才能取得权利能力。

2. 在权利能力的终止方面。民事权利能力终于死亡，死亡包括生理死亡和宣告死亡。关于生理死亡，各国基本上都以呼吸终止和心脏停止为条件，并没有什么差别，也有些国家采用脑死亡标准。但总的说来生理死亡比较容易判定，法律冲突不多。与其形成对比的是各国的宣告死亡与宣告失踪制度却有较大差异。这主要表现在宣告失踪或死亡所要求的自然人下落不明的期间不同。如《日本民法典》规定，失踪人生死不明满7年可视为死亡；1804年《法国民法典》规定：当事人停止在其住所出现而又无音信时，由利害关系人提出，监护法官确认为推定失踪；确认推定失踪的判决满10年时，由民事法院宣告失踪；不经监护法官判决确认推定失踪的，当事人停止在其住所出现而又无音讯满20年的，直接由民事法院宣告失踪。宣告失踪的判决与确定失踪者死亡具有同样的效力。我国1986年《民法通则》第22条、23条规定：公民下落不明满4年，或因意外事故下落不明，从事故发生之日起满2年，经利害关系人申请，法院可宣告其死亡。

另外，针对互有继承权的数人死于同一事故但无法确定谁先死亡的问题，许多国家规定了"推定死亡"（也称"推定存活"）制度，但对于推定死亡顺序的规定又不一致。如1804年《法国民法典》第721、第722条分别规定：如果同时死亡者均不足15岁的，推定年长者后死；均在60岁以上的，推定年龄最小者后死；如既有15岁以下的又有60岁以上的，推定最年少者后死；如年龄相等或相差不超过一岁的，而其中既有男性又有女性的，则推定男性后死。1985年《最高人民法院关于贯彻执行〈中华人民共和国继承法〉若干问题的意见》规定，相互有继承关系的几个人在同一事件中死亡，如不能确定死亡先后时间的，应推定无继承人的先死；如他们均有继承人，则看他们辈份是否相同，如辈份不同，应推定长辈先死；如辈份相同，则应推定同时死亡，彼此不发生继承关系，而由他们各自的继承人继承。

（二）自然人权利能力的法律适用

依自然人的属人法（本国法或住所地法），是各国在解决自然人民事权利能力法律冲突时采取的普遍原则。因为权利能力是自然人的基本属性，特定的人的这种属性是受一国伦理、历史、社会、经济、政治等方面的条件所决定的，因而适用其属人法较为合理。但在具体规定上有所不同。大陆法系国家一般以国籍国法为准，英美法系国家则以住所地法为准。另外，有的国家主张采取混合制度，对在内国的外国人以住所地为属人法，对在外国的内国人则以其本国法为属人法。此外，还有的国家规定自然人的权利能力适用法院地法，但采取这种方式的国家很少。

（三）宣告失踪或死亡的管辖权及法律适用

1. 失踪或死亡宣告的管辖权。对于涉外失踪和死亡宣告案件应由何国法院管辖的问题，国际上主要存在着以下几种立法方式：①失踪人本国法院有管辖权。②由失踪人居住地法院管辖。如1950年通过的《关于失踪者死亡宣告的公约》规定，任何缔约国的法院都有权对其境内居住的，属于另一缔约国的失踪者进行死亡宣告；1987年《瑞士联邦国际私法法规》第41条第1款规定："失踪人失踪前在瑞士有住所的，其最后住所地的瑞士法院对失踪宣告案件有管辖权。"③原则上由失踪者本国法院管辖，但在一定条件下，也可由其住所国法院管辖。

2. 失踪或死亡宣告的法律适用。关于失踪或死亡宣告的法律适用问题，各国普遍主张适用失踪人的属人法，但在具体规定上，又有以下几种不同方式：①适用失踪人的本国法。《保加利亚共和国关于国际私法的法典》第 55 条规定，失踪或死亡宣告的条件和后果，依被宣告失踪或死亡者有最后确切消息时的国籍所属国法律。若其为无国籍人，失踪或死亡宣告的条件和后果，依其最后的惯常居所国法。[1] 1982 年《土耳其国际私法和国际诉讼程序法》第 10 条规定：死亡的宣告，适用当事人本国法律。《布斯塔曼特法典》第 82 条规定：一切关于失踪人死亡的推定及其可能有的权利，依失踪人的属人法调整。《斯洛文尼亚共和国关于国际私法与诉讼法的法律》第 16 条规定，对失踪人的死亡宣告，依照失踪人失踪时的国籍国法。[2] ②适用失踪人的住所地法。《秘鲁民法典》第 2069 条规定，失踪宣告依失踪人最后住所地法，失踪宣告对失踪财产的后果亦依该法。《保加利亚共和国关于国际私法的法典》第 55 条规定，根据具有合法利益者的申请，对惯常居所在保加利亚共和国境内者，可依照保加利亚法律宣告其失踪或死亡。1950 年联合国《关于失踪者死亡宣告的公约》也肯定了这一作法。③原则上适用失踪人属人法，但涉及财产问题时适用财产所在地法。1939 年《泰国国际私法》第 11 条规定：对外国人的失踪宣告及宣告的效力，除在泰国的不动产外，依外国人本国法。《保加利亚共和国关于国际私法的法典》第 55 条规定，为保护某自然人的位于保加利亚共和国境内的财产而采取的临时措施，依保加利亚法律。《韩国 2001 年修正国际私法》第 12 条规定，外国人生死不明时，如果该外国人在大韩民国有财产，或存在应适用大韩民国法律的法律关系，或存在其他正当理由，法院可依据大韩民国法律对其作出失踪宣告。[3]

二、自然人行为能力的法律冲突及法律适用

自然人的民事行为能力是指自然人通过自己的行为取得民事权利和承担民事义务的能力。自然人行为能力的取得必须符合一定的法定条件，每个自然人自出生时起至死亡时止都拥有权利能力，但是拥有权利能力不一定拥有行为能力。一般的说，享有民事行为能力的自然人应符合两个条件：一是要求达到法定年龄，二是要求心智健全。

（一）自然人行为能力的法律冲突

有关自然人行为能力的法律冲突主要表现在：

1. 对成年年龄的规定不同。各国民法一般都规定有"成年"制度，即规定达到一定年龄的人为成年人，成年人即具有行为能力或完全行为能力，可以通过自己的行为取得民事权利和承担民事义务。墨西哥法律规定 23 周岁为成年，泰国规定 21 岁为成年，西班牙、丹麦则规定 25 周岁为成年。我国 1986 年《民法通则》规定，18 周岁以上的公民为成年人，具有完全民事行为能力，可以独立进行民事活动；16 周岁以上不满 18 周

---

[1] 参见《保加利亚共和国关于国际私法的法典》（2005 年 5 月 4 日文本），邹国勇译，载黄进等主编：《中国国际私法与比较法年刊》，北京大学出版社 2008 年版，第 594 页。

[2] 参见《斯洛文尼亚共和国关于国际私法与诉讼法的法律》，邹国勇译，载《中国国际私法与比较法年刊》，法律出版社 2003 年版，第 588 页。

[3] 参见《韩国 2001 年修正国际私法》，沈涓译，载韩德培等主编：《中国国际私法与比较法年刊》，法律出版社 2003 年版，第 638 页。

岁的公民，以自己的劳动收入为主要生活来源的，视为完全民事行为能力人。

其次，各国关于无行为能力和限制行为能力的年龄界限的规定也不同。我国1986年《民法通则》规定，10周岁以上未满18周岁的为限制行为能力人，未满10周岁的未成年人为无民事行为能力人。

2. 对宣告无行为能力或限制行为能力（禁治产或准禁治产）的规定不同。禁治产是指成年人因精神不健全而被限制其行为能力的制度。许多国家的法律都规定，已达成年年龄的人，如果精神失常不能独立处理自己事务的，可以被宣告为无民事行为人或限制行为能力人，这一制度在许多国家称为禁治产或准禁治产宣告制度。但各国对禁治产的原因及禁治产的效力规定并不完全相同。《日本民法典》区分禁治产和准禁治产。其将心神丧失者称禁治产人，而把精神耗弱者和浪费者称为准禁治产人。1804年《法国民法典》也有类似的规定。我国立法未采用禁治产或准禁治产的称谓，1986年《民法通则》规定，不能辨认自己行为的精神病人，可以宣告其为无行为能力人；不能完全辨认自己行为的精神病人，可以宣告其为限制民事行为能力人。

（二）自然人行为能力的法律适用

各国关于自然人行为能力的法律适用的立法主要有以下几种：

1. 自然人的行为能力依自然人本国法。《保加利亚共和国关于国际私法的法典》第50条规定，人的行为能力，依其本国法。如果相关法律关系的准据法在行为能力方面规定有特别条件的，则适用该关系的规定。《比利时国际私法典》第34条规定，身份和能力的准据法，除非本法另有规定，自然人的身份和能力适用其本国法。《韩国2001年修正国际私法》第13条规定，人的行为能力依据其本国法。当行为能力扩大到婚姻的行为时，也同样应适用当事人的本国法。已经取得的行为能力不因为国籍的变更而丧失或受限制。

如果当事人的国籍有所变动，一般主张，依新本国法判定其行为能力。因此，未成年人若依新国籍法为完全行为能力人则成为成年人。《德国民法典施行法》（国际私法部分）第7条规定，人的权利能力和行为能力，适用该人所属国法律。在行为能力通过结婚行为而得以扩展时，亦适用此规定。曾经取得的权利能力和行为能力，不因取得或丧失作为德国人的法律地位而受影响。[1]

对于无国籍人，一般地说，其行为能力适用其住所地国家的法律，如无住所，则适用其居所地国家的法律，居所地也无法确定时，一般依当事人现在所在地的法律。如《加蓬民法典》规定，无国籍人以其惯常居所地法为本国法；该法典又规定，个人的身份与能力依其本国法，也就是说，无国籍人的行为能力适用其惯常居所地法。

2. 自然人的行为能力，适用自然人的住所地法。英美法系等国及南美部分国家采用此主张。如《阿根廷国际私法草案》第7条规定：自然人的存在、身份及一般能力，受其住所地法支配。1889年《蒙得维的亚国际民法公约》第1条：人的行为能力，按其住所地法规定。

---

[1] 参见《德国民法典施行法》（国际私法部分）最新文本（截止于2006年4月25日）第9条，邹国勇译，载李双元主编：《国际法与比较法论丛》，中国方正出版社2007年版，第661页。

住所地发生变更的，一般不影响自然人根据原住所地（或惯常居所地）法取得的行为能力。如上述《阿根廷国际私法草案》规定，住所地的变更不限制已具有的能力，变更后惯常居所地国的法律如果对存在、身份及能力的规定较前惯常居所地法律更为优惠，则适用更优惠的法律。

3. 自然人行为能力原则上依自然人本国法，但在内国所为的民事行为，自然人的行为能力适用行为地法。尽管许多国家规定人之行为能力适用属人法，但随着国际经济贸易的发展和扩大，许多国家也主张关于当事人缔结合同等方面的行为能力受行为地法制约。这种规定首见于1794年的《普鲁士法典》。该法典规定，当事人如依属人法或依缔约地法为有行为能力，便被认为有行为能力。1861年，法国最高法院通过李查蒂一案也确认了这一原则。

从国际私法的立法实践上看，并不是一切在国内所为的行为，当事人的行为能力都依行为地法。一般的说，行为人的行为出于恶意，如欺诈或其他不正当的动机和目的，则排除行为地法的适用。

至于依内国法无行为能力的自然人，如在外国所为的法律行为依行为地法有行为能力时，内国法是否应承认，一般地，各国出于保护国际交易的安全考虑，大都持肯定态度，但有关身份的行为例外。

4. 不动产物权的行为能力依不动产所在地法。对不动产物权的行为能力，各国立法均采用不动产所在地法，而不适用当事人属人法。这里的不动产物权的行为，指创设及变更不动产物权的能力，非指缔结处分不动产的合同的能力，后者一般受合同准据法支配。

例如，原告为一家在甲国A市和英国B市开办业务的银行，被告是一个住所在英国的已婚妇女。原告与被告在英国达成协议：被告同意将其位于甲国A市的土地抵押给原告，作为原告银行向其丈夫贷款的担保；被告委托一名住在甲国A市的人代理她处理抵押有关事宜。按照甲国的法律，被告无能力签订这样的协议（已婚妇女的民事行为能力受限制）。原告根据英国法关于特定履行（指法院通过对被告强制执行他/她依合同所承担的义务，从而对原告赋予衡平法上的补偿）的规定，在英国法院提起诉讼，要求被告依上述协议承担义务。而法院判决认为被告不负法律责任。因为根据当事人之间合同关系的标的物（土地）所在地法，被告无缔结这种合同的能力，因而它们之间的协议是无效的。该案中由于该民事行为能力与不动产的处分有关，法院适用了甲国的法律，而没有适用当事人的本国法或住所地法。

关于自然人的民事行为能力的法律适用问题，还需要结合该自然人从事的民事法律行为来确定其准据法。一般民事行为的行为人能力适用当事人的属人法（本国法或住所地法）、行为地法，而对于处理不动产的能力则要适用不动产所在地法。因此在自然人的民事行为能力的法律适用问题上，了解一般的法律适用原则和适用的例外都是非常重要的。

（三）宣告无行为能力（禁治产）的管辖权、法律适用和效力

宣告无行为能力（禁治产）的法律冲突根源在于各国关于无行为能力（禁治产）宣告的条件等的规定不同。国际私法主要解决无行为能力（禁治产）宣告的管辖权、法律

适用及该宣告的效力的法律适用问题。

1. 无行为能力（禁治产）宣告的管辖权。国际上关于无行为能力（禁治产）宣告有两种主张：一种是规定内国对此问题有专属管辖权，另一种主张由被宣告人住所地法院行使管辖权。如1896年的《德国民法施行法》第8条规定：对在德国有住所或有居所的外国人，德国法院依德国法为禁治产宣告。又如《希腊民法典》规定：希腊法院对于住所在希腊的外国人，可以宣告禁治产。

2. 无行为能力（禁治产）宣告的法律适用。对于这个问题国际上有以下主张：①适用法院地法。②依被宣告人的本国法。《希腊民法典》第8条规定，禁治产适用本国法。③被宣告人本国法兼法院地法。我国台湾地区现行的"涉外民事法律适用法"也采用这种规定：凡在台湾有住所或居所之外国人，依其本国及台湾法律同为禁治产之原因者，得宣告禁治产。

3. 宣告无行为能力（禁治产）效力的准据法。对此问题有以下两种主张：第一种主张认为，宣告无为能力（禁治产）的效力，依宣告地法。《日本法例》规定，禁治产、准禁治产宣告的效力依宣告国法；《韩国2001年修正国际私法》第14条规定，法院可依照大韩民国法律对在大韩民国有惯常居所或居所的外国人做出限定治产或禁治产宣告。第二种主张对此问题应适用被宣告人的属人法。如1979年《奥地利联邦国际私法法规》第15条规定：无行为能力宣告的要件、效力，依被监护人的属人法。

有的国家不区分宣告无行为能力（禁治产）的条件和效力，规定二者适用统一的准据法。如《布斯塔曼特法典》第30条就规定：禁治产宣告应适用被宣告人的本国法。

第二节 法人权利能力和行为能力的法律适用

一、法人的权利能力和行为能力的法律冲突及法律适用

（一）法人权利能力和行为能力的法律冲突

法人的权利能力是指法人依法享有民事权利和承担民事义务的资格。法人的行为能力是法人以自己的名义和意思独立进行民事活动、取得民事权利和承担民事义务的能力。

法人的权利能力、行为能力与自然人的权利能力、行为能力相比，具有如下特点：①法人的权利能力和行为能力在时间上是一致的，均始于法人的成立，终于法人的消灭。②法人的权利能力和行为能力在范围上是一致的。因此法人权利能力和行为能力的法律冲突在解决上也是采取的完全一致的方法。③法人的行为能力由法人的机构的行为表现出来，这不同于自然人以自己的行为表现。

法人权利能力、行为能力的法律冲突主要表现在：①由于各国立法中规定的法人权利能力和行为能力的范围和内容不同，从而造成一国法人在内国可以从事的行为在另一国可能被禁止的现象；②有的国家，如法、意承认合伙是法人，而在英、德等国家则不承认合伙具有法人资格；③法人的解散问题，有的国家规定法人因自己的决定或破产而解散，有的国家规定除自己决定或破产而解散外，还可因法人违背善良风俗而解散。

（二）法人权利能力和行为能力的法律适用

从各国的立法实践来看，法人的权利能力和行为能力一般是依法人属人法解决，但各国的具体规定又有所不同，大致可分为以下几种：

1. 适用法人的国籍法。如《布斯塔曼特法典》规定：公司的民事能力受准许公司成立的国家的法律支配。

2. 适用法人的主要事务所所在地法。如1979年《奥地利联邦国际私法法规》规定：法人，其属人法应是该法律实体设有主要事务所所在地国家的法律。《希腊民法典》规定：法人的能力适用它的主要事务所所在地法。

3. 适用法人营业地法。《韩国2001年修正国际私法》第16条规定，法人或团体应适用确定其设立的准据法。但如果在外国设立的法人或团体在大韩民国有主事务所或主要商业活动，则该法人或团体应适用大韩民国法律。

4. 法人的行为能力受法人成立地国的法律支配。如《秘鲁民法典》规定：私法人的存在和能力，由其成立地国的法律确定。一些社会主义国家也规定：外国企业和组织在订立外贸合同和与此有关的结算、保险及其他业务的合同时，其民事权利能力依据企业或组织成立地法律确定。

二、涉外破产的法律问题

破产是指债务人的全部财产不能清偿债务，法院依债务人本人或其债权人的申请宣告债务人破产。国际私法中的涉外破产是指含有涉外因素的破产，如债权人与债务人具有不同的国籍或分处于不同国家的境内、破产债务人的财产位于不同国家等情况。由于破产案件本身的复杂性，它其中既包含程序问题，又包含实体问题，而且由于各国立法中对于破产的条件、程序、破产的法律适用以及破产宣告的效力的规定各不相同，因此在涉外破产案件中就产生了一系列的法律问题。其中主要是涉外破产案件的管辖权、破产的法律适用以及破产宣告的效力问题。

（一）涉外破产案件的管辖权

涉外破产案件面临的第一个问题就是应由哪一国法院管辖该案的问题。对此各国理论上和实践中存在着不同的主张。比较有代表性的有：

1. 由破产债务人住所地国家法院管辖。德国学者萨维尼即主张破产债务人的住所地法院具有绝对管辖权。在19世纪形成了欧洲多数国家法院在破产案件受理方面实行相互协作的制度。根据这种制度，由破产债务人的住所地法院委任的有关破产案件的资产管理人，有权要求有关本案资产所在的其他国家法院或者委任的管理人给予司法协助。[1]《布斯塔曼特法典》规定了破产由债务人的住所地法院管辖，该法典第414条规定：如破产案件的债务人只有一个民事或商事住所，则对其在缔约各国国内的一切资产和债务，只可以有一次破产和解程序、一次停止支付和一个接受摊偿的和解契约；第415条规定，同一人或同一合伙组织如在几个缔约国内有经济上完全分立的营业所，或有若干营业所，即可以有若干破产和解程序的案件。1940年3月19日订于蒙得维的亚的《关于国际民法的条约》也规定：有关商人或商业合伙企业住所地法院对破产有管

---

[1] 姚玉如编著：《国际私法与国际经贸》，新华出版社1999年版，第258页。

辖权。

2. 由破产债务人的管理中心所在地国家法院管辖。债务人管理中心所在地国家对案件享有专属管辖权，是双边破产条约中经常采用的原则。如欧洲理事会的《关于特定国际性破产的欧洲公约》中即采纳了该标准，依该公约的规定，管理中心是指债务人通常管理自己权益的所在地，除非有相反的证明，对于企业、公司或法人而言，该地推定为其登记地。[1]

3. 由财产所在地国家法院管辖。以财产所在地作为确立管辖权的标准，仅适用于大陆法系的一些国家和极少数的英美法系国家。大陆法系国家只把财产所在地作为确定法院管辖权的补充原则，即在债务人或破产人无营业所或住所时，对其破产才由其主要财产所在地的地方法院管辖。[2]

（二）破产的法律适用

一般地说，破产案件法律冲突主要表现在四个方面：破产程序、破产债权、破产财产和破产管理。

1. 破产程序的法律适用问题。由于破产程序也属于诉讼程序，根据程序应适用法院地法的一般原则，破产程序也应该适用法院地法，即破产开始地法。

2. 破产债权的法律适用问题。一般主张破产债权依破产宣告国法，但是如果权利是依据合同取得的，则应适用合同的准据法解决。

3. 破产财产的法律适用问题。破产财产，也称破产财团，是指在破产程序中为清偿债权人的需要由破产管理人组织起来的破产人的全部财产，其中涉及到的破产财产的范围问题，一般适用法院地法；不动产的问题，适用不动产所在地法；破产债权的抵销权应按与债权相应的准据法办理。对于有关债权人对破产财产的物权，如取回权、别除权，各国一般都规定适用物之所在地法。

4. 破产管理的法律适用问题。破产管理主要包括破产管理人的任命、对破产财产的清查、估价、变卖等问题。一般认为，破产管理应适用管理地法，即法院地法。

（三）破产宣告的效力问题

由于涉外破产案件常常会遇到破产财产分处于几国境内的情况，所以由一国法院所作的破产宣告是否在其他国家境内有效，就成为涉外破产中面临的一个非常重要的问题，也是一个十分棘手的问题。对此问题，国际私法的理论和实践中存在两种对立的主张。

1. 破产属地主义。破产属地主义，即内国所作的破产宣告只在国内有效，不产生域外效力，因此持这种主张的国家允许当事人在国际上有数处破产，如《阿根廷国际私法草案》规定：国外的破产宣告不是在阿根廷开始破产程序的原因，不得援引国外的破产对抗其债权必须在阿根廷清偿的债权人，以对他们在阿根廷领土的财产的权利提出异议，也不得使其与破产当事人作的交易无效。持这种主张的国家还有美国、日本等。

2. 破产普遍主义。该观点主张破产宣告在他国具有效力。这种主张认为，破产人在

---

[1] 张茂："国际破产法统一化运动评述"，载《当代国际私法问题》，武汉大学出版社1997年版，第248页。
[2] 李双元等编著：《中国国际私法通论》，法律出版社1996年版，第418页。

他国的财产与在宣告国的其他财产为统一的整体,因而只允许当事人在国际上有一处破产。如 1987 年《瑞士联邦国际私法法规》第 166 条规定:外国作出的破产宣告,符合瑞士法律规定的承认和执行外国判决的条件的,或由外国破产财团或债权人提出申请的,瑞士予以承认。《布斯塔曼特法典》则是采取普遍主义的典型。该法典第 416 条规定,确定破产人能力的宣告在各缔约国内有域外效力,但以预先遵行各国立法所要求的登记或公告手续为条件;第 419 条规定,关于破产宣告的溯及效力以及由于此项判决而对某些文件宣告撤销,均依适用于各该项程序的法律予以确定,并得在所有其他缔约国领土内生效。

第三节 中国有关法律规定及实践

一、我国关于自然人民事权利能力的立法与实践

我国《民法通则》等法律对自然人权利能力的法律冲突及法律适用问题未做出明确规定。在实践中经常会遇到外国自然人的民事权利能力问题的情况。随着我国开放程度的不断扩大,中国公民出入国境越来越便利,并且定居外国的中国人数量也越来越多。这其中有包括已经加入外国国籍或尚未加入外国国籍的情况。前者,根据中国《国籍法》的原则已不再是中国公民,而成为了外国人,他们与国内亲属之间的关系已变成中外当事人之间的关系。对于后者而言,这些定居在外国的中国公民,从属人法的连接点看,本国法(国籍国法)是中国,住所地法(经常居住地法等)是外国。他们在中国国内进行的民事活动,也面临着法律冲突和法律适用问题。

2010 年我国《涉外民事关系法律适用法》第 11 条规定,自然人的民事权利能力,适用经常居所地法律。第 13 条规定,宣告失踪或者宣告死亡,适用自然人经常居所地法律。第 20 条规定,依照本法适用经常居所地法律,自然人经常居所地不明的,适用其现在居所地法律。第 15 条规定,人格权的内容,适用权利人经常居所地法律。

二、我国关于自然人民事行为能力的立法与实践

我国《民法通则》第 143 条规定:"中华人民共和国公民定居国外的,他的民事行为能力可以适用定居国法律。"1988 年《民法通则司法解释》)进一步就该问题作出了规定:①定居国外的我国公民的民事行为能力,如其行为是在我国境内所为,适用我国法律;在定居国所为,可以适用定居国法律。②外国人在我国领域内进行民事活动,依其本国法律为无民事行为能力,而依我国法律为有民事行为能力,应认定有民事行为能力。③无国籍人的民事行为能力,一般适用其定居国法律,如未定居的,适用其住所地国的法律。

此外,我国《票据法》第 96 条规定:"票据债务人的民事行为能力,适用其本国法律。票据债务人的民事行为能力,依照其本国法律为无民事行为能力或者为限制民事行为能力而依照行为地法律为完全民事行为能力的,适用行为地法律。"

2010 年我国《涉外民事关系法律适用法》第 12 条规定,自然人的民事行为能力,适用经常居所地法律。自然人从事民事活动,依照经常居所地法律为无民事行为能力,

依照行为地法律为有民事行为能力的，适用行为地法律，但涉及婚姻家庭、继承的除外。第 13 条规定，宣告失踪或者宣告死亡，适用自然人经常居所地法律。第 20 条规定，依照本法适用经常居所地法律，自然人经常居所地不明的，适用其现在居所地法律。

关于自然人的民事行为能力的法律适用问题，还需要结合该自然人从事的民事法律行为来定其准据法。一般民事行为人的行为能力适用当事人的属人法（本国法或住所地法）、行为地法，而对于处理不动产的能力则要适用不动产所在地法。因此在自然人的民事行为能力的法律适用问题上，了解一般的法律适用原则和适用的例外都是非常重要的。掌握中国的法律适用规定，对于解决我国境内涉及当事人民事行为能力的法律冲突，具有重要意义。

三、我国关于法人的权利能力、行为能力法律适用的规定

1988 年《民法通则司法解释》规定：外国法人以其注册登记地国家的法律为其本国法，法人的民事行为能力依其本国法确定。外国法人在我国领域内进行民事活动，必须符合我国的法律规定。

2010 年《涉外民事关系法律适用法》第 14 条规定，法人及其分支机构的民事权利能力、民事行为能力、组织机构、股东权利义务等事项，适用登记地法律。法人的主营业地与登记地不一致的，可以适用主营业地法律。法人的经常居所地，为其主营业地。

四、我国关于破产问题的立法和实践

2006 年以前，我国规定破产问题的法律主要有：《企业破产法（试行）》（已废止），《民事诉讼法》，2005 年《公司法》第十章。此外最高人民法院还就破产问题作出一系列司法解释，但这些规定都主要是针对国内破产制定的，很少涉及涉外破产问题。

关于涉外破产的管辖权问题，2006 年 8 月 27 日第十届全国人大常委会通过的《中华人民共和国企业破产法》（以下简称《破产法》）第 3 条规定，破产案件由债务人住所地人民法院管辖。可以认为，在现阶段，上述规定也同样可适用于涉外破产案件。但考虑到涉外破产的特殊性，未来立法中有必要就涉外破产案件的管辖权做出专门规定。中国国际私法学会起草的《中华人民共和国国际私法示范法》中对涉外破产管辖权问题提出了以下立法建议：对因破产提起的诉讼，如破产人主要办事机构所在地或可供破产清算的财产所在地位于中华人民共和国境内，中华人民共和国享有管辖权。[1]

关于涉外破产的法律适用问题，《破产法》第 4 条规定，破产案件审理程序，本法没有规定的，适用《民事诉讼法》的有关规定。2010 年《涉外民事关系法律适用法》还没有规定。《中华人民共和国国际私法示范法》提出的立法建议是：破产，适用破产人主要办事机构所在地法或者破产人财产所在地法。破产人财产价值的评估，适用财产所在地法。破产清算，适用法院地法。[2]

关于涉外破产宣告的效力问题，《破产法》对国际破产的域外效力问题作出了明确规定。《破产法》第 5 条规定，依照本法开始的破产程序，对债务人在中华人民共和国领域外的财产发生效力。对外国法院作出的发生法律效力的破产案件的判决、裁定，涉

---

[1] 《中华人民共和国国际私法示范法》，法律出版社 2000 年版，第 8 页。
[2] 《中华人民共和国国际私法示范法》，法律出版社 2000 年版，第 33 页。

及债务人在中华人民共和国领域内的财产，申请或者请求人民法院承认和执行的，人民法院依照中华人民共和国缔结或者参加的国际条约，或者按照互惠原则进行审查，认为不违反中华人民共和国法律的基本原则，不损害国家主权、安全和社会公共利益，不损害中华人民共和国领域内债权人的合法权益的，裁定承认和执行。由此可以看出，中国在对待破产的域外效力问题上，采取了互惠、有条件的普遍主义立场，从长远来看，随着我国对外交往的不断扩大和对外投资的增长，这样的规定是符合我国国情的。

案例与评析

[案例1][1]：

[案情介绍] 中国江苏省某进出口公司在南京与一名19周岁的意大利籍商人马克签订了一份商品进口合同，由马克供货。合同签订后至交货期间，该商品价格因故在国际市场上暴涨。马克如果履行合同按原订价格供货，将给自己造成巨大损失。为了不履行合同，也不承担违约责任，马克向某进出口公司表示，按照意大利法律，他是未成年人，不具有完全民事行为能力，不能成为合同关系主体，他们之间的商品买卖合同无效。某进出口公司随即向当地法院提起诉讼，要求意大利商人承担违约责任，赔偿该公司的损失。

[案例分析] 在本案中，按照我国法律，马克有民事行为能力；而按照意大利法律，马克不具有完全民事行为能力。那么外国人的民事行为能力在涉外案件中应如何认定？双方签订的买卖合同是否有效？对此问题应适用1988年《民法通则司法解释》，外国人在我国领域内进行民事活动，依其本国法律为无民事行为能力，而依我国法律为有民事行为能力，应认定有民事行为能力。

[案例2]

[案情介绍] 1992年，深圳市中级人民法院受理中国银行深圳分行申请宣告国际商业银行深圳分行破产案。国际商业银行是一家总部设在开曼群岛的英国银行，已被72个国家的法院宣告破产。该行深圳分行的总资产在2000万美元左右，在中国的负债达8000万美元。深圳中院应中国债权人的申请，迅速冻结了该行在深圳的资产。根据《深圳经济特区涉外公司破产条例》（1986）第5条的规定（依外国破产法宣告的破产，对破产人在特区的财产不发生效力），以及我国《民事诉讼法》第243条规定的可供扣押财产所在地的管辖理由，深圳中院受理了中国债权人对该深圳分行提起的破产还债申请，并组成破产清算组对该深圳分行在中国的债权债务进行清算。

[案例分析] 该案涉及到中国在涉外破产实践中的做法，如涉外破产案件的管

---

[1] 金彭年主编：《案例分析应试指导：国际私法》，中国人民大学出版社2000年版，第33页。

辖权、破产宣告地域外效力等。本案是中国法院坚持地域性原则的典型例证。不难看出，中国债权人受偿比例较大，一方面得益于中国的独立破产程序，更重要的是因为国际商业银行深圳分行的财产相对较多。假设该行破产后位于中国的财产很少，中国债权人基本得不到偿付，那又该如何保护中国债权人的利益呢？从国际通行的做法来看，破产案件中财产所在地法院的管辖效力仅及于该国境内的财产。在这种情况下，将位于中国的破产财产移交给债务人住所地的破产管理人，让中国债权人参加债务人住所地破产财产的分配，有可能改善其受偿状况。当然，由于各国破产制度的差异，这样做是否真正能够达到目的，尚须多方考虑，但在这一问题上突破严格的地域性原则的限制，采取灵活的态度，无疑是十分必要的。

[问题与思考]

1. 关于确定宣告失踪或死亡的管辖权和法律适用的一般原则有哪些？
2. 我国立法中关于自然人行为能力的法律适用有哪些规定？
3. 国际上对破产宣告的效力有哪些主张？

第六章　涉外物权关系的法律适用

🔖 [本章概要]

物权是一种财产权，指权利人所享有的直接支配其物并排除他人干涉的权利，一般包括所有权、用益物权和担保物权，具体如所有权、地上权、地役权、抵押权、质权、留置权、典权、永佃权等。涉外物权即物权关系主体、客体、内容三要素中至少含有一个外国因素。因为各国社会制度、历史传统及法律文化的不同，大陆法国家与英美法国家的物权制度有很大差别；即使在同一法系内的各国物权法规范差别也很大，因而产生了涉外物权关系的法律冲突。由于差别很大，各国物权制度的法律冲突很难通过统一国际实体法的方式得以统一或协调，这就决定了国际私法的间接调整方式在此领域内具有难以替代的重要作用。以"物之所在地法"作为涉外物权法律关系的准据法，是当今各国解决物权法律冲突所采用的基本原则。它产生的历史十分悠久，经过漫长的发展过程，成为物权领域适用最为广泛的冲突原则，其适用的范围和例外在各国渐趋一致。

通过本章的学习，应掌握涉外物权的概念，涉外物权的法律冲突产生的原因，物之所在地法原则的产生与发展、物之所在地法原则在解决涉外物权的法律冲突中的运用、物之所在地法适用的范围和例外、国家财产豁免权原则在解决涉外物权的法律冲突中的运用、权利财产的概念、权利财产的法律冲突和法律适用、信托财产的法律冲突和法律适用等问题。

第一节　涉外物权的法律冲突

一、物权和涉外物权的概念

（一）物权的概念以及起源

物权的概念起源于罗马法。罗马法曾确认了所有权（dominium）、役权（servitutes）、永佃权（emphyteusis）、地上权（superficies）、抵押权（hypotheca）、质权（pignus）等物权形式，并创设了与对人之诉（actio in personam）相对应的对物之诉（actio in rem），以对上述权利进行保护。罗马法学家也曾经使用过 iura in re（对物的权利）[1]以及 jus ad res（对物之权）。不过对物之诉与对人之诉的区分主要是从程式诉讼的便利

---

[1] [意]彼德罗·彭梵德著，黄风译：《罗马法教科书》，中国政法大学出版社1992年版，第183页。

考虑的，目的并不在于区分物权和债权。[1] 第一次在法律上正式确认物权一词的是1900年《德国民法典》。此后，许多国家民法典都规定了物权制度。但是，也有一些国家没有"物权"概念，而使用"财产权"，如英美法系国家等。

对于物权的定义，创设完整的物权立法体系的《德国民法典》并未作出解释性的规定，而该法典之后其他国家制订的民法典（包括《瑞士民法典》、《日本民法典》等），均未就物权的定义在法典中予以明示。唯一对物权作出定义式规定的法典是1811年生效的《奥地利民法典》。该法典第307条规定："物权是属于个人的财产上的权利，可以对抗任何人。"第308条规定："物之物权，包括占有、所有、担保、地役与继承权利。"但此法典所确定之"物权"，却显然与德国民法及受其影响的其他大陆法国家民法中的物权含义不同。目前，虽然仍然存在物权概念的多种理解，但是大多数国家认为物权是法律确认的物权关系的主体依法对物所享有直接支配其物并排除他人干涉的权利。物权是与债权相对应的一种民事权利。物权的权利主体是特定的，而义务主体是不特定的；物权的内容是直接支配一定的物，并排斥他人干涉；物权的标的是物。从本质上讲，物权为支配权，物权人无须借助他人的行为就能够行使其权利即直接支配其标的物，并通过对标的物的直接支配以享受其利益；物权为绝对权，可对抗世间一切人的权利，权利人之外的一切人均为义务主体，均负有不得侵害其权利和妨害其权利行使的义务，因此物权在法律性质上应当属于绝对权或对世权。

（二）涉外物权的概念

涉外物权是指具有外国因素的物权或"财产权"，即物权关系的主体、客体、内容三要素中至少含有一个外国因素，包括物权主体为外国人，或者物权客体处于外国，或者引起物权产生、变更或消灭的法律事实发生在外国等情况。

二、涉外物权关系的法律冲突

大陆法系国家和英美法系国家在物权法律制度上存在很大分歧，这不仅表现在物权和财产权概念的使用上，在物权和财产权的分类和内容上。大陆法国家通常将物权按照物权关系的客体不同分为动产物权和不动产物权两类，并认为物权的客体仅限于物；而英美法国家的法律则认为，财产权关系的客体并不限于既存物，还应包括利益、权利和"未来存在的物"等，依此，财产权应包括动产财产权、不动产财产权和对利益的所有权等多种。[2] 大陆法系国家采用物权类型法定原则以及各种类型物权内容法定原则，而英美法系国家则否认物权类型法定和一物一权原则的必要性，法律不禁止当事人按照法律允许的方式创设特定内容的所有权或财产权。正因为如此，涉外物权关系的法律冲突在所难免。这些法律冲突主要体现在以下几方面：

（一）物权的主体

世界上大多数国家法律都规定自然人、法人、国家可以作为平等主体取得物权，并享有同等的法律保护；但有些国家对此加以限制。例如，有些国家法律允许个人成为土地所有权关系的主体，但在朝鲜、越南等国家，个人一般不能成为土地所有权关系的主

---

[1] 转引自王利明：《民法物权论》，中国政法大学出版社1998年版，第4页。
[2] 章尚锦、徐青森主编：《国际私法》（第三版），中国人民大学出版社2007年版，第142页。

体。如中国法律对土地所有权关系的主体做了严格限制，只有国家和集体组织才能成为土地所有权关系的主体，而土地所有权中的矿藏、水流、水面、海陆资源所有权只属于国家。还有些国家对内国人和外国人在本国的物权关系主体地位做了区别规定，如挪威等国的法律规定：外国人在内国不能取得房屋的所有权而只能取得房屋租赁权。但在中国，外国人可以取得房屋的所有权。

（二）物权的客体

各国立法普遍认为物权的客体是物，对物的范围规定却不尽相同。德国、日本等国认为物仅指有体物，法国、荷兰等国则认为物既包括有体物也包括无体物。英美法系国家使用的财产权包括有形和无形财产（有价证券、给付金钱的请求权、知识产权）等。德国民法认为：股票所有权实质上即为股权，而债券、票据、按揭的所有权实质上为债权。按照多数国家的法律，物权的客体可以分为动产和不动产；但对动产和不动产的内容规定上则有所差别。德国和日本法律将土地及固定在土地上的物视为不动产；法国和奥地利的法律认为土地和地上设施的收益和固定附着物皆为不动产。

（三）物权的种类与内容

对物权的种类及物权内容各国法律由于历史传统、社会制度和法律文化的差异，规定也很不同。这不仅体现在大陆法系和英美法系各国之间，而且体现在同一法系的不同国家之间。例如，《德国民法典》规定的物权包括所有权、地上权、地役权、先买权、抵押权、动产质权和不动产质权等；法国民法规定的物权包括所有权、人役权、地役权、优先权、抵押权、质权等；我国《民法通则》规定的物权除所有权外，用益物权则包括土地使用权、承包经营权、采矿权、企业经营管理权、相邻权等。

（四）物权取得、变更和消灭

物权的取得包括原始取得和继受取得。对于物权的原始取得各国法律的规定也有差别。例如，中国法律规定的物权原始取得方式仅为加工、添附、善意取得等几种。[1]《日本民法典》规定的物权原始取得方式为无主物先占、遗失物拾得、埋藏物发现、财产附合、物之混合、加工、添附、取得时效等；《意大利民法典》规定的物权原始取得方式包括先占、发现、添附、加工、附合、混合及多种占有时效。对于物权的继受取得以及物权的变更，德国民法规定：动产移转以交付为变动要件，不动产移转以登记为变动要件；日本和法国民法则规定：动产和不动产移转均依当事人意思表示为变动要件，交付和登记仅为对抗第三人之要件；英美国家的法律不仅允许财产依当事人意思表示而移转，而且允许当事人约定在交付财产占有后仍保留所有权不变动，即"所有权保留条款"。

（五）物权的法律保护

世界各国法律都规定了对物权的保护，但是具体的保护方法不同，保护的内容也有一定差异，有些国家规定的较为详尽，有些国家规定的较为简练。同为大陆法系国家，德国民法对于各种物权提供了极为详尽的保护方法，包括所谓"自力救济"和"公力救济"，包括占有保护和本权保护，还包括物权保护方法和债权保护方法等。而法国民法

---

[1] 参见《最高人民法院关于贯彻执行〈民法通则〉若干问题的意见（试行）》第4条第1项。

对于物权保护的规定就较为简练，只有财产权利人在其占有物遗失或被盗窃时，才可在时效期内主张财产返还之保护方法，其物上请求权制度也较德国法简单。

第二节 物之所在地法原则

由于各国物权法关于物权的主体、物权的客体、物权的种类与内容、物权取得、变更和消灭以及物权保护等方面规定不同，导致同一涉外物权关系适用不同国家法律可能产生不同的结果，致使当事人无法预见适用外国法的结果；或者造成当事人实体权益受到损害，以致产生法律规避的现象。为了公平合理地解决涉外物权关系的法律适用，国际私法在长期的实践中逐渐形成了既接近于当事人为一定法律行为时的预期，又利于司法执行的冲突原则，即物之所在地法原则。

一、物之所在地法原则的产生和发展

物之所在地法原则是一古老的原则，其产生可追溯至13、14世纪意大利的法则区别说。当时著名法学家、"法则区别说"的奠基人巴托鲁斯把当时意大利各城邦的习惯法总结归类，并主张将这些习惯法分为人法和物法两类，人法适用住所地法，物法适用物之所在地法。"物法"只适用于土地及与土地有关的地役权等不动产物权，动产物权则依"动产随人"原则，适用当事人属人法，即"人法"。自法则区别说之后，不动产物权适用物之所在地法原则相继被世界各国的法律所接受；19世纪后，该原则又为欧陆各国的法典法所沿袭。

目前，世界各国的国际私法均确认了不动产涉外物权关系适用物之所在地法的原则。不动产物权适用物之所在地法原则为世界各国普遍接受的原因在于：①属地管辖原则在涉外物权管辖中的体现。各国诉讼法律制度基于属地管辖原则，对位于其境内的不动产主张司法管辖权。②司法执行的便利。一国适用本国法律执行不在本国境内的不动产，但由于该不动产的处所和司法管辖权均不在其境内，司法执行方面实际上很难实现。③不动产物权关系的当事人在取得权利或转让权利时实际上已经遵守和考虑到物之所在地法，而不可能对其没有预期，否则其权利根本无从实现。正因为如此，不仅大陆法系国家适用不动产物权依物之所在地法，英美法系国家也不例外，从而使不动产物权依物之所在地法原则成为国际私法中的一项得到普遍承认和争执最少的规则。1804年《法国民法典》第3条规定："不动产，虽为外国人所有，亦适用法国法"。1865年《意大利民法典》第7条规定："不动产物权，适用物之所在地法"。我国《民法通则》第144条也规定："不动产的所有权，适用不动产所在地法律"。1988年最高人民法院颁布的《民法通则司法解释》第186条又进一步规定："不动产的所有权、买卖、租赁、抵押、使用等民事关系，均应适用不动产所在地法律"。

由于早期国际民商事活动以跨国的货物买卖为主，所涉标的大多为价值较小、种类少的动产，其重要性远不及不动产，而且通常这些动产存放于所有者的住所，因此，对于涉外动产物权的法律适用，各国一般根据"动产随人"、"动产附骨"、"动产无场所"等古老的习惯法，规定涉外动产物权依当事人属人法，即当事人本国法或住所地法。随着现代社会民商事活动的发展，逐渐呈现涉外民事关系复杂化，涉外动产的价值大、种类多、分布广，动产所有人住所日益复杂多变化的特点，动产的构成较之不动产要更为复杂，一个人的动产不再仅仅局限于其住所地范围之内，而是遍及世界其他许多国家。19世纪以后，许多国家相继在立法和司法中抛弃了"动产随人"的规则，而使动产和不动产物权关系尽可能地统一适用物之所在地法。至此，物之所在地法原则不仅成为支配不动产物权的基本原则，在一些国家也成为支配动产物权的原则。1889年《蒙得维的亚国际私法公约》和1928年《布斯塔曼特法典》也接受了这一原则。目前，英国、美国、日本、法国、意大利、西班牙、智利、阿根廷等许多国家均在一定程度上确认了这一原则。

二、物之所在地的确定

适用物之所在地法来解决涉外物权关系的法律冲突，首先应当确定物之所在地。原则上，对于物之所在地的确定，应以法院地法为依据；但由于动产之所在地，特别是权利财产或无形动产之所在地具有相当的复杂性，故多数国家的法律对其鲜有明确的规定，实践中的做法可简要归纳为以下几点：

（一）不动产所在地的确定

不动产是指土地和土地上的定着物。各国对于不动产的定义和范围有不同规定。在中国，不动产包括各种建筑物，如房屋、桥梁、电视塔，地下排水设施等；生长在土地上的各类植物，如树木、农作物、花草等。需要说明的是，植物的果实尚未采摘、收割之前，树木尚未砍伐之前，都是地上的定着物，属于不动产；一旦采摘、收割、砍伐下来，脱离了土地，则属于动产。

不动产与某一地点有着固定不变的联系，因此其自然的、物理的存在地点即不动产所在地。

（二）有体动产的所在地

在实践中，对于有体动产的所在地，各国一般采取以下两种方法加以确定：一是在冲突规范中对动产所在地加以时间上的限定。《埃及民法典》第18条规定："占有、所有以及其他物权……动产适用导致取得或丧失占有、所有或其他物权的原因发生时的该动产所在地法。"《土耳其国际私法和国际诉讼程序法》第23条第3款规定："动产场所的变化和尚未取得的物权，适用财产最后的所在地法律。"二是在冲突规范中对一些特殊的动产物权关系规定适用其他冲突原则，从而不需要确定其物之所在地。这类冲突规范主要有：运输中的物品，以目的地为其所在地。如1984年《秘鲁民法典》第2089条规定："运送中的有体财产以最后目的地为该物的所在地。"船舶、航空器等交通运输工具，多以其登记、注册地为其所在地。如《戴西和莫里斯论冲突法》第76条例外1规定商船的所在地有时应视为在其注册港；例外2规定民用航空器的所在地有时应视为其登记国。

（三）无体物所在地的确定

无体物不像有体物那样有一个自然的、物理的存在地点，因此，其情况较为复杂，所在地的确定比较困难。对无体物所在地，各国很少有立法明确规定，在法律适用原则上也难一致。1928年《布斯塔曼特法典》第107条规定"债权的所在地决定于其清偿地，如未规定清偿地，则决定于债务人的住所地。"第 108 条规定："工业产权、著作权以及法律所授予并准许进行某种活动的一切其他经济性的类似权利，均以其正式登记地为其所在地。"第 100 条规定："特许权以其依法取得地为其所在地。"

按照许多国家冲突法的理论与实践，无体物的所在地应在该项财产能被追索或执行的地方。依此原则，有价证券和流通票据的物之所在地为证券上权利的实现地；公司股票的物之所在地为股票的过户登记地；信托权益的物之所在地为信托财产所在地或受托人居住地；专利商标权的物之所在地为允许此项权利转让的登记地。

三、物之所在地法的适用范围

物之所在地法原则是各国解决国际物权法律冲突的基本原则。从世界各国的立法和实践来看，这一原则主要用于解决以下有关物权的法律冲突：

（一）物权客体的范围

各国从自身的主权或经济利益考虑，对于物权客体的范围有不同的法律规定。在发生此类法律冲突时，通常依据物之所在地法解决。

（二）动产与不动产的识别

各国法律一般把物区分为动产和不动产，但划分标准却不尽相同，因此往往造成识别冲突。尽管各国国际私法要求对于识别问题适用法院地法，但在动产与不动产识别上却无一例外地适用物之所在地法。

（三）物权的内容和种类

各国民法对于物权种类和内容的规定不同。不仅两大法系国家之间，即使在同一法系，不同国家的规定也有区别。大多数国家规定此类法律冲突依物之所在地法解决。例如 1987 年《瑞士联邦国际私法法规》第 100 条第 2 款就规定："动产物权的内容与行使，适用动产所在地国家的法律。"

（四）物权取得、变更和消灭

在国际私法实践中，解决涉外物权的取得、变动和消灭的法律冲突，在通常情况下，依物之所在地法。例如 1978 年《奥地利联邦国际私法法规》第 31 条第 1 款规定："对有形物物权的取得与丧失，包括占有在内，依此种取得或丧失所依据的事实完成时物之所在地国家的法律。"

（五）物权的保护方法

大陆法系国家规定的公力救济方法主要是对物上请求权的维护，包括判令停止侵害、排除妨碍、消除危险、恢复原状、返还原物、确认产权、损害赔偿等；英美法中对物权保护方法规定的更为繁琐和全面。但大多数国家以物之所在地法来解决物权保护方法上的法律冲突。

四、物之所在地法原则的例外

物之所在地法虽然是解决涉外物权法律冲突普遍适用的原则，但由于某些物权关系客体具有特殊性或者处于某种特殊状态之中，若适用物之所在地法则或是不可能，或是不合理。故在各国立法和司法实践中，大多规定了物之所在地法适用的例外情形。

（一）关于运输途中物品的物权

运送途中的物品，其所在地处于不断变化中，要确定其所在地比较困难。因为以其短暂或偶然的经过或者停留的所在地为连接点来决定准据法，会造成不合理。而且，运送中的物品有时处于公海或公海上空，在此种情况下，也不可能适用物之所在地法。如果在运输过程中发生了货物的出售、抵押等物权变动，也很难确定该货物在权利变动时处于哪个国家。因此，各国国际私法通常规定，运输途中货物的物权变动不适用物之所在地法原则，而适用例外规则：①适用所有人的本国法；②适用发运地法；③适用运送目的地法。

（二）关于船舶和飞行器等运输工具的物权

由于船舶、飞机等运输工具在航运过程中往往也途经许多国家，难以确定其所在地，并且它们有时也可能处于公海或公海的上空，这些地方并不存在相关的法律，因此，有关船舶、飞机等运输工具的物权变动也不适用物之所在地法。

（三）关于外国法人主体终止时的财产清算

外国法人自行终止或者依其登记国法令被解散时，其财产清算和清算财产的归属问题也不适用物之所在地法，而通常适用该法人的国籍国法或设立登记国法。这一例外规则仅仅适用于外国法人依据其国籍国法终止时的财产清算上的法律冲突。

（四）关于国家豁免财产的所有权

根据国家财产豁免权原则，外国国家享有司法豁免权的财产也不受物之所在地法管辖，而应适用该财产所属国法律。但是，外国国家财产并不都享有国家财产豁免权。例如，下列行为和相关的国有财产不享有豁免权：①一国国有法人从事的国际民事活动及与之相关的财产；②一国驻外的代理机构或办事机构从事的商业性活动或财务活动及与之相关的财产；③主权国家因涉外商业行为而引起的财产负担或争议，如境外债务或留置船舶；④由东道国专属管辖案件涉及的财产或行为，如主权国家位于专属管辖国的不动产或因境外侵权而被扣押的财产。

而不少发展中国家则主张绝对豁免主义，要求对以主权国家名义从事的行为和相关的财产均赋予豁免权，除非主权国家以明示或默示方式放弃该权利。

五、物之所在地法原则以外的法律适用

（一）*不动产物权的法律适用*

不动产物权适用不动产所在地法已被世界各国冲突法所普遍采用。从当代各国立法的具体情况看，作为一般规则，多数国家都规定动产和不动产物权适用物之所在地法。但是有些国家立法中规定某些情况下适用其他法律适用规则。例如1966年《葡萄牙民法典》第47条规定："不动产的占有权和使用权适用物之所在地法，如果该法对此有规定的，在其他情况下，适用当事人的属人法。"1999年《德国关于非合同债权关系和物权的国际私法立法》第43条第1款规定："对物的权利，适用物之所在地国法律。"而在该法第46条则规定："如果存在比照上述规定所确定的法律具有更密切联系的另一国法律，则适用该国法律"。可见，除适用物之所在地法解决涉外物权关系的法律冲突外，最密切联系原则在一些国家也可以作为冲突规则加以适用。

（二）*动产物权的法律适用*

关于动产物权的法律适用，大多数国家都在一定程度上确认了动产物权适用物之所在地法的原则。但是由于动产作为物权关系的客体具有多样性，某些动产具有特殊性或处于特殊的状态，其法律适用有特别规定。

1. 关于运输途中物品的物权关系的法律适用。根据各国的立法，对于运输中的货物的物权法律适用规则主要包括以下几种：

（1）适用货物运输目的地法。这是多数国家普遍采用的规则。在实践中，无论法律效力如何，对货物的途中处分一般仅在运达目的地时才会发生实际效果。

（2）适用货物运输的起运地法。目前，捷克、罗马尼亚、白俄罗斯等国的国际私法采用这一规则。而且，罗马尼亚和白俄罗斯国际私法还允许当事人协议约定适用其他法律。

（3）适用货物所有人的属人法。这一冲突规则由萨维尼提出，《泰国国际私法》目前仍采用此规则。该法第 16 条第 2 款规定："把动产运至国外时，依起运时其所有人本国法。"

2. 关于船舶、飞行器及其他运输工具的物权关系的法律适用。目前，多数国家的法律规定，有关船舶和飞机等运输工具的物权关系，应适用其旗帜国法或其登记国注册国法，即该船舶或飞机等运输工具在何国登记注册或悬挂何国旗帜即适用何国法。1979 年《奥地利联邦国际私法法规》第 33 条第 1 款规定："水上或空中运输工具的物权，依注册国的法律；铁路车辆依营业中使用该车辆的铁路企业有其主营业所的国家的法律。"1999 年《白俄罗斯共和国民法典》第 1121 条规定："交通工具及其他应在国家注册登记簿上登记的财产的所有权及其他物权应依该交通工具和其他财产注册登记地国家法律规定。"

3. 动产物权关系法律适用的其他原则。关于对动产物权的行为能力，一些国家法律规定适用当事人的属人法。如 2006 年《日本法律适用通则法》第 4 条规定，人的行为能力，依其本国法而定。而《德国民法施行法》第 7 条的规定是兼采属人法和行为地法。英美普通法系国家则主张，当事人对动产的能力适用住所地法；在当事人根据行为地法有行为能力，而根据住所地法没有行为能力时，则适用行为地法。[1]

关于动产物权的行为方式，一般应依物之所在地法。如 1946 年《希腊民法典》第 12 条规定："物权的法律行为的方式适用物之所在地法。"但在英美普通法系国家，行为的方式须遵行行为地法。

关于物权取得、变更和消灭的条件，除一般应适用物之所在地法外，对因转移物权所产生债务的债权行为，不应适用物之所在地法。如 1999 年《白俄罗斯民法典》第 1120 条规定，作为法律行为标的的财产所有权及其他物权，如果构成某一法律行为的标的，则其产生和消灭适用行为地法律；只有不是因某一法律行为而产生的财产所有权及其他物权（如因时效、继承等），才应适用该权利产生和灭失的行为或结果发生时该财产所在地国法律。

1958 年《海牙国际有体动产买卖所有权转移法律适用公约》关于有体动产的所有权转移主张适用买卖合同的准据法：当事人与第三人或者第三人相互之间有关所有权的问题，适用第三人提出请求时物之所在地法。1999 年《德国关于非合同债权关系和物权的

---

[1]［德］马丁·沃尔夫著，李浩培、汤原舜译：《国际私法》，法律出版社 1988 年版，第 742 页。

国际私法立法》规定：动产物权也可能运用最密切联系原则。《美国冲突法重述（第二次）》第244条规定：动产权益转让的有效性和效力，由当事人、动产及转让与之有最重要联系的州的本地法在该特定问题上的规定来决定。

关于物权的保护方法，一般也应受物之所在地法支配。但1999年《白俄罗斯民法典》第1123条第1款规定："对于所有权及其他物权的保护，权利人可以选择适用财产所在地法或法院地法。"在物权的法律保护的法律适用中引入了当事人意思自治原则。

4. 无体财产的法律适用。英美法中无体财产是指可以作为所有权客体并且可以被自由转让和支配的权利和利益的集合，通常包括可流通股票上权利、信托证券上权利、债券上权利、流通票据权利、可流通提单上权利、可流通专有权利等。大陆法系上述权利财产不仅不能被称为无形财产或无体财产（在大陆法系中，无形财产仅指智力成果），而且也不能作为物权的客体，否则将损害传统物权法与债权法的体系。由于对物权种类划分的法律冲突的特殊性，有关法律适用原则也各有不同。

（1）对于股票权利或记名股权性证券的权利争议，大多数国家法律规定适用公司股票的登记地法。

（2）对于债券和可转让债权财产的财产权争议，英国、美国和法国的法律认为应适用该债权"可以正当地获得清偿"的处所地法，"通常这就是债务人的居所地法"[1]，这实际上与债权的冲突原则已无本质差别。

（3）涉外票据财产权的法律适用。《关于解决汇票和本票的法律冲突的公约》和相关规范的规定：票据上兑付请求权的争议适用付款地法，票据追索权的争议适用其责任签字人行为地法，而对于国际票据的转让争议则适用每一背书签名地国家的法律；但各个背书均具有独立的效力。1987年《瑞士联邦国际私法法规》第105条对无体动产如债权、有价证券或其他权利的抵押，规定了"由当事人选择的法律支配"，引进了"意思自治原则"。而在当事人未选择法律时，债权与有价证券的抵押则应由抵押债权人的习惯居所地法支配，而"其他权利"的抵押应由适用于该权利的法律（即该权利的准据法）支配。

第三节 涉外物权关系法律适用中的其它问题

一、涉外信托财产关系的法律适用问题

（一）信托和涉外信托

信托制度起源于英国，从诞生至今已有几个世纪的历史，信托法是英美法中特有的制度，是其财产法的重要组成部分。依据信托人的信托意图，信托分成了私益信托、公益信托、商事信托、遗产信托、年金信托等。在财产信托漫长的发展历程中，信托概念也在不断发展，大陆法系国家对信托制度逐渐接受和引进，从而出现了多种信托的定义。在荷兰召开的国际私法会议上通过的《关于信托的承认及其法律适用的国际公约》

---

[1] 参见 [德] 马丁·沃尔夫著，李浩培、汤原舜译：《国际私法》，法律出版社1988年版，第769页。

中，信托被定义为：一个人即委托人在生前或死亡时创设的一种法律关系，委托人为受益人的利益或者为某个特定目的，将其财产置于受托人的控制之下。我国2001年出台的《信托法》对信托作了如下定义：信托是指委托人基于对受托人的信任，将其财产权委托给受托人，由受托人按委托人的意愿以自己的名义，为受益人的利益或者特定目的进行管理或者处分的行为。

所谓涉外信托，是指在信托关系中含有外国因素，即委托人、信托财产、受托人以及受益人中任何一方位于外国的信托关系。

(二) 信托的构成要件

按照英美法系国家关于信托的立法和实践，信托的成立应当具备以下构成要件：

1. 确定的信托意图。委托人对受托人的信任是信托关系成立的基础。委托人的信托意图必须确定，因其有限定受托人信托财产权内容和权利行使意图的作用，受托人不得超越信托意图而滥用信托财产权。

2. 确定的信托财产。英美法上的信托并非合同制度，而属于财产法范畴。信托是一种以信托财产为中心的法律关系，没有特定的信托财产，信托就无法成立。确定的信托财产是构成信托关系和信托财产权的必备要素。原则上，除身份权、名誉权、姓名权之外，其他任何可以用金钱计算价值的财产权，如物权、债权以及专利权、商标权、著作权等知识产权，都可以作为信托财产，设立信托。

3. 确定的受托人。信托关系中的受托人由委托人基于对受托人的信任而指定，受托人应当是明确的和确定的。通常，受托人是委托人信任的亲友、社会知名人士、某个组织或机构（如具有专业理财经验的商业经营机构）。

4. 受托人以自己的名义对信托财产进行管理和处分。委托人将信托财产委托给受托人后，对信托财产没有直接控制权，受托人完全以自己的名义对信托财产进行管理和处分，不需要借助委托人、受益人的名义。根据信托的定义，受托人以自己的名义管理、处分信托财产还有两个基本前提：一是必须按照委托人的意愿进行管理或者处分，不得违背委托人的意愿。委托人的意愿是受托人行为的基本依据。二是管理或者处分信托财产的目的必须是为了受益人的利益（如果是公益信托，必须是为了某个或者某些特定的公益目的），不能为了自己或者其他第三人的利益，受托人也不能从信托财产取得个人利益。

5. 确定受益人的范围。根据信托法原理，受益人仅对信托财产利益享有"衡平法上的所有权"，但无权直接支配信托财产。受益人可以是委托人，也可是委托人的亲属或其他无关第三人；可以是法人，也可是自然人。

(三) 涉外信托关系的法律冲突

由于大陆法系国家和英美法系国家对物权和财产权的概念、分类和内容的规定有很大差异，体现在信托关系中，在信托的成立和效力、信托财产权的性质、类型和内容以及调整信托关系的法律部门等方面的法律规定有着非常巨大的区别，因而在调整涉外信托关系时易产生尖锐的法律冲突。虽然随着国际间民商事交往的发展，信托制度不仅在英美法系国家被广泛运用，而且也为一些大陆法系国家所采用。但是，并非各国都对信托制度有所规定。即使存在信托制度的国家，其有关信托的法律规定也不一致，涉外信托关系的法律冲突问题日益突出。

根据英国的判例法和成文法，信托按照委托人的信托意志而成立，信托依据信托成立时委托人意志或者信托成立方式以及信托是否具有公益性质可以分为很多类型，每一类型的信托又适用复杂的成立规则、效力规则和内容推定规则，这是大陆国家成文信托法所不能比拟的。由于此类法律冲突具有较强的技术性，它往往是信托法律冲突的重点。

对于信托关系的客体，大陆法国家的法律认为客体仅限于即存物；而英美法国家的法律认为除有体物外，未来将存在的物、有体物上将形成的利益、土地使用权、租赁权、请求权、债权等均可成为信托关系的客体。在信托关系的类型和内容上，多数大陆法国家基于物权法定原则，认为物权的类型和内容由法律规定，禁止当事人以特约创设物权类型和具有特约内容的物权，以此来维护物权之公示性。而英美信托法和财产法则不限制当事人以信托证书创设信托类型和每种信托财产权的特约内容。

在调整信托关系的法律部门上，英美法系国家的信托法既与合同法相区别，又与大陆法系国家的物权法相冲突。英美法学者认为，信托法不同于合同法，不能简单地套用意思自治原理，信托法必须保有某些基本的强行法或管制法规则。信托管制规则中应包括：①各类信托受托人最低限度的权利和义务；②受托人违背信托的责任制度和规则；③对于信托财产、资本和收益的定义规则和判断规则；④判断受托人正当投资行为和正当权利行为的规则；⑤任命受托人规则和受托人变动更新规则；⑥不得担任受托人的范围及规则；⑦法院对于信托的权力，包括指定受托人、裁定信托内容、对受托人发出命令，等等。应当说，各国信托法上的此类具体规则也有着许多差异。

（四）涉外信托关系的法律适用

1. 信托效力的法律适用。具有法律效力的信托应当依法同时具备实质要件和形式要件，各国信托的形式要件规定不一。一项有效的信托不仅要依靠一个有效的成立方式，也依赖于信托财产的有效转让，以及设定信托的当事人具有相应的民事行为能力。对于遗嘱信托来说，遗嘱的成立是否有效决定了遗嘱信托的效力；对于设定信托来说，信托合同的效力直接影响设定信托的有效性。通常，决定信托形式有效性的准据法为信托自体法、合同履行地法或遗嘱人最后居所地法，而且，信托的形式效力只要符合其中之一的规定即为有效。一般情况下，决定信托形式有效性的准据法同样可以用来支配由此而生的信托的实质有效性。但也存在某些例外，如委托人已经明确选择了支配信托实质有效性的法律。

2. 信托财产管理的法律适用。信托财产管理的范围应当包括：①受托人的任命；②信托财产管理事项；③受托人的权利义务；④受托人违约的责任；⑤信托财产管理的收益和损失；⑥受托人的投资的正当性；⑦法院对于信托的权力，给予忠告的权力，等等。各国在解决涉外信托财产管理关系的法律冲突时，对于信托管理的准据法存在很大争议，有些国家主张由信托管理地法支配，而有些国家认为应由信托自体法支配；即使管理地法得以适用，对管理地如何加以确定仍有争议。

3. 《关于信托的法律适用及其承认的公约》。为了解决信托法国家之间的信托法冲突，也为解决它们与非信托法国家之间法律间的冲突，1984年第15届海牙国际私法会议制定了《关于信托的法律适用及其承认的公约》，该公约已于 1992 年 1 月 1 日生效。该公约对信托的概念、可以适用公约的信托类型、先决问题、法律适用、信托的承认和适用法律时应考虑的强行性规则都做了统一的规定。

《关于信托的法律适用及其承认的公约》第 2 条对信托的概念作了描述：在本公约中，当财产为受益人的利益或为了特定目的而置于受托人的控制之下时，"信托"这一术语系指财产授予人设定的在其生前或身后发生效力的法律关系。信托具有下列特点：①该项财产为独立的资金，而不是受托人自有财产的一部分；②以受托人名义或以代表受托人的另一个人的名义握有信托财产；③受托人有根据信托的条件和法律所加于他的特殊职责，管理、使用或处分财产的权利和应尽的义务。财产授予人保留某些权利和权力以及受托人本身得享有作为受益人的权利这一事实，并不一定与信托的存在相矛盾。

《关于信托的法律适用及其承认的公约》第 3 条规定了公约适用的信托种类：本公约仅适用于自愿设定并以书面证明的信托。但也允许成员国将其扩展适用于法定信托和指定信托。关于信托的法律适用，《关于信托的法律适用及其承认的公约》在第 6 条至第 10 条做了规定：①信托依当事人的意思自治，即信托依财产授予人所选择的法律。该项选择必须是明示地或默示地设定或存在于书面证明信托的文件条款中，必要时，须根据案件的情况予以解释。②如果当事人选择国家的法律中不存在信托制度，则其选择无效。如果当事人没有选择信托的准据法，或者其选择无效时，则应当适用与该信托有最密切联系国家的法律，这些国家通常包括信托管理地、信托财产所在地、受托人居所地或营业所、信托意图及该意图的实现地等。在信托的法律适用中，如果与信托有最密切联系的国家没有信托法制度，可对该信托法律关系不予承认。③对于信托的法律适用可适用分割制原则，同一信托关系中的不同事项，特别是法律管制事项可以受不同国家法律的支配。适用于信托有效性的法律应决定该项法律或支配信托某一可分割事项的法律能否为另一法律所替代。

根据《关于信托的法律适用及其承认的公约》第 8 条规定，当事人所选择的法律或根据最密切联系原则确定应适用的法律应支配信托的有效性、解释、效力及其管理。该项法律尤其应适用于：①受托人的委派、辞职或撤换，作为受托人的行为能力，受托人职责的转移；②受托人相互间的权利和义务；③受托人将其义务的履行或权利的行使全部或部分地委托给他人的权利；④受托人管理或处分信托财产、在信托财产上设定担保利益或取得新的财产的权利；⑤受托人进行投资的权利；⑥对信托存续时间以及积累信托收益的权利的限制；⑦包括受托人对受益人的个人责任在内的受托人和受益人之间的关系；⑧信托的变更和终止；⑨信托财产的分配；⑩受托人报告管理情况的义务。

二、国有化问题

（一）国有化的含义

国有化是指主权国家根据其本国的法律制度，将原属于私人（包括外国自然人和法人）所有的某项或某类财产以征收、征用或其他类似方式收归国有的强制性法律措施。通常认为，征收又称为"没收"，具有无偿性与惩罚性，是指国家以不支付补偿的方式将原属于私人所有的某项财产收归国有的法律措施；征用是指国家以支付补偿的方式将原属于私人所有的某项财产收归国有的法律措施；所谓其他类似方式是指实际上将产生所有权变动效果的类似法律措施，包括逐步国有化等措施。

国有化的结果导致所涉财产所有权变更，使该财产的所有权从原私人转移到实施国有化措施的国家，是一种物权变动，因而属于物权问题。国有化措施是一个国家的主权行为，因而根据国家主权派生的属地管辖权，一国国有化法令对其境内的内、外国人的财产均有法律效力。一国国有化法令对本国自然人或法人在国外的财产具有域外效力。从现代国际实践来看，一国实行国有化应对被国有化的财产所有人给予一定的补偿。

(二) 国有化措施之效力

国有化措施的域内效力即国有化措施的效力能否及于外国人在东道国境内的财产，国有化措施的域外效力即国有化措施的效力能否及于本国人在外国的财产。

国有化措施是一个国家的主权行为，因而根据国家主权派生的属地管辖权，一国国有化法令对其境内的一切内、外国人或者法人的财产均应具有相同的法律效力。

原则上，各国承认一国国有化措施具有域外效力，即一国国有化措施对本国自然人或法人在国外的财产具有法律效力。但是，通常根据以下原因否定该外国国有化措施的域外效力：①公共秩序保留，即凡外国国家的国有化措施与该国的公共秩序有抵触时，其国法院有权以公共秩序保留为由否认其国有化措施的效力；②以法院地法识别，凡属于无偿征收或没收的国有化措施将被认为属于"刑罚性处分"，从而以外国刑法不予适用为由否认其国有化措施的效力；③"实际控制理论"，凡外国国家国有化措施所依据的国有化法令生效时，有关财产实际上已经处于该国之境外的，其国法院可以以该外国法令对相关财产没有实际控制力为由否认其国有化措施的效力。

(三) 国有化措施的条件与补偿问题

尽管各国法律原则上均承认国有化措施的法律效力，但在对国有化措施的条件和国有化补偿问题上，发达国家与发展中国家却有着尖锐的对立。多数发达国家认为，主权国家只有基于公共政策，并依据正当程序方可实施国有化措施；国有化措施在实现所有权变动的同时，东道国应当给予充分、有效、及时的补偿。发展中国家则认为，国有化仅仅为东道国本身的主权行为，不应受主权之外的限制；在国有化补偿问题上，发展中国家多根据国际经济贸易中的不平等事实，主张"适当合理的补偿"。对于被国有化的财产是否给予补偿以及如何补偿，国际上一直存在分歧，主要有三种不同的理论与实践：

1. 不予补偿。1911年意大利政府建立人寿保险公司的国营制度，将意大利境内所有人寿保险公司包括外国保险公司收归国有而未予补偿。不予补偿的做法在一定的历史时期和特定的历史条件下出现并存在，但不利于建立良好的投资环境，不利于吸引和利用外资，在现代社会已为绝大多数国家废弃。

2. 充分、有效、即时的补偿。充分"指对被国有化的财产予以全额补偿，包括财产的直接损失和应得利益等间接损失"；有效"指实行国有化的国家给予的补偿必须便于原外国所有人实际控制，具体包括使用国际硬通货币予以补偿，保证受补偿人能够将所得补偿汇出境外等"；即时"即实行国有化后应当毫不迟延地给予补偿"。1938年和1940年美国政府因墨西哥政府对在该国境内的美资石油公司实行国有化措施而照会墨西哥政府，提出充分、有效、即时的补偿条件。1975年英国与新加坡签订的《关于促进和保护投资的协定》也规定被国有化的财产应得到充分、有效和即时的补偿。这种做法有利于保护外国自然人或法人在内国的财产权利，但是采取充分、有效、即时的补偿对于发展中国家来说，有可能超过国有化国家的经济负担能力，造成事实上的不公平。

3. 适当的、合理的补偿。这是目前世界上多数国家，特别是发展中国家所主张的原则。其含义是通过实行国有化国家和投资者双方协商同意，实行国有化国家给予投资者补偿，且这种补偿是实行国有化国家的财政能力所能负担的，也是投资者所能接受的。1964年埃及与瑞士签订的《关于补偿瑞士利益的协定》规定，因国有化措施影响瑞士自然人和法人的利益将以65%的比率给予补偿。给予适当、合理的补偿，既维护了国家主权，也保障了国际间私人商业活动，具有相当的合理性与灵活性，不仅为许多国家所接受，而且也为国际条约所确认。联合国大会于1962年通过的《关于自然资源永久主权的决议》、1974年通过的《各国经济权利和义务宪章》都规定，各国对被国有化的财产应给予"适当"的补偿。

第四节　中国关于涉外物权关系法律适用的规定及实践

一、中国关于涉外物权关系的法律

涉外物权关系的法律规定，散见于《民法通则》、《合同法》、《继承法》、《海商法》、《民用航空法》、《外资企业法》、《中外合资经营企业法》等，2007年3月16日第十届全国人民代表大会第五次会议通过的《中华人民共和国物权法》对此亦有规定。1988年《最高人民法院关于贯彻执行〈中华人民共和国民法通则〉若干问题的意见（试行）》，对涉外物权关系的法律适用给予了司法解释。《涉外民事关系法律适用法》第五章对涉外物权关系法律适用作出了专门规定。

我国《物权法》对物权变动明确采纳了区分原则。其第6条规定，不动产物权的设立、变更、转让和消灭，应当依照法律规定登记。动产物权的设立和转让，应当依照法律规定交付。第9条规定，不动产物权的设立、变更、转让和消灭，经依法登记，发生效力；未经登记，不发生效力，但法律另有规定的除外。第14条规定：不动产物权的设立、变更、转让和消灭，依照法律规定应当登记的，自记载于不动产登记簿时发生效力。第15条规定，当事人之间订立有关设立、变更、转让和消灭不动产物权的合同，除法律另有规定或者合同另有约定外，自合同成立时生效；未办理物权登记的，不影响合同效力。第23条规定，动产物权的设立和转让，自交付时发生效力，但法律另有规定的除外。

区分原则是指在发生物权变动时，物权变动的原因与物权变动的结果作为两个法律事实，它们的成立生效依据不同的法律根据的原则。根据这一原则，以发生物权变动为目的的基础关系属于债权法律关系的范畴，其成立与生效的依据是债权法及合同法，而关于物权的变动，则必须以动产的交付和不动产的登记为必要条件，不能认为基础关系的生效就会必然发生物权变动的效果。[1] 由于《物权法》对于物权变动采取区分原则，物权变动的基础行为适用的国际私法原则应当是意思自治原则，物权变动的原因与结果是分开的。因此，在国际私法上，涉外物权变动法律适用的原因行为与结果行为也应当分开，涉外物权变动的原因行为可以适用当事人所选择的法律，而涉外物权变动的结果行为则适用物之所在地法。

二、中国关于不动产物权法律适用的规定及实践

对于不动产，1988年最高人民法院《民法通则司法解释》第186条做如下解释："土地、附着于土地的建筑物及其他定着物、建筑物的固定附属设备为不动产。"关于不动产物权的法律适用，我国《民法通则》第144条规定："不动产的所有权，适用不动产所在地法律。"1988年最高人民法院《民法通则司法解释》第186条进一步规定："不动产的所有权、买卖、租赁、抵押、使用等民事关系，均应适用不动产所在地法律。"1995年《担保法》第92条第1款规定："本法所称不动产是指土地以及房屋、林木等地上定着物。"我国《涉外民事关系法律适用法》第36条规定，不动产物权，适用不动产所在地法律。可见，我国立法关于不动产物权的法律适用的规定与各国普遍采用的不动产物权适用物之所在地法的原则是一致的。

但是，不动产物权的法律适用的规定仅限于所有权。物权体系中还有其他物权如用益物权和担保物权等未作规定。《物权法》对于物权变动采取区分原则，物权变动的原因与结果分开，因此，在涉外物权关系的法律适用上，涉外物权变动法律适用的原因行为与结果行为也应当分开，涉外物权变动的原因行为可以适用当事人所选择的法律，而涉外物权变动的结果行为则适用物之所在地法。

三、中国关于动产物权的法律适用规定及实践

我国《民法通则》并未规定关于动产物权的法律适用规则，我国《涉外民事关系法律适用法》作了有关规定。其第37条规定，当事人可以协议选择动产物权适用的法律。当事人没有选择的，适用法律事实发生时动产所在地法律。第38条规定，当事人可以协议选择运输中动产物权发生变更适用的法律。当事人没有选择的，适用运输目的地法律。第39条规定，有价证券，适用有价证券权利实现地法律或者其他与该有价证券有最密切联系的法律。第40条规定，权利质权，适用质权设立地法律。

从我国《涉外民事关系法律适用法》的规定来看，对于动产物权关系，首先适用的是当事人意思自治原则；在当事人没有选择法律时，适用法律事实发生地法律。符合国际社会关于动产物权的法律适用规则。同时针对《民法通则》的立法空白，对于运输中动产物权发生变更、有价证券以及权利质权的法律适用均作了规定。同时采用了国际上盛行的当事人意思自治原则和最密切联系原则。

另外在相关的单行立法中也有规定。我国《海商法》第270条规定："船舶所有权的取得、转让和消灭，适用船旗国法律"。第271条规定："船舶抵押权适用船旗国法律。船舶在光船租赁以前或者光船租赁期间，设立船舶抵押权的，适用原船舶登记国的法律。"第272条规定："船舶优先权，适用受理案件的法院所在地法律。"

---

[1] 周后春："新物权法中的区分原则对国际私法立法的影响"，载《法学研究》2007年第12期。

我国的《民用航空法》第185条和第186条规定："民用航空器的取得、转让和消灭，适用民用航空器国籍登记国法律"、"民用航空器抵押权适用民用航空器国籍登记国法律。"第187条规定："民用航空器优先权适用受理案件的法院所在地法律。"我国《海商法》和《民用航空法》的这些规定是关于船舶和航空器的有关物权问题的法律适用问题，其所确定的法律适用原则与多数国家的规定基本一致。

四、中国关于涉外信托关系法律适用的规定及实践

汉代以来，中国一直存在称为"牙行"、"寄售"或"牙栈"的店铺，以自己的名义代客买卖物品并收取佣金。这种店铺实际上并非现代意义上的信托公司。从严格意义上说，在中国的法律传统中没有信托的概念和制度。直到19世纪末20世纪初，一些私营银行率先从英美引入了信托经营方式。1919年聚兴诚银行上海分行设立信托部，这是中国历史上的第一个从事信托业务的部门，之后私营银行及官营的信托机构纷纷设立。改革开放以来，中国的信托业务飞速发展。新中国的第一家信托机构中国国际信托投资公司于1979年10月成立，该公司当时直属于国务院领导，办理国际信托投资和金融业务。此后，信托投资公司如雨后春笋般地涌现。至20世纪90年代中后期，中国建立或营业的信托机构已达数百家之多。信托机构已遍布中国大中城市。

2001年4月28日由第九届全国人民代表大会常务委员会第二十一次会议通过《中华人民共和国信托法》。这部《信托法》共有7章74条，第1章为总则；第2章为信托的设立；第3章为信托财产；第4章为信托当事人；第5章为信托的变更与终止；第6章公益信托；第7章为附则，分别就信托的设立、信托财产、信托当事人、信托的变更与终止、公益信托等方面作了比较具体的规定。该部《信托法》是新中国历史上第一部全面调整信托的法。但是，该《信托法》中并没有调整涉外信托关系法律冲突的规定。2001年1月19日《信托投资公司管理办法》由中国人民银行正式颁布，该管理办法包括信托公司的准入条件、信托公司的经营范围等重大事项，对于促进信托事业的规范发展具有重大的意义。2002年6月中国人民银行又对该办法进行了较大程度的修改，2002年6月，中国人民银行发布了《信托投资公司资金信托管理暂行办法》，中国信托的特别法，即《证券投资基金法》也已于2003年颁行，并于2004年6月1日施行。我国《涉外民事关系法律适用法》第17条规定："当事人可以协议选择信托适用的法律。当事人没有选择的，适用信托财产所在地法律或者信托关系发生地法律。"

中国涉外信托关系的法律适用问题应当遵循以下几项基本原则：

1. 实行当事人意思自治原则。我国《信托法》第2条规定："本法所称信托，是指委托人基于对受托人的信任，将其财产权委托给受托人，由受托人按委托人的意愿以自己的名义，为受益人的利益或者特定目的，进行管理或者处分的行为。"亦即支配信托的法律应当为信托财产转移人（即委托人）指定的适用于信托的法律。《涉外民事关系法律适用法》第17条规定："当事人可以协议选择信托适用的法律。当事人没有选择的，适用信托财产所在地法律或者信托关系发生地法。"

2. 采取信托财产所在地法律或者信托关系发生地法原则。这一原则是当事人意思自治原则的重要补充。

3. 适用国际条约和尊重国际惯例原则。目前，中国还没有加入任何有关信托方面的国际公约，但是随着经济全球化的加速发展，信托实体法方面的国际公约也会陆续予以制定。

五、中国关于国有化问题的规定及实践

为了肃清帝国主义在华经济特权，1949年10月中华人民共和国中央人民政府对外国政府根据不平等条约霸占的财产、第二次世界大战时德意日等敌国财产及一部分外国在华企业的财产采取了没收、征用、收归国有等强制性方法，这种国有化通常是无偿的。改革开放以后，中国加强了对外联系和经济交往。为了吸引外资，基于本国国情和发展与世界各国平等互利投资关系的宗旨，通过与许多国家签署的双边投资保护协定和国内立法，中国在立法上对国有化及其补偿问题作了明确规定。

1. 我国原则上对外资企业、中外合营企业和外国投资者的财产不实行国有化和征收；只有在根据社会公共利益的需要，[1] 按照法律程序，并且是在非歧视性的条件下，才可对外资企业、合营企业或外国投资者的财产采取征收或其他相同效果的措施。

2. 实行国有化或相同效果的措施应当给予补偿，该补偿应当等同于被征收财产的实际价值，该补偿应当是可自由兑换和可自由转移的，该补偿不能不适当和无故的迟延。

3. 对于外国投资保护和国有化补偿的争议可以提交第三方按照双方所签订的协定和一般的国际法原则进行仲裁。

4. 确认和承认与中国缔约的资本输出国在对其私人投资者进行了保险补偿后，将取得代位求偿权；但该代位权只能在经过国内司法救济和仲裁而仍得不到解决之后才可行使。[2]

案例与评析

[**案情介绍**] 安普拉斯公司是一家从事国际机器设备贸易的加拿大公司，2004年7月至10月间，将一批机器（详见诉状附件《机器设备一览表》）运至苏州汉加所在地，机器价值为2 861 690美元，在安普拉斯公司的帐单及苏州汉加的订购单中均明确，在安普拉斯公司收到全部货款前，机器设备的所有权由安普拉斯公司保留。但是至今安普拉斯公司未收到上述设备的货款及相应的融资安排，因此上述设备的所有权仍系安普拉斯公司所有。故请求中国法院判令：①确认位于苏州汉加所在地价值2 861 690美元的机器设备（详见《机器设备一览表》）的所有权归安普拉斯公司所有；②苏州汉加归还安普拉斯公司上述第一项中的机器设备。对于《机器设备一览表》中被拍卖、灭失的机器设备，安普拉斯公司要求被告苏州汉加予以折价赔偿。原告安普拉斯公司为证明其主张，向法院提供了证据。

被告苏州汉加辩称，对安普拉斯公司的主张没有异议，苏州汉加向安普拉斯公

---

[1] 参见我国1990年4月第七届全国人大第三次会议通过的《关于修改中外合资经营企业法的决定》；另参见《中华人民共和国外资企业法》第5条；《中华人民共和国中外合资经营企业法》第2条。
[2] 参见李双元等：《中国国际私法通论》，法律出版社1996年版，第240页；另参见1982年《中华人民共和国政府和瑞典王国政府关于相互投资的协定》第3条。

司购买机器设备时确实约定了在货款付清前由安普拉斯公司保留设备所有权,现在苏州汉加没有付清机器款,所有权应当是安普拉斯公司的。被告苏州汉加为证明其主张,向法院提供如下证据。

法院经审理查明,2004年3月23日、5月28日、6月15日,安普拉斯公司向汉加国际在加拿大的全资子公司汉加模具公司发出3份报价单,其中3月23日的报价单涉及《机器设备一览表》第1~8项的机器型号,5月28日的报价单涉及《机器设备一览表》第9项的机器型号,6月15日的报价单涉及《机器设备一览表》第22~27项的机器型号。3份报价单的下端注明:"本报价受印在报价单反面的'合同条件'的约束",报价单的反面印有"报价与订单接受的条件",其中"所有权与担保物权"条款明确:在安普拉斯公司收到全部货款之前,设备所有权归安普拉斯公司所有。

按上述报价单,苏州汉加于2004年7月28日、9月7日向安普拉斯公司发出订单2份。其中,7月28日的订单包括Nissei FN1000-12A注塑机1件,价格800 017美元;Nissei FN2000-18A注塑机3件,价格282 414美元;Nissei FN4000-36A注塑机2件,价格216 518美元;Nissei FN6000-71A注塑机3件,价格440 565美元;Nissei FN8000-106A注塑机2件,价格414 206美元;Nissei FM9400-700L注塑机1件,价格640 138美元;Nissei DC120注塑机2件,价格383 142美元;上述机器即《机器设备一览表》第1~8项的机器设备。9月7日的订单包括Yushin HOPⅢ-450XC机器手1套,价格4000美元;Yushin HOPⅢ-550XC机器手3套,价格18 000美元;Yushin HOPⅢ-750XC机器手2套,价格10 000美元;Yushin HOPⅢ-250S机器手3套,价格96 000美元;Yushin HOPⅢ-400S机器手2套,价格78 000美元;Yushin HOPⅢ-1300S机器手1套,价格50 000美元;上述机器即《机器设备一览表》第22~27项的机器设备。此外,苏州汉加还向安普拉斯公司定购了温度控制器15件、JVC变压器等设备。

截至2004年10月,安普拉斯公司先后将上述机器设备交付苏州汉加,即《机器设备一览表》所列的第1~27项设备,其中第1~9项系安普拉斯公司向日精公司购买后直接从日本送至苏州汉加,第10~21项系安普拉斯公司在加拿大购买后直接送至苏州汉加,第22~27项系安普拉斯公司向友信公司购买后直接从日本送至苏州汉加。在安普拉斯公司就《机器设备一览表》第10~21项设备向苏州汉加出具的发票上,安普拉斯公司以黑体字标注"上述货物的所有权在付款收到之前由安普拉斯公司所有"。

苏州汉加系2004年3月10日经批准设立的外商独资经营企业,注册资本1000万美元,投资者汉加国际,苏州汉加的法定代表人鲍比·汉加当时亦是汉加国际的首席执行官。根据苏州立信会计师事务所有限公司2004年10月12日的苏立信会验(2004)第2325号验资报告反映,截止2004年10月8日,汉加国际已实际出资2 161 642.34美元,其中以现汇出资685 772.76美元,以机器设备方式出资1 475 869.58美元。汉加国际以机器设备方式出资的机器设备包括出料输送机2件,型号为RAⅡ-A-150SLL,注塑机11件,分别为FN1000(12A)的1件、FN2000

(18A) 的3件、FN4000 (36A) 的2件、DC120-9A 的2件、FN6000 (71A) 的3件。经核对，作为汉加国际实物出资的上述13件机器即《机器设备一览表》第1~6项的机器。

苏州汉加收到全部机器设备后，经江苏省对外贸易经济合作厅的审批，在苏州工业园区海关办理了进口设备免税手续，然后办理了进口设备的海关报关手续。但是，苏州汉加在就《机器设备一览表》第1~6项的货物报关，以及2004年10月验资时，并未提供其于2004年7月28日向安普拉斯公司出具的订单，而是提供了1份苏州汉加与汉加国际的订单，3份苏州汉加与日精公司之间并指定由汉加国际付款的订单。审理中，日精公司出具书面证言：日精公司向安普拉斯公司出售了《机器设备一览表》第1~8项所列机器，截止2005年9月30日，安普拉斯公司已支付机器的全部价款，机器所有权已转移至安普拉斯公司。日精公司未将机器出售给苏州汉加。友信公司出具书面证言：友信公司向安普拉斯公司出售了《机器设备一览表》第9项、第22~27项所列机器，截止2005年2月28日，安普拉斯公司已支付机器的全部价款，机器所有权已转移至安普拉斯公司。友信公司未将机器出售给苏州汉加。

汉加国际的前财务主管杰森·福德斯出具书面证言：其办公室位于加拿大的汉加模具公司，负责处理汉加国际全部子公司与安普拉斯公司的交易，因此安普拉斯公司将其报价发往汉加模具公司，由其代表苏州汉加处理交易。苏州汉加与安普拉斯公司之间的交易，在未作出融资安排付清机器或任何相关零部件的价款之前，安普拉斯公司保留所有机器的所有权。

苏州汉加原委托代理人提出的答辩观点为，原被告之间不存在买卖合同关系，苏州汉加不应成为本案的被告，安普拉斯公司要求归还的机器设备系苏州汉加股东作为出资投入苏州汉加的，现安普拉斯公司要求归还，违反了中国的强制性法律规定，不得抽回，安普拉斯公司与苏州汉加股东之间的买卖合同关系应另案解决。故请求驳回原告安普拉斯公司的诉讼请求。后苏州汉加解除了与其委托代理人的代理关系，并且否定了原委托代理人所作的与苏州汉加法定代表人相悖的陈述和意见。

另查明，苏州工业园区法院于2005年11月14日依执行程序，处置了《机器设备一览表》第2项Nissei FN2000/110-18A注塑机3件，用以清偿苏州汉加的债务。另经本院勘验，《机器设备一览表》中第13项的温度控制器（Mokon HT300900 Hydrotherm Temperature Controllers）11件，第14项的交换机（JVC Transformers）2件，第21项的保险丝、电线、紧固件，第26项的机器手（Yushin Model RA Ⅱ-a-250S Robots）1件，第27项的机器手（Yushin Model RA Ⅱ-a-400S Robots）1件已灭失，《机器设备一览表》中的其余机器均在苏州汉加位于苏州工业园区唯亭科技园的厂房内。因苏州汉加未支付机器价款，安普拉斯公司遂向本院提起诉讼。

[案情分析] 本案系国际货物买卖合同，根据《合同法》第126条规定，"涉外合同的当事人可以选择处理合同争议所适用的法律"。双方在审理中均同意以中国法律作为解决合同争议的准据法，故本案应适用中国法律。

根据《合同法》第134条规定，当事人可在买卖合同中约定买受人未履行支付价款或者其他义务的，标的物所有权属于出卖人。本案双方当事人以报价单、订单、发票等形式约定了在苏州汉加没有向安普拉斯公司全额支付货款前，标的物所有权仍然属于安普拉斯公司，被告苏州汉加对该约定也予以了确认。该所有权保留买卖系双方当事人的真实意思表示，内容不违反《合同法》的规定，也无需办理登记、批准手续，故双方当事人之间的买卖关系合法有效，应受法律保护。现苏州汉加未能按约支付机器设备的价款，故《机器设备一览表》中的27项机器设备虽然已交付苏州汉加，但是机器设备的所有权并未转移，仍属安普拉斯公司所有。

根据我国法律规定，财产所有权是指所有人依法对自己的财产享有占有、使用、收益和处分的权利。因苏州汉加在收到机器设备后一年多的时间内，未能支付机器设备款，庭审中苏州汉加表示已没有能力清偿债务，故双方当事人之间保留所有权的买卖已不可能继续履行，安普拉斯公司有权依据约定，主张标的物的所有权，取回相应的机器设备。因苏州汉加在办理机器设备海关报关以及注册资本验资时，未提供其与安普拉斯公司之间的订单，从而导致安普拉斯公司所有的《机器设备一览表》第1~6项机器设备被作为汉加国际的出资，成为了苏州汉加的实收资本，根据我国《公司法》关于注册资本维持不变原则，安普拉斯公司无权要求返还上述机器设备。但是，苏州汉加的行为已构成违约，实际侵犯了安普拉斯公司的财产所有权。对于已经灭失的机器设备，因安普拉斯公司已实际交付苏州汉加，故标的物灭失的风险应由买受人苏州汉加承担。因此，对于《机器设备一览表》第1~6项机器设备以及已经灭失的机器设备，苏州汉加应当予以折价赔偿。对于其余机器设备，安普拉斯公司要求予以返还，应当予以支持。

该案适用的法律条文为《民法通则》第117条，侵占国家的、集体的财产或者他人财产的，应当返还财产，不能返还财产的，应当折价赔偿。损坏国家的、集体的财产或者他人财产的，应当恢复原状或者折价赔偿。受害人因此遭受其他重大损失的，侵害人并应当赔偿损失。以及《合同法》第44条、第126条、第130条、第134条和第142条。

[问题与思考]

1. 说明大陆法系与英美法系在国际物权关系上的法律冲突。
2. 物之所在地法原则的适用范围和例外规则。
3. 说明物之所在地的确定规则。
4. 不动产物权的法律适用规则。
5. 动产物权的法律适用规则。
6. 信托财产权的冲突规则。

第七章　涉外知识产权关系的法律适用

[本章概要]

　　知识产权是指公民、法人或其他组织对其在科学技术和文学艺术等领域内，主要基于脑力劳动创造完成的智力成果所依法享有的专有权利。广义的知识产权包括文学艺术和科学作品，表演艺术家的表演以及唱片和广播节目，人类一切领域的发明，科学发现，工业品外观设计，商标，服务标记以及商品名称和标志，以及在工业、科学、文学和艺术领域内由于智力活动而产生成果的一切权利。涉外知识产权亦即国际私法学所研究的知识产权，是指含有国际因素或外国因素的知识产权，也就是构成知识产权法律关系的主体、客体或法律事实之中具有一个或一个以上的国际因素或外国因素。

　　本章重点阐述的是知识产权的法律冲突及其法律适用的基本问题。随着各国民商事交往日益繁多，越来越多的国家通过制定相应的国内实体法和冲突法来保护涉外知识产权，与此同时，调整涉外知识产权关系有关的国际条约也纷纷生效。知识产权不仅成为各国民商法的研究新领域，也成为国际私法的重要研究对象。本章所述的知识产权的法律适用，是通过冲突规范援引准据法来调整涉外知识产权关系。

第一节　涉外知识产权的概念和特点

一、知识产权与涉外知识产权

　　知识产权（Intellectual property）又称无形财产权、智慧财产权及智力成果权，广义的知识产权包括文学艺术和科学作品，表演艺术家的表演以及唱片和广播节目，人类一切领域的发明，科学发现，工业品外观设计，商标，服务标记以及商品名称和标志，以及在工业、科学、文学和艺术领域内由于智力活动而产生成果的一切权利。狭义的知识产权只包括著作权、专利权、商标权、名称标记权、集成电路设计等，而不包括科学发现权等其他科技成果权。涉外知识产权是指含有外国因素的知识产权，也就是在知识产权法律关系的主体、客体、法律事实等环节上含有一个或一个以上的外国因素。

　　知识产权一般分为两大类：一类是工业产权（Industrial property），包括专利权和商标权，具体指发明、实用新型、外观设计、商标、服务标记、厂商名称和标记、原产地名称等内容；另一类是著作权，亦称版权，具体包括文学、艺术、科学作品的版权和音像以及计算机软件的版权等。

二、知识产权和涉外知识产权的特点

(一) 知识产权的特点

知识产权是一种特殊的民事权利，它大致有以下特征：知识产权虽然也是一种财产权，但其客体是智力成果，属于精神财富，既不是有体物，也不是行为。知识产权与其他民事权利相比，具有以下法律特征：①独占性。知识产权的独占性亦称为排他性或专有性。②时间性。知识产权的时间性是指法律对知识产权的保护有期限的限制。③地域性。④精神财富性。精神财富性是指知识产权的客体是智力成果。⑤法律确认性。知识产权的主体、客体与内容都必须经过法律的直接确认，并按法律规定的注册程序，履行登记手续。⑥财产权的转移性。知识产权中的财产权可以转让或继承。但与这种财产权密切联系的人身权则不能转让和继承。

(二) 涉外知识产权的特点

国际私法研究的涉外知识产权，除了具有以上知识产权的一般特点外，还具有下列特点：①国际知识产权的主体突破了一国国籍的限制，除了本国人外，外国人也能取得主体资格；②国际知识产权通常受到两个或两个以上国家法律的保护，权利人一般先在一国取得知识产权，然后向外扩张到另一国或多国去取得知识产权；③国际知识产权可能同时受到国内法和国际法的双重保护。

传统观点认为，知识产权具有的严格的地域性决定了在一国取得的知识产权仅仅具有域内效力，原则上不发生域外效力，因而根本不会产生法律冲突问题。然而，随着各国之间经济、技术和文化交流的迅速开展，知识产权也逐步国际化，知识产权制度的国际化发展是指世界各国知识产权制度在实质内容和申请审批程度上逐步简化一致和统一，日趋国际化。知识产权的地域性、无形性和易传播性，一方面使得本国产生的智力成果在国外不能取得当然的保护；另一方面，由于传播媒体、通讯工具的迅速发展和国际交流的日益频繁，大量的智力成果十分容易越过国界而进入他国。如果不对这些智力成果进行有效的国际保护，势必会影响、阻碍国际贸易及科学技术和文化的正常交流与合作。知识产权制度的国际化发展，反映了科技和经济国际化发展的客观要求。正因为如此，1883 年世界各国就在巴黎缔结了《保护工业产权巴黎公约》。该公约于 1884 年正式生效。我国于 1985 年 3 月 19 日正式加入了《巴黎公约》。此外，我国目前已加入的保护知识产权的国际性公约还包括：《商标国际注册马德里协定》、《保护文学艺术作品伯尔尼公约》、《世界版权公约》、《专利合作条约》等。

第二节 涉外知识产权的法律保护

一、知识产权的国内法保护

知识产权的法律保护首先是由一国的国内法保护开始的。各国通过颁布专利法、商标法和版权法，来保护本国知识产权。

世界上最早建立的知识产权保护制度是专利制度。世界上第一部专利法是于 1474 年 3 月颁布的《威尼斯共和国专利法》。该法规定的三个基本原则，即"保护发明创造原则、专利独占原则、侵权处罚原则"为现代专利制度奠定了基础。英国于 1624 年颁布了具有现代专利法意义的《垄断法》（又称《专卖条例》），它所确立的一些原则至今仍被大多数国家专利法所沿用。随后，法、美、德、日等国相继颁布了各自的专利法，建立自己的专利保护制度。迄今为止，世界上已有 160 多个国家和地区制定了专利法，专利制度已成为世界上最为广泛应用的制度之一。

世界上最早的商标法是 1809 年制订的《法国关于工厂、制造场和作坊的法律》。该法把假冒商标行为比照私自伪造文件罪加以处罚。1857 年又制定了《法国关于以使用原则和不审查原则为内容的制造标记和商标的法律》，在全国范围内统一施行。此后，英国于 1862 年，美国于 1870 年，德国于 1874 年，日本于 1875 年相继制定了商标法。

世界上第一部现代意义的版权法是 1709 年英国议会通过的《安娜法》，它首次通过立法形式确认了作者对作品享有首先印刷的权利。美国于 1790 年颁布了《美国联邦版权法》。法国于 1791 年颁布了《法国表演权法》，1793 年颁布了《法国作者权法》。此后，其他国家也相继颁布了版权法。

各国保护知识产权的国内法虽然内容不尽相同，但它们都具有严格的地域性，受到一国领土范围的限制，在一国取得的知识产权只在授予国境内有效，没有域外效力。在这种情况下，不会发生法律冲突现象，因此，国际私法学也没有需要去研究知识产权的法律保护问题。

二、知识产权的国际法保护

19 世纪以来，世界各国为了促进国际间科学技术、文化艺术的交流与发展，推动国际经济贸易的发展和全球经济一体化的进程，保护涉外知识产权，签订了一系列的国际公约。从这些国际公约所保护的知识产权的性质来看，大致可以将其分为三类：一是保护工业产权主要是专利权和商标权的国际公约，包括：《保护工业产权巴黎公约》（1883年），《制止商品产地虚假或欺骗性标志马德里协定》（1891 年），《商标国际注册马德里协定》（1891 年），《工业品外观设计国际保护海牙协定》（1925 年），《商标注册商品和服务国际分类的尼斯协定》（1957 年），《保护原产地名称及其国际注册里斯本协定》（1958 年），《保护植物新品种国际公约》（1961 年），《建立工业品外观设计国际分类的洛迦诺协定》（1968 年），《专利合作条约》（1970 年），《国际专利分类的斯特拉斯堡协定》（1971 年），《商标注册条约》（1973 年），《建立商标图形要素国际分类的维也纳协定》（1973 年），《国际承认用于专利程序的微生物保存的布达佩斯条约》（1977年），《商标国际注册马德里协定有关议定书》（1989 年），《商标法条约》（1994 年），《欧洲专利公约》（1973 年）。二是关于著作权（版权）的国际公约，包括：《保护文学和艺术作品伯尔尼公约》（1886 年），《保护表演者、录音制品制作者和广播组织罗马公约》（1961 年），《保护录音制品制作者防止未经许可复制其录音制品公约》（1971 年），《印刷字体的保护及其国际保存协定》（1973 年），《关于播送由人造卫星传播的载有节目信号的公约》（1974 年），《避免对版权使用费收入重复征税多边公约》（1979 年），《视听作品国际登记条约》（1984 年），《世界知识产权组织版权条约》（1996 年），《世界知识产权组织表演与录音制品条约》（1996 年）。三是兼有工业产权和著作权（版权）的国际公约，包括：《科学发现的国际登记公约》（1978 年），《保护奥林匹克会徽条约》(1981年),《关于集成电路的知识产权条约》(1989年)。

(一) 保护专利权的国际公约

1.《保护工业产权巴黎公约》(以下简称《巴黎公约》)。该公约于1883年3月20日在法国巴黎签订,1884年7月7日生效。《巴黎公约》是世界上第一个保护工业产权的综合性公约,其保护范围涉及发明、实用新型、外观设计、商标、服务商标、商号、原产地标记或原产地名称以及制止不正当竞争。其他绝大多数工业产权公约都把一国参加《巴黎公约》作为接受其为成员国的前提条件。它是开放性的多边国际公约,对所有参加国的效力都是无限期的。《巴黎公约》是专利法律关系方面最常适用、影响最大、成员国最多的国际公约。公约先后经过了6次修改,已有一百多个成员国。《巴黎公约》经过多次修订,形成了不同的文本,各成员国可以选择其中一个文本参加,但采用最多的是1967年的斯德哥尔摩文本。《巴黎公约》并没有为缔约国规定一套统一适用的专利法和商标法,只是规定缔约国相互保护工业产权的基本原则。

《巴黎公约》的基本原则有:

(1) 国民待遇原则。国民待遇原则规定缔约国间有义务给予对方国民在保护工业产权方面与本国国民相同的待遇。《巴黎公约》中的国民待遇原则包括两方面的含义:一是在工业产权的保护上,各缔约国必须在法律上给予其他缔约国国民以与本国国民同等的待遇;二是非缔约国国民只要在某一缔约国国内有住所或有真实、有效的工商业营业所,也应享有与该缔约国国民同样的待遇。《巴黎公约》中的国民待遇原则有两项例外:①该原则并不妨碍缔约国的国内法给予外国国民以高于本国国民或公约最低标准的待遇;②该原则并不妨碍缔约国在司法、行政程序、管辖权以及代理人资格等方面对外国人提出某些特殊要求;或者为本国申请人提供融资方面的支持而不给外国申请人以同样的待遇。

(2) 优先权原则。优先权原则的主要内容为:申请人以一项发明首先向任何一个缔约国提出了专利申请,或者以一项商标提出了注册申请,自该申请提出之日起的法定期间内,如果他在其他缔约国也提出了同样的申请,这些缔约国都必须承认该申请在第一个缔约国递交的日期为在本国的申请日。《巴黎公约》规定的优先权期间是,发明和实用新型为12个月,外观设计和商标为6个月。法定申请日确立后,申请人可依法享有实施权、优先权、转让权。

(3) 专利、商标独立原则。按照《巴黎公约》的规定,一个申请人就同一项发明和商标在不同缔约国取得的专利权和商标权,在法律上是彼此独立,互不影响的。换言之,申请人就同一申请在一缔约国被授予了专利权或商标权后,无权要求其他成员国也必须授予其专利权和商标权;反之,一个缔约国撤销了对某一申请人授予专利权或商标权,也不能排除其他缔约国批准该项专利申请或商标注册申请的可能性,或者不影响其他成员国承认该项专利权、商标权的继续有效。

(4) 强制许可原则。自专利申请日起满4年,或者自专利批准日起满3年,取得专利的发明,若无正当理由没有实施或没有充分实施的,各缔约国可以根据任何人的申请,给予其实施该发明的强制许可。但取得强制许可方应付给专利权人合理的报酬,且专利权人自己还可以实施该项专利。这种强制许可不是独占性的,而且必须与利用该许可的企业或商号一起转让。如果批准强制许可不足以防止专利权人滥用其专利权的，可以在批准第一个强制许可满2年后提出撤销该专利权的诉讼请求。强制许可原则一直是《巴黎公约》中各成员国难以形成共识的规定，这一制度在历次修订公约的会议上，都反复进行过修改。

（5）临时保护原则。《巴黎公约》规定，对在任何一个缔约国境内举办的经官方承认的国际展览会上展出的展品，凡属可以申请工业产权的发明、实用新型、外观设计和商标，各缔约国均应依本国法律给予临时保护。在临时保护期间内，不允许任何第三人以展品申请工业产权；展品也不致因公开展出而失去新颖性，或者因失去注册在先的条件而不能取得工业产权。

2.《专利合作条约》。该条约1970年6月19日签订于华盛顿，1978年生效。后经过几次修改。我国于1994年正式参加《专利合作条约》。中国专利局已成为该条约的受理局、国际检索单位和国际初步审查单位。

《专利合作条约》是在《巴黎公约》的原则指导下产生的一个关于专利申请程序的公约，其内容只是对专利申请的接受及审查程序规定某种国际性统一规则，而不涉及专利的批准问题，因此并不影响成员国的专利实体法，它统一了国际专利申请程序。该条约大大简化了在成员国范围内申请专利的手续，使原先必须在各国分别、重复履行的申请程序变为提交一份申请，使申请案一次完成。这既方便了申请人在两个以上国家提出专利申请，又减轻了各成员国专利局的工作量。

条约规定：国际申请可由任何缔约国的国民或居民向其作为国民或居民所属缔约国的国家专利局提出符合规定格式的国际申请，申请人可以选取任何缔约国为指定国（拟取得专利权的国家）。受理局接受申请并进行形式审查，如为合格，即确定国际申请日。自该申请日起，国际申请在每一个指定国便具有正式的国内申请的效力。缔约国专利局收到申请案后将其复制两份，一份送交"国际申请案登记局"（即世界知识产权组织 WIPO 国际局），另一份送交国际申请案检索局进行国际检索。国际申请案检索局进行新颖性检索，自国际申请日（或优先权日）起满18个月后，作出检索报告提交 WIPO 国际局并通知申请人。目前，国际检索单位共有8个，即美国、俄罗斯、澳大利亚、日本、奥地利、瑞典、中国专利局和欧洲专利局。自国际申请日（或优先权日）起满20个月之后，国际申请便进入国内阶段，就是进入各指定国的审批程序，由指定国专利局依照本国法律对该申请进行实质性审查，决定是否授予专利权。

3. 其他国际专利公约。

（1）《国际专利分类的斯特拉斯堡协定》（以下简称《斯特拉斯堡协定》）。该协定于1971年在法国斯特拉斯堡签订，并于1975年生效。《斯特拉斯堡协定》建立了一个国际专利分类系统（IPC），以便在审查专利申请的新颖性和创造性时利用其查找专利文献，提供一种有秩序的、便于查找的排列文献的方法，以及评价各领域的技术发展状况。国际专利分类系统共分8个部、20个分部、118个大类、617个小类和55多个细目。虽然截至1997年1月止，该协定的成员国还只有38个，但实际上已有70多个国家和地区使用该分类法，由这些国家和地区专利局公布的专利文献总量占全世界专利文献总量的90%以上。我国尚未参加《斯特拉斯堡协定》，但在专利文献上也使用该分类法。

(2)《建立工业品外观设计国际分类的洛迦诺协定》（以下简称简称《洛迦诺协定》）。该协定于1968年在洛迦诺签订，并于1971年生效。据此成立了洛迦诺联盟。《洛迦诺协定》主要是为了统一申请外观设计专利的分类，它所建立的国际商品分类系统，共分31部，210个分部，还有按字母顺序排列的大类和小类商品表，对6000个商品作了分类标志。

(3)《欧洲专利公约》。该公约1973年签订于德国的慕尼黑，1977年10月生效。该公约主要内容为欧洲专利的申请程序；并规定专利的保护期限，保护期为自申请案提交到欧洲专利局之日起20年；同时，公约规定计算机程序，对人、动物所施行的诊断及治疗方法不得授予欧洲专利；公约还规定了取得专利的实质条件即三性：工业实用性、新颖性和技术先进性；公约规定欧洲专利批准后，各指定国依其国内法维护和利用，指定国有权在本国撤销其法院认为无效的欧洲专利，并规定专利申请案在各指定国的法律地位，等同于该指定国的国内专利申请案。《欧洲专利公约》为简化国际专利申请，统一欧洲各国专利法创造了积极的条件。

(二) 保护商标权的国际公约

19世纪以来，随着国际经济贸易的高速发展，保护商标权的国际公约越来越多，这些公约的签订，对统一商标实体法，减少法律冲突也起了较大作用。

1.《巴黎公约》。《巴黎公约》规定的国民待遇、优先权、独立保护、临时保护原则同样适用于商标权的保护。公约还规定不得因商品的性质而影响商标的注册；不准将成员国的国徽、国旗或其他象征国家的标志以及国际组织的旗帜、徽记、名称及缩略语用于商标。公约对驰名商标予以特别保护。对于成员国商标主管机关认定的驰名商标，不论其在其他成员国是否注册，都应受到保护。如果另一商标构成对驰名商标的复制、仿造或翻译，用于相同或类似商品上，易于造成混乱时，各成员国有权拒绝给予注册；已经注册或使用的，也应予以撤销，并禁止使用。如果该商标注册不是以欺骗为目的和采用欺骗手段的，那么，驰名商标所有人只有在被模仿注册之日起5年之内提出异议，才可予以撤销。如果该商标属于"非善意注册"，则无上述提出异议期限的限制。

2.《商标国际注册马德里协定》（以下简称《马德里协定》）。该协定1891年4月14日签订于西班牙首都马德里，先后经过了7次修订和修改。该协定的成员国必须是《巴黎公约》的成员国。我国于1989年10月4日加入《马德里协定》。加入《马德里协定》标志着我国已成为商标国际保护体系的一部分，从此我国可以利用《马德里协定》作为法律武器来保护我国的商标权，使得《马德里协定》其他成员国承担保护我国商标的义务，防止假冒和侵犯我国商标权现象的发生。

《马德里协定》是一个程序性的国际商标注册公约，其主要作用是简化申请人在成员国范围内申请商标权的手续，降低在多国申请注册的费用。协定规定的商标国际注册程序是：①申请本国注册。成员国国民，或在成员国有居所或营业所的人将其拥有的商标向其本国商标局注册。②申请国际注册。获得本国注册后，再通过本国的商标管理部门或代理组织向世界知识产权组织国际局提交一份按照《马德里协定》规定的国际注册申请案；国际局对申请案进行形式审查，审查通过后，即取得国际注册。③保护期限。经国际局注册的商标，其有效期为20年，续展有效期也是20年。这个规定不受任何成员国商标法所定期限的影响。在有效期届满前6个月，国际局应发送非正式通知，提醒商标权人或代理人注意届满日期。对于期满未及时续展的，可给予6个月的宽展期。在宽展期内提出续展的，要缴纳一定数额的罚款。④国际注册转变为国内注册。国际局把"国际注册"予以公布，同时，把申请案、审查结果及国际注册复印后分送申请人请求保护的指定国，指定国有权在一年内根据本国法声明拒绝保护该商标，如未表示拒绝，则商标的国际注册就在指定国自动生效，转变为该国国内注册。经国际注册的商标均享有《巴黎公约》所规定的优先权。⑤国际注册独立。从获得国际注册之日起满5年以后，国际注册与商标权人在其所属国的国内注册便脱离关系，不受该国内注册变化的任何影响而独立存在。

《马德里协定》大大简化了商标注册手续，对统一国际商标实体法起了一定作用。但该协定存在以下几个方面的缺陷：①申请国际注册必须先在本国注册，而在本国注册往往需要较长时间。在这段时间内，它们的商标有可能在其他成员国被别人抢先注册。②工作语言仅为法语，这就限制了许多不使用法语的国家参加。③国际注册在指定国变为国内注册后，其有效性在5年内仍然不是独立的，这对各国保持本国商标制度的稳定性不利。

3.《商标注册商品和服务国际分类尼斯协定》（以下简称《尼斯协定》）。1957年6月15日在法国的尼斯市缔结，历经多次修订和修改，共有几十个成员国。《尼斯协定》主要规定商品和服务项目的分类法。该分类法既适用于协定成员国的国内注册分类，也适用于国际分类。当然，非协定成员国也可采用。其分类法将所有的商品分为34类，把所有服务项目按拉丁字母顺序排列分为8类，在类下又把具体的商品与服务项目分为1万余项。协定签订后，除成员国使用协定建立的国际分类法外，《马德里协定》、《商标注册条约》、非洲知识产权组织《班吉协定》、《欧洲共同体统一商标条例》等国际公约也都宣布采用《尼斯协定》所建立的分类法。我国参加了《马德里协定》，因而也采用该分类法。

4.《商标注册条约》。为了弥补《马德里协定》的缺陷，1973年6月12日，英国、美国、罗马尼亚、匈牙利等14个国家发起，在维也纳签署了《商标注册条约》。该条约于1980年修改，1980年8月生效。

《商标注册条约》既允许成员国的国民和居民申请国际注册，在一定条件下，也允许非成员国的发展中国家的国民和居民申请国际注册。该条约不以商标申请人首先在其本国或居住国取得商标注册作为申请商标国际注册的前提条件。申请人可以向日内瓦世界知识产权国际局直接提出"国际申请"，不必通过本国商标主管部门转送。如果国际申请符合该条约及其实施细则规定的要求，国际局即给予国际注册，在该局的公报上公布，并分别通知国际注册所有人申请保护的指定国的商标注册机关；各指定国的商标注册机关都可以在15个月期限内（确认标记为18个月）拒绝承认该国际注册；否则，即与指定国注册具有同等效力；根据该条约，取得国际注册的商标可独立于指定国家的国内注册。国际注册有效期为10年，可以无限续展。依该条约申请国际注册，可以使用英、法两种文字中的任何一种。《商标注册条约》在简化商标国际注册手续方面又比《马德里协定》前进了一步。

(三) 保护著作权的国际公约

随着出版业的迅速发展，出版商们为了占领图书的国际市场，纷纷采取不正当的竞争手段，致使侵权行为比比皆是，作者的权利受到侵犯。为了打击侵犯作者权益的不法行为，各国便着手制订国际性的著作权保护公约和建立著作权的国际保护制度，以便使著作权人能直接适用国际条约的有关规定来保护在其他国家的合法权益。1886 年，第一个保护著作权的国际公约——《保护文学艺术作品伯尔尼公约》（以下简称《伯尔尼公约》）经过多次协商终于签订了。1952 年又签订了《世界版权公约》。此外，非洲知识产权组织在 1977 年签订了《班吉协定》，该协定附件 7 是世界上出现的第一部跨国版权法，该项法律文件的制订对著作权的国际保护制度的健全和完善起到了积极的促进作用。

1. 《伯尔尼公约》。该公约 1886 年 9 月 9 日签订于瑞士首都伯尔尼，1887 年 12 月 5 日正式生效。《伯尔尼公约》是世界上第一个保护文学、艺术和科学作品的国际公约，也是最重要的、影响最大的保护版权的国际公约。根据该公约成立了"保护文学和艺术作品国际联盟"（简称伯尔尼联盟）。该联盟于 1970 年归世界知识产权组织管理。《伯尔尼公约》签订之后，随着作品创作方式和使用方式的不断变化发展，各国版权保护水平也逐渐提高，因此，公约也几经修改。

《伯尔尼公约》的主要内容如下：

(1) 保护作品的基本原则。第一，国民待遇原则。对此原则兼采"作者国籍"和"作品国籍"两项保护标准。一个成员国国民的作品不论其作品是否出版，以及首次在一个成员国发表的作品，不论其作者是否为该国国民，均应视为这一成员国的作品，受到该国给予本国国民的作品的保护，其他成员国都应对该作品给予本国国民作品同样的保护。此外，根据《伯尔尼公约》，下列几种人也可享受国民待遇：一是虽非成员国国民，但在一成员国有惯常居所的，应视为等同于该成员国作者，在所有成员国均享有国民待遇。二是电影作品的作者，只要其作品的制片人的总部或惯常居所在一成员国，则他在所有成员国均享有国民待遇。三是建筑作品的作者，只要其作品建造于一成员国境内，或其艺术作品构成位于一成员国境内，则他也在所有成员国享有国民待遇。第二，自动保护原则。享受和行使受本公约保护的权利不需要履行任何手续，即作品一旦创作出来自动受到保护。出版物不需要进行注册登记、交纳样本或增加任何形式的标记，自出版之日起自动受到保护。但是，《伯尔尼公约》要求作品必须具有一定的固定形式，这就将口头作品、即兴演讲等排除在公约的保护范围之外。第三，独立保护原则。作品在其他成员国享受的保护与作品起源国给予的保护没有关系。即保护程度以及保护措施应适用该成员国的版权法，而不受其他国家版权法的影响，尤其是不受作品来源国版权法的制约。但是保护期不得超过作品起源国规定的期限。如果一成员国规定的作品保护期比《伯尔尼公约》所规定的要长，但该作品在来源国的保护期已届满，则该成员国可不再给这一作品以保护。

(2) 受保护的作品。科学和文学领域内的一切作品，均在《伯尔尼公约》的保护范围之内，包括：书籍、小册子及其他著作（如期刊、杂志）；讲课、演讲、讲道和其他同类性质作品（但如前所述，这类作品必须固定在一定的物质载体上）；戏剧或音乐戏剧作品；舞蹈艺术作品和哑剧作品；配词或未配词的乐曲；电影作品以及使用与电影摄影技术类似的方法表现的作品；图画、油画、建筑、雕塑、雕刻和版画；摄影作品以及使用与摄影艺术类似的方法表现的作品；实用艺术作品（如布料上有艺术品味的印花图案）；与地理、地形、建筑或科学有关的示意图、地图、设计图、草图和立体作品；在不损害原作版权的情况下，文学艺术作品的翻译、改编、乐曲整理以及对原作的其他改造，对于文学或艺术作品的汇编，诸如百科全书和选集，凡由于对内容的选择和编排而成为智力创作的，应得到保护。对于具有立法、行政或司法性质的官方文件以及这些文件的正式译本，以及实用艺术作品以及工业设计和模型的保护，由各成员国国内法自行决定是否予以保护。但是，日常新闻或纯属报刊消息性质的社会新闻不受《伯尔尼公约》保护。

（3）受保护的权利。受《伯尔尼公约》保护的权利包括经济权利和延续权。经济权利可归纳为以下8项：①翻译权。在整个保护期内，作者享有自己翻译或授权他人翻译其作品的专有权。②复制权。作者享有授权他人以任何方式或形式复制其作品的专有权。③公演权。戏剧作品、音乐戏剧作品或音乐作品的作者有权授权或禁止他人以各种方式或方法公开表演和演奏其作品。④广播权。作者有权授权或禁止以无线电广播或其他方法广播其作品。⑤公开朗诵权。作者享有授权他人以任何方式或方法公开朗诵其作品以及将这种朗诵向公众传播的专有权。⑥改编权。作者有权授权或禁止他人对自己的作品进行改编、整理或其他变动。⑦电影摄制权。作者享有授权他人将其作品改编为电影作品，并将后者复制、发行、放映、传送、播放、配音及配字的专有权。但是电影作品的作者在不损害原作作者版权的情况下，享有与原作作者相同的权利。⑧延续权。允许各成员国通过立法规定，对艺术品原作和作家、作曲家的原始手稿，有关作者或者其死后由国家法律授权的人或机构，有权在首次出售之后，于每次他人加价再转售时，继续取得报酬。

公约为著作权人规定了出版权，署名权，维护作品完整性等精神权利。作者的精神权利不依赖于作者的经济权利而存在，即使在经济权利转让之后，作者仍享有精神权利。精神权利主要有以下3项：①出版权。作者有权决定是否出版其作品，由哪家出版社出版。②署名权。即作者享有就作品表明自己身份的权利以及禁止他人对其表明身份进行侵害的权利，包括以任何方式在自己作品上署名，并保证自己的作品不被他人署名或不被他人联合署名（合著除外）。③维护作品完整权。特指作者有权禁止自己的作品被歪曲、篡改或其他改动，以及反对其他对作品进行有损于作者声誉的行为。

（4）保护的期限。公约规定的著作权保护期是作者有生之年及死后50年。不署名作品和笔名作品为其合法向公众发表之日起50年，但能确定该作品作者身份的仍为作者有生之年加死后50年。但对一些特殊作品的保护期，公约又作了特殊的规定：电影作品的保护期自作品公映后50年期满，如自作品完成后50年内尚未公之于众的，则自作品完成后50年。匿名作品或假名作品的保护期为发表之日起50年。若能辨认作者的真实身份或在保护期内公开其身份的，则保护期为作者有生之年加其死后50年。摄影作品和实用艺术作品的保护期由各国法律自行规定，但最短期限不能少于作品完成后的25年。共同作品的保护期为共同作者中的最后死亡者的有生之年加上其死后50年。对作者精神权利的保护没有时间限制。

（5）对著作权的限制。该项主要是指合理利用的限制。①允许在某些情况下复制作品，只要这种复制不损害作品正常使用也不至无故侵害作者的合法利益。②在说明出处、作者姓名情况下可以以报刊摘要形式摘引报纸期刊文章，或为教学目的通过出版物、无线电广播或录音录像使用作品。③允许通过报刊、无线电广播或对公众有线广播转载发表在报刊、期刊上讨论经济、政治或宗教的时事性文章或具有同样性质的广播作品，但以未明确予以保留为限，并应说明材料出处。④临时录制权。⑤准许通过颁发强制许可证的办法来限制广播作品和录制音乐作品的权利，但要向有关作者支付相应的报酬。⑥对翻译权只有10年保护期的保留。

2. 《世界版权公约》。《世界版权公约》是继《伯尔尼公约》之后出现的又一个重要的国际版权公约。该公约于1952年在瑞士日内瓦签订，故又称日内瓦公约。《世界版权公约》提供了一种较低水平的国际著作权保护，它使著作权保护达不到或不愿达到高水平的国家可以加入该公约从而进入世界性国际著作权保护圈，加强了著作权保护的国际合作。但是，《世界版权公约》并没有取代《伯尔尼公约》，其原因是一部分《伯尔尼公约》的成员国仍希望维持高水平的国际版权保护。因此，这两个公约是相互独立的，一国可以选择参加其一，也可以同时参加。但原先参加《伯尔尼公约》的成员国，不能退出原公约而只参加《世界版权公约》，即它们不能降低对版权已有的国际保护水平。

《世界版权公约》的显著特点是条文简短，各项规定大多是原则性的，并在许多方面与《伯尔尼公约》类似，但其对版权的保护水平要稍低于《伯尔尼公约》。二者之间的主要不同之处如下：

（1）基本原则。两个公约对国民待遇原则和独立保护原则的规定基本相同。《伯尔尼公约》对版权实行自动保护原则，《世界版权公约》要求作品在首次发表时，所有复制件应在适当位置上印有表示保留版权的标记，包括C符号，并注明作者的姓名和首次出版的年份。

（2）受保护的权利。《世界版权公约》保护的权利与《伯尔尼公约》最大的区别在于：前者只保护经济权利而不保护精神权利。即使对于经济权利，《世界版权公约》的规定也很概括，只是指出包括复制权、表演权、广播权和演绎权。

（3）作品的保护期。《伯尔尼公约》对著作权的保护期是作者有生之年及死后50年。而按照《世界版权公约》，作品的保护期不得少于作者生之年加上其死后25年，如果从作品发表日起算，则不少于25年。对于摄影作品和实用艺术作品，其保护期不少于10年。保护期根据情况从作品首次出版之日或之前的登记之日起算。

3. 跨国著作权法——班吉协定附件7（Bangui Agreement´Appendix 7, Translate Copyright Law）。1977年非洲知识产权组织成员国在中非的班吉修订原有的《非洲——马尔加什工业产权组织协定》，产生了《班吉协定》，1982年2月在8个国家生效。协定共有9个附件，其中附件7是各国就著作权问题达成的协议。它是世界上第一部跨国著作权法，不仅统一了其各个成员国著作权实体法，而且为著作权国际法律冲突的实体法解决树立了一个值得借鉴的榜样。

该协定的内容主要有：规定只有作者本人才可以成为作品版权的第一所有人（除雇

佣合同创作的作品属雇主外）；不仅保护一般著作权法所保护的对象，而且对"民间传说"进行保护；不仅保护书面作品，而且保护口头作品，但不保护法律条文、司法与行政判决及其译本、时事新闻等。作者的权利包括：精神权利包括出版权、署名权、保持作品完整权，但不保护作者收回作品权；经济权利除包括一般经济权利外，还包括作者对其创作的艺术作品、文字、乐谱手稿的追续权（或延续权）。一般作品保护期是作者有生之年加死后50年。根据《班吉协定》总则第15条规定，在任何一个成员国内依协定附件所作的最终司法判决对成员国具有约束力。

三、保护知识产权的国际组织

（一）世界知识产权组织

为了协调知识产权国际保护的工作，更好地执行上述条约、协定，世界上有51个国家于1967年7月14日在斯德哥尔摩签订了《成立世界知识产权组织公约》，建立了一个政府间的国际机构——世界知识产权组织（World Intellectual Property Organization，缩写为WIPO）。1970年4月公约正式生效。根据该公约成立了世界知识产权组织（WIPO）。该组织于1974年成为联合国的专门机构之一，总部设在瑞士日内瓦。参加WIPO的成员国已达160多个，我国于1980年6月正式接受该公约并成为WIPO的成员国。这是我国加入的第一个国际知识产权公约。

世界知识产权组织的宗旨是通过国家与国家之间的合作，并在适当的情况下与其他国际组织进行协作，促进世界范围内对知识产权的保护，同时保证该组织下各类知识产权联盟在行政管理上的合作。主要任务是：鼓励各国达成新的国际条约；协调各国有关知识产权的立法；向发展中国家提供有关的法律和技术援助，收集和传播技术情报；办理国际组织以及成员国之间的其他合作事项。世界知识产权组织的成立在加强各国知识产权立法以及协调知识产权国际合作方面已经起了很大作用。

WIPO的组织机构包括：①大会。它是WIPO的最高权力机构，由成员国中参加巴黎联盟或伯尔尼联盟的国家组成，其主要职权是任命总干事、审查该组织的工作报告、审批财政预算、确定观察员等。②成员国会议。它由全体成员国组成，实际上也是权力机构，其主要任务是讨论知识产权领域各国共同感兴趣的问题，制定法律、技术计划及该计划的财政预算等。③协调委员会。由担任巴黎联盟或伯尔尼联盟执行委员会的成员国组成，是一切有关行政财务等问题的咨询机构，同时又是大会和成员国会议的执行机构，负责拟定大会议程草案，提出总干事人选名单等。④国际局。它是WIPO各机构和各联盟共同的秘书处，即常设办事机构，设总干事一人和副总干事若干人。该局主要负责组织有关会议，准备有关文件和报告，收集向各国提供的有关知识产权的情报，出版有关刊物，办理商标的国际注册等。

（二）世界贸易组织和与贸易有关的知识产权理事会

第二次世界大战以后，科学技术迅猛发展并大量应用到新产品的开发、制造和销售，对国际贸易的各个领域产生巨大的影响，知识产权的国际保护越来越重要。进入20世纪末期，由于一些保护知识产权的国际公约因参加国较少而缺乏普遍性，绝大多数公约因缺乏强有力的执行措施和争端解决机制，其实际作用的发挥受到了限制；此外，大多数公约对当今世界的高新科技成果也缺乏特殊的保护措施，不能适应国际经济贸易的发展，因此美国及其他发达国家力主将知识产权问题列入关贸总协定乌拉圭回合谈判的新议题。经过各国长达 8 年的艰苦谈判，终于在 1994 年达成了《与贸易（包括假冒商品贸易在内）有关的知识产权协议》（简称《TRIPs》）。与此同时，1994 年 4 月的《马拉喀什宣言》宣布要成立一个"世界贸易组织"来代替"关税与贸易总协定"（GATT）。1994 年 12 月 8 日《建立世界贸易组织协定》的执行会议在日内瓦召开，会议决定世界贸易组织于 1995 年 1 月 1 日成立，《建立世界贸易组织协定》第 4 条明确规定设立一个"与贸易有关的知识产权理事会"（简称 TRIPs 理事会）。

较之以往的国际知识产权公约体制，《TRIPs》大大提高了对知识产权的保护水平。具体表现在以下几个方面：①《TRIPs》把关贸总协定关于商品贸易的基本原则和一些具体规定引入了知识产权的国际保护领域。②通过"一揽子"方式参加世界贸易组织，该组织的所有成员均得接受《TRIPs》。因此，成员方的范围比以往国际公约更加扩大。③受保护的知识产权更加广泛。在专利方面，将可授予专利的范围扩及食品、医药、化学品、植物品种及其生产工序；在版权方面，将集成电路的布图设计（拓扑图）作为保护的对象，并首次引进了版权的出租权；在商标方面，规定给予贸易和服务商标以与商品商标同样的保护。④知识产权的保护期限加长，超过了以往知识产权国际公约规定的标准。⑤知识产权的保护措施更为有效。《TRIPs》规定了详细的知识产权法律实施程序，包括行政、民事、刑事以及边境措施和临时措施，有关知识产权的争端统一适用世界贸易组织的争端解决机制，其中包括允许使用"交叉报复"手段。

《TRIPs》由序言和 7 个部分的主文组成，是一个内容涉及知识产权各个领域的综合性国际条约。《TRIPs》的主要内容如下：

1. 基本原则。《TRIPs》第 1 条规定，成员方可以在其本国法律中实施比该协议要求更广泛的保护。即该协议只是对各成员方规定了保护知识产权的最低义务，各成员方当然可以对知识产权提供更高水平的保护。《TRIPs》第 2 条规定，各成员方遵守该协议不得背离它们根据《巴黎公约》（1967 年斯德哥尔摩文本，下同）、《伯尔尼公约》（1971 年巴黎文本，下同）、《罗马公约》和《关于集成电路的知识产权条约》所承担的现存义务。换言之，《TRIPs》对知识产权的保护是以上述公约规定的成员国实体义务为起点的，对于这些公约没有涉及或保护不够充分之处，《TRIPs》又增加规定了新的或更高的标准。

在坚持国民待遇原则的基础上，《TRIPs》同时规定了以"有限互惠"取代国民待遇的特例。此外，《TRIPs》第 3 条还规定了在司法和行政程序上，各成员方可不对其他成员方国民实行国民待遇。第 4 条规定了各成员方对其他成员方国民所承担的最惠国待遇义务，但同时又规定了实行最惠国待遇的 4 项例外。

2. 有关知识产权的效力、范围及利用标准。在版权及相关权利方面，《TRIPs》第 10 条有关计算机程序及数据库保护规定，各成员方应对计算机程序按照《伯尔尼公约》作为文字作品加以保护。从这一角度来看，《TRIPs》扩大了《伯尔尼公约》对知识产权的保护范围。在保护期限方面，《TRIPs》第 12 条重申了《伯尔尼公约》规定的作者有生之年加死后 50 年保护期，并特别指出，除摄影作品或实用艺术品外，如果某作品的保护期并非按自然人有生之年计算，则保护期不得少于经许可而出版之年年终起 50 年。

如果作品自完成起 50 年内未被许可出版，则保护期应不少于作品完成之年年终起 50 年。

在商标权方面，《TRIPs》加强了对商标的法律保护，具体规定了保护的客体、权利范围以及商标的使用要求。第 15 条规定了保护的客体：①凡具有"识别性"的标记应可作为商标取得注册。②作为商标的标记"应系视觉可感知"，特殊的声响、气味、味道、触觉等不能作为商标注册。③美国等国曾将"使用"作为商标注册的条件之一，但《TRIPs》规定，商标权可基于标记已注册或已使用而取得，但不能以该标记"已使用"作为申请注册商标的条件。④商标将来适用的商品或服务的性质不得成为商标获得注册的障碍。《TRIPs》第 16~18 条对权利范围作了规定：①虽然相同或近似的商标可使用于不相类似的商品或服务，但如果这种使用将会暗示该商品或服务与注册商标所有人存在某种联系，并使该权利人的利益受到损害的，可原则上适用《巴黎公约》的规定，视其为侵权。②可将《巴黎公约》有关对商品驰名商标的特殊保护规定扩大适用于服务驰名商标。③各成员方可规定商标权的有限例外，诸如对受保护商标的使用，如系以"说明性词汇"进行合理使用，只要顾及了商标所有人及第三方的合法利益，即不构成侵权。例如，"永久"牌自行车中的"永久"商标就是一个说明性的词汇，只要不引起混淆，其他人在广告宣传中就可以使用这个形容词汇。④注册商标权不得损害任何他人已有的"在先权"。这些在先权一般包括：已有的商号权、已受保护的工业品外观设计权、版权、已受了保护的原产地标记、姓名权、肖像权等。⑤商标的首次注册保护年限不少于 7 年，且可无限期地续展。

《TRIPs》第 19~21 条是关于商标使用要求的规定，第 22~23 条是关于禁止作为商标的规定，第 25~26 条是有关工业品外观设计的规定。在专利权保护方面，《TRIPs》第 27 条规定了可获专利的发明。无论是产品发明，还是方法发明，只要一项发明具有新颖性、先进性和工业实用性就应在成员方不受歧视地享有专利。此外，允许成员方不对以下两项情形授予专利：①对人或动物的诊断方法、治疗方法以及外科手术方法；②除微生物之外的动、植物，以及生产动、植物的方法，主要是生物的方法，但是，对生产动、植物的非生物方法以及微生物方法应授予专利。与此同时，对植物新品种应提供专利法或专门法的保护。《TRIPs》第 28 条和第 30 条规定了专利权的范围：①对于产品专利的专利权人，至少应享有下列权利：制造权、使用权、提供销售权、销售权、进口权；②对于方法专利的专利权人，至少应享有下列权利：使用（系指使用该方法生产产品或进行操作等）、提供销售、销售或进口直接用该方法生产的产品之权利。此外，专利权人还应有权转让或通过继承转移其专利，应有权签订许可协议。专利的保护期应不少于自提交申请之日起 20 年。

《TRIPs》第 3~37 条明确了保护范围与权利限制，具体规定了布图设计权利人除享有复制权外，还有权禁止为商业目的进口、销售或以其他方式发行受保护的布图设计、含有受保护布图设计的集成电路以及含有该集成电路的物品（仅以其持续包含非法复制的布图设计为限）。但因不知有关复制品系非法复制而从事了进口、销售等活动，则不应视为非法。在权利人或其他人告知原不知情人之后，该人仍可继续售完库存的复制品，不过这时必须按惯例向权利人支付使用费。

3. 知识产权的执法。《TRIPs》第 41~61 条规定了知识产权保护的实施程序。首先，各成员方总的义务是应通过国内法，采取行之有效的措施来制止任何侵犯受该协议保护的知识产权的侵权行为。其次，各成员方应通过行政与民事程序对知识产权的侵权行为提供救济。再次，在必要的情况下，各成员方司法当局应采取及时有效的"临时措施"。采取这种措施的作用是：①制止将要发生的侵权；②阻止已发生的侵权进一步扩大，其中包括：如果海关已经放行了侵权商品，则在其尚未进入或尚未大量地、广泛地进入流通之前被制止住；③保全诉讼中被指为侵权的物证。最后，按照有关程序，各成员方有义务为知识产权的权利人提供机会制止侵权商品的流通。权利人有权申请采取"边境措施"，即在掌握确切证据后可通过相应的行政或司法机关，对不管是进口还是出口的侵权商品，申请海关予以扣留或销毁，但申请人应提供相应的担保，以保护被告的合法利益，防止权利被滥用。此外，各成员方至少应该对故意假冒商标与盗版的商业性行为，采取刑事程序及刑事惩罚。

4. 争端的防止与解决。《TRIPs》第 63 条是有关透明度的规定，为防止在与知识产权有关的贸易领域发生争端，该协议要求成员方应按照关贸总协定的透明度原则，及时公布涉及知识产权效力、范围、取得和实施所制定的法律。《TRIPs》第 64 条对争端解决作了规定，主要内容是将关贸总协定第 22 条和第 23 条及其谅解协议规定的争端解决规则和程序适用于与知识产权有关的贸易争端。应当注意的是，在总协定统一的争端解决机制下，各成员方可借助跨领域的"交叉保护"方式来维护自己的贸易利益。具体而言，一成员方在知识产权领域受到侵权而造成的损失，如未能得到妥善解决，经授权可通过中止履行其他领域的减让义务来实行报复，目的是使侵权方遵守《TRIPs》。

第三节　知识产权的法律冲突和法律适用

一、知识产权的法律冲突

（一）知识产权的法律冲突的产生

知识产权法律冲突产生的原因有以下几点：

1. 知识产权逐步突破了传统的地域性。由于知识产权具有严格的地域性，在一国取得的知识产权只在授予国境内有效，不具有在他国的域外效力，因此知识产权不容易产生法律冲突。随着科学技术的日益进步、工业生产的迅速发展和国际经济技术交流的大规模发展，已使得知识产权逐步突破了传统的地域性。表现在三个方面：①在一国产生的权利人对智力成果的专有权，迫切需要各国像对待在自己领域以外依他国法律取得的债权和物权那样，加以承认和保护。②产生了诸如欧洲专利、比荷卢三国集团等跨地域性的知识产权。③随着各国之间经济技术上更为突出的相互依赖，从而使一项在甲国开始进行而在乙国完成、在丙国取得知识产权而在丁国使用的智力成果已屡见不鲜，这就使得某一项知识产权常牵涉到多个国家法律的效力问题。

2. 传统的涉外民事关系法律适用法很少涉及到知识产权的法律冲突及法律适用。知识产权的严格地域性，决定了它仅仅具有域内效力，而不具有域外效力，所以根本不会发生法律冲突。从 19 世纪以来，由于国际交流的迅速发展，知识产权也逐步国际化，人们在一个国家所取得的专利、商标和著作的专有权，也迫切需要在其他国家得到保护。同时，一项智力成果可能先后在几个国家完成和使用，这就使得某一项权利往往涉及到多个国家的法律效力。

3. 知识产权的域外效力是产生知识产权法律冲突的前提条件。综观世界各国在知识产权领域的立法和实践，知识产权获得域外效力并可能导致法律冲突的常见情况大致有以下3种：①通过双边协定来保护专利权、商标权和著作权，使之在另一国发生效力。②通过订立多边的国际条约，如《巴黎公约》、《马德里协定》、《欧洲专利公约》等由众多国家参加的世界性或地区性公约，使知识产权得以在更广泛的范围内发生效力。③将知识产权的转让，作为一种合同关系来处理，通过订立知识产权的国际许可证协议，使一种不具有域外效力的知识产权获得域外效力。

4. 知识产权法律冲突产生的其他原因：①缔约国之间在条约和权利独立原则的基础上相互承认对方国家知识产权的域外效力，这是产生知识产权法律冲突的一个重要条件。②各国知识产权立法规定不同是产生知识产权法律冲突的一个重要因素。随着科学技术和法律制度的不断发展和完善，知识产权开始出现摆脱传统地域性束缚的趋势，从一国的范围走向整个世界，这就为知识产权取得域外效力创造了前提条件。知识产权域外效力的取得，以及各国知识产权立法差异，必将导致法律冲突。

（二）知识产权法律冲突的解决

知识产权法律冲突的解决通常通过3种途径：

1. 通过制定和完善各国国内知识产权法中有关涉外知识产权的实体法规范来解决外国知识产权在内国的法律保护。各国在通过专利法、商标法和著作权法等国内立法授予知识产权所有人以专利权、商标权和著作权，确认和保护他们对自己的发明、商标和作品的所有权以及使用、支配、转让等权利的同时，在内国法的专门条款中规定外国人和外国知识产品在本国知识产权领域的法律地位。

2. 通过制定和完善各国国内知识产权法中有关涉外知识产权的冲突法规范解决知识产权法律冲突的法律适用问题。目前解决知识产权法律冲突的冲突规范主要有3种体现方式：①有的国家将调整知识产权法律冲突的规范规定在民法典中，如法国的1804年《拿破仑法典》。②有些国家将其规定在涉外民事关系法律适用法中，如1989年1月1日生效的《瑞士联邦国际私法法规》。③有些国家将其规定在地区性国际公约或条约中，或是全球性的国际公约或条约中，如1928年制定的美洲国家《布斯塔曼特法典》。关于知识产权国际法律冲突的法律适用主要有以下几种：①适用被请求保护国家的法律。例如《瑞士联邦国际私法法规》第109条；②适用知识产权赖以产生的国家的法律，如《匈牙利国际私法》第20条，《布斯塔曼特法典》第115条；③有关知识产权合同的法律适用问题，与一般合同法律适用原则相同，当事人可以自行选择所适用的法律，没有选择的可适用产权转让人或特许人住所地或惯常居所地的法律。如《瑞士联邦国际私法法规》第122条；④关于知识产权侵权问题，当事人双方可以自行选择所适用的法律，没有选择的可适用侵权行为地法或者法院地法，例如《瑞士联邦国际私法法规》第110条。

3. 世界各国通过缔结双边和多边国际条约，使得当事国承担条约规定的义务，相互承认和保护其他缔结国国民和法人在其本国依本国法所取得的知识产权。例如，《保护工业产权巴黎公约》（1883年），《制止产品来源虚假或欺骗性标记马德里协定》（1891年），《商标国际注册马德里协定》（1891年），《工业品外观设计国际保护海牙协定》（1925年），《国际注册商品与劳务国际分类尼斯协定》（1957年），《保护原产地名称及其国际注册里斯本协定》（1958年），《保护植物新品种国际公约》（1961年），《建立工业产品外观设计国际分类洛迦诺协定》（1968年），《专利合作条约》（1970年），《国际专利分类的斯特拉斯堡协定》（1971年），《商标注册条约》（1973年）以及《国际承认用于专利程序的微生物保存的布达佩斯条约》（1977年）。有关版权方面的国际条约有：《保护文学艺术作品伯尔尼公约》（1886年），《世界版权公约》（1952年），《保护表演者、唱片录制者和广播组织罗马公约》（1961年），《保护唱片录制者防止未经许可复制其录音制品公约》（1971年），《关于播送由人造卫星传播载有节目的信号的公约》（1974年），以及《避免对版权使用费收入重复征税多边条约》（1979年）。这些双边和多边国际公约的制定，使得其成员国的知识产权实体法在许多方面得到了统一，从而在一定范围内解决了知识产权的法律冲突。

二、知识产权的法律适用

（一）知识产权的法律适用原则

1. 知识产权的法律适用理论。①原始国法律说。《布斯塔曼特法典》的有关规定即反映了这一学说。②被请求保护国法律说。采此说的，有瑞士1987年《瑞士联邦国际私法法规》和1979年《匈牙利国际私法》。③行为地法律说。采用这一学说的有1979年《奥地利联邦国际私法法规》。④综合适用法律说。这是当前比较普遍的作法。1984年修订的《秘鲁民法典》第10编采用此说。1939年于蒙得维的亚签订《关于知识产权的条约》也采用这种观点。此外，该公约还规定了公共秩序保留制度。以上这些规定，在解决知识产权法律适用问题时都应综合加以考虑。这实际上也就是采取"分割法"来解决知识产权中各种具体法律关系的法律适用问题。以上主要是针对知识产权的创立或变更、内容和效力而言，至于知识产权的转让，则因其主要是通过合同关系来实现的，它一般应适用合同准据法的选择规则。[1]

2. 知识产权的法律适用原则。①适用知识产权的原始国法律，即适用专利权、商标权和著作权的产生国法律或有关权利首次授予国法律。这是使用最早，也是使用最普遍的原则。②适用保护国的法律，即适用实施权利行为或侵权行为发生地法律。③原始国法和保护国法兼用，即对知识产权的产生和续存问题适用原始国法，而对知识产权的使用行为适用保护国的法律。④有关知识产权的转让，可以适用当事人选择的法律，即当事人意思自治原则，在当事人没有明示或默示适用何国法律时，适用与知识产权转让关系有最密切联系的法律或受让方、转让方国家的法律。[2]

（二）专利权的法律冲突和法律适用

1. 专利权的法律冲突。产生专利权法律冲突的主要原因是由于各国专利立法对专利

---

[1] 李双元等著：《中国国际私法通论》，法律出版社1996年版，第255页。
[2] 赵相林主编：《国际私法》，中国政法大学出版社2000年版，第227页。

权的保护不尽相同，例如授予专利的范围不同、标准不同、原则不同、审查制度不同、保护期限不同等。①授予专利的范围不同。哪些知识产品可以获得专利权，哪些知识产品禁止授予专利权，各个国家的立法往往有不同规定。大部分国家对发明、实用新型、外观设计均可授予专利，但少数国家只授予发明专利，如德国和意大利。②授予专利的标准不同。大部分国家规定授予专利的发明必须具有新颖性、先进性和实用性．但也有个别国家只规定其中两个。各国对新颖性、先进性和实用性规定的标准也不相同。有的国家要求绝对新颖性，即要求发明在全世界范围内具有新颖性，而有的国家仅要求具有相对新颖性，即仅要求在本国现阶段具有新颖性即可。③授予专利的原则不同。大多数国家授予专利采取申请在先原则，即将具有专利性的相同发明的专利权授予最先申请专利的人，少数国家如美国、加拿大等采取发明在先原则，即将专利权授予原始及最先发明人。④专利审查的制度不同。有的国家对专利申请进行形式审查，有的国家既对专利进行形式审查后，还实行实质审查，还有一些国家实行的是延期审查制度。

2. 专利权的法律适用。由于各国专利法对专利种类的保护不尽相同，各国专利法保护范围不一样。申请原则的冲突，审查制度的冲突，保护期限的冲突，造成涉外专利权保护法律冲突。对于涉外专利权法律适用，国际上有以下主张：①专利权的成立、内容和效力，适用专利权申请地法。②专利权的保护，适用专利权原始国法。③专利权的保护，适用专利证发出国法或专利申请地国法。④专利权的创立、内容和消灭，适用实施权利行为或侵权行为发生地法。⑤对于涉外专利权的法律冲突，根据其特点，分别适用不同的准据法。各国对专利发明者或利益继承人的保护，一般适用专利证发出国或专利申请地国的法律，如1979年《匈牙利国际私法》第20条第1款、《布斯塔曼特法典》第5条第2款。有些国家虽然没有制定本国涉外民事关系法律适用法或本国冲突法中未涉及知识产权问题，但实践中一般也是适用被请求保护国的法律，一般是专利证发出国或专利申请地国的法律。

世界各国提供给外国人的专利保护制度大致有以下几种：①无条件的国民待遇原则：即外国人在申请与取得专利方面与本国人享有完全相等的权利，采取这种制度的国家主要有英国、美国、加拿大、澳大利亚、南斯拉夫、匈牙利等国。②有条件的国民待遇原则：即外国人只有在一定条件下才能与本国人享有同等的权利。有条件的国民待遇又分两种：一是根据对等原则给予对方国家申请人以国民待遇。采取这种制度的国家有法国、瑞士、奥地利、埃及、波兰、捷克、印度等国家；二是区别在本国有无住所或居所，分别赋予无条件的国民待遇和对等条件下的国民待遇。③优惠待遇原则：外国人在本国申请专利，除依国际公约规定可以享受优先权以外，在互惠条件下，也可以赋予外国发明以优先权。

(三) 商标权的法律冲突和法律适用

1. 商标权的法律冲突。商标一般由文字、图形、记号或由文字、图形、记号组合而成，是商品生产者或者经营者用来标明其生产或劳务，使之与其他商品生产者或经营者生产、制造、加工和经销的商品或提供的劳务相区别的标记。商标权是商标所有人对其注册商标所享有的权利。商标权是一种独占权，具有排他性，只有商标所有人或其所转让的人有权使用，任何人不得申请注册与受到法律保护的商标相同或类似的商标。

各国商标法的法律冲突主要体现在以下几个方面：①商标注册的强制性不同。有的国家商标法规定商标注册实行自愿性原则，商标所有人自主决定是否注册，有的国家则规定商标注册实行强制性原则，未经注册的商标，其商品不准在市场流通。②商标权的取得原则不同。商标权的取得方式有两种，原始取得和传来取得。各国对商标权原始取得的原则主要有三种：一是使用在先原则。根据这种原则，商标权授予给首先使用这种商标的人。二是注册在先原则。商标权授予最先申请商标注册的人。三是折中原则。即申请商标注册后在规定的期间内如果没有人对注册商标提出异议，期间届满则申请人取得商标权；如果在该期间内有人根据首先使用的事实要求该注册商标无效且指控成立的话，那么注册申请人就不可能取得商标权。规定的期间长短各国也有不同，英国为7年，美国为5年，西班牙为3年。关于商标权的传来取得有两种情况：一是根据合同转让取得；二是根据继承取得。由于各国的合同法和继承法的规定不同，因而造成了商标权的传来取得在各国的差异或分歧。③商标权的有效期限不同。各国商标立法对商标专用权的期限规定最长的为20年，如美国、瑞士、意大利、菲律宾等国家；有的为15年，如加拿大、捷克等国家；日本、法国、德国、奥地利、比利时等国规定为10年；我国《商标法》第23条规定注册商标的有效期限为10年，自核准注册之日起计算。

2. 商标权的法律适用。由于各国商标法规定的商标权取得原则、商标注册原则、商标使用规定以及注册商标保护期限等不同，使得商标权的跨国保护产生法律冲突。对于商标权的法律适用，国际上有以下主张：①商标权的成立、内容和效力，适用商标注册地法。②商标权的保护，适用商标注册证发出国或商标申请地法。③商标权的创立、内容和消灭，适用实施权利行为或侵权行为地法。④商标权法律适用的"分割论"。

各国一般都规定对于外国人在本国注册商标予以法律保护，外国商标注册申请人可以适用申请国的法律来调整商标注册关系，以维护合法权益。各国商标法一般都规定赋予外国人国民待遇，有的国家实行无条件的国民待遇原则，如英国、美国、澳大利亚、印度等国家。还有一些国家实行互惠的国民待遇原则，如日本、瑞士、奥地利、菲律宾等国家。

（四）著作权的法律冲突和法律适用

1. 著作权的法律冲突。著作权是法律授予作者对自己在科学研究、文学艺术诸方面的著述和创作等所享有的各项专有权利。各国调整著作权的立法不尽相同，著作权的法律冲突也时有发生。综观各国著作权法，其分歧与差异主要体现在以下几个方面：①著作权取得方式不同。现在世界上多数国家规定著作权自动取得，即随着作品被创作完毕而自然产生，不需要履行任何手续。有的国家采用"标志说"，规定发表的作品必须带有一定标志才能获得版权，未带有一定标志的作品一发表就视为进入公有领域，永远丧失版权，如《世界版权公约》；还有少数国家采用"注册说"，规定发表的作品只有履行注册手续后，才能获得版权，如西班牙。②著作权保护期不同。有的国家规定著作权保护期是作者有生之年加死后50年，如《伯尔尼公约》；有的则规定为作者有生之年加死后25年，如《世界版权公约》。③受著作权保护的作品不同。有的国家规定，作品必须体现在有形物上，才能获得版权，因而一切口头作品、即席演讲或演唱，不能受到版权保护。有的国家则规定受著作权保护的作品包括口头作品。除此之外，对一些特殊种类作品的版权归属各国立法也存在分歧，如雇佣作者或工资作者的作品的著作权归属等。

2. 著作权的法律适用。各国在著作权的跨国保护上出现的法律冲突主要表现为著作权保护范围、著作权取得原则、著作权内容的限制、著作权保护期限等。对于涉外著作权的法律适用，国际上有以下主张：①著作权的成立、内容和范围，适用著作权产生地法，即最初发表地法或授予此项权利国家的法律。1928 年美洲国家制定的《布斯塔曼特法典》第 115 条第 2 款规定著作权的取得、登记和享有均应依授予此项权利的当地法。②未发表作品的著作权，适用作者的属人法。③著作权的创立、内容和消灭，适用实施权利行为地法或侵权行为地法。如《瑞士联邦国际私法法规》第 110 条第 2 款。1979 年《奥地利联邦国际私法法规》规定，著作权（无形财产权）的创立、内容和消灭，依使用或侵犯行为发生地国家的法律。④著作权的保护，适用被请求保护国法。如 1979 年《匈牙利国际私法》第 19 条规定著作权依被请求保护的国家的法律。⑤有的国家主张从著作权合同的角度来确定解决法律冲突的原则。例如《瑞士联邦国际私法法规》第 122 条；1966 年《波兰国际私法》规定，出版契约依发行人缔约时住所地法。1975 年《前民主德国法律适用条例》规定，对于利用受著作权保护的作品的合同依利用人主营业所所在地法律。⑥著作权法律适用的"分割论"。⑦主张法院地法与著作权产生地法并用。上述主张中，目前支持率较高的是第 4 种，即依被请求保护国之法律。

除利用冲突法解决冲突外，许多国家的著作权法规定，对在本国首次发表的外国作者的作品，依据国际公认的地域原则（也称作品国籍原则），视为本国作品，给予与本国作品相等同的保护，而不管作者为何人，住所在何国。因此，首次在内国发表的外国作品，在内国所形成的著作权关系应适用发表国的国内立法予以调整。

（五）互联网中的知识产权

互联网作为一种信息交流和通讯的集成手段，渗透到社会生活的各个方面。大量的文学作品、音乐、影视资料、学术资料、数据库等被放到网上。当人们向网上传送这些资料和作品时，当人们下载、利用这些作品时，违法行为可能已经发生。关于互联网的知识产权保护尤其是著作权保护问题，业已引起国际社会的高度重视。由于世界贸易组织（WTO）的《TRIPs》并未解决新技术带来的许多具体问题，1996 年 12 月 20 日，在世界知识产权组织（WIPO）主持召开的"关于著作权及邻接权问题的外交会议"上通过了两个被新闻界称之为"因特网条约"的《世界知识产权组织版权条约（WIPO Copyright Treaty）》和《世界知识产权组织表演和录音条约（WIPO Performance and Phonograms Treaty）》。此后，美国、日本、欧盟等很多国家均通过修改国内法的形式，分别针对网络环境下的著作权及相关权利保护作出了不同的立法选择，以顺应两个版权条约的要求，如 1998 年《美国数字千年版权法》（CDMA），《法国信息与通讯服务规范法》等。其中像《美国数字千年版权法》中关于 ISP 如果只是作为被动的传输管道，未主动传输、挑选编辑受指控侵权信息及暂存这些信息，未超限定时间的情况下，不因其系统传输或者机器自动复制而承担直接侵权责任的规定；协助侵权责任或者代理侵权责任的规定；只要 ISP 遵循了预先确定的程序与规则，就可以以此条款抗辩侵权指控的"安全港"条款（Safe harbor）等，在网络立法和知识产权保护方面具有一定的现实意义。

1. 有关互联网中著作权保护问题。网络传输中既已涉及版权产品的无形销售，就必然产生版权保护的新问题。更值得重视的是，它还必将（而且已经产生）产生在网上的商标及其他商业标识的保护，乃至商业秘密保护等诸多与传统保护有所不同的或根本不同的问题。域名已实际上成为商誉乃至商号的一部分受到了保护，甚至已经作为无形资产被实际交易着，但域名与在先商标权、在先商号权的冲突如何真正妥善解决，则还需要进一步深入研究。

2. 有关商标与域名。商标是用以表明商品生产者或经营者的，具有表明商品来源的特性。而域名则是表明互联网上电子地址，并不具有表明商品来源的特性。但从目前互联网发展情况看，厂商可以在此电子地址上提供商品或服务，能够并且已经在现实中表明它可以指明商品或者服务的来源。在互联网注册了域名的公司，在广告和宣传资料中都注明了自己的网址。

域名与商标是性质完全不同的两个概念，通常情况下商标是要用于产品之上的，而且要注明"注册商标"之类的字样。域名并非是用于产品之上的，它仅仅代表4组数字的代码；域名是具体的英文字母，只表现为标准文字，并不体现为经过特殊处理的文字，也不体现为图形，更不体现为文字和图形的组合。因此，决不能认为域名可以作为商标。但这并不表明使用他人的商标注册域名不构成侵权行为。[1] 域名是电子地址，该地址表明信息的提供者。用他人的注册商标注册域名常常会造成访问此地址的使用者误认为信息提供者是与此商标有关的人或持有此商标的人，从而给商标权人造成损害，对于驰名商标更是如此。

我国《商标法》规定，注册商标的专用权以核准注册的商标和核定使用的商品为限。因此，以他人的商标作为域名并不违反商标法的规定。在现实生活中，以他人的注册商标为域名确实造成公众对网址使用人的误认，符合民法理论中侵权行为的构成要件。我国《互联网域名暂行管理办法》对这种做法加以制止。

使用他人名称注册域名也会造成对他人名称权的侵害。[2] 在互联网运作上，以下客体可以作为专利权的对象：①计算机程序；②通讯协定；③密码技术；④资料压缩；⑤电子销售系统。资料的处理和检索技术、界面的设计技术也可以成为申请专利的客体。专利权是专属于专利权人的独占权。如果在专利权的有效期内，未经专利权人的许可实施专利，则构成侵权行为。

第四节　中国涉外知识产权法律适用的规定及实践

随着我国对外开放的深化和对外经贸关系的发展，涉外知识产权纠纷持续大幅增长，有关案件的处理受到了国内外的更多关注。2001～2007年，全国地方法院共审结涉外知识产权民事一审案件1634件，年均增长57.96%，增幅高于整体知识产权案件一倍多。其中，2007年共审结668件，比上年增长89.24%。2010年全年共审结涉外知识产

---

[1] 周忠海主编：《电子商务法导论》，北京邮电大学出版社2000年版，第165页。
[2] 周忠海主编：《电子商务法导论》，北京邮电大学出版社2000年版，第167页。

权民事一审案件1369件，比上年增长0.59%。[1] 我国知识产权的立法也日臻完善。

1982年8月23日通过了《商标法》，1993年2月22日、2001年10月27日全国人大常委会两次修订，2002年9月15日施行了《商标法实施条例》，2003年6月1日施行了《马德里商标国际注册实施办法》。

1984年3月12日通过了《专利法》，1992年9月4日、2000年8月25日全国人大常委会两次修订。2002年12月28日，国务院发布了《关于修改〈专利法实施细则〉的决定》；2003年6月《专利代理管理办法》，1993年《关于受理台胞专利申请的规定》，1994年《中国专利局关于受理台胞国际申请的通知》，1995年《关于港澳地区专利申请若干问题的规定》，1997年《中国专利局关于香港回归后中国内地和香港专利申请若干问题的说明》等。

1990年9月7日通过了《著作权法》，2001年10月27日全国人大常委会予以修订，1991年5月24日国务院批准《著作权法实施条例》，1992年《实施国际著作权条约的规定》，2001年修订的《计算机软件保护条例》，2002年《计算机软件著作权登记办法》等。

2010年我国《涉外民事关系法律适用法》第7章是关于知识产权关系法律适用的专门规定。其第48条规定，知识产权的归属和内容，适用被请求保护地法律。第49条规定，当事人可以协议选择知识产权转让和许可使用适用的法律。当事人没有选择的，适用本法对合同的有关规定。第50条规定，知识产权的侵权责任，适用被请求保护地法律，当事人也可以在侵权行为发生后协议选择适用法院地法律。到目前为止，我国主要知识产权法的立法已经完备。

1980年3月3日我国加入了世界知识产权组织。1981年11月我国加入《巴黎公约》，1985年3月该公约对我国生效。随后，我国又加入了《马德里协定》、《伯尔尼公约》和《世界版权公约》，这表明我国知识产权的保护已渐渐地和世界知识产权保护体系接轨。

一、中国涉外专利权法律适用的规定

我国在此方面的主要法律、法规有：《专利法》，《专利法实施细则》，《中国单位和个人向外国申请专利的办法》，《专利代理条例》，《关于受理台胞专利申请的规定》，《关于港澳地区专利申请若干问题的规定》等。在涉外专利权方面的法律适用原则有以下几种做法：①在中国没有经常居所或营业所的外国人、外国企业或外国其他组织在中国申请专利的，按照其所属国同中国签订的协议或共同参加的国际条约，或者按照互惠原则，根据中国专利法办理。②外国申请人就同一发明或实用新型在外国提出申请之日起12个月内，或者就同一外观设计在外国第一次提出申请之日起6个月内，又在中国提出申请的，按照其所属国同中国签订的协议或者共同参加的国际条约，或者依照相互承认优先权的原则，可以享有优先权。③港澳地区的法人向中国国家知识产权局申请专利时，应当委托国务院指定的或者授权的中国国家知识产权局指定的专利代理机构办理。④中国单位或者个人将其在国内完成的发明创造向外国申请专利的，应当首先向中国国

---

[1] 参见："中国法院知识产权司法保护状况（2010年）"，载《人民法院报》2011年4月20日。

家知识产权局申请专利，并经国务院有关主管部门同意后，委托国务院指定的专利代理机构办理。

二、中国涉外商标权法律适用的规定

为发展对外经济贸易关系和扩大国际技术合作关系，我国的商标立法，按照独立自主、平等互利原则，并参照国际惯例，就商标的保护问题作出了一系列的规定。早在1950年我国就颁布了《商标注册暂行条例》，1963年又颁布了《商标管理条例》。目前，我国调整涉外商标权的法律、法规有：《商标法》，《商标法实施细则》（已废止），《商标法实施条例》，《关于申请商标注册要求优先权的暂行规定》，《关于申请马德里商标国际注册办法》，《关于对我国企业在国外注册商标进行登记管理的通知》，《关于禁止擅自持他人商标在国外注册的通知》，《关于对外贸易中商标管理的规定》等。

我国在涉外商标权方面的法律适用规定是：①外国企业或外国其他组织在中国申请注册商标的，应当按其所属国同中国签订的协议或共同参加的国际条约，或者按照对等原则办理。②外国人在我国注册商标所享受的优先权问题，根据《巴黎公约》的原则办理。③我国商品需要在国外注册商标的，首先应在我国工商行政管理机关注册，然后按照《巴黎公约》或《马德里协定》或根据对等原则以及对方国家的无条件国民待遇原则，并委托国务院指定的代理机构在国外申请商标注册。在我国"国家指定的组织"是中国国际经济贸易促进委员会，该委员会下专门设立了商标代理处，具体办理委托代理的有关事项。外国商标申请人委托中国国际贸易促进委员会代办商标注册申请和办理商标其他事宜，必须出具委托书，委托书应载明代理权限和委托人的国籍，应办理公证手续，认证按对等原则办理。同时，还要交纳代理费。

三、中国涉外著作权法律适用的规定

我国现行法律、法规有：《著作权法》，《著作权法实施条例》，《实施国际著作权条约的规定》，《计算机软件保护条例》等。《著作权法》于1990年9月7日由第七届全国人民代表大会常务委员会第十五次会议通过。1991年5月30日，国家版权局又发布了《著作权法实施条例》，著作权法及其实施条例均于1991年6月1日生效。

除国内著作权法外，我国已于1992年7月15日和30日先后申请参加了《伯尔尼公约》和《世界版权公约》，两公约分别于1992年10月15日和10月30日对我国生效。我国已经承担了保护这两个公约成员国公民著作权的义务，同样，我国公民的著作权在两大公约其他成员国也受到保护。

我国在涉外著作权方面的主要做法有：①对于涉外著作权的保护采取"双国籍国民待遇原则"。即中国公民、法人或非法人单位的作品无论其在境内或境外是否发表，均作为中国作品，受中国著作权法保护；外国人的作品，首先在中国境内发表的，也视为中国作品，受中国著作权法保护。如果外国人的作品在中国境外首先发表，30天内在中国境内发表的，也视为在中国境内首先发表，受中国著作权法的保护。②外国人在我国境外发表的作品，应根据其所属国同中国签订的协议或共同参加的国际条约，受著作权法保护。③我国公民、法人或非法人单位的作品，要想在外国受到法律保护，可以根据我国已参加的国际公约的规定，在公约某一成员国首次发表；或首次在我国发表后30天内也在《伯尔尼公约》成员国发表，被视为同时发表，受到所有成员国的保护。

案例与评析

[案情介绍][1] 戈登、德莱顿（新西兰公民）、珍妮特、朱迪（美国公民）诉科利华教育软件技术有限责任公司、上海三联书店、新雅文化事业有限公司侵犯著作权案中，原告为《学习的革命》97版著作权人，其指控被告未经许可出版《学习的革命》修订版侵犯了著作权。被告辩称：原告已将《学习的革命》97版的国际版权（除美国外）卖给新西兰的学习网有限公司，因此，原告与本案没有直接的利害关系，依法不具有原告主体资格。这就产生了一个问题：原告的权利处于什么状态、应依哪国法来确认这种状态？北京市高级人民法院判决认为：原告在我国主张著作权，其权利内容、范围和归属问题应依据《著作权法》确定。对于英文《学习的革命》1997版，原告授予出版商的仅是在新西兰以英语语言形式出版该书的唯一的独占权，戈登、珍妮特仍享有在新西兰以外使用或者许可他人使用的权利。根据《著作权法》的相关规定，原告有权对侵犯其英文《学习的革命》1997版著作权的行为提起诉讼。在这起案件中，审理法院依据以主张权利地国法保护外国人作品的原则，根据我国的法律，对原告是否享有所主张的权利因而是否有诉权进行了确认。

[案例评析] 审理法院在本案中的法律适用是正确的。与专利权、商标权等工业产权一样，著作权也是依一国法律产生的权利，某一智力成果是否符合著作权规定的作品的构成条件、权利属于哪个主体、权利的内容和范围等，均应依照产生该权利的国家的法律来认定，即使是发表于外国、在外国已受著作权法保护的作品也是如此，这是由知识产权的地域性和知识产权国际保护的独立保护原则所决定的。

我国《著作权法》第2条第2、3、4款就此做了明确的规定。《伯尔尼公约》第5条第2款规定：这些权利的享有和行使，无需履行任何手续，并与作品的来源国给予的保护无关。除本公约的规定外，权利的保护范围和作者获得的保护其权利的救济方法，仅依照被请求保护国的法律确定。据此规定，作品在一国所受的保护，不依赖于起源国所受的保护，而完全依照该国的法。有一种观点认为，所谓依一国著作权法对外国人作品进行保护，只是在救济手段上适用内国法，在作品的构成、权利归属、权利的内容等方面，应承认业已存在的事实，应适用作品的来源国法。这是一种误解。《伯尔尼公约》所确立的国民待遇原则要求，在对外国人作品的保护上，要将外国人当成本国人一样对待；该公约的独立保护原则也要求，对著作权的保护范围和作者获得的保护其权利的救济方法，仅依照被请求保护国的法律。据此，就同一作品，在各国均依各国的法律产生和受到保护，在各国均有一个特殊的身份，形成的是各个国家的"作品"。因此，从作品是否符合作品的构成要件、权利归属、权利内容，到权利的限制、对权利的救济方法等各个方面，都应该完全适用主张作品权利的国家的法律，我们不能把"保护"分成不同的单元，把不

---

[1] 案例来源于央视网，http://www.cctv.com/tvgmids/tyzj/zjwz/7770_2.shtml。

同国家的法律根据作品要保护的部分分割来适用。依法保护只能是整体，不能分裂开来。

虽然《伯尔尼公约》要求各国的著作权保护不能低于公约规定的最低水平，但在最低水平之上，各国的著作权法存在着非常大的差异。比如，关于作品的构成，我国要求的独创性不高，但德国则要求有较高的艺术水准；大多数国家规定的合作作品仅指不可分的作品，我国则包括可分的合作作品；在保护期上，有的国家是作者死后70年，甚至更长，我国仅是50年；各国在合理使用的范围上也有较大差距等。我们无法想象一个死亡50年后的外国人其作品仍然在我国得到保护。在外国的著作权司法实践中，也可以看到这样的例子。在一起一意大利人主张对在法国设计的家具享有实用艺术作品著作权、一家德国家具厂在德国实施侵权行为的案件中，联邦德国一审法院与上诉法院的判决均认为，联邦德国对实用艺术品的保护有两个前提，意大利人的家具是为家庭及办公使用而设计制作的，不具备联邦德国法中实用艺术作品受保护的前提，不享有著作权，因此判被告行为不构成侵权。联邦德国法院是依据其法律对外国人在外国设计的家具是否构成作品作出了认定。

因此，我国法院在审理著作权纠纷案件，需要对当事人主张权利的客体是否构成作品、权利属于谁做出认定时，应依据我国的著作权法的规定。

[问题与思考]
1. 国际知识产权的含义及其法律特点是什么？
2. 知识产权的法律冲突是如何产生的？
3. 国际专利权的法律适用原则有哪些？
4. 简述国际商标权法律适用的主要内容。
5. 怎样解决国际著作权的法律冲突问题？

第八章 涉外合同之债的法律适用

[本章概要]

国际私法调整的是具有涉外因素的债权债务关系。各国的国际私法一般都划分为"涉外契约之债"和"非契约之债"或者"合意之债"和"法定之债",学术研究上也是区分合同之债和非合同之债。本章主要研究涉外合同之债的一般特点和法律适用问题。

本章重点阐述各国立法关于合同之债的不同规定,理解合同的主观论和客观论、分割论和整体论的观点,以及确定合同准据法的重要性,掌握合同法律适用的基本原则,即意思自治原则、最密切联系原则、特征性履行原则和合同自体法原则,重点掌握我国合同法律适用的规定,为处理涉外合同纠纷打下坚实的理论基础。

第一节 涉外合同及其法律冲突

一、涉外合同之债概述

(一) 涉外合同之债的含义

所谓合同,一般是指当事人之间设立、变更和终止民商事关系的协议,是债权债务关系发生的重要依据之一。按照法理对债法的分类,狭义上主要是指各种不同的合同之债,广义上还包括除合同之债外的其他法定之债即所谓准合同之债。合同是各方当事人就其相互的权利和义务关系意思表示一致,具有法律约束力的协议。涉外合同,顾名思义,其基本特点就是这类合同具有涉外因素,即指涉外合同的主体、客体和内容三者之中至少有一个以上的因素与外国有联系。这种联系表现为:参与合同关系的当事人有外国人、无国籍人、外国法人;或者合同的标的物位于国外;或者合同的成立地以及合同的履行、变更、终止的法律事实在国外。这种涉外因素必然引起许多法律冲突,需要进行以下特殊的法律调整。

(二) 涉外合同适用的法律

1. 适用作为合同准据法的外国法。涉外合同法律问题首先是国际民事管辖权问题,即主要是合同当事人的国籍、住所、惯常居所和营业地等管辖标志的确定问题。其次是法律的选择适用问题。由于合同准据法的复杂性,在一项涉外合同中难免会发生适用多个法律的情况。

2. 适用国际合同公约和国际惯例。为了避免可能适用多种准据法发生的极其复杂的情况，许多涉外合同经常要适用国际合同公约和国际惯例。这是它不同于国内合同的又一个特点。在国际民商事关系中缔结的许多涉及买卖、投资、运输、借贷、租赁、劳务、保险、支付以及经济技术合作等内容的涉外合同，不仅要适用作为国内法的合同法，还要适用合同方面的国际公约和国际惯例。譬如1980年《联合国国际货物销售合同公约》、1978年《合同统一担保公约》以及2000年的《国际贸易术语解释通则》等都是统一解决法律冲突的实体法。另外，还有统一解决法律冲突的冲突法方法。如1980年罗马《关于合同义务的法律适用公约》、1985年《海牙国际货物销售合同法律适用公约》、1973年《海牙产品责任法律适用公约》。这些都是国际私法中经常适用的冲突法公约和国际惯例。但必须注意：一些具有涉外因素的合同不一定适用国际公约和国际惯例。这就是说，在一国的外商投资企业里，如果它们与外国企业、公司缔结合同，可能会适用国际公约和国际惯例，而它们与投资所在地国家的企业缔结合同，则只能适用当地的国内法。如外商在我国设立的合资、合作和独资企业，除了它们与外国企业、公司缔结合同或者中外合资、合作双方缔结的贸易、投资合同以外，凡是该外商投资企业双方或者他们与国内各企业缔结的合同，一律视为国内合同而适用我国的民商事法律。

二、合同之债的法律冲突及其解决

合同规则在各个主要法系的民法典中存在差异。《法国民法典》完全沿用的是古罗马法体系，将合同视为债的主要形式，债与合同两者并用，如该法第3卷第3编中的"契约或约定之债的一般规定"。《德国民法典》则把合同分别列入法律行为和债之中，以法律行为和债的一般规定来适用合同的规定，如其中第1编中"法律行为"一章有关"行为能力"、"意思表示"、"合同"、"代理、代理权"等以及第2编的"债务关系法"中各章有关合同之债的成立、转让、消灭和各类买卖合同以及不当得利、侵权行为等就对此作了详细的具体规定。英美法系国家既没有法律行为的概念，也没有债的概念，只在财产法中有契约法、买卖法和侵权法的概念。如1979年《英国货物买卖法》、《美国统一商法典》、《契约法重述》、《侵权法重述》等。社会主义法系的原苏联、东欧等国实行中央计划经济体制，债之合同立法内容单一，他们彼此或者与其他法系国家在民商事关系中对合同的运用缺乏高度重视，缺乏经常化、制度化。20世纪90年代后苏联解体、东欧国家剧变，社会主义国家的经济体制开始向市场经济转轨，尤其是我国实行改革开放，社会主义市场经济体制的形成和发展，包括民商事合同在内的立法也不断完善，同各个法系国家缔结的民商事合同难以数计。由于各国民商事法律的规定不同，彼此间签订的民商事合同适用不同的规定，由此势必会发生诸多法律冲突，成为国际私法必须研究和解决的问题。

（一）合同之债法律冲突的表现

合同的法律冲突主要表现为当事人的缔约能力、合同形式及合同的成立和内容。

1. 当事人的缔约能力。缔约当事人主要是自然人和法人。首先，判定自然人是否具有缔结合同的行为能力。除了禁治产人或准禁治产人外，对此问题的法律冲突基本上是成年年龄问题。如果自然人未达成年年龄，就不能成为缔结合同的法律主体。各国法定成年年龄差异很大，较多国家规定为18岁，但有些国家却分别规定为20岁、21岁、22

岁、23 岁、24 岁、25 岁，等等。其次，对于法人的缔约资格问题，各国法律规定也有所不同。因此，彼此在缔结民商事涉外合同时的行为能力的规定都有所不同。

2. 合同的法律形式。法律规定的合同形式包括书面、口头或者基于某种行为能够证明合同协议已经订立的形式。虽然多数国家采取的是书面形式，但对不同种类或一定金额标准的合同，有着不同的规定。如《美国统一商法典》规定合同金额在 500 美元以上的，必须采用书面形式，而另外一些国家的法律则无此规定。各国对口头或其他形式的具体要求也不同。

3. 合同的成立、内容和效力。要约与承诺是合同成立的必经步骤。合同一方发出要约之后，另一方表示承诺，意味着合同便告成立，但各国对这两者的有关规定不同。譬如，要约能否撤回和撤销、承诺何时生效等。

合同一旦成立便具有法律效力，在司法实践中会出现影响合同效力的许多法律问题。关于合同能否直接对第三人有约束力，法国和德国民法典都作了肯定的规定。英美法则规定合同效力只对当事人有效，不得对第三人产生影响，如果是为第三人利益订立的合同，应另外采用信托制度。关于合同的解除问题，各国一般规定可以依约定解除，但解除的条件不一，如解除时间限制或者实际履行不能的条件等规定不同；甚至在合同解除之后，是否可以依法提出请求损害赔偿之诉，各国的规定也各有歧异。

由于各国合同立法中存在许多不同的规定，在缔结各类涉外合同的实践中，必然在合同的各个方面产生比较复杂的法律冲突，可称之为合同之债的冲突。

（二）合同法律冲突解决的方法

国际民商事关系中法律冲突的解决分别采取的是冲突法方法和实体法方法，合同之债法律冲突的解决也不例外。

1. 冲突法的方法。解决法律冲突有两种方法：一是国内冲突立法的方法；二是国际冲突立法的方法。自公元 18 世纪以来，就出现了调整契约关系法律冲突的国内法，开始散见于各类民商事立法中，后来逐渐形成系统的单行法规或法典，目前各主要国家都有了先进的、系统的国际私法法典，其中调整合同关系的冲突规范占很大的分量。各国为了协调彼此在合同领域的法律冲突，也缔结了一定数量的冲突法公约。如上面提到的 1928 年《布斯塔曼特法典》、1951 年《斯堪的纳维亚北欧公约》、1979 年《蒙得维的亚南美洲公约》，都含有许多"债务和契约"的冲突规则。单项公约主要有：1980 年欧共体的《关于合同义务的法律适用公约》以及海牙各类国际私法公约，其中包含 1955 年《国际有体动产买卖法律适用公约》、1978 年《国际代理法律适用公约》、1985 年《海牙国际货物销售合同法律适用公约》等。以上都是解决合同之债的法律冲突最重要的国际私法法律和公约。

2. 实体法的方法。解决法律冲突的实体法方法也有两种：一是采用国内实体立法的方法；二是采用统一实体立法的方法。前者指国内的含合同法在内的民商事法律、法规；后者指含合同或民商事条款在内的实体法条约和国际贸易惯例。这些条约和惯例比较多，如 1980 年《联合国国际货物销售合同公约》、1974 年《国际货物买卖时效期限公约》、1983 年《国际货物销售代理公约》、1994 年《国际商事合同通则》以及 1974 年《航次租船合同》、2000 年《国际贸易术语解释通则》等。上述均为国际商法或国际合同法的法律渊源，虽不属国际私法的范围，但可以经冲突规则指引而援用。

第二节 涉外合同法律适用的理论和原则

一、涉外合同法律适用的理论

亦称合同的准据法理论，就是依据冲突规范的援引，用以确定涉外合同权利义务实体关系的理论。须知，无论何种类别的涉外合同，都有一个法律适用问题，即准据法的确定问题。譬如，合同成立和适用法律是否只能由当事人的合意决定？可否基于其他情况对其进行必要的限制？合同的所有事项受同一法律的支配，还是分别由不同的法律支配？相对来说，这些问题比其他方面准据法的确定要复杂得多。对此，国内外法学界历来存在不同的理论观点，司法实践中也有着不同的做法。这种不同的理论观点和做法，主要可归纳为以下两大类：

（一）合同法律适用的主观论和客观论

1. 主观论。所谓"主观论"，是指赋予各方当事人选择支配合同关系的法律的权利。持此观点的学者认为：按照一般契约的法理原则，要有效地选择适用于合同的法律，既不能机械地由法律规定，也不能由法官决定，只有由当事人从自己的切身利益出发，在各种不同的法律制度中作出正确的选择，决定最合适的法律。20世纪50年代，德国学者沃尔夫说：在契约方面当事人可以使该契约不受任何法律的支配，因而契约成为决定他们关系的唯一法律。唯一的例外是在合同当事人没有明示或默示选择的情况下，法官应当以"假设的意思"代替"明示"或"默示"选择。但多数学者认为这种"假设"仍然是默示推定，或者被人们直接称作是默示，实际上依然是当事人的主观意愿，原则上不会违反这种意愿而适用其他的法律，故而他们对此"代替"方法持保留态度。因此，凡严格坚持上述观点的，可以称之为合同法律适用问题上的极端主观论者。

2. 客观论。所谓"客观论"，是指合同只能适用与支配合同的关系具有客观标志的法律。例如，萨维尼、齐特尔曼等较早的学者和现代的美国新派学者认为，合同的成立及效力总是与一定的客观标志相联系的，因而最有效适用于合同的法律，正是与作为客观标志的场所地的法律，而不是合同当事人主观上的任意选择。这就是确定合同准据法的一种理论，即"合同场所化理论"。"场所化"，就是反映在合同的各项条款中所涉及的一系列客观因素，最集中地与某一个国家或地区特定场所发生的联系，即通常所说的"合同的自然场所"、"合同聚集地"、"合同重力中心"或"合同最重要联系点"。这些客观标志在合同立法中被称为标的物所在地、合同缔结地、合同履行地、债权人或债务人所在地、被告住所地以及法院地或仲裁地等。由于这些学者拒绝合同的主观论，故亦可称之为合同法律适用问题上的客观论者。

上述理论的内容各有偏颇。主观论可以溯源到16世纪的意思自治说，该说强调依当事人的主观愿望自主选择契约应当适用的法律，并逐步成为契约自由原则而被广泛采用。随着国际经济贸易关系的不断发展，涉外合同类别和内容日趋复杂，加之商品经济利益的客观要求，意思自治说创始人杜摩林的限于选择任意法而非强行法的思想有了发展，使合同当事人在选择法律时也要受到一定的限制。所谓"限制"主要是指：首先，当事人无权通过选择法律排斥法院地关于公共秩序或者特殊政策的规则；其次，当事人只能选择现行有效的法律，而不能选择已经失效的法律，即后来提出的"合同自体法"以及与合同最密切联系的法律的新见解，接着便出现了研究这些合同准据法的理论即客观论。持此新见解的学者中，尽管戴西倾向于主观论，而韦斯特莱克、戚希尔等倾向于客观论，但他们都没有否定客观论和主观论的基本观点，更未将合同自体法中的客观标志或者与合同最密切联系的法律，作为一项首要的法律适用原则，而是先由当事人选择合同应适用的法律；只有在契约当事人对支配契约的法律既没有明示也没有默示选择时，或者根据有关情况无法加以默示推定时，才能适用包括与合同有最密切联系的法律在内的其他的法律。现在，主观论和客观论两者相互有机结合的观点，已经为各国国际私法采用。如1939年《泰国国际私法》第三章"债法"中的第13条的规定和1980年《英格兰冲突法》中的"合同自体法"条款就都充分体现了两种理论相结合的观点。

（二）合同法律适用的分割论和整体论

1. 分割论。所谓分割论，是指将合同分成几个部分，使其各个方面的环节或事项分别适用不同的法律，即当事人缔约的行为能力，合同形式，合同的成立、内容和效力，或者诸多不同类别合同中的特定事项的单独部分，分别受不同合同准据法的支配。早在14世纪的法则区别说时代巴托鲁斯就主张：对缔约能力适用当事人的住所地法；对契约形式和契约的实质有效性适用缔约地法；对契约效力适用该标的物最终归属地的履行地法。后来巴氏的信徒们，将合同划分为三个方面以确定准据法：合同缔约能力依当事人属人法；合同形式依合同缔结的行为地法；合同的成立、内容和效力依合同的准据法。作为反映属地主义传统的分割论观点，在发展的过程中曾经遭受过一些非议，但却得到多数学者的认同并在立法实践中被广泛采用。譬如，《美国冲突法重述》规定：合同的效力和合同的履行分别适用缔结地法和履行地法；《美国冲突法重述（第二次）》第188条规定：当事人与合同某个问题有关权利义务，应依与该交易及当事人有重要联系的法律支配。《联邦德国国际私法》第27、28、32条分别规定：契约依当事人选择的法律，当事人未作选择时，可以适用其他的法律；合同准据法的适用范围分为合同有效条款、合同解释、合同转让、合同义务完全或部分不能履行、合同解除及合同无效的后果等。较早的一些国际公约也有所规定。如《布斯塔曼特法典》"一般契约"中分别确定：缔约能力依各当事人的属人法；契约标的范围及有无错误、强迫、威胁、诈欺等依属地法；协议事项或做成书面文书依契约成立地和履行地法。

2. 整体论。所谓整体论，是指将涉外合同看做一个整体均受同一特定法律体系的支配，即合同的准据法适用于该合同之一切事项。这里的一切事项是指：涉及合同当事人（自然人和法人）的身份能力，合同成立的形式，合同的内容（合同的订立、合同的解释、合同的履行、合同的变更、合同的撤销、合同的终止），合同所有环节本身的效力以及对第三人的效力等。对这些事项统一适用一个准据法。主张整体论的学者们认为：一项合同虽然涉及许多方面的法律问题，但终究是一个整体，如果采取重叠、选择适用法律，常常会十分困难，如法官们难以弄清当事人适用何种法律的意图、难以知晓多种法律以及执行裁决。因而，适用于合同的准据法只能是一个。不同法系国家的学者如英国的戴西、莫里斯，丹麦的兰多等，一般都主张不应对合同的法律适用进行分割。这表现在一些英联邦国家、法国、比利时、荷兰、卢森堡和斯堪的纳维亚国家以及波兰等国的立法和实践中，都接受和采纳了整体论的观点。如《波兰国际私法》第12条关于法律行为的方式依支配实质法律行为的法律的规定，表明合同行为方式也一并适用支配合同实质事项的法律。同时，又在第25、27条分别规定：契约当事人选择的法律与该法律关系要有一定的联系；另外，当事人住所不在同一国内而又未选择法律时，下列契约原则上一律适用住所地法：①动产买卖契约依卖主或交货人缔结契约时之住所地法；②承包、代理、委任、经纪、运输、发货、委托、寄托、保险、出版等契约，依承包人、代理人、寄售人、经纪人、承运人、发货人、受托人、寄售人、保险人或发行人缔结契约时之住所地法。1951年荷兰、比利时、卢森堡《国际私法统一法公约》似乎采用的是整体论的观点。该公约第17条规定：某合同如与某个确定国家的关系是如此之密，在适用法律上应受该国的契约法律支配，除非双方当事人另有其他法律选择。

　　上述两种理论观点，对各国立法和司法实践以及统一立法，都有着不同的影响和作用。但是比较起来，分割论还是存在较大的优势和生命力。瑞士法官曾经在1952年审理的卡瓦里（Chevalley）案中认为，将合同的形式和合同的效力区分开来，分别适用不同的法律，常常是十分困难的；无论从经济观点还是从法律观点看，一项合同应该是一个整体，因而合同的履行、解释、解除都应该由一个法律支配。可是1987年的《瑞士联邦国际私法法规》中债权第一节的有关条款，明显倾向分割论的观点。譬如，该法第118条规定：货物买卖合同适用1955年6月15日《国际有体动产买卖法律适用公约》。而该公约第1条限定其适用于国际性货物买卖合同[1]，第5条又规定本公约不适用于：①当事人的能力；②合同的方式；③所有权的转移；④当事人以外的其他人的买卖效力。

　　1980年6月19日《关于合同义务的法律适用公约》第10条规定：本公约适用于合同的法律，特别应据以处理下列事项：①合同的解释；②合同的履行；③合同之债的消灭；④合同无效的后果等。但该公约第3条第1款又规定：双方当事人可自行选择适用于合同的全部或部分的法律。其第4条第1款又规定：最密切联系的法律亦可例外部分分割适用。1985年10月30日《海牙国际货物销售合同法律适用公约》也采取了相同的规定，该公约第5条虽然确定不适用于合同的缔约能力、代理行为、所有权的转移、买卖对当事人以外的其他人所发生的效力，但该公约第7条第2款又规定：当事人可在任何时候将合同的全部或一部分从属于原先所支配的法律以外的法律；而且，当事人在合同缔结后对适用法律的任何变更，并不影响合同的形式有效及第三者的权利。值得一提的是，《联邦德国关于改革国际私法的立法》第27条第1款提到：当事人可以为整个契约或者只为契约的某个部分选择法律。加拿大魁北克省的《魁北克民法典》第3111条第3款作了相同的规定。上述公约和法律的规定都表明，对整体论和分割论两种观点的歧异作了必要的协调和灵活处理。可以说，这在立法实践中是一个历史性的突破。

---

[1] 也称国际货物销售合同，因目前国内对《联合国国际货物销售合同公约》的英文 United Nations Convention on Contracts for the International Sale of Goods 中的 Sale 有买卖和销售两种译法。

二、涉外合同法律适用的基本原则

合同种类名目繁多，应有尽有，非常复杂，国内民法和合同法都有许多实体法规则对合同关系予以调整。在国际民商事关系领域产生的大量涉外合同，国际私法立法也规定了很多法律适用原则。这些具体的原则一般要通过意思自治原则、最密切联系原则、特征性履行原则和合同自体法原则加以确定，故在立法上将前述几个原则称为合同准据法的基本原则。

（一）意思自治原则

合同之债的意思自治原则，准确地说是指当事人意思自治原则（doctrine of partyautonomy），即合同当事人可以经由协商一致的意思表示，自由选择法律作为支配合同的准据法。自公元 16 世纪法国学者杜摩林提出被称为主观论的意思自治说以来，意思自治原则已经被各国民事立法确定为调整合同关系的一项最基本的原则，至今仍在使用。这项原则最初可见于《法国民法典》。该法典第 1101、1108 条规定：契约是由具有缔约能力的当事人的同意对构成权利义务的客体依法成立的一种协议。尔后，世界许多国家的民商法、冲突法和国际私法普遍予以采用。

意思自治原则产生之后，关于契约当事人自主选择法律并非是无限制的。杜摩林及其学说的支持者均认为意思自治属于任意法的范畴，只能在法律许可的范围内进行，而不得违背强行法的规定。后来这种观点在各国立法和国际公约中得到充分的反映。如根据《法国民法典》第 3 条的规定，有关警察与公共治安的法律，以及缔结不动产合同（包括一些特定的与法律有特别规定的消费合同、雇佣合同和保险合同等）和人之身份与能力的法律，均不得因当事人选择法律的意思而加以违背。当然签订合同除了必须合法外，还有一个善意的问题，即不得以任何借口滥用意思自治原则。又如，1980 年罗马《关于合同义务的法律适用公约》第 5、6 条分别规定：由双方当事人作出的选择不一定适用某些消费者合同和个人雇佣合同。该公约第 7 条还专设有"强制性规定"，即适用法律应注意此种强制性规定的性质和目的，以及其适用或不适用的后果。许多欧洲国家的民商法和国际私法基本上都采用了罗马公约的规定。

晚近时期，有的国家的国际私法出现了"直接适用之法律"的条款，反映在涉外合同案件领域为：如果涉及与案件有重大联系的其他国家，譬如，上述提到的不动产合同、消费合同、雇佣合同、保险合同等，可能也会排除意思自治原则的适用。如《瑞士联邦国际私法法规》第 19 条规定：当合法利益需要予以保护，并且显然诉讼与某外国法律有着非常密切的联系，有必要适用该项法律时，根据法律的立法宗旨和法官的自由裁量权，可不适用本法指定的法律而适用该外国的法律。

意思自治原则除了要受强行法和某些"直接适用之法律"的限制以外，通常在具体运用的过程中，还需要注意以下几方面的问题：

1. 当事人选择法律的时间。在意思自治原则的实践过程中，涉及合同当事人选择法律的时间，一般是在订立合同的当时协商确定。但是，如果合同订立后在选择法律上产生问题或另立新的规定也是可以的，但不得影响原合同的有效性，或者使第三者的合法权益受到损失。如《瑞士联邦国际私法法规》第 116 条第 3 款规定：当事人对其确定选择所适用法律随时都可以作出修正。但对第三者的权利予以保留。一些国际公约也采纳这种规定，如《罗马国际合同义务法律适用公约》第 3 条第 2 款规定：当事人得在任何时候以协议变更其合同所适用的法律，但变更适用的法律不得有损于合同的有效性，或对第三者的权利造成不利影响。上述规定完全符合当事人的意向和意思自治原则，有利于合同案件的妥善、合理解决。

2. 当事人选择法律的方式。包括明示和默示两种表达方式。由于明示选择方式透明度强并具有可预见性，故该选择方式为各国立法普遍接受。至于默示选择方式则不然，大致存在三种不同的规定：

（1）有一些国家只承认明示选择，不承认默示选择。如《土耳其国际私法和国际诉讼程序法》第 24 条规定：合同之债适用合同当事人共同明示选择的法律。《秘鲁民法典》第 2095 条、《埃及民法典》第 19 条、《加蓬民法典》第 55 条都作了类似的规定。不过，采取这种立法方式的国家较少，国际公约对这方面的明确规定几乎没有。

（2）有的国家有限度地承认默示选择。如，1971 年《美国冲突法重述（第二次）》第 187 条规定：合同中对该问题的明示所不能解决的，默示选择只能依与合同有重要联系的并能证明当事人希望所适用的法律。荷兰法院的司法审判实践中，也采取有限度地承认合同当事人的默示选择，即一方当事人选择合同格式规定适用的法律，另一方当事人并不提出任何异议，则视为"默示"成立。《国际有体动产买卖法律适用公约》第 2 条规定：订约当事人指定适用的法律必须在明示的条款中规定，或者是根据合同条款必须得出的结论，而且被选择的法律之有效条件，应依法律决定。《国际代理法律适用公约》第 5 条第 2 款作了类似规定。该款规定：选择法律必须是明示的，或者是从当事人之间协议以及案件的事实中合理而必然地可以推定的。

（3）明确允许法官推定当事人默示选择。如《联邦德国国际私法》第 27 条第 1 款规定：契约当事人选择的法律必须是明示的，或者可以从案件的具体情况中作出明确的推定。除了历来重视司法审判经验的英国、英联邦国家及法国、瑞士、奥地利等较多国家的民商法和国际私法中有相似的规定外，此种方法也得到一些国际公约的采纳。如《海牙国际货物销售合同法律适用公约》第 7 条第 1 款规定：当事人所选择的法律协议必须是明示的或为合同条款和具体案件总的情况所显示。以上法律和公约的表述，在文句上几乎都是相同的。

必须指出，各国立法虽然在合同当事人选择法律方式上规定不同，但不承认默示选择的方式是不合时宜的。因为，有时合同没有法律选择条款，或者在此问题上没有直接表示当事人的内在意思，也可以根据对合同全部内容进行司法逻辑推理的习惯做法，推断出各方当事人的真实意愿，而不能把默示与法官主观臆断画等号，或者理解为将"意思强加于人"。事实上，在上述许多国家的立法和司法实践中，都同时并用明示选择、默示选择两种方式，有条件的承认默示选择方式的规定和做法的也不在少数。另外，承认默示选择法律的方式，尽管立法规定的提法上有些差异，但由于司法实践中运用默示选择总体上都不能违背当事人的本意和合同事实的全部情况，所以，实际上两者并没有原则性的区别。

3. 当事人选择法律的范围。这涉及两方面的问题：①依意思自治原则是否可以同时选择冲突法和实体法？目前，大多数国家的立法和国际公约都确定只能选择实体法，而不能选择冲突法。合同的准据法原则存在如合同的缔结地法、履行地法、当事人营业所所在地法、最密切联系的法律等诸多的表述公式，但在合同关系的领域依当事人选择合同所适用的法律，并非国际私法中列举的这些抽象的冲突规则，而是合同立法中的实体规则。《联邦德国关于改革国际私法的立法》并不适用反致和转致，该法第35条规定：合同适用的一个国家的法律，应理解为是这个国家的实体法。罗马《关于合同义务的法律适用公约》第15条明确规定排除反致：凡适用依本公约确定的任何国家的法律，意即适用该国现行的法律规则而非适用其国际私法规则。②当事人是否只能选择与合同具有客观联系的法律？这一点似乎应当加以肯定才是正确的。沃尔夫说：英国契约法奉行允许当事人选择与契约毫无任何联系的法律，并且援引枢密院判决的"维他食品公司诉乌鲁斯航运公司"一案采用了与该运输契约没有联系的英格兰法为例。这种做法得到了英、美法学界的支持，但却受到了欧洲大陆许多学者的尖锐批评。巴迪福就认为：按照欧洲国家的立法实践，当事人不得选择与契约毫无关系的法律。欧洲学者的观点对美国产生了很大的影响，《美国冲突法重述（第二次）》第187条和《美国统一商法典》第105条的提法是：当事人选择适用的法律，应当与合同有"最重要的联系"或"要与合同有合理的关系"。

（二）最密切联系原则

最密切联系原则（the Doctrine of the Most Significant Relationship）在合同法律适用方面，是指应当适用与合同有最重要和最真实联系的法律。它作为一项法律原则，首次被规定在《美国冲突法重述（第二次）》中。从该"重述"第2条规定的立法主旨来看，冲突法是确定对有关事件（似应理解为有关民商事关系方面之事件）可能与一个以上的国家具有重要联系这一事实赋予何种效力，并对该"有关事件"必须按照第6条规定的法律选择原则进行，这是"重述"调整包括合同关系在内的所有涉外民商事关系的一项总原则。接着其在第188条进一步规定：合同当事人未就合同进行有效法律选择时，应按照第6条规定的原则，适用与该交易及当事人有重要联系的那个州的本地法。其考虑的联系因素是：合同缔结地；合同谈判地；合同履行地；合同标的物所在地；当事人住所、居所、国籍、公司成立地及营业地。

最密切联系原则作为一种理论，可以追溯到萨维尼的"法律关系本座说"。可以说，"本座"相当于当代冲突法中的"最密切联系地"，但由于时代不同，两者意思不完全一致。萨维尼认为每一法律关系中只有一个"本座"，在所指向的法律体系中仅是某个特定的法律规范，这是选择法律的一种呆板的方法。"最密切联系地"不存在的情况是难以完全避免的。但是，欧洲国家的立法还是充分注意到这一点。譬如，瑞士、德国、意大利、土耳其等国的国际私法中关于合同的准据法，对于较为复杂的雇佣合同、消费合同、贷款合同、保险合同等，一般都规定了适用两个以上的法律，或者选择适用更为密切联系的法律。以德国、瑞士为例，《联邦德国关于改革国际私法的立法》第30条第2款规定：雇员在履行合同时依其惯常工作的这个国家的法律；或者雇佣人员的机构所在的国家的法律；或者如依一般情况雇佣合同与另一个国家存在着更为密切的联系时，可以适用该另一国家的法律。《瑞士联邦国际私法法规》第15条与德国的规定大致相似。罗马《关于合同义务的法律适用公约》也作了类似的规定，该公约第6条第2款规定：

雇佣履行合同依受雇人惯常进行其工作地的国家的法律；或者他所受雇的营业所所在地国家的法律；或者从整个情况看，合同与另一国有更密切的关系，则此合同应依另一国法。《海牙国际货物销售合同法律适用公约》第6条与罗马公约也基本相同，但适用的范围仅限于货物买卖合同。

另外，至于特征性履行原则作为调整方法问题，应该说，它相对于意思自治原则来说，同最密切联系原则的调整方法一样，也属于一种辅助方法。当然，如果合同缺乏当事人选择的法律，则两项原则都可能是调整的主要方法。但是两相比较，特征性履行在理论上似乎更趋科学和完善，在司法实践中更方便运用和操作。

（三）合同自体法原则

合同自体法原则（Proper Law of Contract）作为一项合同的基本法律适用原则，是来自合同自体法理论。这一理论被认为是英国学者最先提出的，是英国法学家对国际私法的独特贡献。英国学者戴西早在1896年撰写的《法律冲突论》一书中就指出，合同特有的法律是指双方当事人意欲使合同受哪一个或哪几个法律的支配。显然这是倾向于主观论的表述。另一位学者韦斯特莱克在1925年所著的《国际私法》一书中认为，合同特有的法律就是支配合同内在效力的法律，是与合同具有最真实联系的法律。这个提法则倾向于客观论的表述。尔后特别是从1951年开始，英国一系列判例确立了一条原则：合同自体法即合同的准据法参照合同缔结时或与交易有最密切最实际联系的法律体系。这种观点似乎与此前以"既得权理论"为基础的1931年的第一次《美国冲突法重述》，在合同关系上实行"客观标志原则"遥相呼应，出现了适用的法律"必须到法院地的冲突规则中去寻找，由法律来决定准据法的任务"，这种观点对英国的司法审判实践影响近30年之久。在这期间莫里斯和戚希尔仍然都是韦斯特莱克的支持者。

由于上述合同的"客观论"有违传统的"意思自治原则"，不利于法官正确行使自由裁量权和判例法制度的进一步推行，受到了许多英国学者的批评。莫里斯终于接受了这些批评，1951年在以"论契约自体法"为题的一次讲演中，他开始改变了韦斯特莱克的合同特有的法律的含义，并在1967年第8次修订的《戴西和莫里斯论冲突法》一书中，全面界定了合同自体法的定义，指出：契约是一项承诺，是当事人各方在承诺的条件下选择法律；在当事人没有明示选择法律时应当根据契约条款、案件性质和案件的全部情况来推断当事人意图适用的法律，实际上也是承认默示选择的法律；如当事人意图不明，也无法推断时，契约应适用与其有真实联系的法律。这个修正在1984年莫里斯的《法律冲突法》（修订本）中所作的详细说明，与1967年的修订本提法完全相同。

合同自体法是英国国际私法很流行的专业术语，它与合同准据法尽管最终都是为了确定合同当事人权利义务关系的实体法，但两者的意思还是有差异的：前者原意是"proper law of contract"，我国法学界曾译为合同准据法，后又分别译为合同自体法、合同适当法、合同特有法、合同本有法或合同宜用法；后者原意是"applicable law of contract"，在英国指的仅是合同准据法。为了界定两者的区别，韩德培教授主张将前者译为合同自体法。因为，英语"proper law"和拉丁语"lex causae"按照传统的译法是准据法，意思就是"据以准用的法律"，如果用于合同关系译为合同准据法，在我国并无不当之处。可是，从历史发展的过程和合同适用及运用来看：①两者产生的时期不一。合同自体法理论是在新的历史条件下并且是在传统的合同法理论的基础上形成的，有一个逐步发展和完善的过程。②合同准据法依冲突规范指向适用的是合同各方面具体的法律；而合同自体法则是对合同应适用的法律原则性的概括指定，合同自体法成为合同准据法还需要由法官根据上述概括指定，结合具体案情进行确定。故而英国学者对两种法律术语的概念作出区分不无道理。

由此可见，莫里斯完成的合同自体法的新概念，在理论上使合同的主观论和合同的客观论得到协调和统一，平息了两种理论的长期纷争，乃至被1980年《英格兰冲突法》规则145条确定为：合同自体法是指当事人意欲适用于合同的法律，或者在当事人的意思没有表示，也不能根据情况作出推断时，指与交易有最密切联系和最真实联系的法律。甚至罗马《关于合同义务的法律适用公约》第3、4条和《海牙国际货物销售合同法律适用公约》第7、8条也同时体现了合同自体法原则。

第三节 中国关于合同法律适用的立法及实践

我国关于合同法律适用的规定，分别散见于《民法通则》、《合同法》、《海商法》、《民用航空法》、《票据法》、《民事诉讼法》以及最高人民法院关于这些法律的司法解释意见中。另外，其他如《中外合资经营企业法》、《中外合作经营企业法》、《外资企业法》及其《实施条例》或《实施细则》等许多经济法律、法规对此也有所涉及。2010年我国《涉外民事关系法律适用法》第六章有关于合同法律适用的规定。其第41条规定，当事人可以协议选择合同适用的法律。当事人没有选择的，适用履行义务最能体现该合同特征的一方当事人经常居所地法律或者其他与该合同有最密切联系的法律。第42条规定，消费者合同，适用消费者经常居所地法律；消费者选择适用商品、服务提供地法律或者经营者在消费者经常居所地没有从事相关经营活动的，适用商品、服务提供地法律。第43条规定，劳动合同，适用劳动者工作地法律；难以确定劳动者工作地的，适用用人单位主营业地法律。劳务派遣，可以适用劳务派出地法律。

尽管此类规定比较分散，没有相对自成体系的合同法律适用法，但这方面的冲突法规定却比较完备。从上述法律、法规中的许多规定来看，其中有相当多的条款内容都参考了国外合同立法经验和司法实践的做法，反映了具有我国特色的合同准据法体制，有效地解决了涉外合同方面的法律冲突。上述现行法的规定，充分反映了国际上通行的合同准据法理论和基本原则在我国的运用，以及进一步的创新和发展。

一、合同当事人缔约能力

1999年《合同法》第9条规定：当事人订立合同，应当具有相应的民事权利能力和民事行为能力。各国对于合同能力规定不同引起的冲突是常见的，根据1988年最高人民法院《民法通则司法解释》第179条、第180条的解释，对当事人的权利能力适用定居国法，亦可理解为其住所地法或惯常居所地法，同时也适用当事人的行为能力；但如果外国人依其住所地法或惯常居所地法无行为能力，而依作为合同缔结地法的中国法有行为能力的视为有行为能力，即合同行为能力的冲突，采用行为地法优先原则。2010年我国《涉外民事关系法律适用法》第 12 条规定，自然人的民事行为能力，适用经常居所地法律。自然人从事民事活动，依照经常居所地法律为无民事行为能力，依照行为地法律为有民事行为能力的，适用行为地法律，但涉及婚姻家庭、继承的除外。

二、合同订立的方式和形式

（一）合同订立的方式

关于合同订立的方式，《合同法》第 13 条规定：当事人订立合同，采取要约、承诺方式。这就是常说的合同成立必经的法定步骤，也是中国过去曾经惯用的发盘和还盘，发盘又分实盘（要约）和虚盘（要约邀请），还盘就是承诺。由于外国人对此含义不明白，也为了与国际接轨，在订立涉外合同时发盘、还盘的提法基本上已经不用了。所谓要约，是指一方希望和他人订立合同的意思表示。要约邀请，就是一方希望他人向自己发出要约的意思表示，如一般的商业广告、拍卖公告等。所谓承诺，是指承诺人同意要约的意思表示。关于要约、承诺的生效条件，涉及合同成立的效力问题，在订立涉外合同时，除了要遵守《合同法》中的合同订立的规定外，譬如，本法规定要约、承诺后合同的效力等规定，也要适用我国缔结和参加有关的合同公约的规定。

（二）合同订立的形式

关于合同订立的形式，《合同法》第 10 条第 1 款规定：当事人订立合同，有书面形式、口头形式和其他形式。我国对于订立涉外合同的形式，一直比较严格，如，1985 年《涉外经济合同法》第 7 条规定，按照涉外经济合同的不同情况，分别采用签字生效形式、确认生效形式和批准生效形式。而且我国在 1986 年加入《国际货物销售合同公约》时，对该公约第 11 条有关买卖合同的形式无须以书面为之的规定，明确作了保留。随着我国对外经贸关系的迅速发展，绝大部分是通过订立合同的形式实现的。为了适应国际上习惯性的做法，《合同法》也采用了书面形式以外的口头形式和其他形式。但该条第 2 款又规定：法律、行政法规规定采用书面形式的，或者当事人约定采用书面形式的，应当采用书面形式。

三、合同种类及其法律适用

合同的种类繁多，各国分类不一。我国《合同法》共列举 15 种，即买卖合同、供应电、水、气、热力合同、赠与合同、借款合同、租赁合同、融资租赁合同、承揽合同、建设工程合同、运输合同、技术合同、保管合同、仓储合同、委托合同、行纪合同、居间合同等。1987 年最高人民法院《关于适用〈涉外经济合同法〉若干问题的解答》的第 2 条第 6 款则分为 13 种，即银行贷款或者担保合同、保险合同、加工承揽合同、技术转让合同、工程承包合同、科技咨询或者设计合同、劳务合同、成套设备供应合同、代理合同、不动产租赁、买卖或者抵押合同、动产租赁合同、仓储保管合同等。2007 年《最高人民法院关于审理涉外民事或商事合同纠纷案件法律适用若干问题的规定》第 5 条列举了 17 种，分别是①买卖合同；②来料加工、来件装配以及其他各种加工承揽合同；③成套设备供应合同；④不动产买卖、租赁或者抵押合同；⑤动产租赁合同；⑥动产质押合同；⑦借款合同；⑧保险合同；⑨融资租赁合同；⑩建设工程合同；⑪仓储、保管合同；⑫保证合同；⑬委托合同；⑭债券的发行、销售和转让合同；⑮拍卖合同；⑯行纪合同；⑰居间合同。

就各类合同本身内容的共性来说,都可能存在合同的解释,合同的履行,以及合同的变更、中止、转让、解除、终止等问题,而且往往会在这些问题上发生争议。这些争议如何解决,涉及合同内容的有效性,从而凡属上述内容的涉外合同,在国际私法上必然有一个法律适用问题。

四、中国确定合同准据法的原则

涉外合同的法律适用应采取顺序法律选择,把意思自治原则作为主要原则,而把最密切联系原则和特征性履行原则作为补充原则。关于这种顺序选择法律的原则,条款的表述就是,涉外合同的当事人可以协商选择处理合同争议的法律,涉外合同的当事人没有协商选择的,适用与合同有最密切联系的国家的法律。这种表述在《民法通则》、《合同法》、《涉外民事关系法律适用法》等民商事法律的规定中,得到了充分的体现。

(一) 意思自治原则

意思自治原则是确定合同法律适用的首要原则。我国《合同法》第126条规定,涉外合同的当事人可以选择处理合同争议所适用的法律,但法律另有规定的除外。《涉外民事关系法律适用法》第41条规定,当事人可以协议选择合同适用的法律。《民法通则》第145条、《海商法》第269条也作了类似规定。

1. 当事人选择法律的方式。我国立法与实践中要求当事人选择法律的方式应为明示方式。《涉外民事关系法律适用法》第3条规定,当事人依照法律规定可以明示选择涉外民事关系适用的法律。2007年《最高人民法院关于审理涉外民事或商事合同纠纷案件法律适用若干问题的规定》第3条规定,当事人选择或者变更选择合同争议应适用的法律,应当以明示的方式进行。但在一定条件下,也认可当事人的默示选择。2007年《最高人民法院关于审理涉外民事或商事合同纠纷案件法律适用若干问题的规定》第4条第2款规定,当事人未选择合同争议应适用的法律,但均援引同一国家或者地区的法律且未提出法律适用异议的,应当视为当事人已经就合同争议应适用的法律作出选择。

2. 当事人选择法律的时间。我国立法与实践中对当事人选择法律的时间采取了比较宽松和灵活的规定。《最高人民法院关于审理涉外民事或商事合同纠纷案件法律适用若干问题的规定》第4条第1款规定,当事人在一审法庭辩论终结前通过协商一致,选择或者变更选择合同争议应适用的法律的,人民法院应予准许。

3. 当事人选择法律的范围。当事人选择的法律可以是中国法、也可以是外国法;但必须是实体法,不包括冲突法和程序法。《涉外民事关系法律适用法》第9条规定,涉外民事关系适用的外国法律,不包括该国的法律适用法。2007年《最高人民法院关于审理涉外民事或商事合同纠纷案件法律适用若干问题的规定》第1条规定,涉外民事或商事合同应适用的法律,是指有关国家或地区的实体法,不包括冲突法和程序法。

4. 当事人选择法律的适用范围。2007年《最高人民法院关于审理涉外民事或商事合同纠纷案件法律适用若干问题的规定》第2条规定,本规定所称合同争议包括合同的订立、合同的效力、合同的履行、合同的变更和转让、合同的终止以及违约责任等争议。

5. 当事人选择法律的限制。《涉外民事关系法律适用法》第4条规定,法律对涉外民事关系有强制性规定的,直接适用该强制性规定。第5条规定,外国法律的适用将损害中华人民共和国社会公共利益的，适用中华人民共和国法律。

2007年《最高人民法院关于审理涉外民事或商事合同纠纷案件法律适用若干问题的规定》第6条规定，当事人规避中华人民共和国法律、行政法规的强制性规定的行为，不发生适用外国法律的效力，该合同争议应当适用中华人民共和国法律。第7条规定，适用外国法律违反中华人民共和国社会公共利益的，该外国法律不予适用，而应当适用中华人民共和国法律。第8条规定，在中华人民共和国领域内履行的下列合同，适用中华人民共和国法律：①中外合资经营企业合同；②中外合作经营企业合同；③中外合作勘探、开发自然资源合同；④中外合资经营企业、中外合作经营企业、外商独资企业股份转让合同；⑤外国自然人、法人或者其他组织承包经营在中华人民共和国领域内设立的中外合资经营企业、中外合作经营企业的合同；⑥外国自然人、法人或者其他组织购买中华人民共和国领域内的非外商投资企业股东的股权的合同；⑦外国自然人、法人或者其他组织认购中华人民共和国领域内的非外商投资有限责任公司或者股份有限公司增资的合同；⑧外国自然人、法人或者其他组织购买中华人民共和国领域内的非外商投资企业资产的合同；⑨中华人民共和国法律、行政法规规定应适用中华人民共和国法律的其他合同。

（二）特征履行与最密切联系原则

最密切联系原则是我国关于合同法律适用的补充原则。我国《合同法》第126条规定，涉外合同当事人没有选择处理合同争议所适用的法律的，适用与合同有最密切联系的国家的法律。《涉外民事关系法律适用法》第41条规定，当事人可以协议选择合同适用的法律。当事人没有选择的，适用履行义务最能体现该合同特征的一方当事人经常居所地法律或者其他与该合同有最密切联系的法律。

2007年《最高人民法院关于审理涉外民事或商事合同纠纷案件法律适用若干问题的规定》第6条规定，当事人未选择合同争议应适用的法律的，适用与合同有最密切联系的国家或者地区的法律。人民法院根据最密切联系原则确定合同争议应适用的法律时，应根据合同的特殊性质，以及某一方当事人履行的义务最能体现合同的本质特性等因素，确定与合同有最密切联系的国家或者地区的法律作为合同的准据法。①买卖合同，适用合同订立时卖方住所地法；如果合同是在买方住所地谈判并订立的，或者合同明确规定卖方须在买方住所地履行交货义务的，适用买方住所地法。②来料加工、来件装配以及其他各种加工承揽合同，适用加工承揽人住所地法。③成套设备供应合同，适用设备安装地法。④不动产买卖、租赁或者抵押合同，适用不动产所在地法。⑤动产租赁合同，适用出租人住所地法。⑥动产质押合同，适用质权人住所地法。⑦借款合同，适用贷款人住所地法。⑧保险合同，适用保险人住所地法。⑨融资租赁合同，适用承租人住所地法。⑩建设工程合同，适用建设工程所在地法。⑪仓储、保管合同，适用仓储、保管人住所地法。⑫保证合同，适用保证人住所地法。⑬委托合同，适用受托人住所地法。⑭债券的发行、销售和转让合同，分别适用债券发行地法、债券销售地法和债券转让地法。⑮拍卖合同，适用拍卖举行地法。⑯行纪合同，适用行纪人住所地法。⑰居间合同，适用居间人住所地法。如果上述合同明显与另一国家或者地区有更密切联系的，适用该另一国家或者地区的法律。

（三）国际条约和国际惯例适用原则

《民法通则》第 142 条对此作了明确的规定，中华人民共和国缔结或者参加的国际条约同中华人民共和国法律有不同规定的，适用该条约的规定，但中华人民共和国声明保留的条款除外。中华人民共和国法律和中华人民共和国缔结或者参加的国际条约没有规定的，可以适用国际惯例。在涉外合同领域适用"国际条约优先原则"。"国际条约优先原则"是我国对外关系和涉外民事关系中实行的一条总原则，即中国缔结或者参加的国际条约同国内民事法律有不同的规定的适用国际条约的规定，其他有关民商事法律均采用这个原则。涉及涉外货物买卖、海上、空中运输合同和票据合同，同样适用这个原则。如对于我国已经缔结和参加的国际条约，特别是在国际合同公约方面，要求公司企业与外国公司企业订立合同时予以贯彻实施。这充分表明我国是非常信守国际条约和诚实信用的国家。

（四）公共秩序保留原则

《民法通则》第 150 条规定，适用外国法律或者国际惯例的，不得违背中华人民共和国的社会公共利益。《涉外民事关系法律适用法》第 5 条规定，外国法律的适用将损害中华人民共和国社会公共利益的，适用中华人民共和国法律。2007 年《最高人民法院关于审理涉外民事或商事合同纠纷案件法律适用若干问题的规定》第 7 条规定，适用外国法律违反中华人民共和国社会公共利益的，该外国法律不予适用，而应当适用中华人民共和国法律。

五、涉外合同内容项目的审查

任何合同包括涉外合同在内必须有一个基本格式，其内容大致分三大部分：

（1）合同首部，即合同的开头部分。主要包括：合同名称、各方当事人住址、缔约日期和地址、订约词句的表述、合同编号等。

（2）合同中部，指合同的权利义务实质条款。譬如，标的物条款、价格、运输、保险、支付条款、检验条款、免责条款、索赔条款、管辖和法律适用条款、仲裁或诉讼条款等。

（3）合同尾部，就是合同的最后部分。如，合同生效日期、使用的文字和文体、正本份数、当事人签字、必要的附件等。我国《合同法》第 12 条规定合同内容可以由当事人约定，但一般包括以下条款：①当事人的名称或者姓名和住所；②标的；③数量；④质量；⑤付款或者报酬；⑥履行期限、地点和方式；⑦违约责任；⑧争议解决的方法。（该法第 12 条）

我国各涉外公司、企业根据这个规定都制定了各式各样的合同格式或示范本，提供国内外当事人选择使用。

众所周知，立法、司法、执法是一个系统工程。仅就合同立法而言，经常要通过签订具体合同来实施。一项涉外合同订得好不好、是否规范，除了当事人业务知识、市场信息、商业心理、谈判诀窍等问题外，还得要拥有较丰富的法律知识，才能做好合同的审查工作。这方面主要涉及两个问题：

（一）合同法律主体资格

这里是指双方当事人的订约的行为能力。缔结涉外合同的当事人往往是不同国家的公司、企业或其他社团，涉及法人资格的审查，即通常是法人的资信情况和法人的代表权限问题，而且必须是对双方的审查，包括审查本国人和外国人。双方提交审查的文件至少有：法人注册证书副本（其中必须载明注册资本和实际资金）、法人代表及其法人代理人的身份或委托代理授权证书、必要的商业信誉材料等。

（二）合同的内容和形式

1. 合同的内容。上述提到的合同格式的三大部分，合同首部和合同尾部问题一般比较容易确定；合同中部是合同最重要的实质事项，也是后来最容易发生争议的部分，

这部分应当是审查的重点。具体就是，凡经当事人磋商达成实质事项，能否成为一项有效合同，要按照各类不同性质合同条款逐个进行仔细核实，是否符合下列要求：①为缔约地国家的法律所允许；②成交的权利义务对等；③条款系彼此真正协商一致；④惯用的合同内容格式没有重大遗漏；⑤条文词句表述规范；⑥责任条款明确肯定，等等。

必须特别提到，鉴于涉外合同的多样性和复杂性，在核定合同条款是否有重大遗漏时，实践中往往忽视法律适用条款，这样很不利于合同纠纷的预防和解决。因此，在全面审查涉外合同的基础上，必须充分注意盯紧和审定法律适用条款，以及仲裁和诉讼条款。

2. 合同的形式。在西方，不少国家同时承认口头、书面的合同形式。1980 年《联合国国际货物销售合同公约》，货物买卖合同不一定要以书面订立和书面证明，形式方面不受任何限制（该公约第 11 条）。我国《合同法》规定，订立合同可以采用书面形式、口头形式和其他形式。但法律、行政法规以及当事人约定采用书面形式的，应当采用书面形式（该法第 10 条）。书面形式是指合同书、信件和数据电文等（如，电报、电传、传真、电子数据交换和电子邮件），可以表现所载内容形式的（该法第 11 条）。其次，合同所需要的证件和附件应当齐全，有的需要原件或者复印件，甚至须经公证、认证。另外，签订合同的程序必须完备，譬如，法人代表和其代理人签字、公司法人及有关组织加盖公章。

案例与评析

[案例 1]

[案情介绍] 我国某公司与 A 国某公司拟签订一份技术引进合同。谈判中，A 国某公司（转让方）坚持合同中应规定："因本合同所生争议的处理，适用 A 国法律。"

问：A 国某公司的主张是否符合我国的规定？如不符合或有瑕疵，应如何修改？

[案件评析] A 国某公司的主张总的而言是符合我国法律规定的。在确定涉外合同准据法方面，我国与绝大多数国家一样，也是把"意思自治"原则作为首要原则的，除四种特殊合同外，是均允许当事人选择处理合同争议所适用的法律的。因此，本案中的当事人双方可以选择 A 国法律作为合同争议的准据法。但 A 国某公司所主张的条款也存在着瑕疵，因为我国在涉外合同法律适用领域排除反致制度，当

事人协议选择的法律，只能是现行的实体法，而不包括冲突法和程序法在内。所以为避免在以后执行的过程中双方就本条款的含义发生争议，并且从符合我国法律规定的角度考虑，应将该条款补充为："因本合同所生争议的处理，适用 A 国法律，但 A 国的冲突法及程序法不包括在内。"

[案例 2]

[案情介绍] 我国甲公司（以下简称"中方"）与美国乙公司（以下简称"美方"）在我国 A 市签订了一份汽车销售合同，约定由美方向中方出售价值 200 万美元的某牌汽车 150 辆。后中方依约将货款付给美方，美方也依约定的期限和方式将汽车运抵我国 B 市 B 港。但中方验货后发现该批汽车与合同约定严重不符，故要求美方予以更换并赔偿损失，但美方一直不予理睬。于是，中方起诉至 A 市中级人民法院，美方应诉。经审理，A 市中级人民法院判决美方赔偿损失并继续履行合同。美方不服，提起上诉，认为双方在订立合同时曾书面约定对合同履行所发生的争议，应提交合同履行地法院审理，而该合同的履行地为 B 市，故应由 B 市中级人民法院审理，A 市中级人民法院对本案没有管辖权，其所作判决应属无效。

问：1. 该案当事人双方自行约定由 B 市中级人民法院管辖本案的做法是否合法？
2. A 市中级人民法院能否管辖该案？

[案件评析] 根据我国法律的规定，涉外合同的当事人，可以用书面协议选择与争议有实际联系的地点的法院管辖。选择我国法院管辖的，不得违反我国法律有关级别管辖和专属管辖的规定。在本案中，B 市作为合同履行地，与争议有实际联系，且合同的标的物价值 200 万美元，属重大涉外案件，故应由中级人民法院作为第一审法院，所以本案中当事人双方约定由 B 市中级人民法院管辖是合法的。

根据我国法律的规定，被告在中国领域内没有住所的，如果合同在中国领域内签订，则合同签订地人民法院可以行使管辖权，本案中合同的签订地是 A 市，故 A 市中级人民法院是具有法定管辖权的。同时，尽管当事人双方曾约定由 B 市中级人民法院管辖，但是中方向 A 市中级人民法院起诉后，美方并未提出异议且应诉答辩，而根据我国法律的规定，涉外民事诉讼的被告对人民法院管辖不提出异议，并应诉答辩的，视为承认该人民法院为有管辖权的法院。因此，美方应诉答辩的行为也使得 A 市中级人民法院在事实上拥有了对该案的管辖权。故 A 市中级人民法院能够管辖此案，美方在上诉时才提出管辖异议，不会得到人民法院的支持。

[问题与思考]

1. 简述各国合同法不同规定的主要表现和合同法律冲突的主要解决方法？
2. 略论合同法律适用的主观论和客观论、分割论和整体论？
3. 合同法律适用基本原则有哪些？什么是意思自治原则，运用这一原则需要注意哪些问题？什么是合同的最密切联系原则、特征性履行原则和合同自体法原则，它们各自有何法律特点？

4. 意思自治原则和最密切联系原则在我国立法和司法实践中都有哪些表现？

第九章 涉外非合同之债的法律适用

[本章概要]

非合同之债包括侵权行为之债、不当得利之债和无因管理之债三大类。20世纪以后，随着经济的发展，科技的进步，国际交往的日趋频繁，各种类型的侵权行为与日俱增，传统的侵权行为法律适用理论的局限性凸现，对涉外侵权行为法律适用问题的研究引起了国际私法学者的广泛关注和热烈探讨，传统的法律适用原则受到批判和改进，新的法律适用原则得到认可和应用。与此同时，国际私法学者将新发展的法律适用原则扩展至了涉外非合同之债的另外两个领域：涉外不当得利之债和涉外无因管理之债。

本章共分五节来分析和说明涉外非合同之债的法律适用问题。第一节介绍一般涉外侵权行为之债的法律冲突及法律适用。第二节介绍几种特殊类型的涉外侵权行为的法律冲突及法律适用，这些特殊类型的涉外侵权行为有：涉外海上侵权行为，涉外空中侵权行为，涉外产品责任，国际环境污染，国际网络侵权行为等。第三节介绍涉外无因管理之债的法律冲突及法律适用。第四节介绍涉外不当得利之债的法律冲突及法律适用。第五节介绍了中国关于涉外非合同之债的法律适用的立法和司法实践的现状。

第一节 一般涉外侵权行为之债的法律适用

一、涉外侵权行为之债的法律冲突

侵权行为是指违反法律规定，侵害他人财产或人身权利，并造成他人损失而承担民事责任的行为。侵害他人权利的人为侵权人（或致害人、加害人），权利受到侵害的人为被侵权人（或受害人）。涉外侵权行为是指具有涉外因素的侵权行为，即：侵权行为在主体、客体和法律事实方面含有一个或一个以上的涉外因素，换言之，其涉外性可以体现在加害人、受害人和侵权行为地等各方面。涉外侵权行为之债则是因涉外侵权行为而在受害人与加害人之间所产生的权利义务关系。

由于政治、经济、历史、文化等方面的差异，各国对侵权行为的认识存在不同，因而有关侵权行为的法律规定也不尽相同，从而导致了各国侵权行为法之间的冲突。具体而言，各国有关涉外侵权行为之债的法律冲突主要体现在以下几个方面：

(一) 侵权行为外延的冲突

在某些发达国家，法律保护个人权利的范围较宽，侵权行为法已经渗入到社会生活的方方面面，但在法制尚不健全的国家，因其法律保护的权利不够广泛，侵权行为发生的领域相对较小，这就使得在一些在法制健全的国家被视为侵权的行为，如对家庭关系的侵扰，对个人隐私的侵犯等行为，在某些法制不健全的国家不被视为侵权行为。

(二) 侵权行为构成要件的冲突

1. 构成要件的具体要求不同。大部分国家法律规定，一项侵权行为必须同时具备以下四个要件：①致害行为具有违法性。指致害行为必须具有违法性，因为只有违反法律规定的行为，才有可能承担民事责任。②有损害结果产生。指致害人给受害人造成了财产上或人身上的损失。③致害行为与损害结果之间具有因果关系，即损害结果是由致害行为造成的。如果损害结果不是由致害行为引起的，则不能追究致害人的侵权责任。④致害人有过错。指致害人对其行为及其行为可能产生的结果存在着故意或过失的心理状态。

但是，也有一些国家法律规定只需具备三个要件即可。例如，法国法规定，侵权行为须具备过错、损害以及因果关系三个要件。德国法则规定，侵权行为须具备违法性、侵犯权利和过错三个要件。

2. 构成要件的具体认定的冲突。例如，就损害结果而言，有的国家仅指财产方面的直接损失和人身方面的肉体损害，但美国等国家则认为损害结果不仅包括财产方面的直接损失和人身方面的肉体损害，还包括财产方面的间接损失和人身方面的精神损害。再如，就行为的违法性而言，各国法律的具体规定也是存在不同标准的。

(三) 受害人范围的冲突

大多数国家的法律将直接遭受损害的人认定为受害人，但也有一些国家将间接受害人也纳入法律保护的范围。例如，美国和日本均认为胎儿也可作为受害人。再如，一些国家法律规定，如果受害人死亡，不仅死者亲属有赔偿请求权，其未婚夫、未婚妻、情妇、情夫以及雇主等人也均享有赔偿请求权。

(四) 加害人赔偿责任的冲突

尽管各国都将损害赔偿作为加害人应承担的责任的主要形式，但在赔偿的范围、原则、标准、限额及计算方法等方面的规定却各不相同。

1. 关于赔偿的范围。例如，在加害人的行为致受害人死亡时，加害人应予赔偿的范围如何确定上，各国的规定有较大差异。依照日本法律，加害人对受害人的近亲属遭受的精神损害应给予赔偿。而中国《民法通则》规定，加害人应赔偿死者的丧葬费、死者生前扶养的人的必要的生活费等费用，但不包含精神损害赔偿金。

2. 关于赔偿原则和标准。例如，英美法系国家一般采取充分补充受害人的损失原则，对有严重过失的侵权人予以严厉的惩罚。另一些国家则采取全部补偿原则，即损失多少，就赔偿多少。

3. 关于赔偿限额。各国法律规定的差别主要体现在有无限额和限额高低两个方面，并且集中在对人身和人格权的侵害上。

（五）侵权行为诉讼时效的冲突

各国对侵权行为诉讼时效的规定长短不一。例如，《法国民法典》第2262条规定，一切物权和债权（包括损害赔偿请求权）的诉权，均经30年时效而消灭。在英格兰法律中，侵权行为的诉讼时效一般为6年，但致使他人身体受到伤害或者死亡的侵权行为的诉讼时效为3年。我国《民法通则》规定，侵权行为的诉讼时效一般为2年，但伤害他人身体的侵权行为，诉讼时效为1年。

二、涉外侵权行为之债法律适用的传统原则

（一）侵权行为地法

1. 适用理由。在冲突法的演变、发展过程中，以侵权行为地法作为侵权行为之债的准据法在各国的立法中始终占主导地位。它是传统的"场所支配行为"原则在侵权行为法律适用中的具体体现。例如，1804年《法国民法典》规定，有关警察与公共治安的法律对于居住在法国境内的居民均有强制力。根据法国最高法院的解释，该条适用于侵权行为。1979年生效的《奥地利联邦国际私法法规》第48条第1款规定，非契约损害赔偿，依造成此种损害的行为发生地国家的法律。但各国以侵权行为地法作为准据法的理由各不相同，具体而言，有以下几种观点：

（1）这是因为侵权行为之债是侵权行为这一法律事实引起的。侵权行为地与侵权行为有某种天然的联系，因此，侵权行为的赔偿应适用侵权行为地法。

（2）这是由侵权行为之债的发生根据所决定的。侵权行为发生是基于法律的规定、法律的权威性，而非当事人的自由意志，因此，只能采用侵权行为地法。

（3）这是维护行为地公共秩序的需要。侵权行为是一种违反法律义务并对他人造成损害的违法行为，而侵权行为地因此违法行为蒙受的损失最大，因此，应适用侵权行为地法。

（4）这是维持行为地权利平衡的需要。侵权行为打破了侵权行为地法律所保证的每个人的权利平衡，只有适用侵权行为地法才能在行为地维持这种权利平衡。

（5）这是为了保护行为地国的主权和公共利益的需要。如果不适用侵权行为地法，就是对侵权行为地国家主权的侵犯。

我国大多数学者认为，一方面，传统民法中的侵权行为的责任具有惩罚性质，侵权行为既然是对行为地法律秩序的破坏，那么，加害人当然要受到行为地法律的制裁；另一方面，侵权损害赔偿依侵权行为地法，判决结果有明确性，并且执行也方便。

2. 侵权行为地的确定。尽管侵权行为适用侵权行为地法被很多国家所接受，但该原则在适用过程中，却会遇到如何确定侵权行为地的难题。因为随着交通的日益发达，人们的流动日益频繁，侵权行为极有可能发生在一国，而其结果却在另一国。对于如何确定侵权行为地，各国法律的规定大致有以下三种：①主张以加害行为地为侵权行为地。例如，《奥地利联邦国际私法法规》第48条第1款。②主张以损害发生地为侵权行为地。例如，1971年《美国冲突法重述》（第二次）第377条及1972年《加蓬民法典》第41条。2009年1月11日开始生效的《关于非合同之债的法律适用条例》（简称《罗马条例Ⅱ》）原则上对于侵权行为之债适用损害发生地法。③主张侵权行为地既包括行为地也包括损害发生地，甚至还可以包括其他相关的地方。例如，1964年《捷克斯洛伐克社会主义共和国国际私法和国际民事诉讼法》第15条和1982年《前南斯拉夫法律冲突法》第41条。

(二) 法院地法

该原则的主要倡导者是德国学者萨维尼和瓦赫特 (Wachter)。他们认为，侵权行为责任与法院地的公共秩序有密切联系，而且侵权行为法与刑法相似，均具有强行法的性质。而且，一种行为在外国被认为是侵权行为，在法院地未必作为侵权行为处理，因此，只能依法院地法。应该说，适用法院地法体现了一国国家的主权原则。但"法院地法"存在三大缺陷，即缺乏实践价值，具有不确定性以及容易导致当事人任意挑选法院的倾向，从而使问题在实质上得不到公正的解决。不过同时应该看到，一国为了维护本国的利益，适用法院地法，有时也是必要的。

(三) 重叠适用侵权行为地法和法院地法

一些学者认为，一种行为是否构成侵权行为，应将侵权行为地法和法院地法二项原则结合起来一起考察。一种行为合法与否，应以行为地法为原则，但为维护法院地的公共秩序，对依行为地法发生的债权，又必须是在法院地法承认的范围内，才能得到清偿。因此，一种行为是否构成侵权行为，应受行为地法和法院地法双重支配。在实践中，一些国家采用了重叠适用侵权行为地法与法院地法的原则。其中，有的国家主张以侵权行为地法为主，以法院地法为辅；也有的国家主张以法院地法为主，以侵权行为地法为辅。例如，日本就主张以行为地法为主，法院地法为辅，而英国则主张以法院地法为主，行为地法为辅。例如在菲利普斯诉艾尔案中，被告曾就任英属殖民地牙买加的总督，在牙买加革命时曾对原告进行过殴打和监禁。原告为此在英国提起诉讼。在本案之前，牙买加议会通过了一项赔偿法案，对于在动乱期间所采用的行动不加追究。虽然被告的行为构成英国法认为的侵权行为，但根据行为地法即牙买加法为合法，于是，英国王座法院驳回了诉讼。审理此案的威尔斯法官指出，作为一般规则，要在英国提起据称发生在国外的侵权行为诉讼，必须同时符合两个条件：其一，侵权行为必须具有这样的性质，即该行为如果发生在英国，也是可以起诉的；其二，根据行为发生地法，该行为也一定是不正当的行为。这便是著名的"双重可诉"原则。

(四) 当事人的共同属人法

在实践中，侵权行为地具有一定的偶然性，假如当事人国籍或者住所地相同，仅仅因偶然原因外出而发生侵权行为，在这种情况下撇开当事人的本国法或住所地法，而片面地强调侵权行为地法未必妥当。如果适用当事人共同的本国法或住所地法则具有较大的针对性和灵活性，并且可以避免一味地适用侵权行为地法而产生的不合理现象。因此，一些国家在立法中采用了当事人共同属人法的原则。例如，《波兰国际私法》第31条第1项、第2项规定，非法律行为所产生之债，依债务原因事实发生地法，但当事人有同一国籍，又在同一国内有住所时，依当事人本国法。

三、涉外侵权行为之债法律适用的新发展

(一) 侵权行为自体法和最密切联系原则

侵权行为自体法的概念首先由英国学者莫里斯于1951年提出。莫里斯认为，用一种单一而机械的公式适用于一切侵权行为以及侵权的所有方面是不可能的，应该有一种足够广泛和灵活的冲突规范，以能够顾及各种例外情况，这种冲突规范就是侵权行为的自体法。它将侵权行为地法、法院地法、当事人属人法加以糅合，顾及到了侵权行为地之外的其他法律的可适用性。

侵权行为自体法的核心即是对最密切联系原则的运用。美国在1954年的"奥汀诉奥汀"案（Auten V. Auten）中首次运用最密切联系原则确定合同之债的准据法。1960年的"贝科克诉杰克逊"案又将此原则引入了侵权行为的法律适用领域。

1960年9月16日，住在纽约州的贝科克小姐乘坐杰克逊驾驶的汽车前往加拿大度周末，汽车来到加拿大安大略省境内时，撞在高速公路边的一堵墙上，贝科克小姐因此受重伤。回到纽约后，贝科克就对杰克逊提起诉讼，指控杰克逊驾车时疏忽，并请求赔偿。

根据侵权行为发生地加拿大安大略省《公路交通法令》第105条规定，除了为了赢利的商业性运载乘客以外，汽车的所有者或驾驶员对乘坐在车内的任何人由于身体受伤所遭受的任何损害或损失以至于死亡不负责任。但法院地纽约州当时的法律却规定，在这种情况下，汽车所有者或驾驶者要负赔偿责任。被告根据侵权行为地法的传统做法要求法院适用安大略省法律，驳回原告的诉讼请求。初审法院采纳了被告的主张。原告不服，提出上诉。审理该案的纽约州上诉法院法官为1954年审理"奥汀诉奥汀"案的富德法官。富德法官认为，侵权行为适用侵权行为地法不免显得呆板、机械，往往忽视侵权行为地以外的州对解决同一案件具有的利益。从该案的情况看，该案的原告、被告皆为纽约人，被告驾驶的汽车在纽约取得执照，车在纽约保险，车库也在纽约，当事人旅游的出发点和终点也在纽约，安大略省与本案的惟一联系是事故发生在那里，这纯属偶然，因此，与安大略省相比，纽约与本案有更密切的联系。本案应适用纽约州法律，推翻原判。

"贝科克诉杰克逊"案的判决标志着行之已久的，以侵权行为地法作为惟一准据法的美国冲突法理论从根本上发生了动摇，从此，最密切联系原则成为美国确定侵权行为准据法的主要依据。1971年《美国冲突法重述》（第二次）正式确认了这一项原则，其第145条规定："对有关侵权行为当事人的权利义务，依第6条规定的原则，应适用与侵权行为事件及当事人有最重要（密切）联系的州的实体法。在依第6条的原则决定应适用的法律时，应当加以考虑的因素有：①损害发生地法。②导致损害发生地法。③双方当事人的住所、居所、国籍国、法人所在地以及营业所所在地法。④双方当事人关系最集中的地方的法律。"。

随后，世界上许多国家也对最密切联系适用于涉外侵权行为领域做出了相应的规定。例如，1979年的《奥地利联邦国际私法法规》第48条规定："非契约造成的损害求偿权，依据造成此种损害的行为发生地国家的法律，但如所涉及的人均与另一个国家的法律有更密切的联系时，适用该国家的法律。"《罗马条例Ⅱ》第4条第3款规定，如果从全部情况来看，侵权行为与第4条第1款所指定的国家以外的另一国家有显然更密切的联系，则应适用该另一国家的法律体系。

（二）有限意思自治原则

意思自治原则原本用于解决涉外合同纠纷的法律适用问题，但晚近时期，一些国家在涉外侵权领域也引入了意思自治原则。

在立法上，1987年《瑞士联邦国际私法法规》首次确认了在涉外侵权行为中适用当事人意思自治原则。该法第132条规定："当事人可以在侵权行为发生后的任何时候，协议选择适用法院地法。"类似地，1995年《意大利国际私法》第62条第1款也规定："侵权责任由损害发生地法支配，但受害人可以要求适用导致损害结果的事件发生地法。"在实践方面，荷兰鹿特丹地区法院在1979年的莱因河跨国污染案中，首次允许适用当事人协议选择的荷兰法作为该侵权案件的准据法。

尽管就目前而言，当事人在涉外侵权行为中的意思自治仅限于选择法院地法，但是它突破了意思自治原则仅仅是合同准据法原则的观念，具有十分积极的意义。

（三）对受害人有利的原则

该原则是指一些国家从保护受害人的角度出发，在立法上采用利益分析和结果选择等方法，允许受害人或法院在一定范围内选择一种对受害人最有利的法律。例如，在立法上，1982年《前南斯拉夫法律冲突法》第28条规定："除对个别情况另有规定外，民事侵权责任，依行为实施地法或结果发生地法，其适用视何种法律对受害人最为有利。"在实践方面，美国法院在德克尔诉福克斯河拖拉机公司案中即采用了对受害人有利的原则，从而更好地保护了受害人的利益。

第二节 特殊涉外侵权行为之债的法律适用

一、涉外公路交通中侵权行为的法律适用

有关公路交通中涉外侵权行为的法律适用的国内法实践，并未显出特别的发展，侵权行为地法仍是许多国家解决该类问题的主要冲突原则。1975年生效的《公路交通事故法律适用公约》采用侵权行为法律适用的通则，认为公路交通意外事故原则上依事故发生地法。但也有以下例外：

1. 如果仅有一辆车涉及事故，且它又是在非事故发生地国登记的，则可以适用登记地国法。如果有两辆或两辆以上的车涉及事故，则只有在所有车辆均在同一国内登记才能适用登记地国法。如果有一人或数人与事故有关而在事故发生时在车辆之外并可能负有责任，则要求所有这些人均在车辆登记地国有惯常居所，才能适用登记地国法。

2. 如果车辆没有登记或在几个国家登记，则以车辆的经常停放地法取代登记地法。

同时，公约还规定，不管适用的法律是什么，在确定责任时，应考虑事故发生时当地有效的交通规则和安全规则。

公约确定的交通事故的准据法可支配以下事项：①责任的根据和范围。②免除责任以及任何限制责任和划分责任的理由。③侵害或损害的存在及其种类。④损害赔偿的方式及范围。⑤请求权的转让和继承。⑥遭受损害和能直接请求损害赔偿的人。⑦本人对其代理人的行为或雇主对其雇员的行为所负的责任。⑧消灭时效和除斥期间的开始、中止和中断。

二、涉外海上侵权行为的法律适用

涉外海上侵权行为，是指发生在公海或一国领海内的侵权行为，包括船舶碰撞、发生在船舶内部的侵权行为以及船上财产的灭失或损害等。涉外海上侵权行为应适用何国法律，首先应区分该侵权行为是发生在领海还是在公海的侵权行为。

（一）发生在一国领海内的涉外侵权行为之债的法律适用

领海是一国领土的组成部分，受国家的主权的支配和管辖。因此，船舶内部的侵权行为以及船上财产的灭失或损害如果发生在一国领水之内，其影响及于船外，就可以认为此种侵权行为发生在该国领土内，可以将该国视为侵权行为地，根据一般侵权行为的法律适用原则处理，即以侵权行为地作为准据法。但船舶内部的侵权行为如果发生在一国领水之内而其影响并未及于船外，则各国对于适用的法律有不同的规定。有的国家以领海国法律为行为地法，有的国家以沿岸国法律为行为地法，而大多数国家则以船舶所有国法律为准据法。

对于一国领海内发生的船舶碰撞，一般按侵权行为地法来处理。1977年《统一船舶碰撞中有关民事管辖权、法律选择、判决的承认和执行方面若干规则的国际公约》就采纳了这一原则。该公约第4条规定，除当事人另有协议外，如果碰撞是在一国内水或领海内发生，适用该国法律。

（二）发生在公海上的侵权行为之债的法律适用

对于发生在公海上的侵权行为，各国大都依照下列三种情况，分别确定其准据法。

1. 侵权行为发生在船舶内部，而未及其他船舶和设施，一般应适用船旗国法。

2. 两船碰撞的损害赔偿，一般应适用被撞一方船舶的船旗国法；如果双方均有过失，亦可以适用法院地法；如果碰撞船舶双方具有同一国籍，可以适用其共同的本国法。1977年《统一船舶碰撞中有关民事管辖权、法律选择、判决的承认和执行方面若干规则的国际公约》规定，如果碰撞发生在领海以外的水域，则适用受理案件法院的法律，但如果有关的船舶都在同一国登记或由它出具证件，或即使没有登记或由它出具证件，但都属同一国家所有，则不管碰撞在何处发生，都适用该国法律。该公约还规定，如果船舶在不同国家登记并由这些国家出具证件，或属于不同国家所有，则法院应适用对所有这些国家都适用的公约。如果经确定，所有这些国家的法律与公约的原则相一致，则法院应适用这种相一致的法律。

3. 船舶损害公海上设施，如海底电缆，一般应适用法院地法。

三、涉外空中侵权行为的法律适用

空中侵权行为，是指发生在航空器内因飞行器相撞、飞行器与其他物体相撞，及其它飞行事故使旅客受到伤亡或其物品受到毁损的侵权行为。由于航空器及其人员与空域的联系是偶然的，不断变化的，很难精确地确定侵权行为地。这就导致空中侵权行为的法律适用就显得比较复杂。一般而言，各国主要依以下三种情形来确定涉外空中侵权行为的准据法：

（一）发生在航空器内的侵权行为

例如，旅客与乘务人员之间或旅客之间所发生的殴打、侮辱、诽谤等。对于此类行为，由于航空器在空中飞行很难确定侵权行为发生地，所以各国一般主张适用航空器登记地国家的法律。例如，《前南斯拉夫法律冲突法》第29条规定，如果造成损害赔偿之债的事件发生在航空器内，则航空器登记国法律应视为损害赔偿之债的事实发生地法律。

（二）因航空器碰撞或航空器与其他物体碰撞发生的侵权行为

对此种侵权行为，出于对受害方利益的保护，一般都主张适用被碰撞方或受害方的航空器登记地法；如果被碰撞一方也有过失，则可以适用其本国法；如果同一国家登记的航空器相撞，则可适用其共同的登记地国法。例如，《布斯塔曼特法典》第289条至第294条对航空器碰撞的法律适用作了明确规定，在领空内发生的意外碰撞事件，如果碰撞各方属于同一国旗国，则适用该国的法律；如果碰撞各方不属于同一国旗国，则适用当地的法律；如果是出于过失的同一国旗国的飞机碰撞事件，则适用当地法律。在公海上空发生的意外或者有过失碰撞事件，如果碰撞各方属于同一国旗国，则适用该国的法律；如果碰撞各方不属于同一国旗国，而碰撞是出于过失，则该碰撞事件应依被撞飞机国旗所属国家的法律调整。

（三）因航空器事故使旅客受到伤亡或其物品受到毁损的侵权行为

对这一类侵权行为一般依航空器登记地法或适用有关的国际公约的规定。现在世界上这一类公约主要有：1929年《统一国际航空运输某些规则的公约》（简称1929年《华沙公约》）、修改1929年10月12日在华沙签订的《统一国际航空运输某些规则的公约的议定书》（简称1955年《海牙议定书》）、《统一非缔约承运人所办国际航空运输某些规则以补充华沙公约的公约》（简称《瓜达拉哈拉公约》）以及1999年《统一国际航空运输某些规则的公约》（简称《蒙特利尔公约》）。《蒙特利尔公约》已于2003年11月4日生效，《蒙特利尔公约》在规范国际航空运输方面有许多创新，是对《华沙公约》体系的超越和发展。

四、涉外产品责任的法律适用

产品责任是指产品在被消费的过程中，因产品存在瑕疵造成人身伤害或财产损失而引起的民事责任。实践中绝大多数国家把产品责任视为一种侵权责任，按照解决一般侵权行为之债的冲突原则来确定产品责任的准据法。例如，法国和奥地利主张适用侵权行为地法；英国主张依侵权行为地法和法院地法；美国主张受最密切联系州（国）的法律支配。近年来，基于产品责任的特殊性，一些国家引入了有利于受害者原则、最密切联系原则以及有限的意思自治原则，以便更好地保护受害者的利益。

1973年《海牙产品责任法律适用公约》反映了国际上有关产品责任法律适用问题的一般做法和发展趋势。该公约的主要内容有：

（一）法律适用的顺序

公约规定，在国际产品责任的法律适用方面，必须按照以下四个顺序来确定准据法，不得任意逾越：

1. 适用直接遭受损害的人的惯常居所地国家的内国法，但该国必须同时又是被请求承担责任人的主营业地，或者直接遭受损害的人取得产品的地方。

2. 适用侵害地国家的内国法，但该国又必须同时是直接遭受损害的人的惯常居所地，或者被请求承担责任人的主营业地，或者直接遭受损害的人取得产品的地方。

3. 如果上述法律都不适用，除非原告基于侵害地国家的内国法提出其请求，适用的法律应为被请求承担责任人的营业地国家的内国法。

4. 如果被请求承担责任人证明他不能合理地预见产品或他自己的同类产品会经由商业渠道在该国出售，则上述规定的侵害地国家和直接遭受损害的人的惯常居所地国法均不适用。

（二）适用准据法应遵守的规定

公约还规定，在适用上述准据法时，应当遵守以下规定：

1. 应当考虑产品销售市场所在国家通行的有关行为规则和安全规则；

2. 只有在其适用会明显与当地的公共秩序相抵触时才可以拒绝适用依据公约规定确定的准据法；

3. 根据公约规定适用的法律与任何互惠的要求无关，即使应适用的法律是非缔约国的法律也应予适用；

4. 根据公约规定适用的法律是指该国的内国法，而不能采取反致的做法。

（三）产品责任准据法的适用范围

公约第8条规定，依公约确定的准据法支配以下问题：①责任的依据与范围。②免除、限制和划分责任的依据。③可以得到赔偿的损害的种类。④赔偿的方式及其范围。⑤损害赔偿的权利能否转让或继承的问题。⑥有权请求损害赔偿的人。⑦本人对其代理人行为或雇主对其雇员行为所负的责任。⑧对法律适用规则有关产品责任举证方面的举证责任。⑨时效规则，包括有关时效的开始、中断和中止的规则。

五、国际环境污染侵权行为的法律适用

近年来，国际环境污染问题越来越严重，也越来越受到国际社会的普遍关注。国际河流污染、国际海洋污染、大气的跨国污染以及国际核污染都会给他国境内的生命和财产造成巨大的损害或损害威胁，因此，从这个角度来讲，国际环境污染也是一种特殊的侵权行为。由于各国立法对环境污染的规定不尽相同，所以会产生法律冲突。

（一）国际环境污染法律适用的原则

从各国的立法与司法实践来看，国际环境污染法律适用的原则大致有以下几种：

1. 损害结果发生地法。损害结果发生地常常就是原告住所地或财产所在地。1995年《英国国际私法》规定，在同一环境污染事件中，受害人和财产位于不同国家时，涉及造成的人身伤害或由人身伤害所引起死亡的诉讼，适用受害人遭受损害时的住所地法；涉及对财产损害的诉讼适用损害发生时财产所在地法律。荷兰、奥地利、丹麦、芬兰等国也采用此原则。

2. 有利于受害者的法律。依德国法律规定，跨国环境污染的受害者有权选择遭受损害地或污染行为做出地的法律。希腊、捷克、斯洛文尼亚等国的立法修正案中均采用这一原则。

3. 最密切联系原则。美国在其1971年《美国冲突法重述》（第二次）中采用此原则。

4. 当事人意思自治原则。《瑞士联邦国际私法法规》第138条规定，由不动产的致害排放物所引起的请求应依受害人的选择，适用不动产所在地国家的法律或损害结果发生地的法律。

（二）解决国际环境污染法律适用问题的国际条约

目前国际上关于解决国际环境污染法律适用问题的国际条约和规则有：1962年的《关于海洋运输核物质方面的民事责任公约》、1966年的《关于国际河流水利用的规则》、1969年的《国际油污损害民事责任公约》、1969年的《国际干预公海油污事故公约》、1972年的《防止倾倒废物及其他物质污染海洋的公约》、1973年的《干预公海非油类物质污染协议书》、1979年的《远程跨国界大气污染公约》、1984年的《联合国海洋法公约》等，这些公约和规则以实体法的形式规定了国际环境污染有关各方的权利与义务，是目前国际环境污染法律适用的重要依据。

六、国际网络侵权行为的法律适用

网络侵权是指利用网络技术和数据传输侵吞别人财产权、人身权以及知识产权等违法行为。随着互联网的迅速普及和网络技术的发展，国际网络侵权行为日趋扩大化和复杂化。由于各国对涉外网络侵权行为的规定不尽相同，因此便产生了法律冲突。各国对涉外网络侵权行为的法律适用大致有以下几种不同的主张：

1. 侵权行为地法。侵权行为地法被广泛地应用于涉外网络侵权行为的司法实践中，例如1996年的美国诉汤玛斯夫妇案和1998年英国的 Meckler Media v. D. C. Congress 案。但是，适用该原则会遇到网络侵权行为地难以确定的问题。

2. 法院地法。适用法院地法简便、易行，并能维护法院地国的公共秩序，但适用法院地法可能会有失公平，导致原告挑选法院，从而规避对己不利的法律的情况出现。

3. 原始国规则。适用原始国规则是指适用卫星信号发出国的法律。适用原始国原则有一定的合理性（如网络侵犯隐私权），但它忽略了侵权结果地的法律，对保护受害人不利。

4. 当事人意思自治原则。该原则准许当事人自己选择他们认为最有利的法律，虽然能体现一种正义的立场，达到公平的结果，但与此同时，也有可能产生规避法律的现象，从而破坏一国的公共秩序。

5. 最密切联系原则。最密切联系原则可以适应复杂多变的网络侵权行为的需求，并有利于保护受害人的利益，因此，这一原则受到许多国际私法学者的推崇。

第三节 涉外无因管理之债的法律适用

因无因管理和不当得利而发生的债，又称准合同之债。它们是既非由于合同也非由于侵权行为而在特定当事人之间所产生的具有债的特征的法律关系。

一、涉外无因管理之债的法律冲突

无因管理，是指没有法定的或约定的义务，为避免他人权益受损失，自愿管理他人事务或为他人提供服务的行为。实施管理行为的人，称为管理人；接受管理事务的人，称为本人。无因管理之债就是管理人和本人之间所形成的权利义务关系。

当无因管理行为涉及两个以上国家的法律时，由于各国立法的差异，其法律适用便可能产生法律冲突。大陆法系国家的立法普遍规定了无因管理制度，并在民法中通常设立单独条款加以调整；英美法系国家不承认无因管理制度，因为按照英美法的理念，个人不得干预他人之事务，故没有无因管理一说。即便在承认无因管理制度的大陆法系国家，对无因管理的具体规定也存在许多差异，主要表现在：

1. 在民法中的地位不同。《法国民法典》将无因管理视为准契约，在"准契约"一章中规定无因管理之债；《德国民法典》则排除准契约的概念，将无因管理作为独立的法律制度加以规定，并将契约、侵权行为、无因管理和不当得利并列为债的发生原因。其他大陆法系国家均采用德国之做法，我国亦如此。

2. 界定标准不同。德国以未受委托并无权利管理他人事务作为界定无因管理行为的根据，日本则以无义务而为他人管理事务作为界定无因管理行为的根据。

3. 管理人是否具有行为能力的规定不同。大多数国家并不要求管理人具有行为能力，但《德国民法典》第682条却特别规定，管理人为无行为能力人或限制行为能力人时，不负关于无因管理所规定之义务。

4. 无因管理的要件、效力、管理人和本人的权利义务等具体规定上也存在诸多差异。例如，关于管理人的继续管理义务，很多国家都没有明确规定，但《日本民法典》明确规定，管理人在本人、其继承人或其法定代理人得为管理以前，有继续管理之义务。

二、涉外无因管理之债的法律适用

关于涉外无因管理之债的法律适用，各国法律大致有以下几种规定：

（一）适用行为实施地法

这是大多数国家的传统做法。例如，《葡萄牙民法典》第34条规定："无因管理适用管理人主要活动地法。"《秘鲁民法典》第2098条规定："因无因管理，适用已经或将要引起该债的事实发生地法律。"《泰国国际私法》第14条、《埃及民法典》第21条均有类似的规定。

（二）适用最密切联系原则

《奥地利联邦国际私法法规》第47条规定："无因管理依此种管理行为完成地的法律；但如与另一法律义务或关系有密切联系，类推适用第45条规定。"而其第45条则规定："凡其效力在概念上是服从于既存的义务的法律行为，依支配该义务的国家的实体规则……"。又如，2001年《韩国国际私法》第30条规定："事务管理适用管理实行地的法律。但在事务管理依据当事者之间法律关系的情况下，事务管理应适用该法律关系的准据法。"

（三）适用当事人属人法

1966年《波兰国际私法》第31条规定："非法律行为所产生之债，依债务原因事实发生地法。但如果双方当事人国籍相同且住所又在同一国内时，则依当事人本国法。"又如，1972年《加蓬民法典》第42条规定："不当得利，支付不应给付之钱款及无因管理，依发生地法。如该法律无法确定，则依债务人住所地法。"但因无因管理之债与人身无关，与属人法往往不存在实际联系，因此，对无因管理适用当事人属人法并未被各国广泛接受。

(四) 适用意思自治原则

例如,《也门人民民主共和国有关国际私法的规定》第34条规定:"非合同之债,适用产生债之事实出现地国家的法律。但是,在受害者要求时,也可适用也门人民民主共和国法律。"

第四节 涉外不当得利之债的法律适用

一、涉外不当得利之债的法律冲突

不当得利是指既无法律上也无合同上的根据使自己获得利益而使他人受到损害的情形。例如,拾得他人遗失物、接受无根据的给付、依合同接受对方给付后该合同被宣告无效等,均可能形成不当得利。当不当得利的事实存在时,遭受损失的当事人有权请求不当得利人返还利益,不当得利人应当依法予以返还。这种因不当得利的事实而在特定当事人之间形成的请求和被请求的债权债务关系,就是不当得利之债。其中,获得不当得利的人称为受益人,是不当得利的债务人,财产受损失的人称为受害人,是不当得利之债的债权人。

自罗马法至当代,各国民法对不当得利均有规定,但具体内容并不一致。有的国家在民法中以专门章节规定不当得利,使之成为一项独立的民法制度。有的国家则将不当得利规定在债编有关"准契约"的条文中。除此以外,各国在不当得利法律制度上的冲突主要表现在以下几个方面:

(一) 原因上的冲突

大陆法系国家大都将罗马法上物权行为独立性的理论发展成为物权行为无因性理论,并将之作为不当得利发生的原因,但物权行为无因性理论在英美法系是不存在的,因此,在英美法系国家,将不当得利视为契约补救措施的一种,其基础是契约。

(二) 适用范围的冲突

各国关于不当得利的适用范围也存在很多差异。例如,契约不成立或无效,但给付人已经将给付物交给了受益人,给付人应以何种理由请求返还原物?德国法认为基于物权行为无因性的理论,而法国法则认为标的所有权的转移直接取决于当事人之间的契约效力,即使给付人已经将给付物交付给受益人,所有权仍在给付方,给付人仍然可以凭借所有权请求返还原物。

(三) 成立要件及效力的冲突

各国对于不当得利中"受益"要件的认识也各不相同。德国、中国台湾地区等都认为,知识产权的取得、期待权的取得都是"受益",而英美法则在主张"受益"仅限于财产金钱或劳务。此外,大陆法系根据不当得利受益人的主观状态(即善意还是恶意)的不同而规定了不同的返还标准,但英美法系则没有这样的区分。

二、涉外不当得利之债的法律适用

各国法律关于涉外不当得利之债的法律适用原则大致有以下几种:

（一）依不当得利原因事实发生地法

不当得利依不当得利原因事实发生地法这一原则为大多数国家所承认和采用。例如，《奥地利联邦国际私法法规》第 46 条规定："不当得利的求偿权，依不当得利发生地国家的法律。"《匈牙利国际私法》第 35 条规定："不当得利及其法律后果，适用利益发生地法。"日本、秘鲁、意大利等国家也采用此原则。主张不当得利之债依不当得利原因事实发生地的主要理由是，不当得利涉及不当得利原因事实发生地国的公共秩序、善良风俗以及道德和法律观念，只有适用发生地国家的法律才最为恰当。

（二）依不当得利据以发生地国法

有的国家规定，如果不当得利的形成和原来存在的某一法律关系有关（如合同的一方当事人因不可抗力无法履行而在此之前已接受了对方的给付），则不适用不当得利原因事实发生地法，而适用不当得利据以发生地国法。例如，《土耳其国际私法和国际诉讼程序法》第 26 条规定："因不当得利而产生的法律关系，适用确定该法律关系的法律。"《前南斯拉夫法律冲突法》第 27 条第 1 款规定："支配不当得利的法律，即适用于不当得利据以产生、预期或假定会产生的那个法律关系的法律。"

（三）依当事人属人法

这又可分为两种情况：

1. 适用当事人共同属人法。例如，1966 年《波兰国际私法》第 31 条规定："非法律行为所产生之债，依债务原因事实发生地法。但当事人有同一国籍，又在同一国内有住所时，依当事人本国法。"

2. 适用债务人属人法。例如，1972 年《加蓬民法典》第 42 条规定："不当得利……，依发生地法，如该法无法确定时，则依债务人住所地法。"

可见，在不当得利的法律适用问题上，当事人属人法一般作为事实发生地法的补充。

（四）依当事人选择的法律

有些国家将意思自治原则引入到涉外不当得利纠纷的法律适用中，即允许当事人协议选择不当得利之债的准据法，而排除不当得利原因事实发生地法的适用。例如，1987 年《瑞士联邦国际私法法规》第 128 条规定："因不当得利而提起的求偿诉讼，如果不当得利起因于某一法律关系时，适用调整这种关系的法律。如果不存在这种法律关系，则适用不当得利行为发生地国家的法律，当事人也可以选择适用法院地法律。"从该规定可以看出，在不当得利法律适用问题上，运用意思自治原则有两个特点：①意思自治原则只有在不存在基本法律关系的准据法的情况下才可以适用，因此，它只能作为解决不当得利之债法律适用的一种补充原则。②对意思自治原则的运用是有限制的，双方当事人只能就法院地法进行协商。

（五）依最密切联系原则确定的法律

美国在不当得利的法律适用上引入了最密切联系原则。《美国冲突法重述（第二次）》第 221 规定："当事人在恢复原状诉讼中有关该特定问题的权利义务，依在该特定问题上，按第 6 条规定的原则，与该事件及当事人有最重要联系的那个州的本地法。"1999 年《德国关于非合同债权关系和物权的国际私法立法》第 41 条规定："如果某一国法律比依照第 38 条至第 39 条第 2 款所确定适用的法律存在实质性更密切联系，则使用该国法律。"但与美国不同的是，德国没有单纯采用最密切联系原则，而是与其他法律适用原则相结合，只是规定了最密切联系原则的优先适用。

第五节　中国关于涉外非合同之债法律适用的立法及司法实践

一、中国关于涉外一般侵权行为法律适用的规定

关于涉外侵权行为的准据法，中国《民法通则》第 146 条作了基本规定："侵权行为的损害赔偿，适用侵权行为地法律。当事人双方国籍相同或者在同一个国家有住所的，也可以适用当事人本国法律或者住所地法律。中华人民共和国法律不认为在中华人民共和国领域外发生的行为是侵权行为的，不作为侵权行为处理。"最高人民法院《民法通则司法解释》第 187 条规定："侵权行为地的法律包括侵权行为实施地法律和侵权结果发生地法律。如果两者不一致时，人民法院可以选择适用。"2010 年《涉外民事关系法律适用法》第六章第 44～47 条是关于涉外侵权关系法律适用的规定。第 44 条规定，侵权责任，适用侵权行为地法律，但当事人有共同经常居所地的，适用共同经常居所地法律。侵权行为发生后，当事人协议选择适用法律的，按照其协议。

从上述规定来看，中国法律确立了以下涉外侵权行为的适用原则：

（一）侵权行为地法原则

这是中国确定涉外侵权行为之债的准据法的基本原则。中国《民法通则》第 146 条第 1 款表明，该原则普遍适用于各种类型的侵权行为案件。同时，最高人民法院《民法通则司法解释》第 187 条又赋予了法院对侵权行为实施地法律和侵权结果发生地不一致时的选择适用的权利。2010 年《涉外民事关系法律适用法》第 44 条规定，侵权责任，适用侵权行为地法律，但当事人有共同经常居所地的，适用共同经常居所地法律。侵权行为发生后，当事人协议选择适用法律的，按照其协议。

（二）共同属人法原则

这是中国确定涉外侵权行为之债准据法的补充原则。《民法通则》第 146 条第 1 款的规定表明，当事人双方如国籍相同或者在同一国家有住所，既可以适用侵权行为地法，也可以适用当事人共同的本国法或者住所地法。《涉外民事关系法律适用法》第 44 条规定，侵权责任，适用侵权行为地法律，但当事人有共同经常居所地的，适用共同经常居所地法律。侵权行为发生后，当事人协议选择适用法律的，按照其协议。

（三）重叠适用侵权行为地法和法院地法原则

这是中国确定涉外侵权行为之债准据法的特殊原则。《民法通则》第 146 条第 2 款的规定表明，中国人民法院在审理发生在中国领域外的侵权行为案件时，只有中国法律认为构成侵权行为的，才能作为侵权行为来处理。也就是说，中国人民法院在审理这类案件时，同时适用了作为法院地法的中国法和作为侵权行为地法的外国法。

在对侵权行为的认定方面，重叠适用侵权行为地法和法院地法的"双重可诉原则"有过于考虑法院地利益之嫌，且与当今世界各国立法保护受害人的趋势相违背。而且，

当原告为中国公民时，外国法承认对我国公民的行为是侵权行为而我国法律不承认是侵权行为时，不利于保护我国公民的利益，这个法律适用原则已经过时。《涉外民事关系法律适用法》第51条规定，《民法通则》第146条、第147条，《继承法》第36条，与本法的规定不一致的，适用本法。由于《涉外民事关系法律适用法》规定的法律适用与《民法通则》不一致，《涉外民事关系法律适用法》优先适用。所以重叠适用侵权行为地法和法院地法原则可以认为不再适用。

（四）当事人意思自治原则

2010年《涉外民事关系法律适用法》第44条规定，侵权责任，适用侵权行为地法律，但当事人有共同经常居所地的，适用共同经常居所地法律。侵权行为发生后，当事人协议选择适用法律的，按照其协议。

有利于受害人和有限意思自治等这些新原则突破了传统侵权行为的法律适用原则，更加彰显法律的公平性，也更具灵活性，为侵权行为的法律适用注入了新的活力。这些法律适用的最新发展开始在我国涉外侵权行为法律适用的立法中得到体现。

二、中国关于涉外特殊侵权行为法律适用的规定

（一）中国涉外海上侵权行为法律适用的立法及司法实践

我国《海商法》第273条规定："船舶碰撞的损害赔偿，适用侵权行为地法律。船舶在公海上发生碰撞的损害赔偿，适用受理案件的法院所在地法律。同一国籍的船舶，不论碰撞发生于何地，碰撞船舶之间的损害赔偿适用船旗国法律。"《海商法》第274条规定："共同海损理算，适用理算地法律。"《海商法》第275条规定："海事赔偿责任限制，适用受理案件的法院所在地法律。"

从上述规定可以看出，我国目前对船舶碰撞的法律适用作了较为全面的规定，但对于船舶内部的侵权行为和因海上运输致旅客死伤、行李毁损所发生的侵权行为的法律适用，《海商法》并未作任何规定，从而留下立法空白。

（二）中国涉外空中侵权行为法律适用的立法及司法实践

我国《民用航空法》第189条规定："民用航空器对地面第三人的损害赔偿，适用侵权行为地法。民用航空器在公海上空对水面第三人的损害赔偿，适用受理案件的法院所在地法律。"可见，我国目前对空中侵权行为的具体规定仅涉及上述两种情况，无法全面解决航空器侵权案件的法律适用问题。

我国加入了1929年《华沙公约》、1955年《海牙议定书》和1999年《蒙特利尔公约》，我国2005年2月28日批准《蒙特利尔公约》，2005年7月31日该公约对中国生效。

（三）中国涉外产品责任法律适用的立法及司法实践

我国目前调整产品责任的法律集中规定在《产品质量法》、《消费者权益保护法》、《民法通则》和《涉外民事关系法律适用法》等相关法律中，《涉外民事关系法律适用法》第45条规定，"产品责任，适用被侵权人经常居所地法律；被侵权人选择适用侵权人主营业地法律、损害发生地法律的，或者侵权人在被侵权人经常居所地没有从事相关经营活动的，适用侵权人主营业地法律或者损害发生地法律。"我国尚未加入1972年《产品责任法律适用公约》。因此，目前我国根据《涉外民事关系法律适用法》第45条

的规定来解决我国涉外产品责任的法律适用问题。

（四）中国涉外环境污染侵权行为的立法及司法实践

我国1983年通过的《海洋环境保护法》对污染我国水域与资源的侵权行为的法律适用作了规定，该法第2条规定："在中华人民共和国管辖海域内从事航行、勘探、开发、生产、旅游、科学研究及其它活动，或者在沿海陆域内从事影响海洋环境活动的任何单位和个人，都必须遵守本法。在中华人民共和国管辖海域以外，造成中华人民共和国管辖海域污染的，也适用本法。"此外，我国已于1990年1月9日决定加入1969年《国际干预公海油污事故公约》和1973年《干预公海非油类物质污染议定书》。我国《海商法》第265条还规定了油污损害的诉讼时效，即："有关船舶发生油污损害的请求权，时效期间为三年，自损害发生之日起计算；但是，在任何情况下时效期间不得超过从造成损害的事故发生之日起六年。"

（五）国际网络领域所发生的特殊类型的涉外侵权行为

《涉外民事关系法律适用法》第46条规定，"通过网络或者采用其他方式侵害姓名权、肖像权、名誉权、隐私权等人格权的，适用被侵权人经常居所地法律。"

（六）知识产权等领域所发生的特殊类型的涉外侵权行为

《涉外民事关系法律适用法》第50条规定，"知识产权的侵权责任，适用被请求保护地法律，当事人也可以在侵权行为发生后协议选择适用法院地法律。"

三、中国关于无因管理之债和不当得利之债的法律规定

中国关于不当得利和无因管理之债的法律规定体现在《民法通则》第92条和第93条。《民法通则》第92条规定："没有合法根据，取得不当利益，造成他人损失的，应将取得的不当利益返还受损失的人。"《民法通则》第93条规定："没有法定的或者约定的义务，为避免他人利益受损失进行管理或者服务的，有权要求受益人偿付由此而支付的必要费用。"关于不当得利和无因管理之债法律适用的问题，《涉外民事关系法律适用法》第47条规定，不当得利、无因管理，适用当事人协议选择适用的法律。当事人没有选择的，适用当事人共同经常居所地法律；没有共同经常居所地的，适用不当得利、无因管理发生地法律。

四、中国关于涉外非合同之债法律适用的立法缺陷

我国对涉外非合同之债的法律适用方面的立法缺陷主要表现在以下几点：

（一）存在立法空白

如前所述，对于许多特殊类型的涉外侵权行为，如涉外公路、铁路交通事故等，它们的法律适用问题，我国法律均未作规定。

（二）既有的法律规定过于粗略

例如，在涉外侵权行为方面，只规定了侵权行为损害赔偿方面的法律适用，而对其他方面的问题，如过失的认定、因果关系的标准、免责要件的范围及效力等，均未作具体规定。又如，关于共同属人法原则只规定了国籍与住所，而缺乏对惯常居所的规定。惯常居所较之国籍与住所，在某些特定时期，与当事人的关系更为密切，因此，我国立法应该考虑到当事人具有共同惯常居所时侵权行为的法律适用问题。再如，虽然司法解释规定了侵权行为实施地法和侵权结果发生地法不一致时，人民法院可以选择适用，但

是法院依据什么标准来选用，却没有明确的规定。

案例与评析

[案例1]

[案情介绍] 原告耿学良于1989年7月10日被大连经济技术开发区海达公司（简称海达公司）聘为外派船员，双方签订了《外派船员合同书》。因海达公司和大连海福拆船公司（简称海福公司）签订有《雇用船员合同》，同年7月25日，耿学良即被外派受雇于海福公司下属的巴拿马籍"佳灵顿"轮任大管轮之职，期限为1年。1989年11月28日，"佳灵顿"轮在土耳其汉杰港卸货时，耿学良左手受伤。经当地医院简单处理后，于同年12月1日被送往北京。经国内医院治疗，终因伤势过重，受伤的左手食指被截掉一节。住院治疗期间，耿学良共付医疗费和其他费用若干。出院后，耿学良多次找海福公司解决伤害赔偿之事，均被拒绝。耿学良遂于1991年7月1日向大连海事法院提起诉讼，依据海达公司与海福公司签订的《雇用船员合同》第13条的规定，要求海福公司支付2184美元的保险赔偿金，赔偿其工资损失4441美元和医疗费人民币1145元。被告海福公司辩称：耿学良是经海达公司而受雇于我公司的，不是我公司的直接雇员，与我公司无合同关系，故其不应直接向我公司主张权利。耿学良应以其同海达公司签订的《外派船员合同书》作为请求补偿的依据。

[案件评析]

1. 关于本案的性质。由于本案原告是被外派受雇于海福公司下属的巴拿马籍"佳灵顿"轮任大管轮之职期间，因卸货而导致左手受伤，故本案是一起涉外案件，但原告与被告之间无直接的劳动合同关系，因此本案不属于涉外合同纠纷。鉴于原告是因卸货而导致左手受伤，人身受到侵害，因此，本案的性质为一起涉外人身侵权纠纷案件。

2. 关于本案的法律适用。本案的侵权行为发生地和受伤结果地均在土耳其领域内，依据我国《民法通则》第146条第1款的规定，"侵权行为的损害赔偿，适用侵权行为地法律"，本案应适用土耳其法，然而，鉴于本案原、被告双方国籍相同，均在中国境内有住所，法院最后根据《民法通则》第146条第2款的规定："当事人双方国籍相同或者在同一个国家有住所的，也可以适用当事人本国法律或者住所地法律"，适用了中国法作为处理本案侵权损害赔偿纠纷的依据。

[案例2]

[案情介绍] 本案原告为南京华夏海运公司（以下简称"华夏海运公司"），本案被告为塞浦路斯澳非尔堤斯航运有限公司（以下简称"澳非尔堤斯航运公司"）。原告下属的"华宇"轮，船籍为中国，该轮于1994年6月14日在曼谷港湄南河南侧3号码头装货时被进港的被告下属的"珊瑚岛"轮左舷艉部撞击。碰撞事故发生后，"珊瑚岛"轮没有将其船舶所有人、船籍港、船旗国等告知"华宇"轮和港口

的有关海事机构,在曼谷港 16 号码头卸货后于同年 6 月 16 日离开该港。1994 年 7 月 30 日,"珊瑚岛"轮驶抵中国南京港,经原告华夏海运公司申请,武汉海事法院于 1994 年 8 月 1 日对该轮实施扣押,被告澳非尔堤斯航运公司通过中国人民保险公司上海分公司代英国船东保赔协会提供 175 万美元担保后,武汉海事法院于 1994 年 8 月 5 日裁定解除对该轮的扣押。

原告随后在武汉海事法院对被告提起诉讼。原告诉称:此次碰撞事故系被告过错造成,请求判令被告承担因碰撞事故发生的船舶修理费、航次运营损失、船舶损失、律师费、通讯费等费用,共计 175 万美元。被告辩称:本案是一起三船碰撞事故。在碰撞发生前,第三船"扬尼斯"轮停泊在锚地,该船船长用高频电话通知"珊瑚岛"轮称,"扬尼斯"与"华宇"轮之间的水域宽度足以让"珊瑚岛"轮通过。但由于"扬尼斯"轮的违章停泊和潮汐作用,"珊瑚岛"轮没能顺利通过而撞上"华宇"轮,"扬尼斯"轮对碰撞事故负有一定的责任亦应作为本案被告参加诉讼,原告的索赔金额过大并缺乏证据证实。

[案件评析] 这是一起典型的发生在一国领海内的船舶碰撞案,所涉及的法律适用问题是法院应适用有关公约还是适用泰国法或中国法解决因船舶碰撞侵权行为引起的损害赔偿。根据中国《海商法》关于涉外海事关系的法律适用原则,本案法律适用的第一选择是 1910 年《统一船舶碰撞若干法律规定的国际公约》,但因该公约对我国尚未生效故不能被选择适用;第二选择是泰国法律即侵权行为地法,但因双方当事人均不属泰国籍,又不主张适用泰国的法律,视为当事人对泰国法不举证,因此,泰国法律不能被选择适用;第三选择是法院地法,即《中华人民共和国海商法》,双方当事人亦主张适用中国法,基于双方当事人的主张和以上两种选择不成立的原因,本案最终适用了中国《海商法》。

[案例 3]

[案情介绍] 1998 年 5 月 12 日,原告中国公民陆红乘坐被告美国联合航空公司(以下简称"美联航")班机,由美国夏威夷经日本飞往香港。该机在日本东京成田机场起飞时,左翼引擎发生故障,机上乘客紧急撤离时,陆红受伤,分别在日本、香港和安徽的医院治疗。陆红受伤后,美联航曾向其致函,表示事故责任在于美联航,美联航承担了陆红两次手术的治疗费用。陆红要求被告美联航承担赔偿责任,经与被告多次协商未果,因此向上海市静安区人民法院提起诉讼,要求根据《华沙公约》、《海牙议定书》以及《蒙特利尔公约》的有关规定,请求判令被告赔偿原告伤残补助费及生活护理费计 7.5 万美元。后来,在庭审中,原告又变更了诉讼请求,要求被告按照《吉隆坡协议》规定的 10 万特别提款权(即 132 099 美元)承担赔偿责任及其他有关费用。

被告辩称,对于赔偿标准,本案应适用《华沙公约》或者《中华人民共和国民用航空法》的规定,而不能适用《吉隆坡协议》。《吉隆坡协议》中的 10 万特别提款权,只是承运人实行客观责任制和是否行使责任抗辩的数额界限,不是对旅客的赔偿责任。《吉隆坡协议》既不是国际惯例,也不是国际条约,仅是作为国际航空运输协会成员的承运人之间订立的内部协议。原告只是一名旅客,并非该协议的签约主体,并且该协议的内容也未纳入旅客运输合同中,故无权引用该协议向被告索赔。

[**案件评析**]

1. 关于本案的法律适用。本案应适用中国法、美国法,还是国际公约?我们知道,涉外民事法律关系的法律适用顺序依次为国际条约、国内法、国际惯例。在规定航空运送人权利与义务方面,《华沙公约》是世界上第一个也是最重要的一个国际公约。

《华沙公约》第1条第1款规定:"本公约适用于所有以航空器运送旅客、行李或货物而收取报酬的国际运输。"该条第2款又规定:"本公约所称的国际运输,系指根据各当事人所定的合同约定,不论在运输中有无间断或转运,始发地点和目的地点是在两个缔约国的领土内,或者在一个缔约国的领土内,而在另一个缔约国、甚至非缔约国的主权、宗主权、委任统治权或权力管辖下的领土内有一个约定的经停点的任何运输。"本案中,原告陆红是从美国夏威夷(始发地点)飞往中国香港(目的地点),并经停日本东京,因此该运输属于国际航空运输;又因中美两国都是《华沙公约》的缔约国,因此本案应适用《华沙公约》的有关规定。

2. 关于本案的赔偿限额。修正的《华沙条约》和《海牙议定书》中规定,承运人对每一旅客所负的责任,以25万法郎为限,但旅客可与承运人以特别合同约定一较高的责任限额。本案中,双方当事人在机票上约定的承运人赔偿责任限额是7.5万美元。这个限额不仅体现了"当事人意思自治原则",也符合《海牙议定书》的规定。因此,法院对双方当事人约定的这一最高赔偿责任限额予以了认定。

[**问题与思考**]

1. 什么是侵权行为之债?你认为涉外侵权之债的法律冲突主要体现在哪些方面?
2. 你认为近年来一般侵权行为之债的法律适用原则有哪些新发展?
3. 1973年海牙《产品责任法律适用公约》对国际产品责任的法律适用的顺序是如何规定的?
4. 什么是不当得利?各国对涉外无因管理行为的法律适用主要有哪几项原则?
5. 什么是无因管理?各国对涉外不当得利行为的法律适用主要有哪几项原则?
6. 简述中国对涉外侵权行为的法律适用的有关规定。

第十章　国际经济贸易交往中的若干法律适用问题

[本章概要]

传统上，国际经济贸易交往的基本形式是国际货物买卖。随着世界经济、科技的发展，国际经贸活动获得极大发展，其形式也发生变化，从最初的单纯的国际货物买卖逐步发展到包括国际技术贸易和国际服务贸易。特别是第二次世界大战结束后，技术转让活动在国际层面上迅速展开。此外，各种形式的国际投资活动也大量展开，国际金融活动不断创新，票据和国际保理在国际上的适用也越来越广泛。通过研究上述活动中的法律问题，掌握它们的法律适用原则，并将其应用到我国目前的国际经济贸易交往中，是本章的学习目的所在。

本章主要以国际经济贸易交往中的七个主要的领域为单位，即国际货物买卖、国际技术转让、国际服务贸易、国际投资关系、国际金融关系、票据和国际保理，在介绍它们各自领域存在的各种法律关系的基础上，分析不同法律关系的适用原则。

第一节　国际货物买卖的法律适用

一、国际货物买卖概述

买卖是指一方当事人按合同将财产所有权转让给另一方，另一方当事人支付一定价金的行为。买卖的概念是比较狭窄的，买卖首先在于标的物的所有权要转移，转移标的物的所有权是买卖区别于提供服务的标志；其次，买卖必须支付价金，若仅仅转移所有权而不支付价金，则可能是易货贸易。

国际货物买卖，则是指营业地位于不同国家或地区的当事人之间所做的进出口货物交易。这种交易是一方转移货物所有权，而另一方支付价金的行为，其中提供出口货物并收取货款的一方称为卖方，接受出口货物并支付货款的一方称为买方。

国际货物买卖具有几个主要特点：

1. 买卖双方当事人营业地必须分属不同的国家。这是界定国际货物买卖是否具有"国际"性的标准，至于国际货物买卖的标的物是否具有实际的跨越过境的转移，双方当事人的国籍是否相同，以及当事人或买卖活动的民事、商事性质，均不影响货物买卖的国际性。签订合同的主体既可以是公司，也可以是作为自然人的商人或合伙组织。个别情况下，国家也可能以自己的名义订立合同。

2. 国际货物买卖的目的是为了通过货物的进出口实现国际商品流转和买卖双方的经济目的，而不是为了满足个人消费的需要。就双方的基本权利义务而言，卖方提供货物并移交一切与货物有关的单据和转移货物所有权；买方得依合同接受货物并支付货款。

3. 买卖标的一般专指有形动产，而不包括公债、股票、投资证券、船舶、飞机、电力、不动产以及服务和技术等。

4. 买卖的完成必须进出国境，且经过合同、运输、保险、支付等多项环节。

二、国际货物买卖合同的法律适用

根据1980年《联合国国际货物销售合同公约》的定义，国际货物买卖合同，是指营业地位于不同国家或地区的当事人之间为了进行进出口交易而订立的协议。根据合同主体的差别，国际货物买卖合同可以分为国际货物买卖商业合同和国际货物买卖消费合同。前者是货物的制造商与贸易商之间、制造商与制造商之间，以及贸易商与贸易商之间的国际货物买卖合同，此类合同的交易主体均为商人，交易目的是获得商业利益，具有商事性；后者是指货物的制造商与消费者之间或者贸易商与消费者之间的国际货物买卖合同，此类合同的主体一方为消费者，合同目的是满足私人的需要，具有民事性。一般而言，我们所论述的国际货物买卖合同专指前者，即指交易双方均为商事主体的国际货物买卖合同。

国际货物买卖合同的法律适用，是指从事国际货物买卖活动的双方当事人之间，因合同的订立、履行等发生争议，依照法律冲突规范来确定合同的准据法。[1] 关于国际货物买卖合同法律适用的立法规范包括两个层次，即内国法体系和国际统一法体系。从法律规范的具体内容看，这两个体系都包括实体法和冲突规则两个方面。

（一）内国立法

关于国际货物买卖合同法律适用的规定，最早可见于各国的国内立法。近年来，随着地区一体化和全球化的深入，国际私法领域的国际立法大量出现并扮演着越来越重要的角色，然而在目前情况下，各国的内国立法在国际私法的法律适用中仍然具有基础性地位，国际合同的法律适用依据仍然主要存在于内国立法之中。

内国立法对国际货物买卖合同法律适用的规定包括实体法和冲突规则两个方面。在实体法方面，一国关于国际货物买卖合同法律适用的规定主要集中于该国的民法性质或商法性质的一般法律以及普通法律系国家的判例法之中。例如，《法国民法典》、《德国民法典》和《中华人民共和国合同法》等。在冲突规则方面，世界各国对国际合同或专门对国际货物买卖合同的法律适用问题进行了具体规定。对这些具体的冲突规则加以归纳和总结，我们发现主要包括以下几种类型。

1. 当事人意思自治原则与最密切联系原则相结合。采取此立法的国家一般规定，国际货物买卖合同的当事人可以合意选择处理合同争议所适用的法律，如果当事人没有做出有效的选择，则适用与合同有最密切联系的国家的法律。我国采取此种冲突规则，此外，英国在具体的法律实践中也遵循这种法律冲突规则。

2. 当事人意思自治原则与行为地法相结合。如果当事人未做出有效的法律选择，国

---

[1] 章尚锦、徐青森主编：《国际私法》，中国人民大学出版社2007年版，第294页。

际货物买卖合同就受当事人的行为地法的支配。例如,1989 年修订的《日本法例》第 7 条规定,法律行为的成立及效力,依据当事人的意思确定应适用的国家的法律,当事人的意思不明时,依据行为地法。其第 9 条又界定了"行为地":对于不同法域的当事人之间的合同的成立及效力,以要约通知地为行为地,但若接受要约的人承诺时不知其要约发生地,则以要约人的住所地为行为地。但需要注意的是 2006 年日本《法律适用通则法》修正了这一做法,改为依据最密切联系原则确定准据法。

3. 当事人意思自治原则与卖方营业地法相结合。在当事人没有做出有效的法律选择时,国际货物买卖合同就应当受卖方营业地法的支配。例如,1964 年《捷克斯洛伐克社会主义共和国国际私法及国际民事诉讼法》和 1979 年《奥地利联邦国际私法法规》都体现了这种法律适用原则。

4. 当事人意思自治原则与法院地法相结合。国际货物买卖合同的当事人可以合意选择处理合同争议所适用的法律,如果当事人未能做出有效的选择,则适用法院地法。例如,《美国统一商法典》第 1-105 条第 1 款规定,"……如果一个交易与本州有合理联系,并且与他州或者他国也有合理联系,则当事人可以选择本州的法律或者他州、他国的法律支配合同的权利和义务。如果当事人没有达成这样的法律选择协议,则适用本法。"[1]

5. 强制性法律适用规范。有些国家的法律规定:排除"当事人意思自治"和"最密切联系"原则的适用,直接采用强制性法律规范来调整国际合同的法律适用问题。例如,根据《阿根廷民法典》第 1239、1243 以及 1244 条规定,确定合同是否有效以及效力如何,适用合同订立地法;《伊朗民法典》第 968 条也规定,除非合同当事人均为外国人,并且他们已经选择了外国法作为合同的准据法,否则,合同应适用订立地法。由于国际货物买卖合同属于合同的一种类别,故而上述两国采取了强制性法律适用规范来确定国际货物买卖合同应该适用的法律。

此外,各国一般都奉行国际条约优先及国际惯例补缺的原则。

(二) 国际立法

国际货物买卖合同法律适用的国际立法也可以分为实体法和冲突规则两个方面。前者是指关于国际货物买卖合同的国际统一实体法,它是为了整合和统一世界各国关于国际货物买卖合同的准据法而制定的,目前国际货物买卖合同统一实体法中几个主要的国际条约包括 1964 年《国际货物买卖合同统一法公约》与《国际货物买卖合同成立统一法公约》,以及 1980 年《联合国国际货物销售合同公约》。后者是指关于国际货物买卖合同的国际统一冲突规则,它是为了调整世界各国的内国法关于国际货物买卖合同的冲突规则相互之间的冲突而制定的,即是以解决冲突规则之间的冲突而制定的冲突规则。本部分主要对后者,特别是 1985 年《国际货物销售合同法律适用公约》进行简要的介绍。

经过包括中国在内的多个国家的多年努力和准备,《国际货物销售合同法律适用公约》于 1985 年 10 月 20 日得到与会代表的一致通过。该公约充分考虑到了与 1980 年《联合国国际货物销售合同公约》的配套与衔接,它所调整的买卖种类,基本上与销售

---

[1] 参见丁伟主编:《国际私法学》,上海人民出版社 2004 年版,第 316 页。

合同公约的规定相同。公约关于合同的法律适用主要包括以下几个方面。

1. 公约不决定以下事项的准据法：①合同当事人的行为能力或因某一当事人无能力而导致合同无效或撤销的后果；②代理人能否使委托人受合同约束或某一机关能否使某一法人或非法人公司或团体受合同约束；③所有权的转移；④买卖对当事人以外的任何人的影响；⑤关于仲裁或选择法院的协议，即使此种协议已载入合同。

2. 合同准据法的确定原则。国际货物买卖合同应受当事人选择的法律支配。这种选择必须是明示的或能从合同条款和当事人的行为中得到表现的（即不排除默示方式）。合同当事人可以约定将合同的一部分或全部置于他们选择的法律的支配之下，并且可以随时改变已做出的这种选择而使之另一法律支配。

如果当事人未进行选择，合同应适用卖方营业地法律，但在下列情况下，应适用买方营业地国法律：①合同谈判在该国进行，并由当事人当场签订；②合同约定卖方应在该国履行其义务；③合同主要是根据买方提出的条件通过投标缔结的。除上述情况外，合同应适用最密切联系的国家的法律。

此外，公约专门规定，对于以拍卖、展销等方式进行的国际货物买卖，虽然仍适用当事人自行选择的法律，但应以该交易地国法律不禁止这种选择为条件。

3. 合同准据法的适用范围。合同准据法适用于以下事项：①合同的解释；②各方的权利和义务及合同的履行；③买方能成为由货物产生的产品、成果和收入的权利人的时间；④买方对货物承担风险的时刻；⑤对货物保留所有权的条款在各当事人之间的效力和后果；⑥不履行合同的后果，包括可以获得赔偿的损失的种类，但以不妨碍法院地诉讼法的适用为限；⑦消灭义务的各种方式，如时效和诉讼期限；⑧合同无效或撤销的后果。

此外，就当事人营业地的问题，公约规定，如当事人有一个以上的营业地时，应以与合同及合同履行关系最密切的那一个营业地为营业地，但也应注意各当事人在订立合同前或订立合同时所知道或所考虑过的各种情况；如果当事人无营业地，则以其习惯居所地为营业地。

第二节 国际技术转让的法律适用

一、国际技术转让与国际技术转让合同

国际技术转让，是指一国的技术转让人将一定的技术越过国境，通过某种方式转让给他国的技术受让人。[1]国际技术转让包括商业性技术转让和非商业性技术转让。非商业性技术转让是指通过政府援助、技术情报交换、学术交流和技术考察等形式进行的技术转让。商业性技术转让是指以合同方式进行的技术有偿转让，也就是国际技术贸易。这里的"技术"包括工业产权（但一般不包括商标、服务标记和厂商名称）、专有技术使用权、计算机软件的许可使用权等。本节所讲的国际技术转让专指商业性技术转让。

---

[1] 参见邵景春：《国际合同法律适用论》，北京大学出版社1997年版，第404页。

国际技术转让有以下几个主要特点：

1. 双方当事人分别位于不同国家，以致技术跨国界转让。
2. 转让的标的是无形的技术知识，且转让的是其使用权，而非所有权。
3. 国际技术转让通过技术转让人和技术受让人订立和履行合同来实现，这种合同是双务、诺成和有偿的。

国际技术转让合同是指一国技术转让方与他国技术受让方所达成的、约定转让方将一定的技术按照特定的方式转让给受让方、受让方给付相应报酬的协议。国际技术转让合同根据转让方式的不同，有多种表现形式，包括单纯的技术转让和包括在货物买卖、设备提供、合作生产等交易中的技术转让合同，具体包括国际许可合同、国际技术咨询服务合同、补偿贸易合同、国际工程承包合同、合作生产合同等。

二、国际技术转让的法律适用

国际技术转让的法律适用可以从内国立法和国际立法两个层面来考察。

（一）内国立法

国际技术转让，无论是技术进口还是技术出口，都关系到各国的政治和经济利益，因而各国都很重视国际技术转让的立法，对技术的进出口进行法律管制，一般国家都规定国际技术转让合同必须经主管机关审查批准、注册登记才生效，要求国际技术转让合同不但要遵守一般合同法，还要遵守工业产权法和有关技术转让的特别法。

目前世界各国对于国际技术转让合同法律适用问题的规定主要有以下三种类型：

1. 当事人意思自治原则与技术受让方的营业地法相结合。国际技术转让合同当事人可以自由约定合同争议所适用的法律，如果当事人没有此类有效的约定，则适用技术转让受让方的属人法，一般为受让方的营业地法。例如，《奥地利联邦国际私法法规》第43条第1款规定，有关无形财产权的转让合同，如果当事人没有做出有效的法律选择，则适用权利被转移或被让与的国家的法律。

2. 当事人意思自治原则与技术转让方的营业地法相结合。国际技术转让合同当事人可以自由约定合同争议所适用的法律，如果当事人没有此类有效的约定，则适用技术转让中转让方的属人法，一般为转让方的营业地法。例如，1980年欧共体《关于合同义务法律适用公约》规定，如果当事人没有做出有效的法律选择，国际技术转让合同应该适用转让方的惯常居所地、核心管理机构所在地或营业地法律。

3. 强制适用技术受让方的本国法。由于广大发展中国家在国际技术转让中通常作为技术受让方，且往往处于不利地位，为了建立对进口技术的审查制度，防止技术转让方强制受让方接受不合理的条件，一些发展中国家，如墨西哥、厄瓜多尔、委内瑞拉等国，规定国际技术转让合同必须适用受让方所属国的法律，当事人对转让方以及第三国法律的选择无效。

（二）国际立法

1978年10月，联合国大会委托联合国贸易和发展委员会负责起草的《国际技术转让行动守则》草案出台，1985年6月第六届联合国贸易与发展会议上通过了该草案。该草案由序言和9章组成，规定的主要内容包括：

1. 国际技术贸易交易各方的地位应该均衡和平等，任何一方不允许滥用优势交易地位压迫合同另一方，特别是涉及发展中国家的技术转让交易。

2. 具体规定了技术转让当事人应该在合同中避免采用的 14 条限制性技术转让条款。[1]

然而，由于代表转让方利益的一些发达国家力图将这些限制性惯例在《守则》中合法化，而以 77 国集团为代表的发展中国家为了维护引进方的利益与发达国家据理力争，最终由于双方分歧严重，[2] 使得《守则》至今未正式通过，仍处于草案性质。

《国际技术转让行动守则》总结了国际技术转让活动的习惯做法，提出了应该遵循的普遍原则，在国际社会上获得了一定程度的认可，对于指导各国国际技术转让活动以及建立良好的国际技术贸易新秩序具有重要的现实意义。

三、几种特殊的国际转让合同的法律适用

（一）国际许可合同

国际许可合同是国际技术转让或国际技术贸易中最常见的一种法律文件，是指处于不同国境内的双方当事人所签订的一种国际技术转让合同。合同的一方当事人（许可方）准许另一方（被许可方）使用自己所有的工业产权或者专有技术，而获得该使用权的被许可方在合同规定的期限与地域内使用该工业产权或专有技术并支付使用费用给许可方。[3]

根据许可人授权的大小和被许可人所受限制的程度，国际许可合同可以分为独占许可合同、独家许可合同（也称排他许可协议、全权许可协议）和普通许可合同三种类型。

关于国际许可合同的法律适用，在各国立法实践中一般有两种类型：一是由当事人选择法律适用。具体来说，技术输出国一般允许当事人自由选择国际许可合同适用的法律，而技术输入国往往对此原则进行一些限定，例如规定只能适用本国法、必须有本国法的法律适用选择、禁止适用外国法、有条件地允许当事人选择适用、对法律不作明文规定等。二是在当事人未作法律选择时适用最密切联系原则来确定合同适用的法律，通常为法院地法、合同履行地法、工业产权保护地法。

（二）国际工程承包合同

国际工程承包，是指一国的公司自己组织人力、物力和技术，在他国境内承包兴建该国政府、国际组织、公司集团所委托的工程建设项目或其他有关业务的一种国际经济合作活动。[4] 委托兴建工程项目的一方称为业主或发包人，承包兴建的一方称承包人。

国际工程承包是一种综合性的国际经济合作方式，是国际技术贸易的一种方式，也

---

[1] 限制性条款，也叫限制性商业行为，通常是指在国际许可合同中许可人以保护行使专利、商标、专有技术等合法独占权为借口，不合理地利用自己在谈判中的地位，以最大限度地获得高额利润为目的，向被许可人滥施权力而要求订入许可协议中的一些不合理的、显失公平的条款。在本次会议中，发展中国家提出 41 条限制性商业条款，发达国家提出 8 项，最后草案列举了 14 项。

[2] 除了限制性惯例外，双方的其它分歧还包括守则的法律性质是具有普遍效力的国际文件还是指导性文件，技术合同的法律适用，以及关于争议的管辖权问题。

[3] 张仲柏主编：《国际私法学》，中国政法大学出版社 1999 年版，第 294 页。

[4] 章尚锦、徐青森主编：《国际私法》，中国人民大学出版社 2007 年版，第 305 页。

是国际劳务合作的一种方式。之所以将这种方式作为国际技术转让的一种方式，是因为国际承包工程项目建设过程中，包含有大量的技术转让内容，特别是项目建设的后期，承包人要培训业主的技术人员，提供所需的技术知识（专利技术、专有技术），以保证项目的正常运行。

国际工程承包合同是业主与承包人之间在招标或谈判成功后签订的，用以确定双方权利义务关系的协议。关于国际工程承包合同的法律适用，国际上普遍的做法是采用当事人意思自治原则，由当事人合意选择适用的法律；在无此类有效的选择时，一般适用工程实施所在国法。

常见的国际技术转让合同形式还包括国际科技共同研制和合作实施、补偿贸易合同、合作生产合同等，其法律适用也大多与国际工程承包合同类似。

第三节 国际服务贸易的法律适用

服务，一般是指以提供劳动形式来满足他人（自然人、法人或非法人组织）的某种需要，并取得某种报酬的商业行为。劳动力在提供劳动服务时，是被视作商品来出售的。关于国际服务贸易，《服务贸易总协定》（GATS）的定义是，"（为本协定之目的，服务贸易定义为）a. 从一成员境内向任何其他成员境内提供服务；b. 在一成员境内向任何其他成员的服务消费者提供服务；c. 一成员的服务提供者在任何其他成员境内以商业存在提供服务；d. 一成员的服务提供者在任何其他成员境内以自然人的存在提供服务。"[1] 根据GATS的上述规定，国内学界一般将国际服务贸易分为四种模式，即：

1. 过境提供。这里的过境是指"服务"过境，此种情形下的国际服务贸易，不涉及服务提供者和接受者的过境位移，只是服务本身过境，例如某些国际电讯服务等。

2. 境外消费。指服务提供者在本国境内向外国服务消费者提供服务，一般是通过服务消费者的过境移动实现的。例如，国际旅游服务。

3. 商业存在。是指服务提供者过境并在境外设立服务机构提供服务的方式，设立机构的方式包括：组建、购入或维持一个法人单位，或者建立或维持一个分支机构或代表处。[2] 例如，外资银行、保险公司、外资律师事务所在本国提供的各种形式的服务。

4. 自然人流动。指服务提供者以自然人过境的方式在国外提供服务，即服务提供者过境但不设立机构而提供服务。例如，国际劳务输出。

国际服务贸易合同就是以服务为标的的买卖活动的各方当事人确立相互之间权利义务关系的协议，它具有两个主要特征：一是国际性，这可以从服务贸易本身或者合同当事人、合同涉及的法律等方面进行考察和认定；二是其标的——服务是一种无形的、难以储存的、质量不稳定的、具有使用价值的活动。

根据WTO的统计与信息系统局对服务贸易的分类，国际服务贸易合同可以分为以

---

[1] GATS第1条第2款。
[2] GATS第28条d项。

下 11 个大类，即国际商业服务合同；国际通信服务合同；国际建筑及有关工程服务合同；国际销售服务合同；国际教育服务合同；国际环境服务合同；国际金融服务合同；国际健康与社会服务合同；国际旅游服务合同；国际娱乐、文化和体育服务合同；国际运输服务合同。而在关贸总协定乌拉圭回合多边贸易谈判中，各方代表则提出了 150 多个服务贸易项目。上述有些内容在本章的其他部分已有论述，本节将对部分典型的国际服务贸易形式的法律适用予以介绍。

一、国际旅游服务的法律适用

国际旅游通常是指某一国家或地区的旅游者以游览为目的而跨国界在他国从事旅行、游览、观光的一种经济、文化交流活动及其所发生的各种社会关系。而国际旅游服务，则是一国的服务提供者为来自其他国家或地区的旅游者提供的服务，并以此获得报酬的一种无形的国际服务贸易形式。这种贸易方式一般具有以下几个特点：

1. 国际旅游服务不涉及所有权的转移，一般要通过合同的形式予以体现。

2. 国际旅游服务不可储存。这种服务形式在生产的过程中，也同时被消费者消费，要求服务的生产和消费必须在同一时间和同一地点发生。

3. 国际旅游服务通常采用的形式是在境内接待外国旅游者。

4. 国际旅游服务的主体具有广泛性，并形成了大量的旅游法律关系。从主体看，国际旅游服务涉及到国际旅游者、官方旅游机构、国际旅游组织以及在一国或一个地区登记注册的国际或国内私营旅游团体和旅游机构等。从旅游法律关系看，包括政府有关主管部门对旅游企业纵向管理关系，旅游企业与旅游者的关系，各种旅游企业相互之间以及旅游企业与其他有关企业之间的关系，旅游接待国与客源发生国之间的关系等。

从上述特点的第四项看，政府对旅游企业的管理属于行政管理法律关系，而国际旅游接待国与客源国之间的关系一般通过双边、多边条约予以调整。其他几种法律关系则可以概括为合同关系和侵权关系两种类型，下面就这两个方面探讨国际旅游服务的法律适用。

（一）国际旅游服务中的合同关系的法律适用

国际旅游服务合同有狭义和广义之分，狭义的国际旅游合同仅指旅游者与旅行社之间的具有国际因素的旅游合同；广义的国际旅游合同则包括多种法律关系，主要有两种：一是旅游者与旅行社之间的包价旅游合同，二是旅行社或旅游者个人与具体的旅游服务提供者如景点经营者、旅馆、饭店、交通经营者等之间的合同。

就广义的国际旅游合同的法律适用而言，世界各国一般都规定由当事人选择法律适用，如果没有有效的法律选择时，则依据最密切联系原则来确定。一般可以选择的法律包括旅游者个人的属人法，旅行社营业地法，旅游饭店所在地法，交通企业营业地法，以及保险公司营业地法等。

（二）国际旅游服务中侵权行为的法律适用

国际旅游服务中的侵权行为，一般是指国际旅游者在旅游过程中受到的任何个人财产或人身的侵害。

关于旅游服务侵权行为的法律适用，世界各国一般都适用侵权行为地法。由于侵权行为地同时也是旅游服务提供地，根据最密切联系原则，也应该适用侵权行为地法。

二、国际劳务合作的法律适用

国际劳务合作,是指不同国籍或营业地在不同国家的当事人之间所进行的劳务输出和输入活动。国际劳务合同属于国际服务贸易合同的一种,是指具有不同国籍或营业地在不同国家的当事人之间签订的以劳务的输出与输入为主要标的的合同。国际劳务合同有广义和狭义之分,广义的国际劳务合同一般包括国际工程承包合同、对外加工承揽合同和国际雇佣合同等;而狭义的国际劳务合同专指国际雇佣合同,即不同国家或地区的当事人通过雇佣或聘用的方式签订的,一方于一定时期内或不定时期的为另一方提供劳务或服务,另一方支付报酬的协议。

国际劳务合同经常涉及到的国家的法律包括:雇主所属国的法律,受雇人所在国的法律,以及受雇人劳务履行地国的法律。关于国际劳务合同的法律适用问题,世界各国的理论和实践大致可以分为以下几种类型:

1. 当事人意思自治原则。这是在国际劳务合同中适用的首要原则,首先由国际劳务合同当事人在符合法律规定条件下合意选择法律。

2. 当事人意思自治原则与劳务实施地法相结合。在当事人没有有效地选择国际劳务合同适用的法律时,则合同适用受雇人劳务实施地法。劳务实施地法作为当事人意思自治原则的补充,已经成为绝大多数国家在处理国际劳务合同法律适用问题的基本准则,这是因为劳务实施地国家才是与国际劳务合同有最密切联系的国家。

例如,1966年《波兰国际私法》第33条第2款规定:"当事人住所不在同一国内,又未选择所适用的法律时,依劳动已经、应当、或正在履行地国家的法律。"1982年《前南斯拉夫法律冲突法》第20条规定:"如果未选择应适用的法律,并且具体案情也未指向其他法则应适用下列法律:……19、对劳动合同引起的财产请求——依在其中进行劳动或曾进行劳动那国法律;……"。

3. 劳务实施地法与雇主所在国法相结合。在受雇人的劳务实施地难以确定时,则适用雇主所在国的法律。例如,1980年罗马《关于合同义务的法律适用公约》第6条(个人雇佣合同)规定,在当事人未选择法律适用时,雇佣合同应当适用受雇人在履行合同时惯常从事工作的国家的法律,即使他暂时受雇于另一国家;如果受雇人不是惯常在某一特定国家从事工作,则合同适用雇主的营业地所在国的法律…[1]

4. 最密切联系或最有利于保护受雇人利益的原则。例如,《奥地利联邦国际私法法规》第44条规定,"①雇佣合同由受雇人通常从事工作地点的国家的法律支配;②如果受雇人通常在一个以上的国家工作或者没有惯常工作地点的,则合同适用其习惯居所的国家的法律;③对于合同的法律选择必须是明示的,并且在涉及以上两款所指的法律的强制性规定范围内,对于受雇人不利的法律选择无效。"这种规定体现了国际私法领域保护弱势群体利益的特点。

---

[1] 参见丁伟主编:《国际私法学》,上海人民出版社2004年版,第339页。

第四节 国际投资关系的法律适用

一、国际投资与国际投资合同

国际投资是资本的国际间流动，对于特定国家而言，国际投资包括本国向国外投资和外国向本国的投资。根据投资性质的不同，国际投资可以分为国际直接投资、国际间接投资和灵活投资三种。

所谓国际直接投资，一般是指投资者以有形财产或无形财产投资于外国的企业，参与投资实体的经营管理，并且直接或间接地控制所投资企业的投资形式。其主要方式包括：在资本输入国设立独资企业；与当地资本组建合营企业；收购或兼并资本输入国的原有企业；以参与经营和实现一定的控制权为目的，取得资本输入国的原有企业的股份等。

所谓国际间接投资，一般是指投资者不参与企业的经营管理，对所投资企业亦不具有控制权的投资形式。其方式主要包括：购买资本输入国公司的股票或债券；购买资本输入国政府的债券；对资本输入国的个人、公司以及其他经济实体提供贷款等。

所谓灵活投资方式就是指通过补偿贸易、来料加工、来件装配等形式进行的投资。

国际投资合同是发生于投资契约关系中的协议，具体而言，是指外国私人投资者与东道国私人主体为了实现特定的投资目的而缔结的，确定各方权利和义务关系的书面协议。

本节只讨论国际直接投资的法律适用问题。根据目前世界各国的相关立法和实践，国际直接投资合同主要包括国际合资经营企业合同、国际合作经营企业合同、国际合作开发自然资源合同以及 BOT 项目，其中国际合资经营企业合同和国际合作经营企业合同一般被合称为国际合营合同。

二、国际合营企业合同的法律适用

国际合营企业是自 20 世纪 50 年代以来国际私人直接投资领域所采用的一种主要的投资形式，它是指外国私人投资者与东道国的自然人、法人以及其他经济组织，甚至是东道国政府，所签订的共同投资、共同经营、共享利润、共担风险的投资模式。根据联合国工业发展组织编写的《发展中国家合营企业协议指南》，国际合营企业可以被划分为两种类型：

1. **股权式合营企业。**它是一种公司制的合营企业，合营各方按照出资比例对企业行使权利和承担义务，企业内部一般设立完善的管理机构，企业的法律性质一般是独立的法人。我国的中外合资经营企业就是典型的股权式合营企业。合资经营企业合同就是确定股权式合营企业外国投资者和东道国投资者权利与义务的书面协议。

2. **契约式合营企业。**它是指合营各方按照合营企业合同的内容进行生产经营、享受权利和承担义务的企业形式。我国的中外合作经营企业就属于契约式合营企业。合作经营企业合同是外国投资者和东道国投资者设立合作经营企业的书面协议，是合作经营企业设立的法律基础，也是确定合作各方权利与义务的直接依据。

国际合营企业合同是外国投资者与东道国投资者为了建立合营企业而签订的规范彼此权利与义务的书面协议。其法律适用，通常有由当事人合意选择适用的法律、适用东道国国家的法律和适用国家条约的规定三种类型。根据1965年签订、1966年10月生效的《解决国家与他国国民间投资争议公约》的规定，该公约的成员国在解决国家与外国私人间的投资合同所适用的法律为：优先适用双方合意选择的法律规则，在双方未作有效的选择时，首先适用东道国法律，其次是国际法规则，或者适用当事人同意的公平善良原则。

三、国际合作开发自然资源合同的法律适用

国际合作开发是指东道国政府利用外国投资共同开发本国自然资源的一种国际合作模式，通常是资源国政府或国家公司与外国投资者签订国际开发合同，约定在一定的期限内，共同开发东道国境内一定区域的自然资源，按照约定方式分享利润和分担风险的投资方式。[1] 它的主要特征包括：

1. 开发主体具有特定性。鉴于国家对资源所享有的永久主权，通常开发合作的一方是资源国政府或国家公司，另一方是外国公司。

2. 法律形式具有多样性。双方当事人可以采用合营企业协议、联合作业协议、产品分成合同或服务合同等多种形式。

3. 资源与资金的结合。通常，资源国利用外国公司的经济实力和科技水平与其共同开发本国的自然资源，并以开采的一定比例的自然资源作为对外国公司的回报，从而形成一种双赢的模式。

国际合作开发资源合同是指将东道国政府或国家公司与外国投资者合作开发东道国自然资源的权利义务关系固定下来的一种协议。对于这种协议的性质，通常认定为一种特许协议。关于该协议的法律适用，目前主要有两种模式：一是适用东道国的国内法；二是根据契约条款法、当事人的共同法律原则以及国际法等来适用。

四、BOT 项目的法律适用

BOT 项目是自20世纪80年代开始的一种新型的私人资本与东道国政府合作进行的一种投资模式，是英文 Build—Operate—Transfer 的缩写，即建设—经营—移交，它是指"以契约方式由一国政府将特定公共基础设施的专营权授予私营企业（包括外国企业），许可其在一定期限内进行建设和经营，并且准许其通过收取用户费用或者出售特定产品的方式清偿贷款、回收投资、进而获得利润，当特许权期限届满时，基础设施被无偿移交给东道国政府"的一种项目形式。[2]

作为一种常见的国际直接投资形式，在 BOT 项目中外国投资者直接进行生产经营活动，直接承担风险、获得利润；而东道国政府借此完成了其重要的公共基础设施的建设，并能学到相应的技术和管理经验。

与传统的国际直接投资相比，BOT 项目具有以下特征：

1. BOT 项目的主体是东道国政府和私人企业。其中，东道国政府既是管理者也是直

---

[1] 参见丁伟主编：《国际私法学》，上海人民出版社2004年版，第330页。

[2] 参见丁伟主编：《国际私法学》，上海人民出版社2004年版，第332页。

接参与者，私人企业既包括外国投资企业，他包括外国投资企业为了建设和经营特定基础设施而设立的项目公司、建设公司、运营商以及金融公司、保险公司等。

2. BOT 项目的客体通常为东道国的基础设施。例如，铁路、机场、高速公路等，这些项目投资数额大、技术要求高、建设周期长、经营风险大。

3. 从风险承担看，在 BOT 项目中，东道国政府在特许期内一般不承担风险，项目的全部或者大部分风险由项目公司承担，但东道国对项目的支持程度一般直接影响到项目的成败。

4. BOT 项目终结后不需要清算，通常由东道国政府收回特许权，并全部、无偿地收回整个项目。

在 BOT 项目的法律体系中，所有相关的合同形成了一个以特许协议为核心，其他相关辅助合同为手段的合同架构，这一架构的法律适用可以分为以下两类：

1. 特许协议的法律适用。特许协议也被称为"BOT 合同"，一般是指东道国政府与外国私人投资者签订的确定有关特许权、项目建设、运营、移交等各个方面的权利和义务关系以及项目财务、保险、争议解决等内容的协议。由于特许协议是指政府所属国签订、在该国履行，项目设施位于该国，项目公司多为该国法人，并且合同主体一方是该国政府，因此，协议与政府所属国有密切的关系，其适用一般遵循强制适用东道国法律的原则。

2. 附属合同的法律适用。BOT 项目的附属合同，一般是指除了特许协议外，项目公司为了保证项目的顺利运营而与金融机构、承建公司、供应公司、设计公司等签订的贷款合同、建设合同、经营管理合同、设计合同等。由于这些合同的双方均为平等的自然人或法人，这些合同在法律性质上属于一般的民商事合同。其法律适用原则应该也是首先适用当事人双方合意选择的国家法律，在当事人没有有效的选择时，适用与合同有最密切联系的国家的法律。

第五节　国际金融关系的法律适用

经济的全球化和国际贸易向来都是与国际金融关系结合在一起的。一般认为，国际金融关系包括国际货币兑换、国际借贷、国际收支方式、结算方式、国际金融市场、国际金融组织等在内各个方面的关系。本部分仅从国际贷款和国际证券这两个最常见的方面来介绍国际金融关系的法律适用。

一、国际贷款协议的法律适用

国际贷款，又称国际借贷或国际信贷，是指具有"国际性"的当事人之间的贷款行为，是国际融资的重要形式。这里的"国际性"一般是指当事人具有不同的国籍，或者当事人的住所或营业所处于不同的国家，或者合同的签订或履行等涉及两个以上的国家。国际贷款是一种合同性融资行为，借款人与贷款人之间依国际贷款协议形成国际债权债务关系，其主体不仅包括各国政府及其所属机构、国际组织，还包括不同国家的公私企业甚至自然人，其中借款人为贷款债务人，贷款人为债权人。

国际贷款具有以下几个基本特征:

1. 国际贷款的借款人与贷款人具有不同的国籍,或者当事人的住所或营业所处于不同的国家,或者合同的签订或履行等涉及两个以上的国家。

2. 国际贷款关系本质上是借款人与贷款人之间的债权债务关系。

3. 国际贷款以国际贷款协议为基础。国际贷款协议,是调整贷款人和借款人在国际贷款过程中权利与义务关系的协议。根据其主体的不同,国际贷款协议可以分为政府间的贷款协议、国际金融组织与其成员国之间的贷款协议以及国际商业贷款三大类。其法律适用原则如下:①政府间贷款协议的法律适用。由于政府间贷款协议一般被认定为通过外交途径方式解决的具有国际协议性质的政府对外援助,此类贷款一般不存在法律适用问题。②国际金融组织与其成员国之间的贷款协议的法律适用。目前主要的国际金融组织,例如国际货币基金组织、世界银行及其下属的国际开发协会和国际金融公司、亚洲开发银行等,都会在其成员国需要的时候给其发放贷款。对于这类贷款所签订的国际贷款协议,其法律适用依据一般是这类组织制定的各类规定,而不适用于其成员国的国内法。③国际商业贷款协议的法律适用。国际商业贷款协议属于国际私人贷款性质,一般是指具有不同国籍的自然人、法人之间签订的有关国际贷款的协议,通常包括独家银行贷款协议和国际银团贷款协议两种。

国际商业贷款协议首先适用的通常是当事人意思自治原则,由当事人合意选择协议适用的准据法;但在实践中,世界各国往往对这种合意的选择附加了一些限制,主要包括要求当事人合意选择适用的法律:①必须与协议存在着某种联系,例如贷款协议缔结地法、当事人所属国法、集资地法等;②不得规避原应适用于协议的强制性法律;③不能违背法院地国家的公共秩序;以及该选择必须是明示的等。

此外,在当事人没有明示选择法律时,各国法律通常规定应该根据最密切联系的原则或客观标志原则来确定合同的准据法。

二、国际证券的法律适用

国际证券,是指一国政府和金融机构、企业、团体在国际证券市场发行并销售、流通的以一种或几种可以自由兑换货币为面值的证明或设立财产所有权的书面凭证。国际证券一般可以分为国际股票和国际债权两大类。

国际股票,是指跨国股东投入一国某股份公司资本的入股凭证,是股票持有人凭此领取股息、红利、参与或监督企业经营管理的权利证书。

国际债券,是指一国政府、金融机构、工商企业或组织以及国际经济组织为筹集资金,在国外金融市场上发行的以外国货币为面值的债券。根据发行债券所用货币以及发行地点的不同,国际债券可以分为外国债券和欧洲债券。外国债券是一国发行人在外国以发行地所在国的货币为面值发行的债券。欧洲债券是指证券发行人通过银行或其他金融组织,在债券面值货币以外的一个或多个国家发行并推销的债券。此外,亚洲的龙债券是新的国际证券形式,是在日本之外的亚洲地区发行的以非亚洲国家货币计价的债券,投资者来自亚洲国家,是吸收亚洲国家资金的重要金融工具。

国际证券的法律适用包括国际证券发行的法律适用,国际证券交易的法律适用,国际证券当事人(发行人与持有人)之间的权利义务的法律适用。根据国际证券交易惯例及各国的立法和实践，上述三个方面的法律适用原则基本相似，主要包括下列四个方面：

（一）意思自治原则

由于国际证券的发行和交易都是通过合同来确定的，包括证券发行人与承销人之间的代理或买卖合同、发行人与律师、会计师之间的委托合同以及集中易价交易的投资者与证券交易所会员的委托合同等，因此，国际证券的法律适用通常规定首先由当事人合意选择合同所适用的法律，但这种选择同时也不得违反有关国家的公共秩序、不得规避有关国家的法律。

在国际证券实践中，可供当事人选择的法律包括：证券发行人所属国法律、证券发行地法律、证券交易所所在地法律、证券购买人所在国法律、证券转让地或买卖地法律等。当事人通常选择的是证券发行地和证券交易所所在地法律。

（二）最密切联系原则

各国通常规定，在当事人没有做出有效的选择时，一般由法院按最密切联系原则来选定国际证券活动所适用的法律，通常包括：证券发行人所属国法律、证券投资者所属国法律、证券发行地法或证券交易所所在地法律。

（三）适用证券发行地法和证券交易所所在地法

有的国家在立法中直接规定证券交易适用证券发行地法和证券交易所所在地法。这种立法安排既考虑到了最密切联系原则，也充分考虑到了证券投资者的利益。

（四）2002年《关于由中间人持有的证券若干权利的法律适用公约》

从20世纪后半期开始，证券交易由直接交易向间接持有方式转变，投资者不再与发行人直接接触。投资者对证券的权益反映在中间人的记录系统中。以证券发行地和交易发生地为连接点的冲突规则不再适应现代证券交易的方式。为统一证券跨国交易的法律适用问题，海牙国际私法会议在2002年12月通过了《关于由中间人持有的证券若干权利的法律适用公约》（以下简称《证券法律适用公约》），为中间持有证券的跨国交易提供了一个统一的法律适用规则。

在法律适用规则方面，《证券法律适用公约》第4条规定，本公约所列事项适用的法律应为账户持有人与相关中间人在账户协议中明确同意的国家的法律，或者账户协议明确指明的另外一个国家的法律。但必须满足，在协议签订时，相关中间人在该国有分支机构，且该分支机构符合：（a）单独或伙同其他中间人的分支机构或其他人充当中间人，并实施或管理证券账户登记的行为；或从事与持有证券有关的支付或公司行为；或从事另外保存证券账户有关的行为。如账号、银行密码及其他证明证券之工具被保存在该分支机构。《证券法律适用公约》抛弃了传统的属人法、股票所在地法等规则，而是采用"相关中间人账户所在地"（The Place of Relevant Intermediary Account，简称PRIMA）作为公约制定法律适用规则的连结点，为统一股票跨国发行与交易的法律适用奠定了良好的基础。

第六节　票据的法律适用

随着全球化的发展,票据在市场经济和国际贸易中扮演着越来越重要的作用,它既可以充当支付手段,避免现金支付的危险与繁琐,还可以充当信用工具、结算工具和融资工具。然而,来自不同国家的当事人也经常会面临因本国和他国票据法规定的不同而带来的障碍。本部分从票据的基本概念出发,对票据中存在的各种法律冲突及其法律适用的原则做一简要介绍。

一、票据及其法律冲突

票据,是指当事人依法签发的、由自己或者委托他人无条件支付一定金额给收款人或持票人的一种有价证券,即某些可以代替现金流通的有价证券。所谓涉外票据,是指出票、背书、承兑、保证、付款等行为中,有一个或一个以上发生在国外的票据。

票据的基本法律特征包括要式性、文义性、无因性和流通性。票据在国际流通和支付环节中可能发生的法律冲突包括:

(一) 票据种类的冲突

关于票据种类的规定一般有两种:一是规定票据只包括汇票和本票,如德国、法国等;另一种是规定票据包括汇票、本票和支票,如英国、美国等英美法系的国家。

汇票是发票人签发的,委托付款人在见票时或者在指定日期无条件支付确定金额给收款人或者持票人的票据。本票是发票人签发的,承诺本人于到期日无条件支付一定金额给收款人或持票人的票据。支票是发票人签发的,委托办理支票存款业务的银行或其他金融机构在见票时无条件支付确定金额给收款人或持票人的票据。

(二) 票据形式要件的冲突

有的国家对票据的形式要件规定较为严格,如德国等;而另一些国家对票据的形式要求却较为宽松,如英国等。

(三) 票据关系与票据基础关系是否分离的冲突

票据基础关系是指作为票据行为发生的实质原因或前提的法律关系,一般包括原因关系、资金关系和票据预约三种类型。

世界上绝大多数国家的票据立法及票据法的一般理论普遍认为,票据关系一旦形成,就与基础关系相分离,二者各自独立,基础关系是否存在、是否有效,原则上对票据关系不发生影响,例如德国等。

而也有国家仍然坚持票据关系必须考虑其发生的原因,即主张票据关系与票据基础关系不分离,例如法国、中国等。

(四) 票据当事人的行为能力

票据当事人是否具有完全行为能力是一项票据行为是否长期有效的先决条件。依照国际私法中长期使用的规则,当事人的行为能力依当事人的属人法来确定。但是,各国在属人法的理解上存在差异,大陆法系国家将本国法作为对属人法的理解,而英美法系国家按照住所地法来理解属人法。

（五）票据的行为方式

各国对票据有不同的形式上的要求，例如，日内瓦票据法系规定"汇票"字样属于汇票的绝对记载事项，而英美法系则不认为是绝对记载事项。对于出票、背书、承兑、付款等票据行为的方式的有效要件，各国的规定也各不相同。

二、票据法律适用的原则

随着票据在国际贸易中越来越广泛的使用，各国逐渐形成了一些较为统一的适用原则。

（一）关于票据当事人行为能力的准据法

对于票据当事人的行为能力，1930年国际统一票据法会议通过的《关于解决汇票本票某些法律冲突公约》所主张的法律适用原则是，票据当事人的行为能力依本国法为主，兼采行为地法，当两者法律适用的结果产生矛盾时，适用其中能使法律行为有效成立的那个准据法。

此外，为了防止票据当事人规避本国票据法关于行为能力的规定，该公约还规定缔约国有权否认在本国无票据行为能力人在其他缔约国所为的票据行为。

1931年《解决支票某些法律冲突的公约》对当事人的行为能力也规定了相同的法律适用原则。

（二）关于票据的行为方式的准据法

根据"场所支配行为"这一国际私法领域具有普遍性的原则，票据的出票、背书、承兑、付款等行为的形式要件须适用行为地法。在这一点上，日内瓦统一法公约和英美法系国家的票据法有相同或类似的规定，但对"行为地"的理解不同，日内瓦公约认为"契约的签名地"为"行为地"，英国则认为"支付地"为"行为地"。

（三）关于票据债务的准据法

票据当事人之间的债权债务关系适于出票行为，其中，出票人、受票人和受款人之间的债务为主债，背书人、参加承兑人与持票人之间的债务为从债务。根据1930年《关于解决汇票本票某些法律冲突公约》和1931年《解决支票某些法律冲突的公约》的相关规定，票据主债务的准据法为付款地法，而从债务的准据法为签字地法。

（四）关于票据追索权行使期限的准据法

追索权是票据不获承兑或不获付款时，持票人对其前手请求偿还的权利，持票人不在法律规定的期限行使或保全票据权利的，通常丧失对其前手的追索权。日内瓦统一法公约关于追索权期限的法律适用的规定，适用票据成立地或出票地法。

（五）关于票据权利保全和行使的准据法

鉴于付款在票据关系中的核心地位，目前有关票据权利的保全与行使的法律适用一般均依票据付款地法。

第七节 国际保理的法律适用

由于托收全凭付款人的商业信用，对于出口商而言存在较大的风险，因而国际上逐渐兴起了一种保证安全收汇的新的服务业务——国际保付代理（International Factoring，简称国际保理）。

一、国际保理的概念和运作原理

一般认为，国际保理是在保理商和国际贸易中销售货物或提供服务的卖方（出口商，或供应商）之间达成的一种持续有效的安排，据此安排，卖方将其销售货物或提供服务所产生的所有应收账款（通常这种应收账款以发票来表示）转让给保理商并支付约定费用和利息，保理商则为其提供融资、信用风险担保或销售分户账管理及收取应收账款。[1]

根据保理业务的保理商的不同，国际保理可以分为进口保理、出口保理和双重保理。进口保理是指出口商与进口商所在国的保理商签订合同，由进口保理商向出口保理商提供融资等服务和向进口商追收货款；出口保理是指出口商与本国保理商签订合同，由出口保理商向出口商提供融资等服务和向进口商追收货款；双重保理是指进口保理商和出口保理商为出口商提供的保障，这是国际保理的主要形式。

国际保理（以双重保理为例）通常涉及四方当事人：出口商，出口保理商，进口商和进口保理商。在双重保理方式下，出口商委托本国出口保理商，出口保理商再从进口国的保理商中挑选进口保理商。进口保理商对各进口商进行资信调查和评估，将结果以及确定可以向其提供的信用额度通知出口保理商，后者又告知出口商。随后，出口商与出口保理商签订保理协议，出口保理商与进口保理商签订协议，出口商与进口商签订买卖合同。出口商发货后将有关单据和正本发票寄给进口商，发票副本交出口保理商，即可获得保理商支付的相当于大部分货款的融资金额，没有作融资安排的则在商定的其他日期由保理商付款。发票的正本和副本都写明进口商到期向进口保理商支付货款的相同文句。出口保理商向进口保理商寄交发票副本，将有关部分的应收账款再转让，后者据此进行账款的管理，定期向进口商催收货款。合同付款期到后，进口商再向进口保理商付款，后者转付给出口商；若进口保理商在付款到期日后一定期限内（一般为90天）仍未收到进口商的货款，进口保理商将自己承担付款责任。出口保理商收到进口保理商的货款，扣除有关利息和费用后将余额转交给出口商。

二、国际保理的法律性质

根据上述国际保理的运作原理，不难看出，国际保理所经营的其实就是由基础交易产生的应收账款的买卖，实质就是债权让与。而保付代理的其他业务，都是附随该应收账款债权让与的产物。

三、国际保理的法律适用

下面以双重保理为例，对国际保理中涉及的各主要当事人之间关系的法律适用做一简要说明。

（一）出口商与出口保理商之间关系的法律适用

通常，出口商与出口保理商之间的具体权利义务关系是通过两者之间签订的国际保理协议来予以确定的。关于国际保理合同的法律适用，由于出口商与出口保理商一般情

---

[1] 参见靳晨阳："国际保理法律问题研究"（上），载《国际法与比较法论丛》2002年第1期，第378~382页。

况下具有相同的属人法，在法律适用上原则上得依它们共同的属人法；如果它们共同的属人法与其属人国缔结或参加的国际条约，即《国际统一私法协会国际保付代理公约》有不同规定的，则适用国际公约的有关规定；而以相关的国际惯例，即国际保理联合会颁布的国际保理规则，为补充。

（二）出口保理商与进口保理商之间关系的法律适用

出口保理商与进口保理商之间的权利义务关系是通过两者之间签订的保理商代理合同予以确定的。关于保理商代理合同的法律适用，一般情况下由当事人合意选择所适用的国家法律；如果当事人没有作出有效的选择时，通常适用当事人（包括出口保理商和进口保理商）的惯常居所地或营业机构所在地国的法律。从实践中看，大多数情况下适用进口保理商所在国的法律。

（三）出口商与进口商之间关系的法律适用

出口商与进口商之间的权利义务关系是通过两者之间签订的销售合同予以确定的。关于国际销售合同的法律适用，可以参见本章第一节的介绍。

此外，就国际保理关系中进口商与进口保理商之间的关系而言，由于进口保理商只对出口保理商负责，而出口保理商只对出口商负责，所以，进口商与进口保理商之间不存在任何合同关系，进口保理商收取债款的权利产生于他对应收账款的收购。

第八节　中国有关国际经济贸易活动法律适用的规定及实践

一、我国关于国际货物买卖法律适用的规定

国际货物买卖双方的权利和义务关系一般是通过国际货物买卖合同予以确定的，其法律适用在我国的法律中适用涉外合同的相关法律冲突规范。我国《合同法》第126条和《民法通则》第145条都规定："涉外合同的当事人可以选择处理合同争议所适用的法律，但法律另有规定的除外。涉外合同的当事人没有选择的，适用与合同有最密切联系的国家的法律。"2010年《涉外民事关系法律适用法》第41条规定，当事人可以协议选择合同适用的法律。当事人没有选择的，适用履行义务最能体现该合同特征的一方当事人经常居所地法律或者其他与该合同有最密切联系的法律。

2007年《最高人民法院关于审理涉外民事或商事合同纠纷案件法律适用若干问题的规定》第5条规定，当事人未选择合同争议应适用的法律的，适用与合同有最密切联系的国家或者地区的法律。人民法院根据最密切联系原则确定合同争议应适用的法律时，应根据合同的特殊性质，以及某一方当事人履行的义务最能体现合同的本质特性等因素，确定与合同有最密切联系的国家或者地区的法律作为合同的准据法。买卖合同，适用合同订立时卖方住所地法；如果合同是在买方住所地谈判并订立的，或者合同明确规定卖方须在买方住所地履行交货义务的，适用买方住所地法。

根据上述规定，我国关于国际货物买卖合同的法律适用采用的是当事人意思自治原则为首要原则，特征性履行与最密切联系原则相结合为补充原则的做法，即国际货物买卖合同的当事人可以合意选择处理合同争议所适用的法律，如果当事人没有做出有效的

选择，则适用履行义务最能体现该合同特征的一方当事人经常居所地法律或者与合同有最密切联系的国家的法律。

二、我国关于国际技术转让法律适用的规定

由于国际技术转让一般都是通过涉外合同的形式对双方的权利和义务关系予以确定，我国对国际技术转让法律适用问题的规定与国际货物买卖合同类似，其主要法律依据也是《合同法》第126条第1款和《民法通则》第145条第1款的规定；但对于与合同有最密切联系的国家的界定，根据最高人民法院《解答》的相关规定以及1985年5月24日国务院发布的《中华人民共和国技术引进合同管理条例》的相关规定，一般认定为技术受让方的属人法，一般为受让方的营业地法。

根据上述规定，我国关于国际技术转让的法律适用采用的是当事人意思自治原则与技术受让方的营业地法相结合的原则，即国际技术转让合同当事人可以自由约定合同争议所适用的法律，如果当事人没有此类有效的约定，则适用技术转让受让方的属人法，一般为受让方的营业地法。

三、我国关于国际服务贸易法律适用的规定

国际服务贸易各方的权利和义务关系通常是通过国际服务贸易合同来予以确定的，国际服务贸易合同一般是指以服务为标的的买卖活动的各方当事人确立相互之间权利义务关系的协议，它一方面具有国际性，这可以从服务贸易本身或者合同当事人、合同涉及的法律等方面进行考察和认定；另一方面其标的，即服务是一种无体的、难以储存的、质量不稳定的、具有使用价值的活动。

目前我国常见的国际服务贸易包括国际旅游服务、国际劳务合作和国际电信服务等，其法律适用的主要规定如下：

（一）国际旅游服务的法律适用

一般来说，政府对旅游企业的管理属于行政管理法律关系，而国际旅游接待国与客源国之间的关系一般通过双边、多边条约予以调整。其他几种法律关系则可以概括为合同关系和侵权关系两种类型。

1. 国际旅游服务中的合同关系的法律适用。根据我国《合同法》第126条和《民法通则》第145条的规定，我国关于国际旅游服务合同的法律适用采用的是当事人意思自治原则与最密切联系原则相结合的原则，即国际旅游服务合同的当事人可以合意选择处理合同争议所适用的法律，如果当事人没有做出有效的选择，则适用与合同有最密切联系的国家的法律。一般可以选择的法律包括旅游者个人的属人法、旅行社营业地法，旅游饭店所在地法，交通企业营业地法，以及保险公司营业地法等。2010年《涉外民事关系法律适用法》第42条规定，消费者合同，适用消费者经常居所地法律；消费者选择适用商品、服务提供地法律或者经营者在消费者经常居所地没有从事相关经营活动的，适用商品、服务提供地法律。

2. 国际旅游服务中侵权行为的法律适用。关于旅游服务侵权行为的法律适用，我国法律也规定适用侵权行为地法。由于侵权行为地同时也是旅游服务提供地，根据最密切联系原则，也应该适用侵权行为地法。

(二) 国际劳务合作的法律适用

根据我国《合同法》第126条第1款和《民法通则》第145条第1款以及最高人民法院的相关司法解释，我国在国际劳务合同法律适用问题上的具体做法是，除非法律另有规定，国际劳务合同的当事人可以选择处理合同争议所适用的法律，在当事人没有有效的选择时，则适用与合同有最密切联系的国家的法律。与国际劳务合同有最密切联系的国家的法律是指劳务实施地的法律，此外，如果合同明显地与另一国家或地区的法律有更密切的关系，则适用该另一国家或地区的法律。可见，我国在国际劳务合同的法律适用问题上，采用的是当事人的意思自治原则与劳务实施地相结合的方式。

(三) 国际电信服务的法律适用

由于电信服务业的运营涉及一国的政治和经济利益，无论是国内服务还是国际服务，我国都订有严格的规章制度，在法律适用上采取的是适用服务提供者所在地的法律。

四、我国关于国际投资关系法律适用的规定

(一) 国际合营企业合同的法律适用

根据我国《合同法》第126条第2款、《中外合资经营企业法》、《中外合作经营企业法》的相关条文以及其他相关法规，我国国际合营企业合同的法律适用，主要依据的原则是：

1. 强制适用我国法律。根据我国法律，在我国境内履行的中外合资经营合同和中外合作经营合同适用我国法律，这是一种强行法，不允许当事人合意变更。主要因为此种安排最符合最密切联系原则和东道国政府的利益，体现了法律的属地原则。

2. 在我国法律未作规定时，可以适用国际惯例。

3. 我国缔结或参加的与合同有关的国际公约同中国法律具有不同规定时，应该优先适用国际条约的规定，但我国声明保留的条款除外。

(二) 国际合作开发自然资源合同的法律适用

根据我国《合同法》第126条第3款以及相关规定，中外合作开发自然资源合同适用我国法律，当事人不得合意排除或更改其适用。2010年《涉外民事关系法律适用法》第4条规定，中华人民共和国法律对涉外民事关系有强制性规定的，直接适用该强制性规定。

五、我国关于国际金融关系法律适用的规定

(一) 国际贷款协议的法律适用

根据我国《合同法》第126条第1款和《民法通则》第145条第1款以及最高人民法院的相关司法解释，我国在国际贷款协议法律适用问题上的具体做法是：除非法律另有规定，国际贷款协议的当事人可以选择处理协议争议所适用的法律，在当事人没有有效的选择时，则适用与合同有最密切联系的国家的法律；与国际贷款协议有最密切联系的国家的法律是指贷款银行所在地的法律；此外，如果协议明显地与另一国家或地区的法律有更密切的关系，则适用该另一国家或地区的法律。2010年《涉外民事关系法律适用法》第41条规定，当事人可以协议选择合同适用的法律。当事人没有选择的，适用履行义务最能体现该合同特征的一方当事人经常居所地法律或者其他与该合同有最密切联系的法律。

2007年《最高人民法院关于审理涉外民事或商事合同纠纷案件法律适用若干问题的规定》第5条规定，当事人未选择合同争议应适用的法律的，适用与合同有最密切联系的国家或者地区的法律。人民法院根据最密切联系原则确定合同争议应适用的法律时，应根据合同的特殊性质，以及某一方当事人履行的义务最能体现合同的本质特性等因素，确定与合同有最密切联系的国家或者地区的法律作为合同的准据法。……借款合同，适用贷款人住所地法。可见，我国在国际贷款协议法律适用问题上采用当事人意思自治原则与贷款银行所在地相结合的原则。

（二）国际证券的法律适用

国际证券的法律适用包括国际证券发行的法律适用，国际证券交易的法律适用，国际证券当事人（发行人与持有人）之间的权利义务的法律适用。

1998年通过、2005年修订的《证券法》没有明确规定国际证券发行的法律适用原则，但该法第2条第1款却规定："在中华人民共和国境内，股票、公司债券和国务院依法认定的其他证券的发行和交易，适用本法；本法未作规定的，适用《中华人民共和国公司法》和其他法律、行政法规的规定。"这一规定表明，凡在我国境内发行和交易的证券，无论发行人、交易人是中国人还是外国人，都应当适用我国法律，即发行地法。2007年《最高人民法院关于审理涉外民事或商事合同纠纷案件法律适用若干问题的规定》第5条规定，当事人未选择合同争议应适用的法律的，适用与合同有最密切联系的国家或者地区的法律。人民法院根据最密切联系原则确定合同争议应适用的法律时，应根据合同的特殊性质，以及某一方当事人履行的义务最能体现合同的本质特性等因素，确定与合同有最密切联系的国家或者地区的法律作为合同的准据法。……债券的发行、销售和转让合同，分别适用债券发行地法、债券销售地法和债券转让地法。

2010年《涉外民事关系法律适用法》第39条规定，"有价证券，适用有价证券权利实现地法律或者其他与该有价证券有最密切联系的法律。"

六、我国关于票据法律适用的规定

根据我国1995年通过、2004年修订的《票据法》的相关规定，我国对涉外票据有关的法律适用有如下主要原则：

1. 国际条约优先、国际惯例补缺原则。《票据法》第95条规定，"中华人民共和国缔结或者参加的国际条约同本法有不同规定的，适用国际条约的规定。但是，中华人民共和国声明保留的条款除外。""本法和中华人民共和国缔结或者参加的国际条约没有规定的，可以适用国际惯例。"

2. 票据债务人的民事行为能力，适用其本国法律。票据债务人的民事行为能力，依照其本国法律为无民事行为能力或者为限制民事行为能力而依照行为地法律为完全行为能力的，适用行为地法律。

3. 汇票、本票出票时的记载事项，适用出票地法律。支票出票时的记载事项，适用出票地法律，经当事人协议，也可以适用付款地法律。

4. 票据的背书、承兑、付款和保证行为，适用行为地法律。

5. 票据追索权的行使期限，适用出票地法律。

6. 票据的提示期限、有关拒绝证明的方式、出具拒绝证明的期限，适用付款地法律。

7. 票据丧失时，失票人请求保全票据权利的程序，适用付款地法律。

案例与评析

[案情介绍] 1993年6月16日，美国联合企业有限公司（以下简称"联合公司"）与中国山东省对外贸易总公司烟台公司（以下简称"烟台公司"）签订了售货确认书，约定烟台公司向联合公司销售大蒜。联合公司的住所地在美国，烟台公司的住所地在烟台。同年8月5日，双方又签订了两份售货确认书。三份合同均约定装运日期为1993年6月至12月，装运口岸中国港，付款条件是开给售方100%不可撤销即期付款信用证，装运日期后15天内在中国议付有效。品质数量异议，如买方提出索赔，凡质量问题须货到口岸之日起1个月内提出，数量问题须货到口岸之日起15天内提出。合同签订后，烟台公司依约从1993年7月3日至11月6日，分别从青岛港、烟台港先后分39批发往纽约、智利、洛杉矶等港口，共3 974吨，总价值约2 055 972.5美元的大蒜，联合公司于1993年底支付给烟台公司12万美元，尚欠货款1 935 972.5美元。

联合公司于1993年12月9日向烟台公司提出质量问题，此后双方多次来往电函协商解决未果，1998年2月25日烟台公司诉至山东省高级人民法院，请求判令联合公司支付所欠货款1 935 972.2美元并赔偿相应的损失及违约金，承担诉讼费用。山东省高级人民法院审理认为，双方于1993年6月16日和8月5日确定的三份大蒜购销合同双方当事人意思表示真实，不违反有关法律规定，合法有效，依照《联合国国际货物销售合同公约》（简称《公约》）第53条及有关法律规定判决联合公司向烟台公司支付大蒜款1 214 642.50美元。

联合公司不服上述判决，向最高人民法院上诉称一审法院适用法律有错误。按与合同最密切联系原则，本案应适用美国法，原审法院片面援引《公约》属适用法律错误。本案的交货地点是美国和其他国家，按国际惯例，产品质量的确定应以交货地国家的商品检验为依据。烟台公司发给联合公司的大蒜经美国商检部门检验有质量问题，联合公司将通过美国法院索赔。请求撤销原审判决。烟台公司答辩称原审法院适用法律正确。

最高人民法院认为，本案双方当事人未约定解决本案合同争议所适用的法律，由于联合公司是在美国注册的公司，我国和美国均是《公约》的缔约国，应适用该公约的有关规定审理本案。原审判决适用法律是正确的。联合公司上诉称原审法院判决适用《公约》属适用法律错误没有法律依据，法院不予支持。终审法院驳回上诉，维持原判。

[案件评析] 本案属于国际货物销售合同中的货款纠纷问题，双方当事人争议的焦点是法律适用问题，即本案中的国际货物销售合同应该适用《公约》还是美国法。我们可以从以下三个方面来进行分析：

1. 从《联合国国际货物销售合同公约》的适用条件来看。《公约》第1条对适用范围做了规定，即适用于营业地在不同国家的当事人之间所订立的货物买卖合同，除了营业地位于不同缔约国之间的当事人之间的合同适用《公约》以外，有一方或双方营业地位于非缔约国的当事人之间的合同也可以根据国际私法规则或者意思自治选择适用《公约》。另外，根据《公约》第6条的规定，《公约》的适用不具有强制性，其中营业地位于不同缔约国的当事人之间可以明示选择某个国家的法律来全部或部分排除《公约》的适用。

《公约》上述条款透露出与本案有关的两点信息：①《公约》的缔约国当事人可以依意思自治原则合意选择合同适用的法律，如选择某国法律作为准据法，就当然排除《公约》的适用。另一方面，如果当事人没有合意选择合同适用的法律时，则当然适用《公约》的规定，即他们订立的国际货物销售合同必须适用《公约》的规定。②公约的适用是根据当事人的营业地标准来确定的，与当事人的国籍无关；在当事人有一个以上的营业地时，采用与合同的履行关系最密切的营业地为其营业地。

结合本案，首先合同的双方当事人美国联合公司和中国烟台公司所在国都属于《公约》的缔约国，两国对于《公约》的上述条款没有提出保留（中国仅对合同的书面形式和国际私法规则导致适用两点提出了保留）；同时，双方当事人都没有根据意思自治原则合意选择适用的国家法律。另外，就双方当事人的营业地而言，从本案中不难发现联合公司和烟台公司的营业地应该分别位于美国和中国，位于不同的《公约》缔约国。这么看来，本案是应该适用《公约》的相关规定的。

2. 从最密切联系原则的适用条件来看。最密切联系原则的适用有两点是必须注意的：一是必须当事人没有合意选择适用的国家法律。一般认为，所谓最密切联系原则是指，在合同关系中，当双方当事人没有选择法律或者选择无效的情况下，由法院依据这一原则在与该合同法律关系有联系的国家中，选择一个与该法律关系本质上有联系、且利害关系最密切的国家的法律予以适用。二是各国一般都奉行国际条约优先和国际惯例补缺的原则。

本案中，联合公司辩称，一审法院适用法院错误，按与合同最密切联系原则，因为合同签订地在美国，合同履行地、合同标的地均不在中国，应适用美国法，认为一审法院片面援引《公约》属适用法律错误。结合最密切联系原则的适用条件，我们不难看出，由于双方当事人均没有合意选择合同适用的国家法律，本案一般情况下似乎可以适用最密切联系原则；但由于双方当事人又同时都是《公约》的缔约国，根据国际条约优先的原则，就应该适用《公约》而不是美国法了。

3. 从本案的判决来看。本案一审法院认为应适用《公约》的规定，终审法院认为，由于联合公司是在美国注册的公司，中国和美国均是《公约》的缔约国，因此一审法院适用《公约》的规定是正确的。综上所述，我们不难看出，法院认定本案应适用《公约》的规定是正确的，但终审法院是依据联合公司和烟台公司的注册国，即国籍国，来认定案件的适用法律，与《公约》要求根据当事人的营业地位于不同的缔约国来认定是否适用标准不一致，这种说法应该说是有一定的问题的。

[问题与思考]

1. 如何界定国际货物买卖合同中的"国际性"?
2. 《联合国国际货物销售合同公约》的适用范围是什么?
3. 各国国内法与国际条约和国际惯例之间适用的关系是什么?
4. 最密切联系原则与国际条约之间的关系如何?
5. 我国对国际货物销售合同的法律适用是如何规定的?
6. 我国在加入《联合国国际货物销售合同公约》时对《公约》第11条有关合同形式提出了保留,即我国认为,国际货物销售合同必须以书面形式订立;然而,自1999年10月1日起实行的我国现行的《合同法》第10条却规定,"当事人订立合同,有书面形式、口头形式和其他形式"。对于这一矛盾,我们应该如何理解?如果当事人一方营业地位于我国的国际货物销售合同适用《公约》调整,而该合同采用的是口头形式,则其效力如何?

第十一章 涉外婚姻家庭关系的法律适用

[本章概要]

涉外婚姻家庭关系是含有涉外因素的婚姻家庭关系。它包括在一国境内内国人与外国人之间以及外国人之间的婚姻家庭关系，也包括在一国境外内国人之间以及内国人与外国人之间的婚姻家庭关系。国际私法所调整的婚姻家庭关系，可因含有外国因素的结婚、离婚、亲子、收养、监护、扶养等多种情况而发生。随着各国之间民商事交往越来越频繁，跨国婚姻、收养现象越来越普遍，由于各国调整婚姻家庭关系的法律受到本国社会经济制度、历史文化传统、宗教信仰和风俗习惯的影响，相关规定多有差异，法律冲突在所难免。解决涉外婚姻家庭关系的法律冲突的法律适用法具有如下特点：①目前尚无调整涉外婚姻家庭关系的统一实体规范。②在处理涉外婚姻家庭案件时，法院的司法管辖权比处理其他涉外民事案件时重要得多。③由于各国法律差别比较明显，法院通常采用公共秩序保留原则来排除外国法的适用。

本章共分六节来分析和说明涉外婚姻家庭关系的法律适用问题。第一节介绍涉外结婚的法律适用。第二节介绍涉外离婚的法律适用。第三节介绍涉外夫妻关系的法律冲突与法律适用。第四节介绍父母子女关系的法律冲突与法律适用。第五节介绍收养、监护、扶养关系的法律冲突与法律适用问题。第六节介绍中国处理涉外婚姻家庭关系的立法与实践。

第一节 涉外结婚的法律适用

一、涉外结婚的法律冲突

结婚是男女双方依照法定的条件和程序缔结婚姻关系的行为。结婚只有符合法律规定的实质要件和形式要件才有效。由于各国的立法对于结婚的实质要件和形式要件的具体规定各有不同，当缔结的婚姻关系含有涉外因素时，很容易产生法律冲突。

（一）结婚实质要件的法律冲突

结婚实质要件包括婚姻当事人必备要件（又称积极条件）和禁止要件（又称消极条件）两种。

1. 结婚的必备要件。各国对结婚必备要件的法律规定，一般有以下几个方面：

（1）结婚双方当事人自愿。除极少数实行封建婚姻和宗教婚姻的地区外，大多数国家的法律都明文规定结婚必须双方当事人自愿。对未成年人结婚，很多国家除了规定双方自愿外，还必须得到父母或监护人的同意。

(2) 双方达到法定婚龄。法定婚龄，是指法律所规定的结婚最低年龄。由于各国的历史传统、宗教信仰以及人口政策的不同，法律规定的婚龄有着一定差异。例如，阿根廷、西班牙、希腊为男14岁，女12岁；澳大利亚规定的法定婚龄为男14岁，女14岁；意大利、菲律宾为男16岁，女14岁；比利时、荷兰、印度、伊朗、法国为男18岁，女15岁；罗马尼亚、匈牙利、阿尔巴尼亚、日本及巴基斯坦为男18岁，女16岁；土耳其为男17岁，女16岁；德国、英国、捷克、前南斯拉夫、智利为男18岁，女18岁；丹麦、波兰、瑞典为男21岁，女18岁。我国现行婚姻法规定结婚最低年龄为男22周岁，女20周岁。

2. 结婚的禁止要件。各国婚姻法对结婚禁止要件的规定，也有很多不同之处。

(1) 禁止一定范围的血亲结婚。直系血亲之间的结婚为各国法律所禁止，但各国对旁系血亲之间的结婚以及法律拟制血亲间的结婚的限制则不尽相同。日本《民法典》规定，直系血亲或三等亲内的旁系血亲之间不许结婚，但养子女与养亲的旁系血亲之间不在此限。我国现行婚姻法禁止直系血亲和三代以内的旁系血亲结婚。

(2) 禁止患有一定疾病的人结婚。各国法律对禁止结婚的疾病，规定不一。在美国，有7个州禁止有传染病的人在传染期间结婚，有5个州要求对性病作检查，有29个州要求作梅毒检查，所有的州都规定结婚当事人不得是精神病患者，有3个州允许治好的精神衰弱者结婚。瑞典的法律规定，禁止癫痫病人结婚。《法国民法典》要求当事人结婚时应提供健康证明，但对患哪些疾病不能结婚未作规定。我国法律规定患有在医学上认为不应结婚的疾病禁止结婚，主要指先天性痴呆症、未经治愈的精神病以及其他已被实践证明不应结婚的传染性或遗传性疾病。

(3) 禁止重婚。当今，大多数国家都实行一夫一妻制，禁止重婚，即要求一个人在婚姻关系存续期间只能有一个配偶，不得同时有两个或更多的配偶。但有少数国家的法律实行一夫多妻制。例如，新加坡1966年颁布的《穆斯林婚姻法》规定，一个男子可以同时有四个妻子。其他一些信仰伊斯兰教的国家的法律也有类似规定。

(4) 禁止结婚的其他规定。有些国家的法律还禁止异教徒之间以及不同种族、民族之间结婚；有些国家对离婚者再婚作一定的限制。例如，日本禁止女方在解除前婚之日起6个月内结婚。法国法律规定，双方当事人协议离婚者，3年内均不得再结婚。

(二) 结婚形式要件的法律冲突

结婚的形式要件，亦称结婚的程序要件，即婚姻合法成立必须履行的法定手续。目前有关缔结婚姻的方式主要有民事登记方式和宗教方式。为了尽量使涉外婚姻的有效性得以保证，很多国家法律纷纷采取折中主义做法，即规定民事登记方式和宗教方式的结合方式。为了便于本国国民在本国境外按照本国法律规定的实质要件和形式要件结婚，一些国家还在互惠的基础上规定了领事婚姻方式。除此之外，还有一些国家对具备了结婚的实质要件而不具备结婚的形式要件的婚姻也予以保护，从而保留了事实婚姻方式。

1. 民事登记方式。民事登记方式是指以依法进行结婚登记作为婚姻成立的惟一形式要件。根据民事登记方式，缔结婚姻的双方当事人必须到法律指定的机关办理登记手续，取得结婚证书后，婚姻才合法成立。世界上的许多国家都采取民事登记方式。

2. 宗教方式。宗教方式是按宗教要求，由神职人员主持的结婚仪式作为婚姻成立的惟一形式要件。宗教方式要求缔结婚姻的双方当事人根据自己信仰的宗教的规定，举行一定的宗教仪式后，婚姻才成立。目前，除极少数国家外，大部分国家已不再将依宗教方式结婚视为婚姻成立的必要条件。由于不同的宗教，教规各异，因此宗教婚姻在具体程序、仪式方面的要求也各不相同。现在，西班牙、希腊、马耳他、塞浦路斯等国要求天主教徒之间必须按天主教规定的仪式缔结婚姻。伊斯兰国家要求穆斯林教徒的婚姻必须在阿訇面前举行。信奉犹太教的国家要求犹太教徒到犹太教堂缔结婚姻。

3. 结合方式。一些国家规定民事登记方式和宗教方式相结合方式为婚姻成立的形式要件。但各国采用的结合方式有些不同。例如，美国纽约州的立法规定，双方当事人除了在婚姻登记机关登记外，还必须举行一定的宗教仪式，婚姻才告成立。前南斯拉夫、保加利亚等国则规定，当事人在规定的机关登记缔结婚姻后，可以按一定的宗教仪式举行婚礼。英国1949年的婚姻法允许当事人在宗教方式和民事登记方式中任选一种，按其中任何一种方式成立的婚姻，法律都承认其效力。

4. 事实婚姻方式。事实婚姻方式，即只要男女双方符合结婚的实质要件，婚姻就合法成立。男女双方以夫妻身份进行事实上的同居后，不必通过任何仪式，婚姻关系即可合法成立。允许这种结婚方式的国家有冰岛、苏格兰、瑞士、奥地利、瑞典，美国有21个州也实行这种制度。

5. 领事婚姻方式。领事婚姻方式，即允许侨居国外的本国公民到本国驻在国的使领馆进行结婚登记，以缔结有效婚姻。

二、涉外结婚的法律适用

（一）结婚实质要件的法律适用

为了解决结婚实质要件的法律冲突，各国立法都对涉外结婚实质有效性的法律适用制度作出了具体规定。归纳起来主要有三种不同的原则：适用婚姻举行地法原则、适用当事人的属人法原则、兼采婚姻举行地法和当事人属人法的混合制度。

1. 适用婚姻举行地法。结婚的实质要件依婚姻举行地法，这是当前最流行的一种制度。采用此原则的国家有美国的许多州和大多数的拉丁美洲国家。根据这一原则，如果符合婚姻举行地法有关结婚实质要件的规定，该婚姻就是有效的婚姻，而且在任何地方都有效。

适用婚姻举行地法这一原则是根据"场所支配行为"的原则，认为结婚是含有人身关系的契约或法律行为，其成立的实质要件应该受婚姻举行地法支配；根据"既得权保护说"，当事人依婚姻举行地法结成的婚姻是一种既得权，应该得到其他国家的承认和保护。反对适用这一原则的学者认为，适用婚姻举行地法会给当事人提供规避法律的机会，当事人有意通过选择婚姻举行地这一连接点，来规避本应适用的准据法，使原本不应成立的婚姻成立，而婚后他们又不定居该地，使"移住婚姻"大量增加。

2. 适用当事人的属人法。根据这一原则，凡符合当事人属人法规定的结婚实质要件的婚姻即为有效婚姻，否则为无效婚姻。由于对当事人的属人法的理解不同，有些国家采用当事人的住所地法为当事人的属人法，有些国家采用当事人的本国法为当事人的属人法。前者有英国、英联邦国家、挪威、丹麦、冰岛等国；后者为大陆法系和受大陆法系影响的国家，诸如法国、日本、意大利、德国、比利时、芬兰、瑞士、瑞典、奥地利、荷兰、西班牙、葡萄牙、希腊、土耳其、泰国、埃及、加蓬、捷克、波兰等国。

当事人在国外缔结的婚姻，由于其实质要件遵照了当事人本国或住所地国的法律规定，易于得到当事人本国或住所地国家的承认。适用当事人的属人法，在某种程度上还可以减少当事人规避法律的机会。反对这一原则的学者认为，采用当事人属人法制度，会发生当事人属人法中的有关规定与婚姻举行地公共秩序相抵触的现象，而给婚姻的有效成立带来障碍。

夫妻双方国籍或住所地不一致，各自的属人法对婚姻的实质要件规定又不相同，应当如何适用法律，各国采取的做法不尽相同。根据各国的立法与实践大致有以下几种解决办法：①适用丈夫的属人法。②适用双方各自的属人法。③适用法院地法。在当事人中有一方的国籍或住所在法院地国时，有的国家主张适用法院地法。④适用其他法律。在双方当事人隶属于不同的属人法时，有的国家主张既不适用当事人各自的属人法，也不适用法院地法，而是适用第三国的法律，如适用婚姻举行地法或者婚姻住所地法等。

3. 混合制度。欧洲各国在近年来制定的冲突法中，大多采用混合制度，但具体的规定又有不同：①以婚姻举行地法为主，兼采当事人住所地法或本国法。例如，瑞士及东欧的一些国家。②以当事人住所地法或本国法为主，兼采婚姻举行地法。采用混合制度来解决结婚实质要件的法律适用问题，避免了把举行地法和属人法绝对化而带来的一系列消极后果，大大提高了法律适用上的针对性。由于其比较灵活和切实可行，已为越来越多的国家所接受。

(二) 结婚形式要件的法律适用

为了解决结婚形式要件的法律冲突，各国所确立的法律适用原则主要是：

1. 依婚姻举行地法。对于结婚形式要件的法律适用，根据"场所支配行为"的原则，世界上许多国家长期以来都主张适用婚姻举行地法。按照这种做法，结婚的方式只要符合婚姻举行地法的要求，即为有效。按婚姻举行地法规定的方式成立的婚姻，在全世界任何地方，都应认为是有效的婚姻，而不管它在形式上是否符合配偶一方或双方属人法的规定。

支持这一主张的国家认为，行为方式尤其是婚姻方式关系到婚姻举行地的公共秩序和善良风俗，应当适用场所支配行为原则。直到今天依"婚姻举行地法"原则仍为一些国家采纳。反对这一主张的国家认为，单纯适用婚姻举行地法，有时会出现"跛脚婚姻"即在一国有效而在另一国无效的婚姻。

2. 适用婚姻当事人的属人法。西班牙、希腊、塞浦路斯、马耳他等国，都以一定的宗教仪式为缔结有效婚姻的惟一方式。所以，这些国家的法律均规定，本国公民或住所在本国的人即使在外国结婚，也必须遵守本国法规定的宗教方式，不承认其本国公民或在本国有住所者在国外依其他方式成立的婚姻。

3. 混合原则。为了避免发生"跛脚婚姻"这种情况，有些国家规定以婚姻举行地法为主，同时兼采当事人属人法。有些国家规定可以选择适用婚姻举行地法或当事人属人法。1977年《约旦王国国际私法》规定，外国人与外国人，或外国人与约旦人之间的婚姻，如果在形式要件方面符合婚姻缔结地法，或者符合婚姻当事人各自的本国法，均应认为有效。阿拉伯联合酋长国的规定亦同。《瑞士联邦国际私法法规》第44条规定："在瑞士缔结的婚姻，其方式适用瑞士法律。"该法第45条规定在国外缔结的婚姻，如果当事人其中一方为瑞士人，或双方在瑞士都有住所的，瑞士承认其有效。

第二节　涉外离婚的法律适用

一、涉外离婚的法律冲突

由于各国的法律传统、风俗习惯和宗教信仰不同，法律对离婚案件的管辖权、离婚的实质要件和形式要件等规定不尽相同，涉外离婚存在法律冲突在所难免。离婚的法律冲突，包括离婚的管辖权冲突、实质要件和形式要件方面的冲突。

（一）离婚案件管辖权的法律冲突

各国法律对离婚案件管辖权的规定通常适用属人管辖、属地管辖，即对离婚案件行使管辖权的原则有两个：一是以当事人的住所、居所为依据；二是以当事人的国籍为依据。英国和美国是以住所或居所确定管辖权的国家，而一些欧洲大陆国家则主要以当事人的国籍确定管辖权。目前，也有兼采住所标准和国籍标准的。但是，各国法律对管辖权规定的具体内容多有不同，因而产生离婚案件管辖权的法律冲突。

欧洲大陆一些国家原则上以当事人的国籍确定离婚案件的管辖权。有的国家甚至认为对本国公民的离婚案件有专属管辖权，现在则很少有国家持这种观点，以国籍为确定管辖权惟一依据的国家已不多见。

（二）离婚实质要件的法律冲突

离婚实质要件是指法律规定的准许离婚的条件。各国主要采用原则性规定和列举性规定的方法来规定离婚的实质条件。目前，世界上除了极少数国家以外，绝大多数国家离婚采取自由主义原则，允许当事人离婚，将婚姻无法挽回地破裂作为离婚的重要依据。各国立法仍对离婚原因有不同规定。

例如，英国1971年1月1日生效的《离婚改革法》规定，可以申请离婚的基本依据是：婚姻关系已破裂至不可挽回的程度。申请人可提出下列情况之一作为此依据的证明：①被告一方有通奸行为；②被告的行为已达到就一般情理而言，不能期望申请人与之继续同居的地步；③在申请人提出离婚申请以前，被告已持续遗弃其至少有2年时间，而且被告已同意离婚；④双方在申请前，已持续分居有5年时间，此时无须征得被告同意。《日本民法典》第770条第1款规定，夫妻一方，限于下列情形，可以提起离婚之诉：①配偶有不贞行为时；②被配偶恶意遗弃时；③配偶生死不明在3年以上时；④配偶患强度精神病没有康复希望时；⑤有其他难以继续婚姻的重大事由时。目前，美国、挪威、意大利、瑞典、澳大利亚、法国、西班牙的离婚法大体上都采取这种规定方式。但是，东欧国家的立法对离婚理由未作一一列举，而是在原则上规定如果夫妻感情确已破裂或婚姻关系无法继续维持时，当事人即可提出离婚，离婚并不因夫妻一方的过错引起。

(三) 离婚形式要件的法律冲突

所谓离婚的形式要件，就是解除合法婚姻关系的具体手续和程序。这种程序又大致可分为诉讼程序和行政程序两种，极少数国家采用宗教方式离婚。诉讼程序指通过法院的判决来解除婚姻关系，又称为判决离婚方式；行政程序指经有关的行政主管机关（例如婚姻登记机关）查明离婚理由属实后发给离婚证书来解除婚姻关系，又称为协议离婚方式。欧洲大陆国家，如德国、法国、意大利、荷兰、瑞典等国，都采用判决离婚方式。而中国、前南斯拉夫等国则采用判决离婚方式和协议离婚方式两种，但协议离婚的范围和具体手续又不一样。我国《婚姻登记办法》第7条规定："男女双方自愿离婚，并对子女抚养和财产处理达成协议时，必须双方亲自到一方户口所在地的婚姻登记机关申请离婚登记。"美国少数州还规定有一种"快速解除婚约"的方式。这种简便的程序，适用于结婚不久又无孩子，以及财产极少的夫妇。这种方式只要婚姻双方当事人提出申请，就如何分割财产达成协议，6个月后再填一份认可表格，表明仍要求"快速解除婚约"即办成离婚手续。

二、涉外离婚的法律适用

（一）离婚案件管辖权的法律适用

目前，各国对解决离婚案件管辖权的法律冲突一般采取四种做法：一是适用当事人的住所、居所地法；二是适用当事人的国籍国法；三是适用法院地法；四是适用有最密切联系的法律。英美法系国家多以住所或居所确定管辖权，而一些欧洲大陆国家则主要以当事人的国籍确定管辖权。进入20世纪以来，美国等国家出现了适用最密切联系原则来确定应适用的法律的判例。还有一些国家适用法院地法解决离婚的法律冲突，如我国。

（二）离婚实质要件的法律适用

各国在离婚实质要件的法律适用方面大致有下列几种做法：

1. 依当事人本国法。欧洲大陆大多数国家采用这一做法。离婚关系到人的身份问题，诸如财产的分割、子女的教育和抚养、赡养费的给付以及因家庭破裂而引起的种种问题都与当事人的身份有关，而身份问题又与当事人的本国有着密切的关系，所以在实体法上应受当事人本国法的支配。采用这一做法的国家又有一些不同规定，主要有：①适用夫妻共同的本国法。欧洲大陆国家，除芬兰、瑞典以外的北欧国家和日本等均采用这种制度。②适用丈夫的本国法。希腊、埃及等国主张这种做法。③适用原告的本国法。1950年以前，法国一直采用这一制度。此外还有瑞士、比利时。④同时适用夫妻各自的本国法。如前南斯拉夫。

2. 依夫妻共同或一方住所地法。英美法系国家大多采取这一制度。住所地是当事人生活的中心，与当事人的关系最为密切，所以离婚应适用夫妻共同或一方的住所地法。根据英国1973年《住所与婚姻诉讼法》，在下列情况下，英国法院对解除婚姻的诉讼有管辖权：①诉讼开始时，只要当事人一方有住所在英国；②诉讼开始时，当事人一方已在英国设有习惯居所一年以上。而在法院享有管辖权的任何（离婚）案件中，它们都将只适用英国国内法。美国也采用这种制度，美国1971年的《冲突法重述（第二次）》第285条规定，确定离婚权利的法律应该是受理离婚之诉的当事人的住所所在州的实体法。

3. 依法院地法。目前采用这一制度的国家有瑞士、丹麦、挪威、拉丁美洲的一些国家以及中国等。离婚的实质要件依受理案件的法院地法。这种学说最早在19世纪由德国学者萨维尼提出。在20世纪初期，此说仍为大陆法系国家的许多学者所推崇。持此说的理由主要是：离婚涉及一国的公共秩序和善良风俗，因而有关离婚的法律规定多为强行法，故只应适用法院地法。在英美国家，审理离婚案的程序为：首先以住所地为标志来确定其管辖权，然后又依管辖权来确定离婚实质要件的法律适用。因而它们的所谓适用住所地法，从另一角度看也即适用法院地法。

4. 重叠适用当事人的属人法和法院地法。在实践中，有不少国家在立法上采纳了这一原则，其理由为：仅依当事人的属人法有缺陷，如果当事人本国法准许的离婚理由违反了法院地国的公共秩序或善良风俗，这时当事人的属人法很难为法院所承认和适用；或者相反，依当事人本国法不允许离婚，但依法院国法却准许离婚，这时法院所作出的离婚判决又很难为当事人的本国法律所承认。为了解决这个问题，他们主张重叠适用当事人的本国法和法院地法。各国的具体做法又可归纳为三种类型：①以适用当事人属人法为主，兼采法院地法。如德国；②以适用法院地法为主，兼采当事人属人法。瑞士冲突法曾采取这种原则；③当事人属人法和法院地法并重。如1902年的《关于离婚和别居的海牙公约》。

5. 依有利于实现离婚的法律。近些年来，欧洲大陆各国在解决离婚的法律冲突时，普遍采用一种有利于实现离婚的法律适用制度。这种新的法律适用制度放松了离婚的条件和要求，同时也反映了立法者对包括离婚自由这一观念的接受。1986年《联邦德国国际私法》规定离婚适用提起离婚诉讼时，支配婚姻效力的法律。如果该法律不允许离婚，但是若原告在起诉时或在婚姻缔结时具有德国国籍的，得适用德国法律。这两种办法都增加了离婚的可实现性。除了联邦德国的立法采取了有利于实现离婚的法律适用制度外，其他一些欧洲国家的立法，如1964年《捷克斯洛伐克社会主义共和国国际私法及国际民事诉讼法》第22条、1978年《奥地利联邦国际私法法规》第20条、1982年《前南斯拉夫法律冲突法》第35条的规定都贯彻了这一原则。

（三）离婚形式要件的法律适用

各国立法对离婚的形式要件规定了适用法院地法这一法律适用原则。即凡在法院地国提起的离婚诉讼，不论当事人的属人法规定如何，离婚的程序问题，均应依法院地国司法程序。由于离婚的程序与实质问题有密切的联系，所以常常会出现许多特殊的问题，其中最突出的是宗教婚姻问题。宗教离婚形式到底是程序问题，还是实质问题？由于理解不同，因而其准据法也可能不同。

第三节 涉外夫妻关系的法律冲突与法律适用

一、涉外夫妻关系的法律冲突

夫妻关系从法律角度而言主要涉及夫妻人身关系和夫妻财产关系两个方面。所谓夫妻间的人身关系，是指具有合法婚姻关系的男女双方，在社会和家庭中的地位、身份等方面的权利义务关系。夫妻财产关系，又称夫妻财产制，是指具有合法婚姻关系的男女双方对于家庭财产的权利义务关系。由于各国政治、经济、社会风俗和历史传统、宗教信仰的不同，法律规定有较大差异。

（一）夫妻人身关系的法律冲突

夫妻人身关系，又称婚姻的一般效力，包括姓氏权、同居义务、忠贞及扶助义务、住所决定权、从事职业和社会活动的权利、夫妻之间的代理权等方面的内容。此外还包括在同居、贞操以及相互扶助方面的权利和义务。由于各国政治、经济、社会风俗和历史传统、宗教信仰的不同，常有不同的法律规定。

1. 姓氏权。姓氏权是人格权的重要组成部分，是夫妻在家庭中有无独立人格和地位的一种标志。当代各国关于夫妻姓名权的立法大致有三种类型：①坚持妻随夫姓的原则。例如，《瑞士民法典》第161条规定妻随夫姓并取得夫的身份权。瑞典也有类似规定。②实行从一约定，无约定从夫姓的原则。如德国。③实行任意约定的原则。很多国家都采用此原则，如日本。

2. 同居义务。大多数国家有夫妻间同居义务的规定。如《日本民法典》第752条规定"夫妻应同居，相互协力，相互扶助。"《法国民法典》第213条规定，夫应保护妻，妻应顺从夫。妻负有与丈夫同居的义务并应相随至夫认为适宜的居所。但是，各国对于停止同居义务的规定却不尽相同，引起涉外夫妻关系的法律冲突。

3. 从事职业和社会活动。有些国家规定妻子不享有独立选择工作和职业的自由权利。有些国家规定妻子有相对的就业权。如《瑞士民法典》第167条规定："妻在取得夫的明示或默示的承诺后，无论从事何种夫妻财产制，均有从事职业的权利。夫拒绝承诺时，妻如能证明其就业对婚姻共同生活或家庭有益，可请求法官授予从事上述职业的权利。"有些国家规定夫妻有平等的从事职业和社会活动的权利，如中国。

4. 住所决定权。各国关于住所决定权的立法大致有三种类型：①采用夫妻协商决定住所的原则，如法国；②夫有义务提供住所、妻有权利在该住所居住的原则，如英国；③夫决定住所权原则，如《瑞士民法典》第160条规定："夫决定婚姻住所并应以适当方式抚养妻子和子女"。

在夫妻相互忠实义务和夫妻相互代理权等方面，各国立法也有分歧。

（二）夫妻财产关系的法律冲突

由于各国的具体国情不一，所采用的夫妻财产制也不相同，现在大体有三种制度。

1. 共同财产制。共同财产制，也称共享制，规定夫妻的全部或部分财产归双方共同所有。

目前多数国家采用这一制度，但又有五种不同的形式：①婚后完全共同财产制。即夫妻共同财产的范围及于婚姻期间取得的一切财产。②婚后部分财产共有制。夫妻共有财产的范围仅限于婚后婚姻关系存续期间所获得的财产（不包括赠予或继承的财产）。例如，保加利亚的法律规定，夫妻双方在婚后获得的财产属共同的财产，双方对该财产的占有、使用、处分享有平等权利。但夫妻婚前所有的财产以及婚后赠与或继承所得财产，则归个人所有。③婚前婚后动产共有制。夫妻结婚前拥有的和婚姻关系存续期间获得的收益和动产，和在双方婚姻关系存续期间通过工作或职业获得的财产，都属于共有财产的范围。但夫妻双方在结婚时就有的或在婚姻关系存续期间通过继承或赠与得来的不动产不算作共有财产。比利时和智利等国采用这一制度。④迟延的共同财产制。这种制度规定，夫妻各自对婚姻存续期间挣得的财产保持个人所有，但在婚姻关系消灭时，一方对他方的财产享有一半的权利。这种制度盛行于斯堪的那维亚半岛地区的某些国家。⑤夫妻财产合并制。这种共有制规定无论夫妻婚前财产还是婚后财产，无论动产还是不动产，一律属于夫妻共同财产。《瑞士民法典》第194条规定夫妻财产合并制，系指配偶双方在结婚时各自所有的财产，以及在婚姻存续期间继承或通过其他方式取得的财产，合并为夫妻财产。

2. 分别财产制。分别财产制，是指无论夫妻婚前所得财产还是婚后所得财产，无论动产还是不动产，一律归各自所有，夫妻各自得有管理、用益及自由处分个人财产的权利。在英国，结婚对夫妻财产不发生任何影响，除双方另有约定外，他们对结婚时各自拥有的或以后取得的财产分别享有所有权。但财产被划分为共同使用和个人使用两类。奥地利采用夫妻财产分别制，夫妻双方不仅保有结婚时带来的各自财产，而且还各自保有在婚姻关系存续期间因继承或赠与而取得的财产。但只要妻子没有相反的意思表示，则推定她已委托她的丈夫管理她的财产。希腊法律则规定，夫妻双方可以完全自由地和独立地管理和处理各自婚前所拥有的以及婚后所取得的财产。

3. 约定财产制。约定财产制是指法律允许夫妻双方以契约形式确定其使用的夫妻财产制。英国、法国、美国、挪威、荷兰、丹麦、德国等许多国家都实行这一制度。这些国家的法律明文规定，夫妻双方可以在婚前或婚姻关系存续期间，约定采用某种财产制来支配他们之间的财产关系，只有在当事人没有以契约约定财产制时，才按法律规定的夫妻财产制办理。我国《婚姻法》第19条也规定："夫妻可以约定婚姻关系存续期间所得的财产以及婚前财产归各自所有、共同所有或部分各自所有、部分共同所有。"也有一些国家不允许当事人自行约定夫妻财产制，而是由法律对夫妻财产制作硬性规定，如罗马尼亚、墨西哥等国。

二、夫妻关系的法律适用

（一）夫妻人身关系的法律适用

各国关于夫妻人身关系的法律适用问题，大致采取以下几种冲突规则：

1. 适用当事人的本国法。人的身份能力适用当事人的本国法，这是冲突法中一条普遍适用的原则，所以夫妻的人身关系也应适用当事人的本国法。目前，大多数欧洲国家和日本、泰国等国都主张适用当事人的本国法。但在具体如何适用当事人的本国法上又有几种不同的规定：

（1）依丈夫的本国法。《约旦王国国际私法》规定："婚姻的效力，包括婚姻对夫妻财产的效力，适用婚姻缔结时丈夫国家的法律。"阿拉伯联合酋长国及阿拉伯国家联盟统一国际私法也都规定适用结婚时丈夫的本国法。

（2）依夫妻的共同本国法，在无共同本国法时，则适用丈夫的本国法。法国和泰国的法律都是这样规定的。例如，1939年《泰国国际私法》第21条规定，夫妻间身份关系，如夫妇同一国籍或妻子因婚姻取得丈夫的国籍时，依夫妇的共同本国法，否则依丈夫的本国法。

(3) 依夫妻双方共同本国法，若夫妻双方无共同本国法，则依夫妻住所地法或法院地法。

2. 适用当事人的住所地法。采用这一制度的国家认为，婚姻既关系到住所地公共秩序，又关系到住所地的经济负担，与住所地的关系极其密切，故夫妻人身关系主要依住所地法来调整。英国、美国、丹麦、乌拉圭、秘鲁、巴西等国都是采取住所地法作夫妻人身关系的准据法。1989年《瑞士联邦国际私法法规》也主张适用住所地法，但应是配偶双方的共同住所地法，如果没有这种共同住所，应适用最密切联系的国家的法律。

3. 适用法院地法和行为地法。由于夫妻人身关系有时关系到法院地或行为地的公共秩序和善良风俗，因此也有主张夫妻人身关系的某些方面应该适用法院地法或行为地法。1905年海牙《婚姻对夫妻身份和财产关系的效力的法律冲突公约》第1条规定，有关夫妻身份上的权利义务，依双方本国法，但前项权利义务的行使，非依行为地法所认可的方式，不得为之。

（二）夫妻财产关系的法律适用

由于各国对夫妻财产关系究竟属于财产权的范畴、还是属于婚姻效力的范畴、还是属于契约的范畴有不同看法，在确定夫妻财产关系的法律适用原则时，各国的做法存在分歧。有些国家将夫妻财产关系归于财产权的范畴，采用分割制或单一制来决定应适用的准据法。有些国家采取约定财产制，允许当事人自由选择支配夫妻财产关系的准据法，只是在当事人未作选择的情况下，才适用法定财产制的准据法，或其他准据法。有些国家则不允许当事人自由选择准据法，只适用法定财产制的准据法来解决夫妻财产关系的法律适用问题。

1. 分割制和单一制的法律适用原则。分割制是指对夫妻财产区分动产与不动产适用不同的准据法。单一制是指对夫妻财产不分动产与不动产，而适用同一的准据法。对于夫妻财产关系，英美法系国家在法律上采取分割制，不动产适用物之所在地法，动产适用丈夫的住所地法或婚姻住所地法。这种做法的目的是保持夫妻财产制和继承财产权的取得、丧失和变更等法律关系的统一，并易于得到物之所在地国家的承认和执行。采用分割制的缺陷是，夫妻各自的不动产，由于其所在地的不同而适用不同的法律，使夫妻间的法律关系复杂化，而且法律适用的结果难以预料。

1971年美国《冲突法重述（第二次）》第233条规定，婚姻对夫妻结婚时配偶一方所有的土地权益的效力以及对婚姻存续期间配偶任何一方所取得的土地权益的效力，土地所在地法律将予以适用；对动产则一般适用与配偶及财产有最密切联系的法律。英国规定，对在英国的土地，任何婚姻契约都不得作出授予当事人以所在地法律禁止或不承认的权利的约定。

2. 意思自治原则。一些国家的立法和判例将婚姻关系看作是一种特殊的契约关系，因此在夫妻财产关系的法律适用问题上，也主张适用意思自治原则。采用这种原则的国家有美国、英国、法国、德国、日本、瑞士和奥地利等国。1979年《奥地利联邦国际私法法规》第19条规定，夫妻财产，依当事人明示选择的法律，无此种协议选择的法律时，依结婚时支配婚姻的人身效力的法律。1982年《土耳其国际私法和国际诉讼程序法》第14条规定，当事人虽可以选择调整夫妻财产关系范围的法律，但应在他们的住所地法，或他们结婚时的本国法中作出选择。

3. 契约准据法原则。对于夫妻财产契约中没有明确指出准据法的，有的国家主张适用契约的准据法。关于订立财产契约的形式的有效性应适用的法律，各国多主张与一般法律行为的形式同样看待，适用行为方式的准据法。由于各国规定的行为方式的准据法不一致，因而导致对婚姻财产契约的形式也适用不同的法律。关于当事人订立婚姻财产契约的能力，美国各州倾向于适用契约本身的准据法。而波兰法律则规定，适用夫妻双方的本国法。1978 年关于婚姻财产制的海牙公约规定，婚姻契约形式的有效性，只要符合适用于婚姻财产制的内国法，或符合缔结地的内国法，就是有效的。

4. 属人法原则。各国关于法定财产制的法律适用原则，大多主张采用属人法原则，有些国家在夫妻财产关系上排除适用意思自治原则，规定夫妻财产关系应适用属人法。采用属人法原则的国家主要有希腊、泰国、约旦和波兰等国。由于各国对属人法的理解不同，因而在具体规定上有所差异，归纳起来有以下几类：

（1）适用丈夫的本国法。日本、希腊、约旦、阿拉伯联合酋长国法律采用这种原则。

（2）以适用夫妻双方的共同的本国法为主。波兰、捷克、奥地利、前南斯拉夫、土耳其等国采用这一原则。当夫妻本国法不一致时，捷克适用法院地法；而波兰适用夫妻住所地法；夫妇住所不在同一国家时，适用波兰法。

（3）适用当事人住所地法。英美法国家以及瑞士、丹麦、挪威和南美某些国家都采用这一原则。英国、美国认为，应适用丈夫的住所地法；秘鲁、阿根廷等国主张适用夫妻最初的住所地法。

5. 婚姻举行地法原则。南美洲一些国家，如尼加拉瓜、厄瓜多尔、哥伦比亚、智利等国，以婚姻举行地法作为夫妻财产制的准据法。

第四节 父母子女关系的法律冲突与法律适用

父母子女关系包括父母子女的人身关系和财产关系两个部分。父母子女关系依据父母与子女之间是否有血缘关系而划分为自然血亲的父母子女关系，拟制血亲的父母子女关系两类。父母子女关系依据父母在生育子女时是否存在合法的婚姻关系，可以分为父母与婚生子女的关系和父母与非婚生子女关系两大类。在父母子女关系中，有一方或一方以上为外国人，或各方虽为本国人但居住外国时，即构成涉外父母子女关系。父母子女关系的法律冲突主要集中于父母与婚生子女关系以及父母与非婚生子女关系。

一、父母子女关系的法律冲突
（一）父母与婚生子女关系的法律冲突

婚生子女，是指具有有效婚姻关系的夫妇生育的子女。婚生地位的有无常影响子女的姓名、住所、国籍、抚养和继承等问题。在大多数国家中，子女的法律地位仍与是否婚生有关。婚生子女可以使用父姓，从属父亲的国籍，有权取得父母的养育、教育，有权继承父母的财产。各国立法对婚生问题上的不同规定是产生父母与婚生子女关系的法律冲突的重要原因。

1. 关于婚生推定。虽然各国立法都承认凡有效婚姻关系中怀孕生育的子女为婚生子女，但各国关于婚生的推定却不尽一致。《日本民法典》第772条第1款规定，妻子在婚姻期间怀孕生的子女，推定为其丈夫的子女。第2款规定自婚姻成立起200天以后，或解除、取消婚姻之时起300天内出生的子女，可推定为婚姻中怀孕的子女。《法国民法典》第312条规定，子女系于婚姻期间怀孕者，夫即为父。第313条又规定，离婚或夫妻分居300天以内，或自最终驳回离婚请求或夫妻和解以后满180天而出生的子女，可推定为婚生子女。英国普通法对婚姻关系存续中出生或受胎的子女，均推定为婚生子。《瑞士民法典》第255条亦有类似推定。在婚姻关系存续期间，因夫妻双方同意而进行人工生育的子女与该夫妻形成亲子关系，这点已基本成为共识。如《美国统一亲子法》规定，在使用第三人精子的情况下，丈夫必须书面承诺，并要求经夫妻双方签字，法律对丈夫和胎儿的自然父亲同样对待。精子的提供者在法律上不视为胎儿的父亲。

2. 关于婚生否认权的行使。婚生否认权是指子女系婚前或在共同生活已停止时女方怀孕所生，其夫或其他利害关系人有权否认其生父的身份。否认权行使与否认之诉的诉讼时效，各国有不同规定。有些国家的法律没有规定婚生否认权的制度，如中国。但大多数资本主义国家作了规定。《瑞士民法典》第256条规定，如子女系婚前或在共同生活已停止时受胎的，可以提出否认之诉，但如果经证明夫在妻受胎时与其同居者，则仍得推定夫为父。《德国民法典》第1591条规定，在受胎期间（子女出生前第180－302天内）推定丈夫曾与妻子同居。如果丈夫能够提出证据证明在这段期间未曾与妻子同居，就可以否认父子关系。

关于否决权的行使，各国的法律规定主要有：①仅由夫行使（如日本）；②否认之诉可以由夫提出，也可以由子女提出（如瑞士）；③夫的父母也有否决权（如德国）；④夫的继承人也有权对子女的婚生资格提出异议（如法国）；⑤检察官可以对子女的合法性提出异议（如奥地利）。关于否认之诉的时效，日本规定为自夫得知子女出生起1年，法国规定为6个月，德国为2年。

3. 关于无效婚姻所生子女的地位。许多国家法律规定，为保护子女的权益，无效婚姻中所生子女亦是婚生子女。但有些国家不承认无效婚姻所生子女为婚生子女。

(二) 父母与非婚生子女的法律冲突

非婚生子女是指在非婚姻关系中受孕而出生的子女。它包括婚前所生子女及婚姻关系外所生的子女。有些国家规定非婚生子女与婚生子女的法律地位平等，如中国。但有很多国家歧视非婚生子女。为了保护非婚生子女的权益，许多国家采取了准正制度。所谓准正制度是指符合法定条件的非婚生子女依据法定程序取得与婚生子女同等法律地位的制度。非婚生子女准正的条件或方式一般可分为：因父母事后结婚而准正，因认领而准正和因国家行为而准正。

1. 父母事后婚姻。但是，父母事后婚姻如果是无效婚姻，如重婚等，子女能否获得准正，各国立法规定有很大分歧。《德国民法典》第1719条明确规定，即使生父母的事后婚姻被宣布为无效，非婚生子女仍为婚生子女。但在有些国家规定无效的事后婚姻不能使子女获得准正。

2. 关于认领。认领是指非婚生子女的生父母，特别是生父确认非婚生子女为自己子女的法律行为。各国立法对认领的法律效果规定略有不同。有些国家规定认领可以使非婚生子女取得与婚生子女完全相同的地位。而有些国家则认为，单纯的认领仅赋予被认领的非婚生子女有限的权利，被认领者并不能完全取得婚生地位。

3. 国家行为。在因父母一方死亡，父母不可能事后结婚，或父不愿认领的情况下，由国家直接宣布非婚生子女的准正。在欧洲的许多国家中，最高行政长官直接或间接（通过国内法院，或国内行政机构）行使这种权利。美国的许多州都授权法院或特别行政机构代表国家宣布准正。这种方法主要是通过确认亲子关系的诉讼，由法院作出判决，宣布子女是否婚生。除美国的若干州外，还有意大利、荷兰、瑞士、斯堪的那维亚半岛各国采用这种方法。

二、亲子关系的法律适用

（一）父母与婚生子女关系的法律适用

各国为解决父母与婚生子女的法律冲突，都制定有法律适用制度，大体上有以下几种：

1. 适用父的属人法。采用这种制度的国家认为亲权主要由父亲行使，所以父母与婚生子女关系应适用父亲的属人法。德国、泰国、希腊、意大利、韩国都有过类似的规定。我国台湾省"涉外民事法律适用法"及旧瑞士法律也采取此种准据法。英国的学者和判例则主张适用父的住所地法来决定是否为婚生子女。

2. 适用父母属人法。采用这一制度的国家主要从男女平等，以及父母子女关系主要涉及父母的身份考虑的。其法律适用主要包括：①适用父母的共同属人法。如奥地利、秘鲁采用父母共同国籍国法，美国的一些州采用父母共同住所地法。②分别适用父母各自属人法。美国的1934年《冲突法重述（第一次）》就采用此法，即由父的住所地法决定父与子女的婚生关系，由母的住所地法决定母与子女的婚生关系。卢森堡、比利时、荷兰《统一国际私法典》以父母中相关一方的本国法决定子女的婚生与否。即父子关系由父的本国法决定，母子关系由母的本国法决定。

3. 适用子女的属人法。采用这一法律适用制度的主要是东欧国家，其目的是为了保护子女的利益。例如，1965年《波兰国际私法》第19条第2款规定，父子关系或母子关系的否认和承认，依出生时子女的属人法。

4. 适用婚姻有效性的法律。有些国家认为，父母婚姻的效力直接影响到子女的婚生地位，因此应适用支配婚姻效力的法律。

5. 适用对子女婚生更为有利的法律。近来有些国家的立法明确规定适用对子女更为有利的法律。例如，1979年《奥地利联邦国际私法法规》第21条规定，在适用配偶对方的属人法时，如他们的属人法不同，应依其中更有利于子女为婚生的法律。捷克法律规定，父子关系的确认，依子女出生时所取得的国籍所属国家的法律；如果子女居住在捷克，只要对子女有利，就依捷克法。

（二）父母与非婚生子女关系的法律适用

1. 准正的法律适用。有些国家，如土耳其、希腊等，并没有分别规定各种准正方式的准据法，只是笼统地规定了准正适用的法律。有些国家则专门规定了事后结婚、认领及国家行为准正所适用的法律。

2. 事后婚姻准正的准据法。事后婚姻准正的法律适用，主要有如下几种做法：①适用住所地法。父母事后结婚时的住所地法决定由该事后结婚而获得的准正。英国和美国即是如此。②适用本国法。由事后结婚或认领时的父之本国法决定准正。③适用父母属人法。如1979年《奥地利联邦国际私法法规》第22条的规定。④适用子女属人法。⑤适用支配婚姻效力的法律。如1986年修订的《德国民法施行法》第21条的规定。

3. 认领的准据法。认领的准据法分为形式要件准据法和实质要件准据法。关于认领实质要件的法律适用，有以下几种做法：①适用父母属人法。认领子女的父母的住所地法或本国法常被用来决定有关认领的问题。如1939年《泰国国际私法》第31条及美国一些州的规定。②适用子女属人法。如波兰、秘鲁和匈牙利等国的规定。③选择适用父或母或子女的属人法。如1987年《瑞士联邦国际私法法规》第72条规定，在瑞士对子女的认知，可以依子女的惯常居所地法、本国法、父或母一方的住所地法或本国法作出。这种选择性立法的目的在于有利于认领的成立。

4. 国家行为准正的准据法。在以国家行为准正方面，各国在实践中一般有以下几种准据法：①依父母所在地法。在美国，事后婚姻以外的其他准正行为，与事后结婚准正的冲突规则一样，由父母的住所地法决定。②父母本国法。③分别适用父母住所地法和子女的住所地法。④准正国家的法律。1974年《阿根廷国际私法草案》第26条规定，官方准正行为受准正国家的法律支配。

第五节　收养、监护、扶养的法律冲突与法律适用

一、涉外收养、监护、扶养的法律冲突

（一）涉外收养的法律冲突

收养是指根据法律规定领养他人的子女为自己的子女，从而建立拟制父母子女关系的行为。涉外收养则指含有涉外因素的收养。收养的成立必须符合一定的条件和程序，也就是必须符合收养的实质要件和收养的形式要件。收养的实质要件包括收养关系中的收养人和被收养人的年龄、身份和意思表示等内容。收养的形式要件即收养的法律程序。目前除葡萄牙、巴拉圭、危地马拉等少数国家外，世界上大多数国家的立法中都有收养制度。

收养的实质要件，各国法律的具体规定各不相同。如关于收养人的年龄，法国1976年12月22日法律再次放松对收养人的年龄要求，现行《法国民法典》第3430条规定，未分居的夫妻结婚5年后始得收养子女；第3431条规定，凡年龄超过30岁者，亦得要求收养子女。关于被收养人，法国既允许收养未成年人，也允许收养成年人。在瑞士和德国，不仅允许收养未成年人和成年人，还允许收养已婚者，不过这种收养须经其配偶的同意。1970年《新加坡儿童收养法》规定被收养人只能是未婚的未成年人，即不满21岁的人。英国、瑞典、保加利亚和美国一些州也只准许收养未成年人。关于收养人与被收养人间的年龄差，各国亦有不同的规定，从10岁到30岁不等。如法国规定的年龄

差为 15 岁；但如被收养人为其配偶子女时，相差 10 岁亦可。瑞士则规定年龄差为 16 岁以上；英国法规定为 21 岁以上；德国规定为 18 岁以上。

关于收养方式，有些国家的法律规定，收养须经特别机关发布收养令或宣告收养成立。例如，在美国收养必须经司法调查，确认收养是为子女的利益，由法院宣布收养令后，收养才告成立。在德国，收养子女须经收养人申请，由监护法院裁定后，予以宣告。而在某些国家中，只要当事人达成收养协议，有时经过司法机关同意，有时不需司法机关同意，就可以宣告收养成立。有些国家只需经过某种宗教仪式，收养即告成立。

关于收养的效力。大多数国家法律规定"完全收养"收养成立后，被收养人与其生父母间的权利义务关系即告终止，而与收养人之间建立起权利义务关系，养子女的法律地位与婚生子女一样，享有婚生子女的权利，承担婚生子女的义务。有的国家规定"不完全收养"或"单纯收养"收养成立后，被收养人与其亲生父母的关系并不完全断绝，他们之间仍可互相享有某种继承权，生父还保有某种亲权；有的国家规定：收养成立后，养子女只是取得某些权利。有的国家只有"不完全收养"，如德国；有的国家不仅允许"完全收养"，也允许"不完全收养"，如法国、比利时、意大利、保加利亚。

（二）涉外监护的法律冲突

监护，是指对无行为能力和限制行为能力的人的人身、财产权益，依法实行的监督和保护。有的国家把对限制行为能力人的监督和保护称为保佐。目前各国立法均设立了以保护受监护人和受保佐人利益为目的的监护和保佐制度。各国法律对监护对象的规定可以分为对未成年人的监护和对成年人的监护。未成年人的监护一般是在未成年人无父母或父母死亡、宣告死亡、失踪、被剥夺亲权、被宣告为禁治产、被判刑、患病等不能行使亲权时，或在某些事务中无权代理未成年人时设立。对成年人来说，一般不发生监护问题，但如成年人被宣告禁治产时，也设立监护。各国监护制度存在差异。例如关于监护人的资格就有以下几种做法：①未成年人、禁治产人等不得作为监护人；②破产人或处于破产存续期间中的破产者不得为监护人；③个人可以作为监护人，官方机构、社会团体亦可作为监护人；④被指定或选定的监护人，无正当理由不得拒绝接受担任监护人。

（三）涉外扶养的法律冲突

关于涉外扶养的亲属范围，各国扶养范围的规定有很大的区别。美、英等国规定扶养义务限于夫妻、父母子女关系，而不适用其他亲属特别是姻亲关系，范围较窄；我国法律规定除配偶、父母子女外，祖父母、外祖父母和孙子女、外孙子女互负抚养和赡养的义务，有负担能力的兄姐对未成年弟妹有扶养的义务。关于涉外扶养的成立、方式，各国涉外扶养的成立、方式及程序的规定有很大的区别。如扶养成立的条件不同，被扶养人的年龄状况、经济状况、精神状况以及扶养人的经济条件，各国规定都有不同。

二、涉外收养、监护、扶养的法律适用

（一）涉外收养的法律适用

1. 收养实质要件的法律适用。

（1）适用法院地法。英国和美国以及拉丁美洲一些国家采用此方法。如果英国法院对涉外收养有管辖权，就适用英国国内法来决定这一收养的实质要件。1975 年《英国收养法》规定：只要收养申请人在英国有住所，被收养人、或其父母、或监护人在收养提出时在英国，英国高等及地方法院就有管辖权；但如果申请收养时被收养人不在英国，则只有高等法院有权颁布收养令。美国1971年《冲突法重述（第二次）》认为，法院应该适用本地法决定是否准许收养。一旦管辖权确立了，就无须再做准据法选择。

（2）适用收养人属人法。意大利、波兰、奥地利和德国等国家实行收养适用收养人本国法制度。1978年《意大利民法典》第20条规定收养人与被收养人的关系，适用收养人收养时的本国法。

（3）适用收养人和被收养人各自的属人法。采用这种做法的国家主要有日本、匈牙利、土耳其、瑞典、挪威、希腊、荷兰、韩国和秘鲁等。其立法理由是认为收养不仅影响到收养人的权利和义务，而且也影响到被收养人的权利和义务。此外，这种立法还考虑到收养在国外的承认问题。我国台湾的"涉外民事法律适用法"第18条第1款也采用此法。

（4）适用收养发生地法。1987年《瑞士联邦国际私法法规》第77条第1款规定："在瑞士宣告收养的条件，由瑞士法律支配。"这一规定实际上是主张收养的成立适用收养发生地法。

（5）适用被收养人的属人法。大多数国家只是在某些要件上适用被收养人属人法。前苏联等国实行收养适用被收养人本国法制度。法国法律虽无明文规定，大多数判例都采用被收养人本国法。

2. 收养效力的法律适用。关于收养效力的法律适用，主要有以下几种做法：①适用收养人本国法。②分别适用收养人和被收养人的属人法。就收养人的遗产而言，依收养人的属人法调整，但关于姓氏，被收养人对其原来家庭所保留的权利义务，以及收养人对其遗产的关系，依被收养人的属人法调整。③适用收养人或被收养人的住所地法。如秘鲁、阿根廷等国主张，收养效力依收养人住所地法。④适用收养发生地法。如上述1987年《瑞士联邦国际私法法规》第77条第1款的规定也适用于收养的效力。

（二）涉外监护的法律适用

关于涉外监护的法律适用，大多数国家主张依被监护人的属人法，少数国家主张依法院地法。

1. 依被监护人的属人法。监护制度是为了保护被监护人的利益而设置的，而且以被监护人在一般行为能力上有缺陷为条件，所以各国立法大都以被监护人的属人法作为有关监护问题的准据法：①适用被监护人的本国法。②适用被监护人的住所地法。南美洲一些国家主张适用被监护人的住所地法。③原则适用依被监护人的属人法，并以其他法补充。日本、泰国、土耳其等国不仅规定了监护应适用被监护人的属人法，而且对在内国有住所或居所的外国人或无国籍人，或者在内国有财产的外国人的监护问题作了规定。

2. 依法院地法。英国和美国等少数国家在监护问题上，强调法院的管辖权，如果英国和美国等国家法院有涉外监护案件的管辖权，一般适用本国法。英国法院在下面三种情况下有管辖权：①未成年人在英国，即使他的住所在国外并且在英国也无财产，甚至当其住所地法院已为其指定了监护人，英国法院有权重新为其指定监护人；②未成年人是英国国民,即使他不在英国;③未成年人在英国有惯常居所,即使他是外国国民并且不在英国,也不妨碍英国法院为其指定监护人的权力。

(三)涉外扶养的法律适用

1. 适用扶养义务人的属人法。如1982年《土耳其国际私法和国际诉讼程序法》第21条的规定。

2. 适用扶养权利人的属人法。如1979年《匈牙利国际私法》第45条和第47条的规定。1973年海牙《扶养义务法律适用公约》首先规定,扶养义务由扶养权利人惯常居所地法决定;如果根据该法扶养权利人不能从扶养义务人处获得扶养时,则依扶养权利人和扶养义务人的共同本国法;如果无共同本国法或依共同本国法也不能从扶养义务人处获得扶养时,则依受理案件法院的国内法。

第六节 中国有关涉外婚姻家庭关系法律适用的规定及实践

一、我国关于涉外婚姻法律适用问题的法律规定

(一)中国涉外结婚的法律适用制度

我国《涉外民事关系法律适用法》第21条规定,结婚条件,适用当事人共同经常居所地法律;没有共同经常居所地的,适用共同国籍国法律;没有共同国籍,在一方当事人经常居所地或者国籍国缔结婚姻的,适用婚姻缔结地法律。第22条规定,结婚手续,符合婚姻缔结地法律、一方当事人经常居所地法律或者国籍国法律的,均为有效。

我国《民法通则》第147条规定,中国人与外国人结婚适用婚姻缔结地法。该规定没有区别结婚的实质要件和形式要件,可以理解为既适用于实质要件也适用于形式要件。根据我国《涉外民事关系法律适用法》第51条规定,《民法通则》第146条、第147条,《继承法》第36条,与本法的规定不一致的,适用本法。可见,关于涉外结婚的法律适用制度,《涉外民事关系法律适用法》实施后有了变化。

1. 《涉外民事关系法律适用法》实施前的实践。《涉外民事关系法律适用法》实施前,在具体实践中,我国又分五种不同的情况分别作出处理。

(1)中国公民与外国人在中国境内结婚。中国公民与外国人在我国境内结婚,婚姻举行地法为中国法,即《中华人民共和国婚姻法》和1983年国务院民政部颁布的《中国公民同外国人办理婚姻登记的几项规定》以及其他有关法律规定是双方当事人结婚应适用的法律。男女双方当事人,无论是中国公民还是外国人,都要符合我国婚姻法规定的实质要件,即符合:①一夫一妻制;②男女双方完全自愿;③男方已满22周岁,女方已满20周岁;④双方之间不是直系血亲或三代以内旁系血亲;⑤双方均未患有医学上认为不应当结婚的疾病。此外,为了有利于维护国家的安全和利益,我国法律对某些中国公民缔结涉外婚姻作出限制,即现役军人、外交人员、公安人员、机要人员和其他掌握国家重大机密的人员不得与外国人结婚。在接受劳动教养和服刑的人也不得与外国人结婚。中国公民与外国人在中国境内结婚的,必须持规定证件到我国婚姻登记机关登记。

（2）双方都是外国人在中国境内结婚。目前我国立法对双方都是外国人要求在中国境内结婚的情况，没有作出具体的规定。在实践中，通常采取以下处理办法：①允许外国人双方到我国婚姻登记机关进行登记，其结婚的实质要件适用我国婚姻法的规定。②如果外国人双方具有同一国籍，在互惠的基础上允许他们到该国驻华使、领馆办理领事婚姻，适用该国的婚姻法的有关规定，但同时也要求他们遵守我国婚姻法的基本原则。③为了保证我国婚姻登记的有效性，使我国的婚姻登记在当事人本国或第三国有效，可以让婚姻当事人提供其本国法律准许在国外办理结婚登记的法律规定。④外国双方当事人按宗教仪式结婚，但如要使其婚姻在我国具有法律效力，就必须按我国法律规定到婚姻登记机关进行登记。

（3）中国公民和外国人在中国境外结婚。根据我国《民法通则》第147条的规定，中国公民和外国人在中国境外结婚的，应适用婚姻缔结地法律，但是根据我国《民法通则》第150条的立法精神，中国公民和外国人在国外依照婚姻举行地法结婚，不得违背中华人民共和国的社会公共利益，不得违反我国婚姻法的基本原则（如一夫一妻制）。

（4）外国人和外国人在中国境外结婚。关于外国人之间在我国境外结婚应适用何种法律，《民法通则》无明确规定，但依第147条的规定，既然中国人和外国人在境外结婚适用婚姻缔结地法，可以推定外国人之间在境外结婚也适用婚姻缔结地法。

（5）中国公民和中国公民在中国境外结婚。对双方均是中国公民在国外结婚应适用的法律，《民法通则》没有规定，笔者认为实质要件应不违背中国法律，形式要件可参照外交部、最高人民法院、民政部、司法部、国务院侨务办公室《关于驻外使领馆处理华侨婚姻问题的若干规定》，即在国外居住的华侨，可依侨居国规定的形式结婚，也可以在互惠的基础上到我国使领馆办理领事婚姻。

2. 《涉外民事关系法律适用法》实施后的实践。《涉外民事关系法律适用法》实施后，应区分结婚条件和结婚手续，分别适用不同的冲突规则。结婚实质要件，采用有条件选择适用（顺序选择）的冲突规范。首先适用当事人共同经常居所地法律；没有共同经常居所地的，适用共同国籍国法律；没有共同国籍，在一方当事人经常居所地或者国籍国缔结婚姻的，适用婚姻缔结地法律。而结婚形式要件，采用无条件选择适用的冲突规范，即符合婚姻缔结地法律、一方当事人经常居所地法律或者国籍国法律的，均为有效。

（二）我国涉外离婚的法律适用制度

1. 涉外离婚案件的管辖权。我国1991年《民事诉讼法》第22条和第23条第1款规定，我国法院在受理涉外离婚案件时，采取原告就被告的原则，只要被告在我国有住所或居所，我国法院就有管辖权。同时，对于被告不在我国境内居住的离婚案件，如原告在我国境内有住所或居所，则原告住所地或居所地法院也有管辖权。

根据最高人民法院1992年印发的《关于适用〈中华人民共和国民事诉讼法〉若干问题的意见》的规定，我国法院在以下几种情况下也具有管辖权：①在国内结婚并定居国外的华侨，如定居国法院以离婚诉讼须由婚姻缔结地法院管辖为由不予受理，当事人向人民法院提出离婚诉讼的，由婚姻缔结地或一方在国内的最后住所地人民法院管辖。②在国外结婚并定居国外的华侨，如定居国法院以离婚诉讼须由国籍所属国法院管辖为由不予受理时,当事人向人民法院提出诉讼的,由一方原住所地或在国内的最后住所地人民法院管辖。③中国公民一方居住在国外,一方居住在国内,不论哪一方向人民法院提起离婚诉讼,国内一方住所地人民法院都有管辖权。如国外一方在居住国法院起诉,国内一方向人民法院起诉的,受诉人民法院有管辖权。④中国公民双方在国外但未定居,一方向人民法院起诉离婚的,应由原告或者被告原住所地人民法院管辖。

2. 涉外离婚的法律适用。《民法通则》第147条规定:中华人民共和国公民和外国人离婚适用受理案件的法院所在地法律。最高人民法院《民法通则司法解释》第188条规定:我国法院受理的涉外离婚案件,离婚以及因离婚引起的财产分割,适用我国法律,认定其婚姻是否有效,适用婚姻缔结地法律。

从上述规定可以看出,我国立法将婚姻有效性和离婚问题分别适用不同的准据法,婚姻是否有效,即婚姻成立的实质要件和形式要件适用婚姻缔结地法律;离婚以及因离婚引起的财产分割,适用法院地法律。根据法院地的位置不同,"离婚适用受理案件的法院所在地法律"这条双边冲突规范所指引的准据法大体可分为两种情况:法院地在中国境内,即由中国法院受理中国公民与外国人的离婚案件,应适用法院地法即中国法;法院地在外国境内,适用外国法。在这种情况下,法院所适用的法院地法,可能是离婚案件外方当事人的本国法,也可能由于法院地在第三国,则依第三国法律处理"中国公民与外国人"之间的离婚案件。由于第三国与中国公民或外方当事人都没有直接关系,因此由第三国法院依其法律所作的离婚判决往往不符合中国法或外方当事人本国法的规定,从而导致承认和执行上的困难。而且单纯地采用法院地法,容易导致当事人"挑选法院"。实质要件应不违背中国法律,形式要件可参照外交部、最高人民法院、民政部、司法部、国务院侨务办公室《关于驻外使领馆处理华侨婚姻问题的若干规定》,即在国外居住的华侨,可依侨居国规定的形式结婚,也可以在互惠的基础上到我国使领馆办理领事婚姻。

3. 《涉外民事关系法律适用法》实施后的实践。《涉外民事关系法律适用法》第26条规定,协议离婚,当事人可以协议选择适用一方当事人经常居所地法律或者国籍国法律。当事人没有选择的,适用共同经常居所地法律;没有共同经常居所地的,适用共同国籍国法律;没有共同国籍的,适用办理离婚手续机构所在地法律。第27条规定,诉讼离婚,适用法院地法律。

从《涉外民事关系法律适用法》的法律规定来看,区分协议离婚与诉讼离婚两种不同方式分别决定法律适用。协议离婚的法律适用采用有条件的意思自治原则,有条件选择适用(顺序选择)的冲突规范。即申请离婚的当事人可以协议选择适用一方当事人经常居所地法律或者国籍国法律。当事人没有选择的,适用共同经常居所地法律;没有共同经常居所地的,适用共同国籍国法律;没有共同国籍的,适用办理离婚手续机构所在地法律。对于诉讼离婚,采取了与《民法通则》相近的原则,法院地法原则。

二、夫妻关系的法律适用

夫妻关系包括夫妻人身关系和财产关系,其法律适用,大多数国家均有法律规定。我国《涉外民事关系法律适用法》第23条规定,夫妻人身关系,适用共同经常居所地法律;没有共同经常居所地的,适用共同国籍国法律。第24条规定,夫妻财产关系,当事人可以协议选择适用一方当事人经常居所地法律、国籍国法律或者主要财产所在地法律。当事人没有选择的，适用共同经常居所地法律；没有共同经常居所地的，适用共同国籍国法律。可见我国对于夫妻人身关系，采用的是有条件选择适用的冲突规范；夫妻财产关系采用有条件的意思自治原则和有条件选择适用的冲突规范。

同时还可以参考《民法通则》和现行《婚姻法》的有关规定。《民法通则》及其最高人民法院的司法解释中规定，夫妻间相互抚养，应当适用与被抚养人有最密切联系的国家的法律。抚养人和被抚养人的国籍、住所以及供养财产所在地，均可视为最密切联系地。在跨国夫妻关系中的财产关系方面，中国采取夫妻共同财产制。中国现行婚姻法规定，夫妻在婚姻关系存续期间所得的财产，归夫妻共同所有，双方另有约定的除外。对共同所有的财产，夫妻双方有平等处理权。在与此有关的法律适用方面，可参照最高人民法院的司法解释："在中国受理的涉外离婚案件……引起财产分割，适用中国法律。"因此，中国一般采用法院地法原则来解决这个问题。

三、涉外收养和监护的法律适用

1. 涉外收养的法律适用。1991年我国颁布了《收养法》。该法第21条规定："外国人依照本法可以在中华人民共和国收养子女。"1993年国务院批准的《外国人在中华人民共和国收养子女实施办法》第3条进一步规定，外国人在华收养子女应符合中国收养法的规定，并不得违背收养人经常居住地国的法律。这表明，对于外国人在华收养子女，我国要求重叠适用中国收养法和收养人经常居住地国的法律。1998年11月4日由全国人大常务委员会通过、1999年4月1日开始施行的经过修订的《收养法》第21条对原第20条的规定进行了修改，外国人在华收养子女仍应重叠适用中国法和其所在国的法律。

我国《涉外民事关系法律适用法》第28条规定，收养的条件和手续，适用收养人和被收养人经常居所地法律。收养的效力，适用收养时收养人经常居所地法律。收养关系的解除，适用收养时被收养人经常居所地法律或者法院地法律。

实践中，我国处理涉外收养关系的依据主要是《收养法》、《婚姻法》和有关政策中的规定，由外国人收养的中国儿童仍保留中国国籍，如要变更国籍，须按我国国籍法的规定办理；外国人如要携带被收养的中国儿童出境，原则上我国予以承认。

我国2000年签署了1993年《跨国收养方面保护儿童及合作公约》，2005年4月27日批准该公约，该公约已于2006年1月1日起对中国包括内地、香港特别行政区和澳门特别行政区生效。该公约对有关跨国收养的要件、跨国收养的程序、收养的承认及效力等进行了规定，因此，对来自其他缔约国的收养令，应该适用该公约的规定。无条约关系的，使用承认与执行外国法院判决的一般规定。符合条件的，予以承认。

2. 涉外监护的法律适用。我国《涉外民事关系法律适用法》第30条规定，监护，适用一方当事人经常居所地法律或者国籍国法律中有利于保护被监护人权益的法律。

四、涉外亲子关系的法律适用

我国《涉外民事关系法律适用法》第25条规定，父母子女人身、财产关系，适用共同经常居所地法律；没有共同经常居所地的，适用一方当事人经常居所地法律或者国籍国法律中有利于保护弱者权益的法律。

五、涉外扶养的法律适用

扶养是指特定亲属之间一方对他方给予生活上的扶助。这里所说的扶养是广义的含义。广义上的扶养包括抚养（尊亲属对卑亲属的扶养）、赡养（卑亲属对尊亲属的扶养）和狭义的扶养（配偶之间的扶养）。在扶养关系中，提供扶养的人为扶养义务人或扶养人，享受扶养的人为扶养权利人和被扶养人。按最高人民法院 1988 年《民法通则司法解释》第 189 条所作的司法解释，扶养包括父母子女之间的扶养关系、夫妻之间的扶养关系和其他有关人员之间的扶养关系。

《民法通则》第 148 条规定，扶养适用与被扶养人有最密切联系的国家的法律。最高人民法院《民法通则司法解释》第 189 条规定：父母子女相互之间的扶养，夫妻之间的扶养以及其他扶养关系的人之间的扶养，应当适用与被扶养人有最密切联系国家的法律。扶养人和被扶养人的国籍、住所以及供养被扶养人的财产所在地，均可视为与被扶养人有最密切的联系。我国《涉外民事关系法律适用法》第 29 条规定，扶养，适用一方当事人经常居所地法律、国籍国法律或者主要财产所在地法律中有利于保护被扶养人权益的法律。

案例与评析

[**案情介绍**] 案情原告：蔡文祥，男，40 岁，籍贯福建晋江市，香港居民，现住香港北角和富道。被告：王丽心，女，38 岁，籍贯福建晋江市，香港居民，现住香港九龙土瓜湾。

原告蔡文祥为香港居民，与被告王丽心经人介绍于 1980 年 11 月按民俗举行婚礼，于 1981 年在福建省晋江市补办结婚登记手续。婚后感情尚好，生育一男一女，两子女随被告在晋江生活。1992 年 6 月 18 日，被告王丽心以会夫为由获准携两子女往香港定居。原、被告在共同生活期间，未能正确处理夫妻关系而产生纠纷，造成双方于 1994 年 10 月分居生活，原告蔡文祥据此于 1994 年 12 月 6 日向晋江市人民法院提起离婚诉讼。1995 年 12 月 25 日，晋江市人民法院以原、被告实际分居时间短，夫妻感情尚未破裂为理由，判决不准原告蔡文祥与被告王丽心离婚。

1997 年 1 月 14 日，原告蔡文祥再次向晋江市人民法院提起离婚诉讼，诉称：与被告王丽心婚后感情一般，经常产生纠纷，并于 1994 年 10 月分居生活。1994 年 12 月 6 日向晋江市人民法院提起离婚诉讼，被判决不准离婚。判决之后，双方仍分居至今，夫妻已无和好可能，感情确已破裂，故再次提起诉讼，请求判决准予离婚，子女由原告抚养。被告王丽心在答辩中提出管辖权异议，称：导致夫妻感情破裂的原因是原告的重婚行为。本诉讼案并非一般普通离婚案，它涉及在港的重婚问题，在香港可一并审理。离婚案的双方当事人及其子女户籍、生活均在香港，应由被告所在地法院受理，以香港法例解决较为实际；双方婚姻关系存续期间拥有的共有房屋、物业等，大部分在港、澳，在香港诉讼较为方便；现已向香港法援处申请离婚，且被接受交法院进行排期。请求将该案交由香港法院受理。

审判晋江市人民法院对王丽心的管辖权异议，经审查认为：原告蔡文祥与被告王丽心的婚姻缔结地在福建省晋江市，本院对该案具有管辖权。依照《民事诉讼法》第38条之规定，该院于1997年8月12日作出裁定：驳回被告王丽心对本案管辖权提出的异议。被告王丽心不服一审裁定，向泉州市中级人民法院提出上诉，诉称：虽然双方婚姻缔结地在福建晋江，但双方及婚生子女长期居住在香港，双方在婚姻关系存续期间的财产大部分在港、澳，同时香港法院已接受上诉人的离婚申请。请求中级人民法院撤销晋江市人民法院民事裁定，由香港法院对本案行使管辖权。被上诉人蔡文祥辩称：双方的住所地虽然在香港，但婚姻缔结地在福建省晋江市，根据有关规定，原审法院对本案有管辖权。泉州市中级人民法院审查认为：上诉人与被上诉人的婚姻缔结地虽然在晋江市，但双方及其子女均居住在香港，且部分夫妻共同财产也在香港，为便利当事人诉讼和今后执行，本案应由当地法院管辖为宜，上诉人王丽心上诉的理由可以成立，原审裁定驳回王丽心对本案管辖权提出的异议不当。依照《民事诉讼法》第154条的规定，该院于1997年11月4日作出裁定：撤销晋江市人民法院民事裁定，本案由当事人直接向香港法院起诉。

[案件评析] 1997年7月1日，中华人民共和国恢复对香港行使主权。本案的审理过程正好跨越在这重要的历史期间，应当如何正确处理案件管辖的问题，在审理过程中主要涉及以下几个问题：

1. 本案香港居民到内地进行离婚诉讼，内地人民法院是否可以立案受理？最高人民法院1984年4月14日（84）法民字第3号《关于原在内地登记结婚后双方均居住香港，现内地人民法院可否受理他们离婚诉讼的批复》规定："对于夫妻双方均居住在港澳的同胞，原在内地登记结婚的，现在发生离婚诉讼，如果他们向内地人民法院请求，内地原结婚登记地或原户籍地人民法院可以受理。"这是最高人民法院对港澳同胞离婚诉讼特殊管辖所作的规定。原告蔡文祥与被告王丽心的婚姻缔结地是在晋江，两婚生子女均在晋江出生并生活一段时间，现原、被告及其子女均居住香港，符合最高人民法院上述司法解释所指的情形，而且原、被告双方于1994年间曾在晋江市法院进行离婚诉讼，当时法院判决不准离婚。因此，此次原告再次向晋江市法院提起离婚诉讼，晋江市人民法院予以立案受理，是符合最高人民法院之上述规定的。

2. 本案被告王丽心提出案件由香港法院受理的诉讼请求，人民法院应否予以支持？《民事诉讼法》第22条规定："对公民提起的民事诉讼，由被告住所地人民法院管辖；被告住所地与经常居住地不一致的，由经常居住地人民法院管辖。"亦即在案件管辖上一般实行原告就被告的原则。我国《香港特别行政区基本法》对香港的司法制度和终审权作了规定。根据法律规定的原则，对涉及香港居民案件的管辖，应遵循方便当事人诉讼，有利于民事争议解决和相互尊重，充分协商，不争管辖，便利争议解决的原则。

就本案而言，被告王丽心于1997年8月12日在有效期限内提交的答辩状中向内地受诉法院提出管辖异议，认为双方虽然婚姻缔结地在福建晋江，但双方当事人及其子女户籍、生活均在香港，应由被告所在地法院受理，在香港诉讼较为方便；在该婚姻关系期间拥有的共同房屋、物业等，大部分在港澳之间，以香港法例解决较为实际;且其已向港方法援处申请离婚,并被接受交当地法院排期。请求该案由香港法院受理。本案二审法院鉴于当事人双方及其子女均在香港,夫妻大部分共同财产也在港澳,从有利于公正审理,保护当事人合法权益,便利当事人依法行使诉讼权利,便利法院依法进行审理和判决执行的原则出发,认为本案应由香港当地法院管辖为宜。被告王丽心的诉讼请求之理由可以成立,应予支持。而且本案诉讼一方当事人提出管辖异议,要求该案由香港法院审理,这与最高人民法院上述司法解释的"……现在发生离婚诉讼,如果他们(应理解为双方)向内地人民法院请求"的条件不符。因此,二审法院作出裁定:"本案由当事人直接向香港法院起诉",是正确的。

依照我国民事诉讼法的规定,离婚案件的管辖,一般适用原告就被告的原则,特殊情况下适用被告就原告的原则。但不论适用什么原则,均是以被告或原告的住所地或经常居住地为管辖联系因素的。本案不论原告还是被告的住所地或经常居住地,均不在晋江市,故晋江市人民法院对本件离婚诉讼是没有管辖权的。我国民事诉讼法没有规定婚姻缔结地可作为离婚案件的管辖标志,作为一种例外,即上引最高人民法院的司法解释,承认在一定条件下婚姻缔结地法院对该类离婚案件可以行使管辖权。这种例外,指离婚案件的双方当事人均为港澳居民,但婚姻缔结地在内地,现双方在港澳离婚确有困难,双方回内地请求内地人民法院处理其离婚问题的,婚姻缔结地所在的内地人民法院可以受理。和前例一样,内地法院受理此种案件,必须符合司法解释规定的全部条件,只要有一项条件不具备的,内地法院就没有管辖权,不应受理此种案件。本件离婚案件双方当事人均为香港居民,并在内地结婚,但其中一方不同意内地法院处理他们之间的离婚问题,并据此提出管辖权异议,这说明本件离婚案件不具备由内地法院按特例管辖的全部条件,内地法院不应管辖此案。前例和本例所涉及的问题,虽然不是新问题,但是在新的历史时期发生的,即案件审理跨越香港回归祖国的前后,因而使这类案件又遇上了新的内容。香港回归以后,可能还会有类似离婚诉讼起诉到人民法院的,人民法院是否仍需要执行上述最高人民法院的司法解释的规定,是一个需要深入研究的问题。可以预料的是,按属地或属人原则,内地法院受理此类案件将受到越来越严格的条件限制,直至不予受理。内地和香港特别行政区之间的民事诉讼管辖权冲突调整,应有明确的规范。

[问题与思考]

1. 跨国结婚的法律适用原则有哪些?
2. 如何解决跨国离婚的法律冲突问题?
3. 跨国夫妻人身关系和财产关系的法律适用原则是如何规定的?
4. 怎样解决跨国父母子女关系的法律冲突问题?
5. 简述跨国扶养、监护和收养关系的法律适用原则。

第十二章 涉外继承关系的法律适用

[本章概要]

继承是将死者生前的权利义务承接下来的法律制度。广义的继承包括对死者生前的人身和财产方面权利义务的承受,狭义的继承仅指对死者财产的权利和义务的承受。现代各国民法一般规定继承只限于对死者生前财产的权利和义务的承受,即财产所有者死亡或宣告死亡后,其遗留下来的财产或与此有关的权利义务,转移给继承人所有。随着自然人跨国界交往的日益增多,涉外继承关系大量产生。涉外继承关系是指法律关系主体、客体和法律事实诸要素中,至少含有一个或者一个以上的外国因素的继承关系。主要表现在:继承人和被继承人一方或者双方为外国人;或者所继承的遗产全部或部分在国外或者产生继承的法律事实发生在国外。国际私法中的涉外继承关系是指含有外国因素的继承关系。由于各国继承法律制度存在各种差异,在跨国继承方面就难免会产生法律冲突现象。研究和解决跨国继承关系的法律冲突和法律适用,是国际私法的重要内容之一。

本章共分四节来分析和说明涉外继承关系的法律适用问题。第一节介绍涉外法定继承的法律适用。第二节介绍涉外遗嘱继承的法律适用。第三节介绍无人继承财产法律适用。第四节介绍中国有关涉外继承关系法律适用的立法与实践。

第一节 涉外法定继承的法律适用

一、法定继承和涉外法定继承

法定继承又称无遗嘱继承,是指必须根据法律规定的继承人范围、继承顺序和遗产分配原则所进行的继承。法定继承是以一定的人身关系为前提的,即依继承人和被继承人之间的婚姻、血缘关系而确定。在法定继承中,对继承人的范围、继承顺序、遗产分配等问题,各国都以强制性的法律规范来调整,除了被继承人依法用遗嘱方式加以变更外,其他任何人都无权变更。法定继承发生在被继承人生前没有立下死后如何处分自己财产的遗嘱,或者遗嘱无效或者部分无效所涉及的财产及其相关权利义务的情况。只有被继承人未立遗嘱或者所立遗嘱无效时才进行法定继承。

跨国法定继承是指含有外国因素的法定继承,即继承法律关系的主体(继承人或被继承人)、客体(遗产)和法律事实(死亡)等要素中,有一个或一个以上的外国因素。

二、涉外法定继承的法律冲突

由于各国立法受其政治制度、经济状况、社会文化、宗教信仰、风俗习惯等的影响,对法定继承中法定继承人的范围、法定继承人的顺序和继承人的应继份额等方面的规定存在较大差异,因此,当跨国法定继承发生时,就可能产生法律冲突。跨国法定继承的法律冲突主要表现在以下几个方面:

(一) 法定继承人的范围

各国法律对继承人范围的规定不尽相同。从各国立法来看,一般情况下作为法定继承人必须与被继承人有一定的血缘关系、婚姻关系或者姻亲关系。但各国立法对法定继承人的范围具体规定不同。西方国家法律从保护私有财产的角度出发,一般把继承人范围规定得较宽,以防止被继承人的财产因其死亡而流失。例如《德国民法典》规定,继承人的范围包括:被继承人的直系卑血亲、父母及父母的直系卑血亲、祖父母及祖父母的直系卑血亲、曾祖父母及曾祖父母的直系卑血亲、高祖父母、高祖父母的直系尊血亲及其直系卑血亲。《俄罗斯联邦民法典》(上卷)第532条规定死者的子女(包括养子女)、配偶、父母(养父母)以及死者亡故后出生的他的子女、兄弟姐妹、祖父母、外祖父。意大利法律规定十亲等以内的亲属都有继承权。《法国民法典》规定,十二亲等以内的亲属均有继承权,母系的尊血亲与父系的尊血亲有同等的继承权。荷兰法律规定六亲等以内的亲属享有继承权。关于配偶的继承权,养子女的继承权,非婚生子女的继承权,以及继子女的继承权的法律规定,各国也不尽相同。

(二) 法定继承人的顺序

继承顺序的先后主要根据继承人与被继承人血缘关系的远近来规定。但各国法律的规定也有较大差异。一般来说,按法律规定的继承顺序进行继承时,如果有第一顺序的继承人,第二顺序及以后各顺序的继承人不得继承。如果没有第一顺序继承人,第二顺序的继承人才能继承,依此类推。《德国民法典》规定了五个顺序,即死者的后裔;死者的父母及其后裔;死者的祖父母和外祖父母及其后裔;死者的曾祖父母及其后裔;死者较远的后裔及其后裔。日本民法规定了四个顺序,即直系卑亲属;直系尊亲属;兄弟姐妹;兄弟姐妹的直系卑亲属。《俄罗斯联邦民法典》(上卷)第532条规定继承的两个顺序是:第一顺序继承人有死者的子女(包括养子女)、配偶、父母(养父母)以及死者亡故后出生的他的子女;第二顺序继承人有死者的兄弟姐妹、祖父母和外祖父母。

(三) 继承遗产的分配份额

应继份额是指共同继承人在继承被继承人遗产时所取得的份额,即遗产如何在法定继承人中进行分配。一般情况下,在同一继承顺序中往往有两个以上的继承人,为了避免继承人在继承遗产时产生纠纷,许多国家都在法律中规定了应继承份额。例如《日本民法典》第98条明确规定,同顺序的继承人有数人时,其继承的份额按下列规定:①直系卑亲属及配偶是继承人时,直系卑亲属的继承份额为2/3,配偶的继承份额为1/3;②配偶及直系尊亲属是继承人时,配偶与直系尊亲属的继承份额各1/2;③配偶及兄弟姐妹是继承人时,配偶应继承份额为2/3,兄弟姐妹为1/3;④直系卑亲属、直系尊亲属或者兄弟姐妹有数人时,各自的继承份额相等。但是,非嫡生的直系卑亲属的应继承份额是嫡生直系卑亲属继承份额的1/2;父母一方相同的兄弟姐妹的继承份额为父母相同的兄弟姐妹继承份额的1/2。

三、涉外法定继承的法律适用

由于继承制度直接关系到有关国家及其公民的切身利益，各国从维护其自身利益的角度出发，在这一问题上一直难以达成一致性协议。迄今为止，国际上尚没有直接调整跨国继承当事人权利与义务的统一实体规范，各国国内专门调整跨国继承关系的实体规范也不多，大多数国家都是通过援引国际条约或国内法中的冲突规范来解决跨国继承问题。目前，国际上有三个涉及跨国继承关系的海牙公约：1961年《遗嘱处分方式法律冲突公约》、1973年《遗产国际管理公约》和1989年《死者遗产继承准据法公约》。这三个公约是各缔约国解决跨国继承法律适用问题的重要依据。

关于调整跨国继承关系的国内冲突规范，各国规定差异很大。就跨国法定继承来说，各国一般采取分割制和单一制两种做法。

（一）遗产继承的分割制

分割制又称区别制，是指将被继承人的遗产区分为动产与不动产，对不同的遗产继承分别适用不同的冲突规则，从而导致适用不同的准据法制度。分割制深受法则区别说的影响，在19世纪成为占主导地位的原则。采用区别制的国家一般规定不动产继承适用不动产所在地法，动产适用被继承人属人法。关于动产继承，除少数国家适用被继承人死亡时本国法外，大多数国家都适用被继承人死亡时住所地法。目前采用区别制的国家主要有英国、美国、英联邦国家、法国、比利时、卢森堡、泰国、加蓬及一些拉丁美洲国家。

在采用分割制的国家中，对不动产继承几乎全都适用物之所在地法，但在动产继承方面，各国的做法又不相同。大体有三种：①适用被继承人的最后住所地法；②适用被继承人的本国法；③适用被继承人死亡时的住所地法。

（二）遗产继承的单一制

单一制又称同一制，是指在处理跨国法定继承时，对遗产不区分动产与不动产，适用同一准据法的制度。单一制比分割制具有更古老的历史渊源，它源于古罗马法的"普遍继承"制度，即继承就是继承人在法律上取得被继承人的地位，其意义在于使死者的人格得到延续，而不仅仅是某项权利的延续，因此应当统一适用当事人的属人法来作为涉外继承的准据法。

在实行单一制的国家中，具体做法又有不同，主要有如下几种：①适用被继承人本国法。例如，《日本法例》第25条规定继承依被继承人本国法。②适用被继承人死亡时的本国法。采取这种做法的国家有：德国、奥地利、意大利、荷兰、西班牙、葡萄牙、波兰等。例如，《波兰国际私法》第34条规定："继承，依死者死亡时本国法。"1928年拉丁美洲国家通过的《布斯塔曼特法典》第114条规定：法定继承和遗嘱继承，包括继承顺序、继承权利的数量，及其规定的内在效力不论遗产性质及其所在地，均受权利所由产生的人的属人法支配；但另有规定的不在此。③适用被继承人死亡时的住所地法。目前采用这一原则的国家主要有瑞士、丹麦、挪威、巴西、哥伦比亚、危地马拉等国。④适用遗产所在地法。对于涉外法定继承，不分动产与不动产，一律适用遗产所在地法是较早采用的冲突规范，不过，目前除了拉丁美洲少数国家如巴拉圭、乌拉圭等国仍采用这一原则外,其他国家基本不用了。

第二节 涉外遗嘱继承的法律适用

一、遗嘱继承和涉外遗嘱继承

遗嘱是被继承人生前对其遗产所作的处分或对其死后事务所作的安排,并在死亡时发生效力的行为。遗嘱继承,是指继承人按照被继承人的遗嘱,继承被继承人遗产的行为。立遗嘱的被继承人称为立遗嘱人,遗嘱指定的继承人称为遗嘱继承人。在一般情况下,遗嘱继承优先于法定继承。关于遗嘱继承的法律制度主要涉及遗嘱人的遗嘱能力、遗嘱方式、遗嘱内容和效力以及遗嘱的撤销等问题。遗嘱应具备遗嘱的实质要件和形式要件,实质要件主要包括遗嘱能力、遗嘱内容和效力、遗嘱解释及撤销等,遗嘱形式要件也称遗嘱方式,是指遗嘱必须具备的法定形式。

涉外遗嘱继承是指含有外国因素的遗嘱继承,也就是在遗嘱继承关系的主体、客体以及法律事实等要素中,有一个或一个以上的外国因素。

二、涉外遗嘱继承的法律冲突

(一) 遗嘱实质要件的法律冲突

1. 遗嘱能力方面。设立遗嘱是一种民事法律行为,对于立遗嘱的能力即立遗嘱人通过遗嘱处分自己财产的能力,各国规定不尽相同,多数国家规定立遗嘱能力与民事行为能力相同,即只有具有完全民事行为能力的人才有立遗嘱的能力。但也有的国家规定立遗嘱人不必达到具有完全民事行为能力的年龄,因此导致行使遗嘱能力的具体年龄界限的差异。《日本民法典》规定,已满15岁的未成年人可以设立遗嘱,而具有完全民事行为能力的年龄是20岁。《德国民法典》规定,年满16岁的人可以设立遗嘱,而成年年龄是22岁。

2. 遗嘱内容方面。遗嘱内容是立遗嘱人处分其遗产的具体意思表示,主要包括立遗嘱人在遗嘱中指定的继承人范围以及他们继承遗产的份额等内容。各国立法普遍要求遗嘱内容不得违反法律规定,例如应当对缺乏劳动能力又没有生活来源的继承人保留必要的遗产份额等,但对立遗嘱人处分其遗产是否有限制以及限制程度的规定有不同。《法国民法典》规定,立遗嘱人仅有婚生子女一人时,只能处分其所有财产的半数;如有婚生子女二人时,不得超过1/3;如有婚生子女三人或三人以上时,不得超过1/4~3/4。《日本民法典》规定,只有直系卑亲属是继承人或直系卑亲属及配偶是继承人时,立遗嘱人只能处分其财产的1/2。在其他场合下,立遗嘱人只能处分其财产的2/3。一些国家也对立遗嘱人处分其遗产的权力规定了一定的限制。例如,《俄罗斯联邦民法典》规定,享有必继份的继承人应继承不少于法定继承时应属于他们每个人的份额的2/3。

(二) 遗嘱形式要件的法律冲突

遗嘱的形式涉及遗嘱的有效性,各国法律对于立遗嘱的方式都作了不同规定。根据日本民法的规定,遗嘱方式可分为普通方式和特殊方式两大类。普通方式有三种:自书证书遗嘱、公证证书遗嘱和密封证书遗嘱;特殊方式有四种:生命危急者的遗嘱,因传染病流行而被隔离者的遗嘱，船上人的遗嘱和船舶遇难人的遗嘱。每一种遗嘱都要求有一定的形式，如自书证书遗嘱要求由遗嘱人亲笔书写遗嘱全文、日期，签名盖章。关于遗嘱是否公证才能生效，《俄罗斯联邦民法典》第540条规定：遗嘱必须采用公证形式即由国家公证机关，在没有国家公证的地区由地方行政机关对遗嘱进行公证证明。另外还规定有与公证证明遗嘱有同等效力的遗嘱，例如，在医院住院治疗或在养老院居住，取得医院主治医生及其医疗助理或值班医生或养老院院长证明的公民的遗嘱；在悬挂俄罗斯国旗的海船上或内河航线航行船舶上所立并得到船长证明的公民的遗嘱；在勘探队、北极地带考察队和其他类似考察队工作并得到考察队队长证明的公民的遗嘱等。违反制作遗嘱的形式和程序所立遗嘱是无效的。各国法律对于遗嘱的变更和撤销等问题的规定也有差异。

三、涉外遗嘱继承的法律适用

（一）遗嘱实质要件的法律适用

1. 遗嘱能力的法律适用。

（1）适用立遗嘱人立遗嘱时的属人法。一些国家规定遗嘱能力适用立遗嘱人的属人法，而且多为立遗嘱人立遗嘱时的属人法。在采用这个原则的国家中，日本、波兰、南斯拉夫、捷克等国主张适用遗嘱人立遗嘱时的本国法。如《日本法例》第26条规定："遗嘱的成立及效力，依立遗嘱时遗嘱人本国法。"《波兰国际私法》第35条规定："遗嘱及其他因死亡而成立之行为，其成立依为法律行为时死者本国法。"而德国等国家主张适用遗嘱人立遗嘱时的住所地或习惯居所地法。

（2）适用遗嘱人死亡时的属人法。如《匈牙利国际私法》第36条规定："遗嘱依遗嘱人死亡时的属人法。"埃及、匈牙利规定适用立遗嘱人死亡时本国法，塞内加尔只规定适用死者本国法，而未明确是立遗嘱时还是死亡时的本国法。

（3）适用遗嘱人立遗嘱时或死亡时的本国法。《奥地利联邦国际私法法规》规定，立遗嘱的能力依死者为该法律行为时的属人法；如该法不认为有效，而死者死亡时的属人法认为有效的，以后者为准。

（4）适用立遗嘱人的住所地法。适用立遗嘱人的住所地法的国家，如泰国、阿根廷、哥斯达黎加等，泰国规定适用立遗嘱人死亡时住所地法；阿根廷规定适用立遗嘱人最后住所地法，但是，依立遗嘱人立遗嘱时住所地法当然有效之遗嘱视为有效；哥斯达黎加只规定适用立遗嘱人住所地法，而未明确是立遗嘱时还是死亡时的住所地法。

（5）采用分割制。英国、美国、法国和比利时等国在解决遗嘱能力和效力法律冲突问题上采用分割制原则，即不动产遗嘱的能力依物之所在地法，涉及动产的遗嘱能力依遗嘱人的住所地法。但究竟是指遗嘱人立遗嘱时还是死亡时的住所地法，各国规定不同。《美国冲突法重述（第二次）》规定处分土地的遗嘱的有效性和效力依土地所在地法院将予适用的法律。动产遗嘱有效性和效力依遗嘱人死亡时住所地州法院将予适用的法律。另外，法国对遗嘱内容即效力也采用将动产与不动产区分的做法，动产适用死者居所地法，不动产适用不动产所在地法。

2. 遗嘱内容和效力的法律适用。

（1）适用遗嘱人立遗嘱时或死亡时的本国法。由于遗嘱的内容和效力与遗嘱人的本国有密切联系，因此有些国家主张适用遗嘱人的本国法。例如，德国、奥地利、波兰、匈牙利、日本等国采用这一原则。《日本法例》第 26 条第 1 款规定："遗嘱的成立及效力，依其立遗嘱时遗嘱人本国法。"波兰主张适用死者死亡时的本国法。1978 年《奥地利联邦国际私法法规》规定，适用遗嘱人立遗嘱时本国法或其死亡时本国法均可，但以先适用遗嘱人立遗嘱时本国法为条件。

（2）适用遗嘱人立遗嘱时或死亡时的住所地法。有些国家认为，继承及继承的财产与死者的住所有密切联系，因此遗嘱的内容和效力依立遗嘱人的住所地法。其中，有的国家主张适用遗嘱人死亡时的住所地法，有的国家则主张适用遗嘱人立遗嘱时的住所地法。

（3）采用分割制。英国、美国、法国等国家对于遗嘱继承的效力问题同样采用分割制，将遗产区分为动产与不动产，不动产遗嘱效力适用物之所在地法，动产遗嘱效力适用被继承人住所地法。如果出现被继承人立遗嘱时和死亡时住所地不同的情况，大多数国家主张适用遗嘱人死亡时的住所地法，而法国认为，如当事人住所发生变更，允许遗嘱人变更遗嘱内容使其符合新的住所地法的规定。

（二）遗嘱方式的法律适用

1. 采用单一制。遗嘱形式要件的法律适用，有些国家不区分动产与不动产，确定遗嘱方式准据法时采用单一制。采用这种做法的国家在确定遗嘱方式准据法时，适用立遗嘱人属人法或者立遗嘱地法，即不分动产和不动产，遗嘱方式只要符合遗嘱人的本国法或立遗嘱地法，均为有效。其中大多数国家是以本国法为属人法。主要有泰国、埃及、捷克、波兰、约旦、土耳其等国家。《泰国国际私法》第 40 条规定遗嘱方式，依遗嘱人本国法，或依遗嘱地法。《埃及民法典》第 17 条第 2 款规定：遗嘱的形式由遗嘱人立遗嘱时的本国法或遗嘱成立地法规定。

2. 采用分割制。即区分动产与不动产，分别适用不同的法律。英国、美国、日本、匈牙利等国采用这一做法。这些国家对于不动产遗嘱方式都适用不动产所在地法，动产遗嘱方式适用的法律则比较灵活，如日本规定，动产遗嘱方式只要符合以下法律均为有效：立遗嘱地法，遗嘱人立遗嘱时或死亡时的住所地法，遗嘱人立遗嘱时或死亡时的本国法，遗嘱人立遗嘱时或死亡时的惯常居所地法。1961 年《海牙遗嘱处分方式法律适用公约》也采纳了这一做法。1963 年《英国遗嘱法》第 1 条规定："凡依遗嘱订立地、遗嘱人立遗嘱时或死亡时住所地、遗嘱人立遗嘱时或死亡时习惯居所地、遗嘱人立遗嘱时或死亡时国籍国的现行国内法而作成之遗嘱，得视为恰当作成。"该法第 2 条第 1 款规定："在不违背前条规定的情况下，得视下列遗嘱为恰当作成……（2）处分不动产之遗嘱，如其作成符合不动产所在地国现行国内法。"

（三）遗嘱的变更和撤销和解释的法律适用

遗嘱的撤销主要涉及撤销人撤销遗嘱的能力和撤销的方式两个问题。有些国家如日本、奥地利、捷克等国规定，遗嘱撤销的能力应适用与遗嘱能力相同的准据法，遗嘱撤销的方式应适用与遗嘱方式相同的准据法。但是，另一些国家对遗嘱撤销的法律适用单独加以规定，如《泰国国际私法》第 42 条规定："撤销全部或部分遗嘱，依撤销时遗嘱人住所地法。"一些国际条约也采取了这一做法，如 1928 年《布斯塔曼特法典》第 151

条规定:"关于撤销遗嘱的程序、条件和效力,依遗嘱人的属人法,但撤销的推定决定于当地法。"

英美普通法系国家都有专门适用于遗嘱的解释法律适用规则。如英国遗嘱解释的法律适用规则为遗嘱应该根据遗嘱人指定的法律解释。如果没有相反的情况,该法即为遗嘱作成时遗嘱人的住所地法。澳大利亚、加拿大等国也有同样的规定。《美国冲突法重述(第二次)》第240条规定:"①处分土地权益的遗嘱,其条文的解释,适用遗嘱为此目的所指定的州的解释规则。②遗嘱无指定时,其解释适用土地所在地法院将予适用的解释规则。"该法第264条规定:"①处分动产权益的遗嘱,其条文的解释,依遗嘱为此目的所指定的州的本地法。②遗嘱中无指定时,其解释适用立遗嘱人死亡时住所地州法院将予适用的解释规则。"可见,关于遗嘱解释的法律适用,英美普通法系国家都允许遗嘱人在遗嘱中指定适用于遗嘱解释的法律。只有在遗嘱中无此意义的指定时才会适用具体的法律适用规则

关于遗嘱的变更,《法国民法典》规定,遗嘱仅得以日后重订的遗嘱或在公证人前作成证书,记载变更意志的声明,取消全部或一部。日后重订的遗嘱未明确取消以前的遗嘱时,以前的遗嘱仅仅是与新遗嘱不相容或抵触的条款无效。

第三节 无人继承财产的法律适用

一、无人继承财产和涉外无人继承财产的概念

无人继承财产,在国内法上又称为绝产,是指没有合法继承人或合法继承人都放弃继承权的遗产。根据各国的立法理论与实践,出现无人继承财产的情形有:①没有法定继承人,又没有立遗嘱指定继承人;②在没有法定继承人的条件下,虽有遗嘱但其遗嘱处分了部分遗产,或遗嘱只部分有效,其未经处分的遗产或遗嘱无效部分的遗产,一般也属于无人继承财产;③所有的继承人都放弃继承权;④被继承人以遗嘱剥夺一切继承人的继承权而又没有指定受遗赠人;⑤有无继承人情况不明,经有权机关发布公告,期满后仍无人主张继承权。

国际私法上的涉外无人继承财产,是指含有外国因素的无人继承财产,一般来说,是指一国公民在另一国死亡后留下的无人继承财产,包括本国公民死亡后留在外国的无人继承财产和外国公民死亡后留在本国的无人继承财产。

二、涉外无人继承财产的法律冲突

对于无人继承财产的归属问题,目前几乎所有国家都规定,无人继承财产收归国有,但国家以什么资格取得无人继承财产,则有不同的主张:①主张国家继承取得,即依据法定继承,国家以最后继承人的资格取得无人继承财产。因此,无人继承财产应由被继承人国籍国取得。采用这种主张的国家主要有德国、意大利、西班牙、瑞士、匈牙利、俄罗斯等国。如《德国民法典》规定,继承开始时,被继承人既无血亲、又无配偶,以被继承人死亡时所属邦之国库为法定继承人。被继承人如果是不属于任何邦的德国公民,则以德国国库为其法定继承人。②主张国家先占取得,以无主物先占者的资格

取得无人继承财产。因此，无人继承财产应由遗产所在地国家取得。英国、美国、法国、奥地利、土耳其等国采取这一做法。如《法国民法典》规定：一切无主或无继承人的财产，或继承人放弃继承的财产，均归国家所有。1971 年《美国冲突法重述（第二次）》第 266 条规定，在依法确定无人有权继承无遗嘱财产时，该项动产归管理州或国所有。

由于各国对无人继承财产的国家取得有不同的主张，当无人继承财产涉及外国因素时，自然会产生法律冲突。例如，一个甲国人，住所在甲国，死后在乙国留下一笔动产。在处理财产继承时发现该项财产为无人继承财产。如果甲国法律主张继承取得，该项财产应归甲国国库所有。但是，如果按照乙国法律，该项财产则应当由乙国先占取得。因此，法律冲突在所难免。

三、涉外无人继承财产的法律适用

一般而言，关于无人继承财产的法律适用，主要包括两方面内容：一是确定涉外无人继承财产的法律适用；二是决定无人继承财产归属的法律适用。如何确定什么财产是无人继承财产，各国一般主张依继承关系本身的准据法来确定。各国的立法和司法实践采取的做法有以下几种：

1. 适用继承关系本身的准据法。德国主张适用被继承人本国法作为涉外无人继承财产的准据法。如果被继承人本国法持继承取得的主张，即该国将对无人继承财产的权利视为继承权，则德国就把财产交给被继承人国籍所属的国家。如果被继承人本国法主张先占取得，即把国家对无人继承财产的权利视为对无主财产的先占权，则德国就以无主物先占者的资格把该项涉外无人继承财产收归国库。

2. 适用遗产所在地法。1978 年《奥地利联邦国际私法法规》规定，如果依死亡继承的准据法，即死者死亡时的属人法，遗产为无人继承财产或将归于作为法定继承人的领土当局，应以死者的财产于其死亡时所在地国家的法律取代死者死亡时的属人法。也就是说，无人继承财产应适用该财产所在地国家的法律。

3. 采用分割制。一些国家将无人继承财产分为动产与不动产，分别加以处理，即无人继承财产中动产的处理依被继承人死亡时国籍所属国法，而不动产的处理依不动产所在地法。

四、调整涉外继承关系的国际公约

1. 《遗嘱处分方式法律冲突公约》。《遗嘱处分方式法律冲突公约》1961 年 10 月 5 日签订于海牙，1964 年 1 月 5 日生效。根据公约规定，凡遗嘱在处分方式符合下列国内法的，应为有效：①立遗嘱人立遗嘱时所在地法；或②立遗嘱人立遗嘱时或死亡时国籍所属国法；或③立遗嘱人立遗嘱时或死亡时的住所地法；或④立遗嘱人立遗嘱时或死亡时的惯常居所地法；或⑤在涉及不动产时，财产所在地法。公约不妨碍缔约国现在或将来制定的法律规则承认其他法律所规定的遗嘱方式。上述规定也适用于撤销以前所为的遗嘱处分。依公约规定，遗嘱方式包括：任何以立遗嘱人的年龄、国籍或其他个人条件而对遗嘱处分方式所加的限制；根据遗嘱见证人的资格而对遗嘱处分有效性的限制。公约亦适用于两个或者两个以上的人在同一份文件中作出的遗嘱处分方式。按公约规定，不论立遗嘱人是否具有缔约国国籍，也不论根据公约规则所确定的准据法是否是缔约国法律,该法律都应予以适用,只有在其适用时会明显地与公共政策相抵触的,才可以拒绝适用。

2. 《遗产国际管理公约》。《遗产国际管理公约》订于 1973 年 10 月 2 日,共 8 章 46 条,主要对涉外继承的遗产实行国际许可证管理制度。目前,已有 28 个海牙国际私法会议成员国批准或参加该公约,2 个成员国签字,并有 9 个非成员国加入。该公约旨在解决各国对于被继承人遗产管理的立法有不同规定而产生的法律冲突。如大陆法系国家实行直接遗产转移制度,即被继承人死亡后,继承人依照法律规定或者按照遗嘱,直接取得遗产。而英美法系国家实行的是间接遗产转移制度,即被继承人死亡后,其遗产由被继承人指定并被法院认可的遗产执行人或由法院选定的遗产管理人出面收集并清理被继承人的债务和遗嘱,然后将遗产在有关继承人之间进行分配。采用许可证制度,是为了被继承人在外国的遗产能够得到迅速收集、管理和分配。

3. 《死者遗产继承准据法公约》。《死者遗产继承准据法公约》1989 年 8 月 1 日订于海牙。该公约共有 5 章 31 条。公约的适用范围除遗嘱方式、遗嘱能力、与夫妻财产有关的问题、与继承无直接关系而产生或转移的权利和财产,如属于数人所有的共有财产、退休金、保险合同以及类似的问题外的所有事项,包括遗产继承准据法均适用于公约。从空间范围看,公约规定即使依公约所确定的应适用的法律为非缔约国的法律时,公约仍应适用。公约对继承准据法采用单一制。即将死者遗产看成一个不可分割的整体,统一适用准据法。根据公约第 3 条的规定,遗产的继承适用被继承人死亡时惯常居所地国家的法律,只要被继承人死亡时具有该国国籍,或者被继承人在死亡之前在该国至少居住了 5 年,但是在特殊情况下,如果被继承人在死亡时,与其本国有更密切的联系,则适用其本国法律;在其他情况下,继承适用被继承人死亡时的国籍所属国法律,但如果被继承人在死亡时与其他国家有更密切联系的,继承适用与其有密切联系的国家的法律。公约在此规定了多元连接因素即被继承人死亡时惯常居所地、国籍和更密切联系地。

第四节 中国有关涉外继承关系法律适用的规定及实践

目前,中国涉外法定继承法律适用的立法主要规定在 1985 年 10 月 1 日施行的《中华人民共和国继承法》以下简称 1985 年《继承法》及 1986 年《中华人民共和国民法通则》(以下简称 1986 年《民法通则》)中。司法解释有 1985 年 11 月最高人民法院《关于贯彻执行〈中华人民共和国继承法〉若干问题的意见》。2010 年《涉外民事关系法律适用法》第四章对继承关系专门作了规定。

一、中国涉外法定继承关系的规定和实践

《涉外民事关系法律适用法》第 31 条规定,法定继承,适用被继承人死亡时经常居所地法律,但不动产法定继承,适用不动产所在地法律。

(一)采用分割制原则

中国涉外法定继承关系法律适用的法律规定采用分割制原则,在解决涉外法定继承

关系的法律冲突时，把被继承人的遗产区分为动产和不动产，动产适用属人法，不动产适用物之所在地法。

（二）动产适用被继承人死亡时经常居住地法

1985年《继承法》第36条规定，涉外法定继承中，动产适用被继承人住所地法律。但在司法实践中，经常会碰到这样的问题：被继承人的住所地可能有好几个，也可能经常发生变动，究竟应适用哪个住所地法律？据此，中国最高人民法院1985年发布的《关于贯彻执行〈中华人民共和国继承法〉若干问题的意见》规定："涉外继承，遗产为动产的，适用被继承人住所地法律，即适用被继承人生前最后住所地国家的法律。"1986年《民法通则》采纳了这个解释，第149条规定得非常明确：遗产的法定继承，动产适用被继承人死亡时住所地法律。2010年《涉外民事关系法律适用法》第31条规定，法定继承，适用被继承人死亡时经常居所地法律，但不动产法定继承，适用不动产所在地法律。

（三）采取国际条约优先原则

根据1985年《继承法》第36条规定，在涉外继承关系的法律适用问题上，如果中国缔结或参加的国际条约对跨国继承问题作了规定，那么，在处理与缔约国有关的跨国继承案件时，应该优先适用国际条约的规定。

二、中国关于涉外遗嘱继承法律适用的规定和实践

1985年《继承法》和1986年《民法通则》都没有关于涉外遗嘱继承法律适用的明确规定。《民法通则》只明确规定了涉外法定继承的法律适用规则，未规定涉外遗嘱继承的法律适用。而《继承法》关于涉外继承的法律适用既未明确是指法定继承也未明确是指遗嘱继承。2010年《涉外民事关系法律适用法》第四章第32～34条对跨国遗嘱继承的遗嘱方式、遗嘱效力、遗产管理等事项作了比较详细明确的规定。《涉外民事关系法律适用法》第32条规定，遗嘱方式，符合遗嘱人立遗嘱时或者死亡时经常居所地法律、国籍国法律或者遗嘱行为地法律的，遗嘱均为成立。第33条规定，遗嘱效力，适用遗嘱人立遗嘱时或者死亡时经常居所地法律或者国籍国法律。第34条规定，遗产管理等事项，适用遗产所在地法律。

（一）遗嘱的效力

2010年《涉外民事关系法律适用法》第33条规定，遗嘱效力，适用遗嘱人立遗嘱时或者死亡时经常居所地法律或者国籍国法律。从上述规定可以看出，对于遗嘱的效力，采用无条件选择适用的冲突规范，可以从遗嘱人立遗嘱时或者死亡时的本国法律或者经常居住地法律中任意选择。采用这种灵活的规定有利于保护当事人的合法权益，最有利于遗嘱成立。

（二）遗嘱方式

2010年《涉外民事关系法律适用法》采用了多准据法原则。该法第32条规定，遗嘱方式，符合遗嘱人立遗嘱时或者死亡时经常居所地法律、国籍国法律或者遗嘱行为地法律的，遗嘱均为成立。符合国际社会尽可能满足立遗嘱人遗愿的趋势。

（三）遗产管理等事项

《涉外民事关系法律适用法》第34条规定，遗产管理等事项，适用遗产所在地

法律。

三、中国关于涉外无人继承财产关系的规定和实践

关于跨国无人继承财产的问题，中国最高人民法院于1988年发布的《民法通则》第191条规定："在中国境内死亡的外国人，遗留在中国境内的财产如果无人继承又无人受遗赠的，依照我国法律处理，两国缔结或者参加的国际条约另有规定的除外。"可见，对于跨国无人继承财产，凡与中国订立条约有规定的，按照条约规定处理；没有条约的，按照中国法律即遗产所在地法处理。在司法实践中，位于中国境内的跨国无人继承财产中的不动产，一般收归中国国库；跨国无人继承财产中的动产，一般在互惠基础上交给被继承人的国籍所属国处理。

1. 无人继承遗产的归属。2010年《涉外民事关系法律适用法》第35条规定，无人继承遗产的归属，适用被继承人死亡时遗产所在地法律。

2. 国际条约优先。1987年生效的《中蒙领事条约》第29条第4款规定"派遣国国民死亡后在接受国境内留下的绝产中的动产，应将其移交给派遣国领事官员。"这样的规定应该是实体法的规定，而且与一国关于涉外无人继承法律适用规则运用的结果可能是不同的。此时应遵循条约的规定，以履行国家所承担的条约义务。

案例与评析

[**案情介绍**] 2006年1月17日，上海市第一中级人民法院开庭审理了陈＊＊遗产纠纷案，即陈＊＊遗孀宋＊＊以及陈＊＊次子诉陈＊＊长子遗产分割纠纷案。此案涉及的相关问题在法院做出判决之前依旧疑团重重，陈＊＊及其两个儿子均为美国国籍，而其遗孀宋＊＊持的是中国护照，那么其遗产分割具体适用哪个国家的法律？陈＊＊长子在美国申请担任其遗产的临时管理人是否能够获得准许？其遗孀在法院判决生效之前能否动用陈＊＊的遗产？陈＊＊先生留下的遗产到底价值几何，到目前为止仍是个谜。目前可以确认的有8套公寓及1幢别墅，另外成品以及半成品油画共计253幅，其中85幅是陈＊＊生前就委托一家意大利公司进行拍卖的，该部分画处于动态当中；而在宋＊＊处则保留有143幅。长子目前已向美国法院申请作为陈＊＊遗产的临时管理人。陈＊＊生前最后住所地在中国，陈＊＊及其两个儿子持有美国护照，因此存在这些遗产的继承具体应适用哪个国家的法律的问题。

陈＊＊去世后，按照法律规定，其合法继承人为其妻宋＊＊、长子和次子。因其去世前并未留下任何遗嘱，因此宋＊＊代表次子与长子依法协商遗产分割，但双方一直很难就分割计划达成一致。后陈＊＊长子提出了5:5的分配计划，其中包含了其母所享有的与陈＊＊之间的债权。长子提出如超过最后回复期限，即2005年10月8日，将在美国按法律程序行事。宋＊＊无法接受长子上述的"最后通牒"，至此双方的协调已无可能。

"遗产临时管理人"是英美法系国家继承法律的一项制度，其基本原则为：继承人并不直接继承遗产，而是先由遗产管理人对债权债务做统一处理。旨在使继承人受到了有效监督，从而有力地保护了债权人的利益。即继承开始后，遗产不直接

转归继承人，而是由作为独立的遗产法人的遗嘱执行人或者遗产管理者负责管理，被继承人的债务由遗产法人承担，债权归遗产法人所有，因遗产而产生的收益和负担都归遗产法人所有，遗产管理人在缴纳税款、清偿债务、执行遗嘱之后，依照法律规定或遗嘱的指定，将剩余遗产分配给继承人。"遗产临时管理人"通常为一机构或个人，其基本要件在于与继承人无利害关系，即独立性。通常情况下，需要法院指定。由于陈长子本身就是遗产的继承人之一，因此其有无权利申请作为遗产的临时管理人？宋＊＊的代理律师曾向法官提出，由于宋＊＊及幼子无收入来源，目前经济拮据，请求法院准许他们在结案前动用部分遗产。

[案件评析]

1. 继承适用的法律以及遗产的性质。陈＊＊及其两个儿子持有美国护照，遗孀宋＊＊持中国护照。陈＊＊病逝于中国，无遗嘱。陈＊＊生前最后住所地在中国。遗孀宋＊＊向中国法院起诉继承遗产及遗产分配，并请求法院认定陈＊＊长子无权申请遗产临时管理人。陈＊＊动产的部分应适用其生前最后住所地国家的法律，因为其生前最后住所地在中国，因此应适用中国法律。至于不动产应适用的法律，要看不动产在哪个国家，以适用不动产所在国家的法律。法律依据：1985 年 10 月 1 日施行的《继承法》、1986 年《民法通则》、1985 年 11 月最高人民法院《关于贯彻执行〈中华人民共和国继承法〉若干问题的意见》及《涉外民事关系法律适用法》均对此有规定。1985 年《继承法》第 36 条规定，涉外法定继承中，动产适用被继承人住所地法律。但在司法实践中，经常会碰到这样的问题：被继承人的住所地可能有好几个，也可能经常发生变动，究竟应适用哪个住所地法律？据此，中国最高人民法院 1985 年发布的《关于贯彻执行〈中华人民共和国继承法〉若干问题的意见》规定："涉外继承，遗产为动产的，适用被继承人住所地法律，即适用被继承人生前最后住所地国家的法律。"1986 年《民法通则》采纳了这个解释，第 149 条规定得非常明确：遗产的法定继承，动产适用被继承人死亡时住所地法律。

2. 遗产临时管理人的问题。在我国并不存在"遗产临时管理人"这一说法，也没有设立相关"遗嘱执行人或者遗产管理人制度"。只是在《继承法》第 24 条规定："存有遗产的人，应当妥善保管遗产，任何人不得侵吞或者争抢。"根据美国法律，"遗产临时管理人"通常为一机构或个人，其基本要件在于与继承人无利害关系，即独立性。通常情况下，需要法院指定。由于陈长子本身就是遗产的继承人之一，因此依据相关法律规定，他无权申请作为遗产的临时管理人，但他可以申请法院为其指定遗产临时管理人。

3. 宋＊＊单方动用遗产问题。被继承人死亡后，在没有遗嘱的情况下，其遗产应归有继承权的所有继承人。至于继承人应该分得多少份额，须视情况，依法而定。作为有继承权之一的继承人宋＊＊在遗产尚未分割前应无权单方处分遗产。况且，该案已诉至法院，在诉讼期间，应尽量保证遗产的完整性，保证该遗产无毁损、减少、破坏等情况发生，应从有利于保护遗产的角度代为保管现存遗产，但公司正常经营行为导致的亏损除外。所以，法院审理期间宋＊＊不能擅自动用遗产。

[问题与思考]

1. 对于跨国继承关系中的单一制和分割制原则，你认为哪个更合理？哪个更适合中国？

2. 你认为中国目前关于跨国继承关系的法律规定是否完善？如果不完善，应当怎样修改完善？

第三编 程序问题

第十三章 国际民事诉讼程序

[本章概要]

国际民事诉讼程序是指一国法院在审理涉外民事案件时,法院、当事人和其他诉讼参与人所必须遵守的特殊程序。目前世界各国普遍赋予外国人在民事诉讼地位方面以国民待遇。国际民事诉讼程序主要包括以下几个方面的内容:①外国人与外国国家的民事诉讼地位;②国际民事案件的司法管辖权;③司法协助(包括司法文书的域外送达、域外调查取证以及外国法院判决和外国仲裁裁决的承认与执行)。

本章共分六节来分析和说明国际民事诉讼程序有关问题。第一节介绍国际民事诉讼程序概论。第二节介绍外国人与外国国家的民事诉讼地位。第三节介绍国际民事诉讼司法管辖权。第四节介绍司法协助。第五节介绍国际私法中的公证与认证问题。第六节介绍中国国际民事诉讼的法律及实践。

第一节 国际民事诉讼程序概论

一、国际民事诉讼程序的概念

国际民事诉讼程序也称涉外民事诉讼程序,是指一国法院在审理涉外民事案件时,法院、当事人和其他诉讼参与人所必须遵守的特殊程序。国际民事诉讼程序主要包括以下几个方面的内容:①外国人的民事诉讼地位;②国际民事案件的管辖权;③司法协助(含外国法院判决和外国仲裁裁决的承认与执行)。

国际民事诉讼程序与一般国内民事诉讼程序的区别就在于它含有涉外因素,这里所说的涉外因素既存在于案件的实体法律关系中,也存在于程序法律关系之中。具体地说,案件中的涉外因素主要表现为:①参与诉讼的当事人中有一方或双方是具有外国国籍或在外国有住所的人(自然人和法人);②诉讼标的物位于国外;③诉讼中所涉及到的某项法律事实中含有外国因素,比如,两名中国公民在境外结婚,回到中国后到法院诉讼离婚;④诉讼中的某种行为需要在境外进行,比如,案件中涉及的某项证据需要到国外调查取证;⑤法院的判决或裁决需要在外国承认和执行;等等。

二、国际民事诉讼程序的特点

国际民事诉讼程序具有如下特点:

1. 国际民事诉讼是含有国际或涉外因素的诉讼。具体说来,诉讼中的涉外因素主要有:诉讼当事人中有居住在国外或具有外国国籍的法人或自然人;有关诉讼的客体是发生于国外的行为，或者有关的诉讼标的物位于国外。这些涉外因素的存在常常使得一个诉讼的某些环节或行为需要在国外进行，如有关诉讼或非诉讼文书需要送达到国外，或者需要在国外获取某些与案件有关的证据，或者需要到国外申请承认与执行法院的判决。

2. 国际民事诉讼程序中的问题，一般适用法院地法解决，而不适用外国法。

3. 调整国际民事诉讼的程序法既包括一国法院审理国内民事案件所适用的一般程序规范，也包括专门处理国际民事案件所适用的特殊程序规范。

三、国际民事诉讼程序的基本原则

国际民事诉讼程序的基本原则是作为国际民事诉讼程序具体规定基础的，贯穿于国际民事诉讼程序的各个领域和各个阶段，并具有普遍的立法和司法指导意义的根本性原则。[1]

（一）国家主权原则

在国际民事诉讼程序中，国家主权原则体现在几个方面：①任何国家对于领域内的一切人和物，除依国际法享有豁免者外，有权行使司法管辖权；国家对于本国公民，即使该人位于本国之外，也可行使管辖权。②国家及其财产在国外享有司法豁免权。③诉讼程序适用法院地法，即国家审理国际民事案件，除其缔结或参加的国际条约另有规定外，只适用本国的民事诉讼程序规范。④非经内国法院承认，外国法院判决不能在内国生效。更不能强制执行。国家可以拒绝承认和执行外国法院判决。

（二）国民待遇原则

国家把给予本国公民和法人的民事诉讼权利也给予在本国境内的外国自然人和法人。

（三）平等互惠原则

国家在平等基础上相互赋予对方国民以民事诉讼权利，相互给予司法上的协助，给予互惠待遇。

（四）遵守国际条约和参照国际惯例原则

根据"条约必须遵守"原则，国家法院在审理国际民事案件时，应当受该国缔结或者参加的国际条约的约束。在不违背本国的国家主权和安全的前提下，可以适用国际惯例。

第二节　外国人与外国国家及其财产的诉讼地位

一、外国人民事诉讼地位的概念和基本原则

外国人的民事诉讼地位是指根据内国法和国际条约的规定，外国人在内国领域内享有什么诉讼权利，承担什么诉讼义务。国际民事诉讼中的外国人包括外国自然人和外国法人。外国人在内国的诉讼地位是国际民事诉讼法首先要解决的一个问题。

---

[1] 章尚锦、徐青森主编：《国际私法》，中国人民大学出版社2011年版，第321页。

(一) 有关外国人民事诉讼地位的一般原则

外国人的民事诉讼地位经历了从排外到合理待遇等几个发展时期。目前国际社会的普遍实践是给予外国人同内国人同等的民事诉讼地位，即在民事诉讼方面赋予外国人国民待遇。因此，国民待遇原则是有关外国人民事诉讼地位的一般原则。但为了保证本国国民在国外也能得到所在国的国民待遇，各国一般都规定在赋予在内国的外国人国民待遇时，以互惠或对等为条件，即该外国人本国对内国人也应在民事诉讼地位上给予国民待遇。

(二) 外国人在中国的民事诉讼地位

1. 以对等为条件的国民待遇原则。根据我国《民事诉讼法》第 5 条第 1 款的规定："外国人、无国籍人、外国企业和组织在我国人民法院起诉、应诉，同中华人民共和国公民、法人和其他组织有同等的诉讼权利义务。"这表明，依照我国法律，外国当事人在我国进行民事诉讼活动和我国当事人有同等的起诉和应诉的权利能力和行为能力，并享有进行民事诉讼活动的各项权利。同时，他们也必须像我国当事人一样承担诉讼义务。在我国进行民事诉讼的外国当事人不能只承担诉讼义务而不享有诉讼权利，也不能只享有诉讼权利而不承担诉讼义务，尤其不能享有特权。我国《民事诉讼法》第 5 条第 2 款进一步明确规定："外国法院对中华人民共和国公民、法人和其他组织的民事诉讼权利加以限制的，中华人民共和国人民法院对该国公民、企业和其他组织的民事诉讼权利，实行对等原则。"因此，我国采取的是以对等为条件的国民待遇原则。

2. 当事人的民事诉讼权利能力与诉讼行为能力。当今世界各国和相关的国际公约都保证外国人可自由地向内国法院起诉的权利，而且即令没有国际条约的规定，根据国际习惯，也应该给予外国人在内国法院起诉的权利。我国对此无明文规定，我国学者一般认为，当事人的民事诉讼权利能力应依法院地法，即当事人是否有民事诉讼权利能力的问题应由法院地所在国的法律决定。至于当事人是否具有民事诉讼行为能力的问题，则应由当事人的属人法决定，但即使根据其属人法无民事诉讼行为能力，如果依法院地所在国的法律却有民事诉讼行为能力时，应当认定为有民事诉讼行为能力，即此时应依法院地法。

3. 诉讼费用担保。诉讼费用担保是指审理国际民事案件的法院依据本国诉讼法的规定，为防止原告滥用其诉讼权利或防止其败诉后不支付诉讼费用，要求作为原告的外国人或者在内国无住所的人，在起诉时提供以后可能由他负担的诉讼费用的担保。需要指出的是，此处的诉讼费用不包括案件的受理费，而是指当事人、证人、鉴定人、翻译人员的差旅费、出庭费及其他诉讼费用。

目前，如无条约义务，许多国家的法院在国际民事诉讼中都在不同程度上要求外国原告提供诉讼费用担保，只有少数国家不要求原告提供担保。对于诉讼费用担保，我国经历了从要求外国人提供担保到实行在互惠前提下免除诉讼费用担保的过程。另外，我国与一些国家签订的双边司法协助条约一般都包括互相免除缔约对方国民诉讼费用保证金的条款。

4. 诉讼代理。在国际民事诉讼程序中，各国立法都允许外国当事人委托诉讼代理人代为诉讼行为。但一般都规定，外国当事人如果想要委托律师代为诉讼行为，只能委托在法院地国执业的律师。

此外，在国际社会的司法实践中还存在一种领事代理制度，即一个国家的驻外领事，可以依据驻在国的立法和有关国际条约的规定，在其管辖范围内的驻在国法院依职权代表其本国国民参与有关的诉讼程序，以保护有关自然人或法人在驻在国的合法权益。1963年《维也纳领事关系公约》中肯定了领事代理制度，该制度已得到国际社会的普遍承认。《中美领事条约》第24条第1款规定，当派遣国国民包括法人由于不在接受国境内或其它任何原因无法及时保护自己的权利和利益时，领事官员遵照接受国的法律有权采取适当措施，在接受国的法庭上和其他当局面前，保护此类国民，包括法人的权利和利益。

二、外国国家及其财产的诉讼地位

国家主权原则具体体现在国际民事诉讼法领域就是国家及其财产享有豁免权。国家及其财产享受豁免权是国际公法、也是国际民事诉讼法上的一项重要原则，它是指一个国家及其财产未经该国明确同意不得在另一国家的法院被诉，其财产不得被另一国家扣押或用于强制执行。

根据国际社会的立法与司法实践，国家及其财产豁免权的内容一般包括以下三个方面：

1. 司法管辖豁免。即未经一国明确同意，任何其他国家的法院都不得受理以该外国国家为被告或者以该外国国家的财产为诉讼标的的案件。

2. 诉讼程序豁免。是指未经一国同意，不得强迫其出庭作证或提供证据，不得对该外国的国家财产采取诉讼保全等诉讼程序上的强制措施。

3. 强制执行豁免。非经该外国国家明确同意，受诉法院不得依据有关判决对该外国国家财产实行强制执行。

三、外交豁免

外交豁免是指按照国际习惯法或有关协议，在国家间互惠的基础上，为了使一国的外交代表机关及其人员在驻在国能够有效地执行职务，而由驻在国给予的特别权利和优惠待遇。

1961年《维也纳外交关系公约》第31条第1款规定，外交代表对接受国之刑事管辖享有豁免。除下列案件外，外交代表对接受国之民事及行政管辖亦享有豁免：①关于接受国境内私有不动产之物权诉讼，但其代表派遣国为使馆用途置有之不动产不在此列；②关于外交代表以私人身份并不代表派遣国而为遗嘱执行人、遗产管理人、继承人或受遗赠人之继承事件之诉讼；③关于外交代表于接受国内在公务范围以外所从事之专业或商务活动之诉讼。公约第32条还规定了外交代表及其他依法享有司法豁免权的人不享有豁免权的情况。

1963年《维也纳领事关系公约》第43条规定了，领事官员及领馆雇员对其为执行领事职务而实施之行为不受接受国司法或行政机关之管辖。但下列民事诉讼除外：①因领事官员或领馆雇员并未明示或默示以派遣国代表身份而订契约所生之诉讼；②第三者因车辆船舶或航空机在接受国内所造成之意外事故而要求损害赔偿之诉讼。

第三节 国际民事诉讼司法管辖权

一、国际民事案件管辖权的概念

国际民事案件管辖权是指一国法院根据本国缔结或参加的国际条约和国内法对特定的国际民事案件行使审判权的资格。

国际民事案件管辖权在解决国际民事诉讼中具有重要意义：首先，确定管辖权是处理国际民事案件的前提条件。一国法院如欲审理某一案件，首先要确定自己对该案是否有管辖权，然后才能开始其他的程序，如诉讼文书域外送达、域外取证以及判决的域外承认与执行等。因此，国际民事案件管辖权是国际民事诉讼程序开始的前提。其次，管辖权的确定直接影响到国际民事案件的审理结果。在国际民事诉讼中，国际民事案件的处理以哪一个国家的法律作为准据法，是根据受诉法院的冲突规则选择的，而各国对同一问题规定的冲突规则有时又不相同，因此由不同国家的法院受诉，就可能会选择出不同国家的法律作准据法，最终使案件的判决结果也各不相同。这也是在国际民事诉讼中，当事人挑选对自己有利的国家的法院进行诉讼的动因。最后，一国法院对某一案件具有管辖权，是该国法院作出的判决能够得到有关外国承认与执行的基础。

二、确定国际民事案件管辖权的原则

根据国际法的基本原则和各国立法与实践，法院一般根据以下原则决定其管辖权限：

1. 属人管辖原则。依照国际法上的属人优越权原则，主权国家对其国民享有管辖权，即便他们在该国境外时亦然。因此，中国公民在国外经商或者留学，中国法院仍然对他们享有管辖权，因为他们是中国公民。外国公民在中国进行上述类似的活动时，其国籍所属国法院同样对他们享有管辖权。

2. 地域管辖原则。据此原则，主权国家对于位于其管辖领土内的一切人和物，享有管辖权。外国人在中国旅游期间实施犯罪，中国公民在外国停留期间所实施的侵权行为，他们所在国家均可依据当地的法律对他们在本国境内实施的不法行为实施管辖。对于外国船舶在中国领海内航行期间造成的油污污染环境，根据当地法律同样应当承担相应的法律责任。

3. 协议管辖原则。即具有不同国籍的当事人或者营业地位于不同国家的当事人之间通过协议的方式约定，将他们之间可能发生的或者已经发生的争议提交特定国家法院解决的协议。在国际商事合同中，当事人通常可以依据法律作出上述约定。除非当地法律另有规定，各国法律一般尊重当事人作出的选择。

4. 专属管辖原则。专属管辖原则是指各国法律明文规定的特定争议只能由本国法院专属管辖的原则。例如，由于位于特定国家境内的不动产而引起的争议，通常只能由该不动产所在地国法院管辖。此外，某些知识产权的有效性的争议，如对专利权和商标权的有效性争议，通常只能由对该专利权或者商标权授予国的法院管辖，这是由某些知识产权的严格地域性原则决定的。在法律规定的某些特定争议必须由当地法院专属管辖的

情况下，当事人对该事项协议提交该法院地国以外的国家的法院处理的约定为无效约定，因为此项约定违反了该相关国家的法律。

5. 平行管辖原则。又称为选择管辖原则，是指一个国家在主张自己对某些案件有管辖权的同时，并不否认其他国家法院对这些案件行使管辖权。

在实践中，各国对于管辖权的确定并不是仅仅依据其中某一个原则。一般来说，各国主要是依据属地或属人原则，同时采用平行管辖、专属管辖和协议管辖等原则。

第四节 司法协助

一、司法协助的概念

司法协助是指一国法院或其他主管机关，根据另一国法院或其他主管机关或有关当事人的请求，代为实施或者协助实施一定的司法行为。从当前各国的司法实践来看，司法协助涉及民事诉讼、刑事诉讼和行政诉讼。本章则专指民事司法协助。关于司法协助的内容有狭义和广义的观点，狭义的司法协助只包括送达文书和调查取证，我国民事诉讼法采用广义的观点，即认为司法协助的内容包括：送达诉讼文书、代为询问证人、调查取证以及外国法院判决和外国仲裁裁决的承认与执行。

司法协助的提出与履行必须建立在条约或互惠的关系基础上。我国已经加入了1965年的《关于向国外送达民事或商事司法文书和司法外文书公约》和1970年的关于《关于从国外调取民事或商事证据公约》。同时，我国还与四十多个国家签有双边司法协助条约。另外，我国《民事诉讼法》及其司法解释中也有关于涉外司法协助的规定。《最高人民法院关于涉外民事或商事案件司法文书送达问题若干规定》对涉外民事或商事案件司法文书送达作出了进一步详细规定。

二、司法协助的途径

司法协助请求的提出一般通过以下几个途径：

1. 外交途径。即请求国司法机关将请求文件交给本国的外交部，由本国的外交部转交给被请求国的外交代表，再由该国外交代表转交给该国国内主管司法机关，由该主管司法机关提供司法协助。这是比较普遍采用的一种方式，特别是在两国之间不存在司法协助条约的情况下，这一办法几乎是惟一可行的途径。

2. 使领馆途径。即请求国司法机关把请求文件交给本国驻在被请求国的使领馆，再由使领馆直接将有关文件交给驻在国有关主管司法机关，由该主管司法机关提供司法协助。这种方式在国际条约中采用的比较多，而且有的国际条约和国内立法还规定，使领馆有权把有关文书直接交给派遣国国民。

3. 法院途径。即由请求国法院直接委托被请求国法院进行司法协助。不过采用这种方式必须以条约为基础，实践中采用这种做法的比较少。

4. 中心机关途径。又称为中央机关途径。许多有关司法协助的国际条约都规定了中央机关的途径。它是请求国主管机关将请求事项直接或通过本国的中心机关提交给被请求国的中心机关，再由该被请求国的中心机关转交给其所属国的主管司法机关提供司法协助。我国缔结或参加的司法协助条约多指定我国司法部为传递司法协助请求的中央机关。

一般而言，被请求国提供司法协助的程序和方式是依照本国的法律进行，不适用外国法中关于程序问题的规定。如果请求国要求按特殊方式进行协助，而这种方式又不与被请求国的法律或公共秩序相抵触时，被请求国可以满足请求国的请求。

三、域外送达

域外送达是指一国法院根据国际条约或本国法律或按照互惠原则将诉讼文书和非诉讼文书送交给居住在国外的当事人或其他诉讼参与人的行为。诉讼文书的送达是一种很重要的司法行为，是一国司法机关代表国家行使国家主权的一种表现，因此该行为具有严格的属地性。一方面，一国的司法机关在未征得有关国家同意的情况下，不得在该国境内向任何人实施送达行为；另一方面，内国也不承认外国司法机关在没有法律规定和条约依据的情况下在内国所实施的送达。因此，域外送达必须通过国际条约和国内法允许的途径送达。

四、外国法院判决的承认与执行

一国法院判决是一国司法主权的具体体现，一国法院判决要发生域外效力，必须经过他国对其既判力和执行力的认可。承认外国法院判决和执行外国法院判决是两个既有联系又有区别的概念。一方面，承认外国法院判决是执行的前提条件；另一方面，承认外国法院判决并不一定意味着要执行外国法院判决，有些判决只需要承认而不必执行。

1. 承认与执行外国法院判决的程序。各国在实践中主要有三种不同的做法：①经形式上的审查发给执行令的程序；②经实质性审查后发给执行令的程序；③重新起诉程序。即胜诉方需以外国法院判决为依据，重新向执行地国法院提起诉讼，如执行地国法院认为外国判决与本国法律不相抵触，则由执行地国法院作出一个与外国判决内容相同的判决，然后予以执行。我国采取上述第一种程序。

2. 承认与执行外国法院判决的条件。综观各国国内立法和有关的国际条约的规定，外国法院判决要获得承认与执行一般应具备以下条件：①原判决国法院必须具有合格的管辖权；②外国法院判决已经发生法律效力；③外国法院进行的诉讼程序是公正的；④外国法院的判决必须是合法取得的；⑤不存在"诉讼竞合"，如果外国法院判决与内国法院就同一当事人之间的同一争议所作的判决或内国法院已经承认的第三国法院就同一当事人之间的同一争议所作的判决相冲突，内国法院可拒绝承认与执行；⑥承认与执行外国判决不违背内国的公共政策；⑦判决地国和执行地国之间存在条约关系或互惠关系；⑧外国法院适用了内国冲突法规定的准据法，这一条件仅为少数国家所要求。

第五节 国际私法中的公证和认证

公证和认证，是一种非诉讼活动，在处理涉外民事案件过程中，经常涉及公证认证问题。世界各国办理公证认证的机构各不相同，有关法律规定各异，但无一例外地均肯定公证认证在涉外民事案件中所起的重要作用。

一、公证

公证是指公证机构根据自然人、法人或其他组织的申请，依照法定程序，对民事法律行为、有法律意义的事实和文书的真实性、合法性予以证明的活动。公证制度是一项预防性司法制度，它能有效地预防纠纷、减少诉讼，保护当事人的合法权益。

如公证机构予以证明的事实和文书拟发往域外使用，即为涉外公证。涉外公证，由于办理的机构不同，分为两类：一类是国内各省、市、自治区涉外公证处办理的公证；一类是各驻外使领馆办理的公证。

涉外公证书的种类主要包括：民事类公证书和商业类公证书。其中民事类公证书又包括：出生、死亡、婚姻状况、亲属关系、未受刑事处分、学历、经历、职业资格、国籍、声明书、委托书、复印件与原件相符、译文与原文相符等；商业类公证书又分为合同、公司章程、营业执照、授权委托等。

世界各国在国内办理公证的机构各不相同，有些国家统一由公证机构办理；有些国家统一由审判机构办理；有些国家公证机构和审判机构均可办理公证；有些国家律师亦可办理公证。

在我国，代表国家行使公证证明职能的公证机构，在境内是涉外公证处；在境外，则由我驻外使领馆依法行使公证职能。

各国驻外使领馆都办理公证事务，这是公认的国际惯例。我国驻外使领馆依据国际法、国内法和双边领事条约的规定办理公证事务。1963年《维也纳领事关系公约》第5条第6项规定，领事职务包括"担任公证人，民事登记员及类似之职司，并办理若干行政性质之事务，但以接受国法律规章无禁止之规定为限"。2005年8月28日第十届全国人民代表大会常务委员会第十七次会议通过，2006年3月起施行的《中华人民共和国公证法》第45条规定，"中华人民共和国驻外使（领）馆可以依照本法的规定或者中华人民共和国缔结或者参加的国际条约的规定，办理公证。"我国与外国签订的双边领事条约中，多有涉及公证和认证的规定，如《中意领事条约》第10条第1款规定：领事官员有权①接受派遣国国民的声明并给予证明；②起草、证明和保存派遣国国民的遗嘱和其他证书；③起草、证明派遣国国民间签署的文书和契约，这些文书和契约不应是关于在接受国内的不动产的权利构成或转让的；④起草、证明有关在派遣国内的财产或行使权利或商谈生意的文书和契约，无论当事者为何国籍，只要这些文书和契约旨在派遣国内产生法律效果的；⑤执行派遣国法律规定的、不违反接受国法律的其他公证职务。

我国同许多国家签订的领事条约多有领事官员可为任何国籍当事人出具公证的条款，但在实践中，我国驻外使领馆一般只受理具有中国国籍当事人的公证申请。

驻外使馆办理公证业务的部门是领事部或兼管领事业务的使馆办公室，总领馆或领馆办理公证的部门是领事组（处）。使领馆有权负责签署公证书的领事官员包括：大使、负责领事事务的参赞、一等秘书、二等秘书、三等秘书，以及总领事、副总领事、领事、副领事。

二、认证

认证是指一国的外交、领事机构及其授权机构在公证文书或其他证明文书上，确认公证机关、相应机关或者认证机关的最后一个签字或印章属实的活动。

认证的内容包括如下三个方面：

1. 认证的主体是外交、领事机构及其授权机构。使领馆有权负责签署认证书的领事官员包括：大使、负责领事事务的参赞、一等秘书、二等秘书、三等秘书，以及总领事、副总领事、领事、副领事。

2. 认证的本质是一种证明行为，通过确认文书上最后一个签字者的身份以及印章属实的活动，使该文书产生境外法律效力。通常完成认证过程需要两步骤，国际上称为"连环确认"。第一步，需由文书出具国的外交或领事机构官员确认文书制作者所依据身份的签字或印章属实；第二步，由文书使用国的外交或领事机构官员确认文书出具国外交或领事机构官员作第一步确认的签字或印章属实。

3. 认证的客体是公证机关和相应机关出具的文书。依国际惯例，认证文书仅限于公文。目前，我国相应机关还包括对外经济贸易促进委员会和商品检验检疫局。由该会或局出具的产地证、发票、提单、屠宰证和商业发票等证明文书，在一些国家使用时也需加以认证。

认证的目的旨在向文书使用方证实文书的真实性，避免因其怀疑文书上签字或印章是否属实而影响文书的使用。由于认证的特殊作用，有人形象地将其比喻为发给涉外文书的签证。

认证的法律意义和责任在于：认证不是确认文书内容的真实性，只确认文书出证机构印章和签字属实，对所认证文书的内容不承担法律责任；认证是外交或领事机构以国家名义进行文书推介和确认活动；认证活动本身并非法律行为，它不设立、不改变、不消灭民事主体的权利义务关系。

依国际法、双边领事条约、国内法和我国领事实践，我国发往国外使用的文书，一般先经外交部领事司或其授权的外国驻华领馆领区内省级外办办理领事认证，确认文书中的印章及主管官员签字属实，而后再经文书使用国驻华使领馆办理领事认证，确认外交部或其授权机构的印章及官员的签字属实。目前，加拿大、日本等少数国家对我国文书免除认证。美国、法国、澳大利亚等国免除我国部分种类文书的认证。如送往法国使用的商业文书可不认证，美国只要求用于继承、诉讼的文书办理认证。另外我国同有些国家签订的双边司法协助条约中规定对特定种类的文书免除认证。此外，我国文书发往国外使用，均需事先办妥领事认证。如《公证法》规定："公证书需要在国外使用，使用国要求先认证的，应当经中华人民共和国外交部或者外交部授权的机构和有关国家驻中华人民共和国使（领）馆认证"。

同样，外国公证机构及相应机构出具的，拟送至我国使用的各类文书，均需经该国外交部或其他有权机构确认该文书出具机构印章和有关官员的签字属实，再经我驻该国使领馆认证该国外交部或有权机构的印章和有关官员的签字属实。除与我国签订双边司法协助条约中规定特定种类文书可免除认证外，凡送至我国境内使用的各类文书，均需办理领事认证。如我国《民事诉讼法》第240条规定："在中华人民共和国领域内没有住所的外国人、无国籍人、外国企业和组织委托中华人民共和国律师或者其他人代理诉讼，从中华人民共和国领域外寄交或者托交的授权委托书，应当经所在国公证机关证明，并经中华人民共和国驻该国使领馆认证，或者履行中华人民共和国与该所在国订立的有关条约中规定的证明手续后，才具有效力"。又如我国《婚姻登记条例》第5条第3款规定："办理结婚登记的外国人应当出具下列证件和证明材料：①本人的有效护照或者其他有效的国际旅行证件；②所在国公证机构或者有权机关出具的、经中华人民共和国驻该国使（领）馆认证的本人无配偶的证明，或者所在国驻华使（领）馆出具的本人无配偶的证明。"

三、送往港澳特区使用文书的确认原则

香港回归后，经与特区政府商议，并报国务院批准，外交部领事司负责对内地出具的拟送往香港使用的公证书办理审核确认手续；而内地出具的民事和商业文书，可径送澳门特区使用，无需办理确认手续。

四、关于《取消外国公文认证要求的公约》

为简化国家间文书运转程序，海牙国际私法会议于1959年4月至5月召开特别委员会会议，拟订了《取消外国公文认证要求的公约》草案。草案于1961年10月第九届海牙国际私法会议通过。

据该公约第2条规定，缔约各国之间在公约范围内的文书免除认证。但公约所免除的认证仅是文书接受国驻文书签发国外交及领事机构的认证。另据公约第3条规定，对上述文书唯一可能需要办理的确认手续是由文书签发国主管机关签发的"附加证明书"。

截止2007年12月，已有92个国家和地区加入公约，我国的香港和澳门特别行政区也适用公约。

第六节　中国关于国际民事诉讼程序的法律及实践

一、中国关于国际民事诉讼程序的法律渊源

中国有关国际民事诉讼程序的规则，既存在于国内立法当中，也存在于国际条约中。

1. 国内法。中国关于国际民事诉讼程序的法律渊源最主要的规定是在国内立法之中，我国《民事诉讼法》第四编对涉外民事诉讼程序作出了专门的规定，其中第235条规定："在中华人民共和国领域内进行涉外民事诉讼，适用本编规定。本编没有规定的，适用本法其他有关规定。"其第236条规定："中华人民共和国缔结或者参加的国际条约同本法有不同规定的，适用该国际条约的规定，但中华人民共和国声明保留的条款除外。"此外，还有一系列最高人民法院的司法解释对这类问题作出了规定。1986年《外交特权与豁免条例》和1990年《领事特权与豁免条例》对外交人员和领事人员在中国法院进行民事诉讼时的地位、豁免权以及对豁免权的限制等做了详细的规定。

2. 国际法。我国加入了海牙送达公约等多边条约，并与多个国家签订了双边司法协助条约和领事条约。

二、中国关于外国人与外国国家及其财产的诉讼地位的规定

《民事诉讼法》第5条第1款规定："外国人、无国籍人、外国企业和组织在人民法院起诉、应诉，同中华人民共和国公民、法人和其他组织有同等的诉讼权利义务。"该

条第 2 款规定:"外国法院对中华人民共和国公民、法人和组织的民事诉讼权利加以限制的,中华人民共和国人民法院对该国公民、企业和组织的民事诉讼权利,实行对等原则。"该法第 237 条规定:"对享有外交特权与豁免的外国人、外国组织或者国际组织提起的民事诉讼,应当依照中华人民共和国有关法律和中华人民共和国缔结或者参加的国际条约的规定办理。"第 239 条规定:"外国人、无国籍人、外国企业和组织在人民法院起诉、应诉,需要委托律师代理诉讼的,必须委托中华人民共和国的律师。"第 240 条规定:"在中华人民共和国领域内没有住所的外国人、无国籍人、外国企业和组织委托中华人民共和国律师或者其他人代理诉讼,从中华人民共和国领域外寄交或者托交的授权委托书,应当经所在国公证机关证明,并经中华人民共和国驻该国使领馆认证,或者履行中华人民共和国与该所在国订立的有关条约中规定的证明手续后,才具有效力。"

最高人民法院《关于适用〈中华人民共和国民事诉讼法〉若干问题的意见》(以下简称《民诉意见》)第 308 条规定:"涉外民事诉讼中的外籍当事人,可以委托本国人为诉讼代理人,也可以委托本国律师以非律师身份担任诉讼代理人;外国驻华使、领馆官员,受本国公民的委托,可以以个人名义担任诉讼代理人,但在诉讼中不享有外交特权和豁免权。"

第 309 条规定:"涉外民事诉讼中,外国驻华使、领馆授权其本馆官员,在作为当事人的本国国民不在我国领域内的情况下,可以以外交代表身份为其本国国民在我国聘请中国律师或中国公民代理民事诉讼。"

根据上述我国民事诉讼法及其有关司法解释,外国人在我国法院参与诉讼时,可以亲自进行,也有权通过一定程序委托我国的律师或其他公民代为进行。但需要委托律师代理诉讼的,必须委托我国的律师代为诉讼。涉外民事诉讼中的当事人,还可以委托其本国人为诉讼代理人,也可以委托本国律师以非律师身份担任诉讼代理人。另外,外国当事人还可以委托其本国驻华使领馆官员以个人名义担任诉讼代理人。最后,我国立法对领事代理制度也采取肯定态度。至于授权委托书,如果在我国领域内无住所的外国当事人委托我国律师或其他人代理诉讼,委托书是从我国境外寄交或者托交的,应当经过所在国公证机关证明,并经我国驻该国使领馆认证,或者履行我国与该所在国订立的有关条约中规定的证明手续后,才具有效力。

《民事诉讼法》第 237 条规定:"对享有外交特权与豁免的外国人、外国组织或者国际组织提起的民事诉讼,应当依照中华人民共和国有关法律和中华人民共和国缔结或参加的国际条约的规定办理。"这一规定涉及国家豁免、外交特权与豁免和国际组织豁免。我国 1986 年《外交特权与豁免条例》明确规定了外交代表享有民事管辖豁免,1990 年《领事特权与豁免条例》对领事官员和领事行政技术人员执行职务的行为享有豁免权作了规定。我国加入的 1961 年《维也纳外交关系公约》对外交代表进行民事诉讼的司法豁免和例外作了规定,1963 年《维也纳领事关系公约》对领事官员和领事雇员的司法豁免作了规定。

三、中国关于国际民事案件管辖权的规定

我国法院对涉外民事案件行使管辖权的法律依据有:①我国缔结或参加的国际条约中关于管辖权的规定;②我国国内法的规定。现有的国内法主要是《民事诉讼法》,该

法在第四编第二十四章对涉外民事案件的管辖权作了专门规定。

根据我国《民事诉讼法》及最高人民法院的有关司法解释，我国关于涉外民事案件的管辖权的规定主要有：

（一）普通地域管辖

普通地域管辖是指涉外民事案件由被告住所地法院管辖，所以也被称为"原告就被告原则"，这也是各国普遍采用的立法原则。我国《民事诉讼法》第22条第1款规定，民事诉讼由被告住所地人民法院管辖，被告住所地与经常居住地不一致的，由经常居住地人民法院管辖。按照这一规定，如果涉外民事案件当事人（自然人、法人或其他组织）的住所地或经常居住地在我国，我国人民法院应有管辖权。该法第23条第1项还规定，对不在我国领域内居住的人提起的有关身份关系的诉讼，由原告住所地人民法院管辖；原告住所地与经常居住地不一致的，由原告经常居住地人民法院管辖。

（二）特别地域管辖

对于被告在中国境内没有住所的涉外民事案件，我国法院可根据以下规定行使管辖权：《民事诉讼法》第241条规定，因合同纠纷或其他财产权益纠纷，对在我国领域内没有住所的被告提起的诉讼，如果合同在我国领域内签订或履行，或者诉讼标的物在我国领域内，或者被告在我国领域内有可供扣押的财产，或者被告在我国领域内设有代表机构，可以由合同签订地、合同履行地、诉讼标的物所在地、可供扣押财产所在地、侵权行为地或者代表机构住所地人民法院管辖。

根据《民事诉讼法》第27～33条规定的精神，若被告住所地不在我国境内时，我国人民法院仍然可以根据以下原则行使管辖权：①因票据纠纷提起的诉讼，可以由票据支付地法院管辖；②因铁路、公路、水上、航空运输和联合运输合同纠纷提起的诉讼，可以由运输始发地、目的地法院管辖；③因侵权行为提起的诉讼，可以由侵权行为地法院管辖；④因铁路、公路、水上和航空事故请求损害赔偿提起的诉讼，可以由事故发生地或者车辆、船舶最先到达地、航空器最先降落地法院管辖；⑤因船舶碰撞或者其他海事损害事故请求损害赔偿提起的诉讼，可以由碰撞发生地、碰撞船舶最先到达地、加害船舶被扣留地法院管辖；⑥因海难救助费用提起的诉讼，可以由救助地或者被救船舶最先到达地法院管辖；⑦因共同海损提起的诉讼，可以由船舶最先到达地、共同海损理算地或者航行终止地法院管辖。

（三）专属管辖

我国《民事诉讼法》对专属管辖的规定有：①因不动产纠纷提起的诉讼，由不动产所在地人民法院管辖；②因港口作业中发生纠纷提起的诉讼，由港口所在地人民法院管辖；③因继承遗产纠纷提起的诉讼，由被继承人死亡时的住所地或者主要遗产所在地人民法院管辖；④《民事诉讼法》第244条规定，因在中华人民共和国履行中外合资经营企业合同、中外合作经营企业合同、中外合作勘探开发自然资源合同发生纠纷提起的诉讼，由中华人民共和国人民法院管辖。根据《民诉意见》第305条规定，属于中华人民共和国人民法院专属管辖的案件，当事人不得用书面协议选择其他国家法院管辖。但协议选择仲裁裁决的除外。因此，在我国，如果当事人选择以诉讼的方式解决争议，则当事人不得以书面协议排除我国法院的专属管辖权，但如果当事人选择以仲裁的方式解决争议，则其仲裁协议具有排除我国法院专属管辖权的法律效力。

（四）协议管辖

《民事诉讼法》第242条规定，涉外合同或者财产权益纠纷的当事人，可以协议选择管辖法院。如选择我国法院，我国法院有管辖权。但有如下限制：①协议须以书面形式；②所选择的须是与争议有实际联系的地点的法院；③选择我国法院管辖的，不得违反本法关于级别管辖和专属管辖的规定。

此外，根据《民事诉讼法》第243条规定，涉外民事诉讼的被告对人民法院管辖不提出异议，并应诉答辩的，视为承认人民法院为有管辖权的法院。

（五）共同管辖

最高人民法院《民诉意见》第306条的规定，我国人民法院和外国法院都有管辖权的案件，一方当事人向外国法院起诉，而另一方当事人向我国人民法院起诉的，人民法院可予受理。判决后，外国法院申请或者当事人请求人民法院承认和执行外国法院对本案作出的判决、裁定的，不予准许；但双方共同参加或者签订的国际条约另有规定的除外。

此外，上述司法解释第15条规定，中国公民一方居住在国外，一方居住在国内，不论哪一方向人民法院提起离婚诉讼，国内一方住所地的人民法院都有权管辖。如果国外一方在居住国法院起诉，国内一方向人民法院起诉的，受诉人民法院有权管辖。

（六）级别管辖

《民事诉讼法》第19条第1项规定中级人民法院为重大涉外案件的第一审法院；一般涉外民事案件一审由基层人民法院管辖。最高人民法院《民诉意见》第1条指出，重大涉外案件是指争议标的额大，或者案情复杂，或者居住在国外的当事人人数众多的涉外案件。按照该司法解释的第2条的规定，涉外专利纠纷案件应由最高人民法院确定的中级人民法院管辖；涉外海事、海商案件应由海事法院管辖。

为了适应我国加入世界贸易组织的要求，并提高涉外案件的审判质量，最高人民法院于2002年2月25日颁布了《关于涉外民商事案件诉讼管辖若干问题的规定》，采取了"集中管辖"或者"优化案件管辖"、"优化司法资源的配置"的方法，将以往分散由各基层人民法院、中级人民法院管辖的涉外民商事案件，集中由少数收案较多、审判力量较强的中级人民法院和基层人民法院管辖。根据《关于涉外民商事案件诉讼管辖若干问题的规定》，第一审涉外民商事案件由下列人民法院管辖：①国务院批准设立的经济技术开发区人民法院；②省会、自治区首府、直辖市所在地的中级人民法院；③经济特区、计划单列市中级人民法院；④最高人民法院指定的其他中级人民法院；⑤高级人民法院。上述中级人民法院的区域管辖范围由所在地的高级人民法院确定。对国务院批准设立的经济技术开发区人民法院所做的第一审判决、裁定不服的，其第二审由所在地中级人民法院管辖。

这一规定适用于下列案件：①涉外合同和侵权纠纷案件；②信用证纠纷案件；③申请撤销、承认与强制执行国际仲裁裁决的案件；④审查有关涉外民商事仲裁条款效力的案件；⑤申请承认和强制执行外国法院民商事判决、裁定的案件。

对于边境贸易纠纷案件、涉外房地产案件和涉外知识产权案件，不适用本规定。涉及香港、澳门特别行政区和台湾地区当事人的民商事纠纷案件的管辖，参照本规定处理。

四、中国关于司法协助的规定

我国十分重视国际民事司法协助。除了《民事诉讼法》对司法协助问题作了专门规定外，截至2006年4月，我国已先后与48个国家签订了72个双边司法协助协定，1986年参加了《承认及执行外国仲裁裁决公约》，1991年参加了1965年海牙《关于向国外送达民事或商事司法文书和司法外文书公约》，1997年参加了1970年海牙《关于从国外调取民事或商事证据的公约》。此外，最高人民法院还先后发布了一系列司法解释。

关于司法协助的范围，根据《民事诉讼法》第28章的规定，我国法院和外国法院可以在我国缔结或参加的国际条约或互惠的基础上，相互请求进行司法协助，包括送达文书、调查取证、承认与执行外国法院判决和外国仲裁裁决以及进行其他诉讼行为。但外国法院请求协助的事项有损我国的主权、安全或社会公共利益的，我国法院不予执行。

关于司法协助请求提出的途径，应当根据我国缔结或参加的国际条约所规定的途径进行；没有条约关系的，通过外交途径进行。对于与我国既无条约关系又无互惠关系的国家的法院提出的司法协助请求，最高人民法院《民诉意见》第319条规定，与我国没有司法协助协议又无互惠关系的国家的法院，未通过外交途径，直接请求我国法院司法协助的，我国法院应予退回，并说明理由。此外，外国驻我国使领馆可以向其本国公民送达文书和调查取证，但不得违反我国法律，并不得采取强制措施。未经我国主管机关的准许，任何其他外国机关或个人不得在我国领域内送达文书和调查取证。

关于提供司法协助的程序，我国法院提供司法协助，依我国法律规定的程序进行，外国法院请求采用特殊方式进行的，也可以按照其请求的特殊方式进行，但请求采用的方式不得违反我国的法律。

五、中国关于域外送达文书的规定

我国《民事诉讼法》第245条规定，我国法院对于在我国领域内没有住所的当事人送达文书可以采用下列方式：①我国缔结或参加的国际条约规定的方式；②通过外交途径送达；③委托我国驻受送达人所在国的使领馆向我国公民送达；④向受送达人委托的有权代其接受送达的诉讼代理人送达；⑤向受送达人在我国领域内设立的代表机构或有权接受送达的分支机构、业务代办人送达；⑥受送达人所在国允许邮寄送达的，可以邮寄送达，自邮寄之日起满6个月，送达回证没有退回，但根据各种情况足以认定已经送达的，期间届满之日视为送达。至于外国法院向在我国的受送达人送达，应当根据该国与我国缔结或共同参加的条约所规定的途径送达；没有条约关系的，按外交途径送达；外国驻我国使领馆可以向其本国公民送达文书，但不得违反我国法律，并不得采取强制措施。

我国已于1991年3月2日加入《关于向国外送达民事或商事司法文书和司法外文书公约》，公约自1992年1月1日起对我国生效。为此，最高人民法院、外交部与司法部又分别于1992年3月4日和1992年9月19日联合发布了《关于执行〈关于向国外送达民事或商事司法文书和司法外文书公约〉有关程序的通知》和《关于执行海牙送达公约的实施办法》，具体规定了运用该公约设立的协助机制进行文书域外送达的程序。另外，我国就司法协助问题，其中包括司法文书送达问题，已经同许多国家签订了双边司法协助协定。

针对实践中出现的问题，于2002年6月11日通过并自2002年6月22日起施行的《最高人民法院关于向外国公司送达司法文书能否向其驻华代表机构送达并适用留置送达问题的批复》规定，如果受送达人为外国公司，人民法院可以根据《民事诉讼法》第247条第5项的规定向受送达人在中华人民共和国领域内设立的代表机构送达诉讼文书，而不必根据海牙送达公约向国外送达。并且，根据《民事诉讼法》规定，人民法院向外国公司的驻华代表机构送达诉讼文书时，可以适用留置送达的方式。因为根据《关于向国外送达民事或商事司法文书和司法外文书的公约》第1条的规定，在所有民事或商事案件中，如有须递送司法文书或司法外文书以便向国外送达的情形，才应适用本公约。受送达人在中国设立有代表机构时，已不属于适用公约的情形。

自2006年8月22日起施行的《最高人民法院关于涉外民事或商事案件司法文书送达问题若干规定》（以下简称《涉外送达规定》）对涉外民事或商事案件司法文书送达中带有普遍性，又亟待解决的一些问题作出进一步详细规定。该司法解释归纳起来主要有以下几方面内容：

1. 适用范围。该规定适用于人民法院受理的涉外民事或商事案件需向在我国领域内没有住所的受送达人送达司法文书的情形。《涉外送达规定》适用的案件范围包括人民法院审理的涉外民事或商事案件，既包括传统的涉外民事案件，例如涉外的婚姻家庭、劳动争议、不当得利、无因管理等案件，也包括当事人在经济贸易活动中发生的涉外合同、侵权等商事纠纷案件。另外，该规定采用"司法文书"的概念，因这一概念从外延上讲比"诉讼文书"更为广泛，且与我国加入的国际公约或所签订的双边司法协助协定所使用的概念保持一致。

2. 送达方式。①对于在我国领域内没有住所的受送达人在我国领域内出现时可否向其直接送达，法律没有明确规定，《涉外送达规定》第3条则明确规定，作为受送达人的外国自然人或者企业、其他组织的法定代表人、主要负责人在我国领域内出现时，人民法院可以向其直接送达。②《涉外送达规定》第4条明确了"有权接受送达的诉讼代理人"的含义，即"除受送达人在授权委托书中明确表明其诉讼代理人无权代为接收有关司法文书外，其委托的诉讼代理人为《民事诉讼法》第247条第4项规定的有权代其接受送达的诉讼代理人、人民法院可以向该诉讼代理人送达。"③《涉外送达规定》第5条规定受送达人在我国领域内设立有代表机构的，人民法院向受送达人送达司法文书，可以送达给其代表机构。而对于受送达人的分支机构和业务代办人，《涉外送达规定》强调只有经过受送达人的授权，人民法院才可以向其分支机构和业务代办人送达。这是司法实践中需要注意的地方。④《涉外送达规定》第6条还对适用《海牙送达公约》以及适用双边司法协助协定规定的方式送达作出了规定。如果受送达人所在国既与我国签订有司法协助协定，同时其所在国又是《海牙送达公约》的成员国，则根据特别优于一般的原则，相关司法文书的送达应当依照司法协助协定的规定办理。⑤《涉外送达规定》第10条还规定除本规定上述送达方式外，人民法院可以通过传真、电子邮件等能够确认收悉的其他适当方式向受送达人送达。这是一条新的规定。在适用本条时应注意两点，一是必须是"适当"的送达方式，该送达方式不能违反受送达人所在国的禁止性规定；二是如果适用其他方式送达，必须确认受送达人已经收悉有关司法文书。

3. 是否送达的认定。

（1）不能送达的认定。《涉外送达规定》第7条对不能适用公约、协定、外交途径以及邮寄方式送达作出了规定，即自我国有关机关将司法文书转递受送达人所在国有关机关之日起满6个月，如果未能收到送达与否的证明文件，且根据各种情况不足以认定已经送达的，视为不能用该种方式送达。该规定可以使人民法院在一个相对确定的时间内对能否适用该种方式送达作出判断，以便于在这种方式不能送达的情况下及时采取其他送达方式，避免使得案件因为送达问题长时间地搁置而处于久拖不决的状态。

（2）合法送达的认定。《涉外送达规定》第13条主要规定在受送达人未对人民法院送达的司法文书履行签收手续时，如何认定是否已经合法送达。该条规定了在两种具体的情形下可以视为送达，一是受送达人书面向人民法院提及了所送达司法文书的内容；二是受送达人已经按照所送达司法文书的内容履行。该条第3项所规定的"其他可以视为送达的情形"是一项兜底性的规定，人民法院可以根据该项规定，在具体案件中具体把握。

六、中国关于外国法院判决承认与执行的规定

根据我国《民事诉讼法》第265条规定，外国法院作出的发生法律效力的判决、裁定，需要中华人民共和国人民法院承认和执行的，可以由当事人直接向中华人民共和国有管辖权的中级人民法院申请承认和执行，也可以由外国法院依照该国与中华人民共和国缔结或者参加的国际条约的规定，或者按照互惠原则，请求人民法院承认和执行。

根据我国《民事诉讼法》第266条规定，请求承认与执行的判决或裁定必须是已经发生法律效力的判决或裁定。我国《民事诉讼法》第266条同时也规定，人民法院对申请或者请求承认和执行的外国法院作出的发生法律效力的判决、裁定，依照中华人民共和国缔结或者参加的国际条约，或者按照互惠原则进行审查后，认为不违反中华人民共和国法律的基本原则或者国家主权、安全、社会公共利益的，裁定承认其效力，需要执行的，发出执行令，依照本法的有关规定执行。违反中华人民共和国法律的基本原则或者国家主权、安全、社会公共利益的，不予承认和执行。

如果某国与我国既无条约关系也不存在互惠关系时，我国对该外国法院的判决是不予以承认与执行的。在此种情形下，当事人可以向我国法院起诉，由有管辖权的法院作出判决并予以执行。

案例与评析[1]

[案情介绍] 甲、乙、丙、丁均为香港居民。甲、乙在香港设立了A公司。1993年，A公司在国内某市与中方B公司合资成立了C公司，双方各占50%的股

---

[1] 赵相林主编：《国际私法教学案例评析》，中信出版社2006年版，第273页。

份。同年，A公司与B公司签订协议，约定B公司将其在C公司的全部股份转让给A公司；双方商定在A公司找到合适的中方投资者之前，B公司仍作为名义上的投资方，但不参与C公司的任何经营决策，也不负担其任何债务及责任。当日，C公司董事会决议同意B公司将47%的股份转让给A公司，并随后办理了审批手续和工商变更登记手续。1994年1月，C公司在某市以每亩3.8万元的价格受让取得100亩土地使用权，用于开发"玉成花园"项目。此后，甲、乙谎称该项目土地使用权价格为每亩10万元，邀请丙、丁共同投资"玉成花园"项目。8月，甲、乙与丙、丁在香港签订了《合作协议书》，并约定丙、丁收购甲、乙A公司70%的股份及C公司"皇帝花园"土地使用权70%权益；丙、丁分期向甲乙支付转让款共1000万元；丙、丁同意在入股A公司后向"玉成花园"追加投资600万元等。之后，丙、丁依约支付了部分转让款。11月，双方在香港公司注册登记机关办理了A公司的股权转让和变更登记手续。12月，丙丁向"玉成花园"投资100万元。

1995年1月，丙、丁得知甲、乙虚构了土地价格，遂停止支付转让款并向某市法院起诉，要求甲、乙退回已付款项并赔偿损失。在庭审中，丙、丁认为，A公司除C公司股份外无其他资产，而C公司除"玉成花园"土地使用权外亦无其他资产，因此丙、丁支付给甲、乙的1000万元系购买"玉成花园"土地使用权的价款，甲、乙以股份转让的形式掩盖非法转让土地使用权的实质，是违反《土地管理法》的行为；合同标的"玉成花园"项目的实际价值远远低于转让价格，甲、乙以欺诈手段诱使丙、丁与其合作投资，因此该合作协议书无效，甲、乙应退还丙、丁基于该协议而追加的投资款100万元。另外，本案纠纷是在C公司经营过程中发生的，而C公司是中外合资企业，根据专属管辖规定，应由中国内地法院管辖。而甲、乙认为，一方面，本案是股份转让合同纠纷，合同签订地和股份转让地均在香港；另一方面，本案中丙丁投资100万元的行为是其作为A公司股东向A公司的投资，而A公司是在香港注册成立的公司，因此该纠纷应由香港法院管辖。

法院审理后认为，《合作协议书》是双方就转让A公司股份达成的约。甲、乙、丙、丁均为香港居民，且A公司在香港注册成立，有关股份转让的履行手续均在香港完成。因此，本案作为公司股东之间的纠纷，依照我国民事诉讼法以及国际惯例，应由公司注册地法院香港法院专属管辖；丙、丁要求退还100万元投资款的争议，是丙、丁成为A公司股东后因追加投资而产生的纠纷。因该行为是对不动产的投资行为且履行地在某市，故某市法院对此具有管辖权；追加100万元投资是丙、丁与甲、乙的合作经营行为，现因双方不愿继续合作，故判决甲、乙向丙、丁退还未花费的投资款，已花费的部分不再退还。

[**案例评析**] 本案涉及的主要问题是专属管辖权问题。专属管辖又称排他管辖或独占管辖，是指一国法院对某些涉外民事案件享有独占或排他的管辖权。一国往往对涉及本国公共秩序或出于保护本国当事人利益的考虑规定某些民事案件为本国法院专属管辖，排除他国法院的管辖权。各国立法和国际条约对专属管辖的范围规定不一，一般而言下列案件常被列为专属管辖案件：①有关不动产的案件；②有关法人成立、解散或破产的案件；③有关婚姻、家庭、继承等案件；④有关专利、商

标案件。但由于专属管辖设置的基础是一国的公共秩序，而该概念又是如此的富于弹性，为了减少管辖权冲突，促进日益频繁和深入的国际民商事交往，各国应该适当的缩小专属管辖的范围。

该案的双方主体均为香港居民，属涉外民事纠纷，应依照涉外民事关系的规则进行处理。甲、乙与丙、丁双方对管辖权的归属存在争议，甲、乙认为该案为股份转让纠纷，投资行为的对象为香港公司，应由香港法院管辖；丙、丁认为该案是合资公司C公司在经营过程中发生的，根据专属管辖的规定，应由内地法院管辖。该案是否为我国法律规定的专属管辖的纠纷呢？根据我国《民事诉讼法》的规定，我国法院专属管辖的诉讼有以下四类：①因不动产纠纷提起的诉讼；②因港口作业中发生纠纷提起的诉讼；③因继承纠纷提起的诉讼；④因在我国境内履行的中外合资经营企业合同、中外合作经营企业合同、中外合作勘探开发自然资源合同发生的纠纷而提起的诉讼。在本案中，可能涉及的两类专属管辖情形为第一种和第四种。

首先，第四种专属管辖的情形必须是因中外合资经营企业合同、合作经营企业合同以及合作勘探开发自然资源合同本身而发生的争议，即中外双方对各自的权利、义务、责任、承担、盈余分配等合作中的产生的问题由我国法院专属管辖。而在该案中，实际上是A公司与丙、丁，或说是甲、乙与丙、丁之间关于土地权益转让和投资问题产生的争议，并不能归入到第四种专属管辖的情形中。其次，丙、丁起诉是由于发现甲、乙欺瞒土地的实际价格而引起，这里涉及甲、乙向丙、丁部分转让土地使用权权益的法律关系，即该案涉及不动产的争议。尽管该转让因违反《土地管理法》而无效，但由于已经涉及到不动产的问题，根据我国专属管辖的规定，应由不动产所在地法院管辖。从另一个角度考虑，如果该案不由我国内地法院管辖，而经香港法院审理后认为该转让土地使用权权益的合同有效，那么就违反了我国的《土地管理法》，依然无法得到内地法院的承认执行。专属管辖制度的设计就是为了在某些重要的领域维护国家和社会的利益，因此该案由于涉及土地使用权的问题而应由内地法院专属管辖。

[问题与思考]

1. 国际民事诉讼程序的特点有哪些？
2. 我国关于国际民事司法管辖权的规定有哪些？
3. 我国进行涉外司法协助的主要依据是什么？
4. 我国关于承认与执行外国法院判决的方式和条件？

第十四章 国际商事仲裁

[本章概要]

作为一种在国际商事领域解决争议和纠纷的通行做法，国际商事仲裁而日益成为商界普遍欢迎的争议解决方式。主权国家纷纷制定仲裁的法律，建立仲裁机构，受理仲裁案件。国际社会还通过了1958年联合国《关于承认及执行外国仲裁裁决公约》（以下简称1958年《纽约公约》）等国际公约，使得国际商事仲裁制度更加完善，使外国仲裁裁决的承认与执行更为有效。

本章共分六节来分析和说明国际商事仲裁的问题。第一节介绍国际商事仲裁的概念和特点。第二节介绍仲裁机构和仲裁协议。第三节介绍国际商事仲裁中的法律适用。第四节国际商事仲裁的仲裁程序。第五节介绍国际商事仲裁裁决的承认与执行问题。第六节介绍中国关于国际商事仲裁的法律及实践。

第一节 国际商事仲裁的概念和特点

伴随着国际经贸往来的发展，国际商事争议和纠纷的出现在所难免。作为一种在国际商事领域解决争议和纠纷的通行做法，国际商事仲裁而日益成为商界普遍欢迎的争议解决方式。

一、国际商事仲裁的概念

国际商事仲裁是指国际商事交易争议当事人就他们之间在争议发生之前或者在此之后达成的通过将争议提交第三者裁定的方法解决他们之间的争议，仲裁裁决对双方当事人具有法律上的拘束力，任何一方不执行，另一方可以向有管辖权的法院申请强制执行。

二、国际商事仲裁的特点

国际商事仲裁一直是解决国际商事争议的首选方式。国际商事仲裁具有以下特点：

1. 一裁终局。商事合同当事人解决其争议的方式多种多样，但是，只有诉讼判决和仲裁裁决才对当事人具有约束力并可强制执行。仲裁裁决不同于法院判决，仲裁裁决不能上诉，一经作出即为终局，对当事人具有约束力。仲裁裁决虽然可能在裁决作出地被法院裁定撤销或在执行地被法院裁定不予承认和执行，但是，法院裁定撤销或不予承认和执行的理由是非常有限的，在涉外仲裁中通常仅限于程序问题。

2. 当事人意思自治。在国际商事仲裁中，当事人享有选定仲裁员、选择仲裁地、仲裁语言以及适用法律的自由。当事人还可以就开庭审理、证据的提交和意见的陈述等事项达成协议，设计符合自己特殊需要的仲裁程序。在当事人没有协议的情况下，则由仲裁庭自由决定。因此，与法院严格的诉讼程序和时间相比，仲裁程序更为灵活。

3. 保密性强。国际商事仲裁案件不公开审理，从而可以有效地保护当事人的商业秘密和商业信誉。

4. 国际商事仲裁裁决可以在国际上得到承认和执行。1958年《纽约公约》的缔约国已经超过130多个。根据该公约，仲裁裁决可以在这些缔约国得到承认和执行。此外，仲裁裁决还可根据其他一些有关仲裁的国际公约和条约得到执行。

国际商事仲裁是解决商事法律争议的一种非常重要的法律解决方式和法律制度。国际商事仲裁与诉讼相比较，它具有更大的自主性和灵活性；而与商事调解相比较，它又具有必要的强制性。具体来说，国际商事仲裁还具有如下特征：①仲裁中的当事人具有高度的自主性。主要表现在：双方当事人可以自主地选择仲裁机构、仲裁地点、仲裁员、仲裁程序、仲裁所适用的法律等，当事人都可以自由作出决定；②程序灵活、迅速及时，收费较低；③具有必要的强制性，这体现在仲裁协议的强制性、仲裁裁决的强制性；④有利于保持当事人间的关系，并可协调不同法律之间的冲突。总之，国际商事仲裁能够根据事实，依照法律和合同规定，参考国际惯例，并遵循公平合理原则，审理仲裁案件。

随着国际商事仲裁的法制化、国际化和一体化，国际商事仲裁制度的日益完善和成熟，国际商事仲裁使当事人意思自治原则得以更充分体现，当事人享有更多的法律选择自由和高度的自治权。在现代国际商事交往中，当事人在合同中与其选择特定国家法院解决他们之间的争议，不如选择特定的仲裁员，通过仲裁的方式解决他们之间的争议。所以，在多数国际商事合同中，都含有通过仲裁的方式解决合同争议的仲裁条款。与法院诉讼相对比，国际商事仲裁既能实现效率，同时又能最大限度的实现公平，在效率和公平同时实现上优于其它纠纷解决方式。

第二节 仲裁机构和仲裁协议

一、仲裁机构

国际商事仲裁活动通过仲裁机构实施。根据处理国际商事争议的仲裁机构有无固定的办公场所和章程，仲裁机构可以分为常设仲裁机构和临时仲裁机构。国际商事仲裁机构一般分为临时仲裁机构和常设仲裁机构。

（一）常设仲裁机构

常设仲裁机构指依据国际公约或一国国内法设立的审理国际商事仲裁案件的机构。这些机构均有其特定的名称、章程和固定的办公地点，多数还有其仲裁规则，许多还有专门的供当事人选择的仲裁员名册。常设仲裁机构的主要职能是制定仲裁规则和监督规则的实施，以及为保障仲裁程序的顺利进行提供行政管理，而不是直接参与仲裁案件的审理。这类仲裁机构一般都比较规范，且有专门的秘书处实施管理方面的工作，包括确认收到并转交仲裁申请书和答辩状，按规定收取仲裁费，协助组成仲裁庭，安排开庭等事项，并提供记录、翻译等方面的服务。常设仲裁机构有固定的组织形式、仲裁地点、仲裁规则和仲裁员名单，并具有完整的办事机构和健全的行政管理制度的仲裁机构。

常设仲裁机构可分为：

1. 国际的常设仲裁机构。如1923年成立并设在法国巴黎的国际商会仲裁院和根据1965年《关于解决国家与他国国民之间的投资争端的公约》设立的解决投资争端国际中心。

2. 国内的常设仲裁机构。如1892年在英国设立的伦敦国际仲裁院，1911年在瑞士设立的苏黎世商会仲裁院，1917年在瑞典设立的斯德哥尔摩商会仲裁院，1922年成立的美国仲裁协会，1985年成立的香港国际仲裁中心。上述机构都是著名的国际仲裁机构。

3. 行业性的常设仲裁机构。这是设立在各行业协会中的各种专业仲裁机构。例如，英国伦敦谷物公会和伦敦橡胶交易所下面所设立的仲裁机构，荷兰咖啡贸易仲裁委员会等。

（二）临时仲裁机构

临时仲裁机构是指根据当事人之间的仲裁协议而临时设立的审理该特定案件的机构，即事实上的仲裁庭。当该事实上的仲裁庭对案件审理终结并作出仲裁裁决后，该仲裁机构即行解散。

二、仲裁协议

在国际商事仲裁实践中，仲裁协议被认为是仲裁的基石。因为它既是任何一方当事人将争议提交仲裁的依据，又是仲裁机构和仲裁员受理争议案件的依据。

（一）仲裁协议的概念

仲裁协议系指当事人在合同中订明的仲裁条款，或者以其他方式达成的提交仲裁的书面协议，是当事人之间达成的通过仲裁的方式解决他们之间已经发生的或者将来可能发生的争议。根据我国《仲裁法》第16条的规定，仲裁协议包括合同中订立的仲裁条款和以其他书面方式在纠纷发生前或者纠纷发生后达成的请求仲裁的协议。一项有效的仲裁协议，必须具备以下三个要件：①请求仲裁的意思表示；②仲裁事项；③选定的仲裁委员会。仲裁协议对仲裁事项或者仲裁委员会没有约定或者约定不明确的，当事人可以补充协议，达不成补充协议的，仲裁协议无效。但是在许多国家的国际商事仲裁实践中，当事人只要就通过仲裁解决争议和仲裁地点达成一致，仲裁协议即为有效。仲裁协议不完善的地方可以通过仲裁地的法律加以完善。

（二）仲裁协议的表现形式

仲裁协议应当采取书面形式。书面形式包括合同书、信件、电报、电传、传真、电子数据交换和电子邮件等可以有形地表现所载内容的形式。在仲裁申请书和仲裁答辩书的交换中一方当事人声称有仲裁协议而另一方当事人不做否认表示的，视为存在书面仲裁协议当事人要进行仲裁程序，必须以书面形式达成将争议提交仲裁的协议。该协议可以是合同中订立的仲裁条款，也可以是在纠纷发生前或者纠纷发生后达成的请求仲裁的协议。

1. 仲裁条款。它是当事人双方在签订合同时，在合同中订立的约定将可能发生的合同争议提交仲裁解决的条款，是现代民商事合同中经常采用的解决合同争议的条款。目前是仲裁协议最重要的表现形式。

中国国际经济贸易仲裁委员会向中外当事人推荐下列示范仲裁条款："凡因本合同引起的或与本合同有关的任何争议，均应提交中国国际经济贸易仲裁委员会，按照申请仲裁时该会现行有效的仲裁规则进行仲裁。仲裁裁决是终局的，对双方均有约束力。"[1]

对于上述仲裁条款，当事人还可以附加约定下列事项：仲裁地点及/或开庭地点；仲裁语言；仲裁员人数；仲裁员国籍；适用法；适用普通程序或简易程序。

2. 仲裁协议书。它是争议当事人订立的将其争议提交仲裁解决的一种专门协议。这是一种传统的仲裁协议，现在在实践中当事人已较少采用这种形式的仲裁协议，因为大多数国际合同中已规定有仲裁条款。另外，在争议发生后，当事人往往因立场的不同和利益的冲突很难再达成一致的意见。

3. 仲裁协议适用的法律。我国《涉外民事关系法律适用法》第18条规定，当事人可以协议选择仲裁协议适用的法律。当事人没有选择的，适用仲裁机构所在地法律或者仲裁地法律。

（三）仲裁协议的法律效力

1. 对当事人的效力。商事仲裁协议对当事人最主要的法律效力是，当事人任何一方都有义务将争议提交仲裁解决。

2. 对仲裁机构和仲裁庭的效力。商事仲裁协议是仲裁机构和仲裁庭对争议案件行使仲裁管辖权的根据，他们受理、审理、裁决争议案件必须以有效的商事仲裁协议为基础。它还进一步决定仲裁机构和仲裁庭与当事人之间的关系，以及仲裁员和仲裁庭的权利义务。仲裁协议对仲裁机构和仲裁庭的法律效力主要表现在以下两个方面：决定仲裁管辖权的范围；确定仲裁庭具有决定自身管辖权的权力。

3. 对法院的效力。商事仲裁协议以当事人的自由意志排除了法院的司法管辖权，这是商事仲裁协议的法律效力所产生的主要的、也是最直接的效果之一。这种效果不仅能够排除法院一般的司法管辖权，而且能够排除其专属管辖权。

4. 对仲裁裁决的效力。商事仲裁协议是仲裁裁决得以执行的根据，包括当事人自动履行和法院强制执行。商事仲裁协议对仲裁裁决的效力更侧重于后者。

总之，仲裁协议在整个仲裁过程自始至终发挥作用。

（四）仲裁条款独立原则

仲裁条款独立原则是指合同中的仲裁条款可以脱离其所依据的主合同而独立存在，主合同的无效、失效或者不能履行并不自动导致该合同中的仲裁条款无效。因为仲裁条款不同于合同中的其他规定当事人实体权利与义务的条款，它所规定的是当事人如何解

---

[1] 以下是中国国际经济贸易仲裁委员会向中外当事人推荐的英文版示范仲裁条款："Any dispute arising from or in connection with this contract shall be submitted to China International Economic and Trade Arbitration Commission, for arbitration which shall be conducted in accordance with the Commission's arbitration rules in effect at the time of applying for arbitration. The arbitral award is final and binding upon both parties." 参见中国国际经济贸易仲裁委员会向当事人发送的仲裁规则手册。

决合同争议的条款。当事人对仲裁条款的违反并不产生损害赔偿的问题，而是对该仲裁条款的强制执行，即当事人必须通过仲裁的方式解决他们之间的合同争议。

目前，仲裁条款独立原则已经为多数国家的国际商事仲裁法所认可。例如，已经被全世界几十个国家和地区的立法机构所采纳的联合国贸法会《国际商事仲裁示范法》第16条第1款规定："仲裁庭可以对它自己的管辖权包括对仲裁协议的存在或效力的任何异议，作出裁定。为此目的，构成合同的一部分的仲裁条款应视为独立于其他合同条款以外的一项协议。仲裁庭作出关于合同无效的决定，不应在法律上导致仲裁条款的无效。"

第三节 国际商事仲裁中的法律适用

国际商事仲裁中的法律适用包括仲裁程序和实体问题的法律适用。国际商事仲裁适用的实体法一般由当事人选择确定，如果当事人未作选择，则适用仲裁庭认为合适的冲突规范所确定的实体法，或者仲裁地的冲突规范所确定的实体法，或者与案件有最密切联系的实体法。对国际商事仲裁适用的程序规则，即仲裁规则，一般来说，当事人也可以自主选择，但是有些常设仲裁机构要求在其机构仲裁的案件适用自己的仲裁规则。

一、国际商事仲裁中实体法的适用

（一）当事人选择仲裁实体法

尊重当事人对法律适用的选择，即当事人意思自治原则，是当今国际商事仲裁普遍承认的采用的解决国际经济贸易和其他商事合同争议的法律适用一般原则。但是当事人的选择必须是经双方协商一致和明示的。当事人可以在合同中明确规定"本合同受××国家法律约束"，"本合同根据××国家法律解释"或"本合同各条款适用××国家法律"等。当事人除了可以通过约定来自由选择适用法律外，也可以通过约定适用法律的冲突法规则的方式来选择适用法律。

当事人选择法律的意思自治主要受到两个方面的限制：公共政策或善良风俗的限制；与合同有实际联系的限制。

（二）当事人未作选择时实体法的确定

1. 依冲突规则确定实体法。大多数当事人不愿意在合同中明确约定适用对方国家的法律，以免因不熟悉对方国家的法律而对自己不利，所以，不少仲裁案件中，当事人没有对适用法律作出选择，这就需要仲裁庭来决定。仲裁庭通常决定按照仲裁地的冲突法规则来选择适用的法律。

2. 不依冲突规则确定实体法。一种是直接适用内国法的实体规则。另一种是适用非内国的实体规则。适用非内国的实体规则，主要包括：适用国际法，这主要涉及国家和国际组织为合同一方当事人的合同；适用一般法律原则；适用一种将国际法或一般法律原则与国内法结合起来的并存法；适用体现在国际条约、国际贸易惯例和标准格式合同中的国际商法。

二、国际商事仲裁中的程序法

（一）仲裁程序法

仲裁法是有关国家制定的可用以控制仲裁和在当事人无约定时可对仲裁起到协助和支持作用的法律。仲裁法的范围主要包括以下方面：仲裁协议有效性的确定；用以确定实体法的冲突规则；仲裁是必须适用实体法规则，还是可以依公允善良原则解决争议或进行友好仲裁；以及法院对仲裁的某些监督或干预，主要涉及到仲裁员的任命、对仲裁程序的异议、裁决理由的说明和对仲裁裁决的异议等问题。

（二）仲裁程序法的确定

1. 当事人选择仲裁程序法。
2. 在当事人未明示选择仲裁程序法时，推定当事人未明示的默示选择，或适用仲裁地法。
3. 按照仲裁地法的强制性规则。

仲裁庭在解决国际商事争议时，在程序方面和实体方面可以适用不同的法律体系。例如，位于瑞士的仲裁庭可能适用英国的法律，判明争议的是非曲直，而仲裁程序却不受该国法律的支配，支配仲裁程序的法律是仲裁庭所在地的瑞士法。

第四节 仲裁程序

结合2005年修订的《中国国际经济贸易仲裁委员会仲裁规则》（以下简称《贸仲规则》），介绍国际商事仲裁的基本程序如下：

一、仲裁申请和受理

仲裁机构受理争议必须以双方当事人的仲裁协议为据，但单有仲裁协议，并不能自动地引起仲裁审理程序的开始，还必须由一方当事人提出仲裁申请。仲裁程序自仲裁委员会或其分会收到仲裁申请书之日起开始。

当事人申请仲裁时应：

1. 提交由申请人及/或申请人授权的代理人签名及/或盖章的仲裁申请书。仲裁申请书应写明：①申请人和被申请人的名称和住所，包括邮政编码、电话、电传、传真、电报号码、电子邮件或其他电子通讯方式；②申请仲裁所依据的仲裁协议；③案情和争议要点；④申请人的仲裁请求；⑤仲裁请求所依据的事实和理由。
2. 在提交仲裁申请书时，附具申请人请求所依据的事实的证明文件。
3. 按照仲裁委员会制定的仲裁费用表的规定预缴仲裁费。

仲裁委员会收到申请人的仲裁申请书及其附件后，经过审查认为申请仲裁的手续已完备的，应将仲裁通知连同仲裁委员会的仲裁规则、仲裁员名册和仲裁费用表各一份一并发送给双方当事人；申请人的仲裁申请书及其附件也应同时发送给被申请人。被申请人应在收到仲裁通知之日起规定期间内向仲裁委员会秘书局提交答辩书。

二、仲裁庭的组成

双方当事人应当在规定的期限内约定仲裁庭的组成方式和选定仲裁员。仲裁庭通常由一名或三名仲裁员组成。当事人可以从仲裁委员会提供的仲裁员名册中选定仲裁员。

仲裁庭的组成是仲裁程序非常有特色和必经的一个环节。《贸仲规则》第22条规定了仲裁庭的组成的规则：①申请人和被申请人应当各自在收到仲裁通知之日起15天内选定一名仲裁员或者委托仲裁委员会主任指定。当事人未在上述期限内选定或委托仲裁委员会主任指定的，由仲裁委员会主任指定。②首席仲裁员由双方当事人在被申请人收到仲裁通知之日起15天内共同选定或者共同委托仲裁委员会主任指定。③双方当事人可以各自推荐一至三名仲裁员作为首席仲裁员人选，并将推荐名单在第2款规定的期限内提交至仲裁委员会。双方当事人的推荐名单中有一名人选相同的，为双方当事人共同选定的首席仲裁员；有一名以上人选相同的，由仲裁委员会主任根据案件的具体情况在相同人选中确定一名首席仲裁员，该名首席仲裁员仍为双方共同选定的首席仲裁员；推荐名单中没有相同人选时，由仲裁委员会主任在推荐名单之外指定首席仲裁员。④双方当事人未能按照上述规定共同选定首席仲裁员的，由仲裁委员会主任指定。

仲裁庭由一名仲裁员组成的，按照《贸仲规则》第22条第2、3、4款规定的程序，选定或指定该独任仲裁员。

三、审理

审理方式上，仲裁庭应当开庭审理案件，但经双方当事人申请或者征得双方当事人同意，仲裁庭也认为不必开庭审理的，仲裁庭可以只依据书面文件进行审理。在任何情形下，仲裁庭均应公平和公正地行事，给予各方当事人陈述与辩论的合理机会。仲裁庭审理案件不公开进行。不公开审理的案件，双方当事人及其仲裁代理人、证人、翻译、仲裁员、仲裁庭咨询的专家和指定的鉴定人、仲裁委员会秘书局的有关人员，均不得对外界透露案件实体和程序的有关情况。

当事人申请仲裁后，有自行和解的权利。达成和解协议的，可以请求仲裁庭根据和解协议做出裁决书，也可撤回仲裁申请。在庭审过程中，若双方当事人自愿调解的，可在仲裁庭主持下先行调解。调解成功的，仲裁庭依据已达成的调解协议书制作调解书，当事人可以要求仲裁庭根据调解协议制作裁决书。调解不成的，则由仲裁庭及时做出裁决。

仲裁庭对专门性问题认为需要鉴定的，可以交由当事人共同约定的鉴定部门鉴定，也可以由仲裁庭指定的鉴定部门鉴定。

四、仲裁裁决

仲裁庭应当根据事实，依照法律和合同规定，参考国际惯例，并遵循公平合理原则，独立公正地作出裁决。仲裁庭通常是在组庭之日起6个月内作出裁决书。

仲裁庭在其作出的裁决中，应当写明仲裁请求、争议事实、裁决理由、裁决结果、仲裁费用的承担、裁决的日期和地点。当事人协议不写明争议事实和裁决理由的，以及按照双方当事人和解协议的内容作出裁决的，可以不写明争议事实和裁决理由。仲裁庭有权在裁决中确定当事人履行裁决的具体期限及逾期履行所应承担的责任。裁决书应加盖仲裁委员会印章。

由三名仲裁员组成的仲裁庭审理的案件，裁决依全体仲裁员或多数仲裁员的意见作出。少数仲裁员的书面意见应当附卷，并可以附在裁决书后，但该书面意见不构成裁决书的组成部分。仲裁庭不能形成多数意见时，裁决依首席仲裁员的意见作出。其他仲裁员的书面意见应当附卷，并可以附在裁决书后，但该书面意见不构成裁决书的组成部分。除非裁决依首席仲裁员意见或独任仲裁员意见作出，裁决应由多数仲裁员署名。持有不同意见的仲裁员可以在裁决书上署名，也可以不署名。

裁决是终局的，对双方当事人均有约束力。任何一方当事人均不得向法院起诉，也不得向其他任何机构提出变更仲裁裁决的请求。作出裁决书的日期，即为裁决发生法律效力的日期。

此外，如果仲裁庭认为必要或者当事人提出请求经仲裁庭同意时，仲裁庭可以在作出最终仲裁裁决之前的任何时候，就案件的任何问题作出中间裁决或部分裁决。

关于裁决的履行。当事人应当依照裁决书写明的期限履行仲裁裁决；裁决书未写明履行期限的，应当立即履行。一方当事人不履行裁决的，另一方当事人可以根据中国法律的规定，向有管辖权的中国法院申请执行；或者根据1958年《纽约公约》或者中国缔结或参加的其他国际条约，向有管辖权的法院申请执行。

第五节 国际商事仲裁裁决的承认与执行

在仲裁裁决作出后，当事人最关心的是裁决的执行问题。一般情况下，败诉方是能自动履行裁决的。在败诉方不履行裁决的情况下，胜诉方可以向法院提出强制执行仲裁裁决的申请。这是因为仲裁庭本身没有强制执行裁决的权力，胜诉方只能通过法院强制执行裁决。一般是依据1958年《纽约公约》向被执行人住所或财产所在地国申请承认与执行。

1958年于纽约签订的《承认及执行外国仲裁裁决公约》是国际上有关国际商事仲裁的重要公约，成为目前国际上关于承认与执行外国仲裁裁决的最主要的公约。该公约主要内容如下：

1. 缔约国应当承认仲裁协议的效力，如果当事人之间订有有效的仲裁协议，法院应当强制执行该协议，除非法院认为该协议无效、失效或者不能履行。

2. 缔约国法院应当承认与执行外国仲裁裁决的效力，除非被申请人提出证据证明公约第5条第1款规定的五种情况之一者，法院方可拒绝执行该外国仲裁裁决。这五种情况是：①订立仲裁协议的一方当事人依据对其适用的法律为无行为能力者；仲裁协议依据当事人选择适用的法律无效；如无此项选择，依据裁决地国的法律为无效者。②被申请人未能得到关于指定仲裁员或进行仲裁程序的适当通知，或者由于其他原因，未能陈述其案情的。③仲裁庭越权，即裁决事项超出了仲裁协议规定的范围。但如果当事人提交仲裁的事项可与未提交仲裁的事项区别开来的话，则裁决中关于当事人之间约定提交仲裁的事项的部分仍然可以执行。④仲裁庭的组成或仲裁程序与当事人之间的约定不符；如无此项约定，与仲裁地国的法律不符。⑤裁决对当事人尚无拘束力，或已经被裁决地国的主管机关或者进行此项仲裁所适用的法律的国家的主管机关撤销。此外，如果执行地的法院认定，该仲裁裁决依据执行地国的法律为不可通过仲裁解决的事项，或者承认与执行此项裁决与法院地国的公共政策相抵触的，也可拒绝承认与执行该仲裁裁决。

对于在承认与执行外国仲裁裁决的问题上，对于协调和统一各国有关国际商事仲裁裁决的承认与执行方面的国际法，1958年《纽约公约》是一个极为成功的尝试。

第六节 中国关于国际商事仲裁的法律及实践

一、中国关于国际商事仲裁的法律渊源

中国关于国际商事仲裁的法律渊源，既存在于国内立法当中，也存在于国际条约和国际惯例当中。

1. 国内法。其中最主要的是《民事诉讼法》第四编第二十七章第264条和第267条等对涉外仲裁作出的规定。1995年《仲裁法》第七章对涉外仲裁也作出了特别规定。1987年4月10日，最高人民法院发出《关于执行我国加入的〈承认及执行外国仲裁裁决公约〉的通知》，最高人民法院分别在1995年、1998年、2002年发布了三个司法解释，即最高人民法院《关于人民法院处理与涉外仲裁及外国仲裁事项有关问题的通知》、《关于承认和执行外国仲裁裁决收费及审查期限问题的规定》、《关于涉外民商事案件诉讼管辖若干问题的规定》。2005年《最高人民法院关于适用〈中华人民共和国仲裁法〉若干问题的解释》（以下简称《仲裁法司法解释》）等。

2. 国际法。1958年《纽约公约》是目前国际上关于承认与执行外国仲裁裁决的最主要的公约，我国于1987年成为《纽约公约》的缔约国。

二、中国的常设涉外仲裁机构

中国国际经济贸易仲裁委员会和海事仲裁委员会是我国的常设涉外仲裁机构，也是受理涉外仲裁案件数量较多的仲裁机构。除上述之外，按照有关规定，依据仲裁法设立的其他仲裁机构也有权受理涉外仲裁案件。

（一）中国国际经济贸易仲裁委员会（China International Economic and Arbitration Commission，简称CIETAC）

中国国际经济贸易仲裁委员会是1956年4月正式成立的，它是以仲裁的方式，独立、公正地解决契约性或非契约性的经济贸易等争议的常设仲裁机构。原名中国国际贸易促进委员会对外贸易仲裁委员会，后名中国国际贸易促进委员会对外经济贸易仲裁委员会，现名中国国际经济贸易仲裁委员会，同时使用"中国国际商会仲裁院"名称。中国国际经济贸易仲裁委员会设在北京，在深圳设有仲裁委员会华南分会，在上海设有仲裁委员会上海分会。仲裁委员会分会是仲裁委员会的组成部分。仲裁委员会设立仲裁员名册。

根据我国《仲裁法》第73条的规定：涉外仲裁规则可以由中国国际商会依照本法和民事诉讼法的有关规定制定。中国国际经济贸易仲裁委员会现行的仲裁规则是中国国际商会于2005年1月11日修订并通过，2005年5月1日起施行的。该会自成立以来，受案量逐年上升，特别是近几年受理的国际商事仲裁案件的数量已跃居世界各主要常设

仲裁机构前列，其裁决的公正性也得到了国内外的一致公认，仲裁裁决在香港的执行率达到了99%以上，2007年受理案件数量已超过1000件。[1]

该仲裁委员会受理下列争议案件：①国际的或涉外的争议案件；②涉及香港特别行政区、澳门特别行政区或台湾地区的争议案件；③国内争议案件。

（二）中国海事仲裁委员会（China Maritime Arbitration Commission，简称CMAC）

中国海事仲裁委员会成立于1959年1月，当时名称为"中国国际贸易促进委员会海事仲裁委员会"。1988年改为现在的名称。该仲裁委员会专门解决海事争议。其仲裁规则几经修改，现行规则是2004年10月1日起施行的。

三、中国关于仲裁条款独立原则的规定

我国《仲裁法》第19条第1款的规定体现了仲裁条款独立原则："仲裁协议独立存在，合同的变更、解除、终止或者无效，不影响仲裁协议的效力。"1999年10月1日起实施的《合同法》第57条对此原则的规定更加明确："合同无效、被撤销或者终止的，不影响合同中独立存在的有关解决争议方法的条款的效力。"对于这种在主合同中订立的仲裁条款，各国一般承认其具有相对的独立性，即仲裁条款不因主合同的变更、解除、终止或无效而当然失去效力。这种主张被称为仲裁条款自治说。《中国国际经济贸易仲裁委员会仲裁规则》（2005版）第5条第4款规定，合同中的仲裁条款应视为与合同其他条款分离地、独立地存在的条款，附属于合同的仲裁协议也应视为与合同其他条款分离地、独立地存在的一个部分；合同的变更、解除、终止、转让、失效、无效、未生效、被撤销以及成立与否，均不影响仲裁条款或仲裁协议的效力。

四、中国关于国际商事仲裁中的法律适用的规定

《仲裁法司法解释》第16条规定："对涉外仲裁协议的效力审查，适用当事人约定的法律；当事人没有约定适用的法律但约定了仲裁地的，适用仲裁地法律；没有约定适用的法律也没有约定仲裁地或者仲裁地约定不明的，适用法院地法律。"《涉外民事关系法律适用法》第18条规定："当事人可以协议选择仲裁协议适用的法律。当事人没有选择的，适用仲裁机构所在地法律或者仲裁地法律。"对于仲裁实体问题的法律适用，我国涉外仲裁机构一般采取下列作法：

1. 根据当事人的约定选择适用的法律。《合同法》规定，"合同当事人可以选择处理合同争议所适用的法律。"但是当事人的选择必须是经双方协商一致和明示的。当事人还可以通过约定适用法律的冲突法规则的方式来选择适用法律。

2. 根据仲裁地的冲突法规则选择所适用的法律。《合同法》第126条规定："当事人没有选择的，适用与合同有最密切联系的国家的法律。"根据与合同最密切联系原则选择适用的法律主要有：合同的缔约地法、履行地法和仲裁所在地法。

3. 适用国际条约和参考国际惯例。在选择适用的法律时，如果当事人双方所在国都参加了某一国际公约或多边条约，或双方所在国订有双边条约或协定，则双方所在国的国民包括自然人和法人均应履行这些公约、条约或者协定。在国际经济贸易和海事活动中，在当事人订立的合同中没有明确规定所适用的法律，仲裁庭也可以参考国际惯例处

---

[1] 参见中国国际经济贸易仲裁委员会网站贸仲简介。网址：http://www.cietac.org.cn/AboutUS/AboutUS.shtml。

理案件。

4. 对于某些特殊的争议,适用我国法律的强制性规定。比如,在中国境内履行的中外合资经营企业合同、中外合作经营企业合同、中外合作勘探开发自然资源合同,必须适用中国法律。

对仲裁程序问题的法律适用,中国国际经济贸易仲裁委员会的《贸仲规则》规定,凡当事人同意将其争议提交仲裁委员会仲裁的,均视为同意按照本仲裁规则进行仲裁。因此,我国涉外仲裁机构只适用仲裁地的程序规则。

五、中国关于承认与执行仲裁裁决的规定

我国于1987年成为《纽约公约》的缔约国。我国在加入该公约时作出了两点公约允许的保留声明:①互惠保留声明,即我国仅对在另一缔约国领土内作出的仲裁裁决承认与执行上适用公约;②商事保留声明,即我国仅对按照我国法律属于契约性和非契约性商事法律关系所引起的争议适用该公约。

(一) 外国仲裁裁决在我国的承认与执行

在我国执行的外国仲裁裁决,可以分为《纽约公约》项下的裁决(简称"公约裁决")和非公约裁决。公约裁决为在我国以外的《纽约公约》缔约国境内作出的仲裁裁决。这些裁决执行的条件只能依照公约规定条件执行。对于非公约裁决,按照我国《民事诉讼法》的规定,我国法院按照互惠原则予以承认与执行。

申请人向我国法院申请执行外国仲裁裁决的,按照我国《民事诉讼法》第257条的规定,应当直接向被执行人住所地或者其财产所在地的中级人民法院申请。如果被执行人为自然人的,为其户籍所在地的中级人民法院;被执行人为法人的,为其主要办事机构所在地的中级人民法院;被执行人在我国无住所、居所或者主要办事机构,但有财产的,为其财产所在地的中级人民法院。在我国申请执行仲裁裁决的期限,无论是本国裁决,还是外国裁决,按照我国《民事诉讼法》的规定,双方或一方当事人是公民的,申请执行的期限是1年,双方是法人或者其他组织的为6个月。自法律文书规定履行期间的最后1日起算。凡是向法院申请执行的仲裁裁决经法院审查后准许执行的,由法院作出予以执行的裁定,并向被执行人发出执行通知,责令其在指定的期限内履行,逾期不履行的,由法院强制执行。

(二) 中国仲裁机构涉外仲裁裁决在我国的执行

根据《民事诉讼法》第258条、《仲裁法》第71条以及最高人民法院的有关司法解释的规定,凡败诉方不能自动履行裁决,胜诉方可以向败诉方住所地或财产所在地的中级人民法院申请强制执行。对中华人民共和国涉外仲裁机构作出的裁决,被申请人提出证据证明仲裁裁决有下列情形之一的,经人民法院组成合议庭审查核实,裁定不予执行:①当事人在合同中没有订有仲裁条款或者事后没有达成书面仲裁协议的;②被申请人没有得到指定仲裁员或者进行仲裁程序的通知,或者由于其他不属于被申请人负责的原因未能陈述意见的;③仲裁庭的组成或者仲裁的程序与仲裁规则不符的;④裁决的事项不属于仲裁协议的范围或者仲裁机构无权仲裁的。此外,人民法院认定执行该裁决违背社会公共利益的,裁定不予执行。

一方当事人申请执行裁决,另一方当事人申请撤销裁决,人民法院应当裁定中止执行。在这种情况下，被执行人应该提供财产担保。人民法院裁定撤销裁决的，应当裁定终止执行。人民法院驳回撤销裁决申请的，应当裁定恢复执行。如果人民法院裁定撤销或裁定不予执行的，当事人可以根据双方达成的书面协议重新申请仲裁，也可以向人民法院起诉。

六、中国关于涉外仲裁裁决的撤销的规定

对于中国的涉外仲裁裁决，当事人可以按照《仲裁法》第59条，在收到裁决书之日起6个月内，向仲裁机构所在地的中级人民法院申请撤销。根据《仲裁法》第70条，当事人提出证据证明涉外仲裁裁决有下列情形之一的，经人民法院组成合议庭审查核实，裁定撤销：①当事人在合同中没有订有仲裁条款或者事后没有达成书面仲裁协议的；②被申请人没有得到指定仲裁员或者进行仲裁程序的通知，或者由于其他不属于被申请人负责的原因未能陈述意见的；③仲裁庭的组成或者仲裁程序与仲裁规则不符的；④裁决的事项不属于仲裁协议的范围或者仲裁机构无权仲裁的。换言之，如果当事人能够证明涉外仲裁裁决存在前述任何一种情况，法院应裁定撤销该裁决；反之，法院应驳回当事人的申请。

值得注意的是：①中国法院只能撤销本国的仲裁裁决，不能撤销外国仲裁裁决。②申请撤销仲裁裁决，是胜诉方和败诉方都可行使的权利。③在决定撤销涉外仲裁裁决之前，人民法院认为可以由仲裁庭重新裁决的，通知仲裁庭在一定期限内重新仲裁，并裁定中止撤销程序。如果仲裁庭拒绝重新仲裁，人民法院应当恢复撤销程序。④对于人民法院撤销仲裁裁决或驳回当事人申请的裁定，依照最高人民法院的有关司法解释，当事人无权提出上诉及申诉，人民检察院也不能提起抗诉。

《最高人民法院关于人民法院撤销涉外仲裁裁决有关事项的通知》还规定，人民法院在裁定撤销涉外仲裁裁决或通知仲裁庭重新仲裁之前，须报本辖区所属高级人民法院进行审查。如果高级人民法院同意撤销裁决或通知仲裁庭重新仲裁，应将其审查意见报最高人民法院。待最高人民法院答复后，方可裁定撤销裁决或通知仲裁庭重新仲裁。另外，如果我国仲裁机构作出的涉外仲裁裁决，其裁决事项超出当事人仲裁协议约定的范围，或者不属当事人申请仲裁的事项，并且上述事项与仲裁机构作出裁决的其他事项是可分的，可以撤销该超裁部分。

一项涉外仲裁裁决被人民法院撤销后，当事人可以依据重新达成的仲裁协议申请仲裁，也可以直接向有管辖权的法院起诉。

案例与评析

[**案情介绍**][1] 原告是台湾富源企业有限公司。其住所位于台湾省高雄市苓雅区青年二路188号。被告是厦门维哥木制品有限公司。其住所位于福建省厦门市前埔对高山。

---

[1] 参见宋连斌编：《国际商事仲裁资料选编》，知识产权出版社2004年版，第466页。

1995年4月25日，台湾富源企业有限公司（以下简称富源公司）与厦门维哥木制品有限公司（以下简称维哥公司）在厦门签订了一份编号为95-04-25的柏木板的购销合同。合同约定由维哥公司向富源公司出售600立方米的福建柏木，单价每立方米160美元，价格条件FOB厦门，并对柏木的质量要求以及验货方式进行了约定。合同同时还约定了解决合同纠纷的方式，即"双方进行友好协商解决或以国际商会仲裁为准"。

合同签订后，富源公司依合同规定开出了总金额为96 000美元的信用证，履行了买方的全部合同义务。但是，富源公司依据合同约定派员到厦门维哥公司要求验货时，发现维哥公司未按双方的约定履行合同，双方遂发生纠纷。富源公司于1995年8月15日向厦门市开元区人民法院起诉，请求维哥公司返还货款31 180美元并赔偿损失27 520美元；判令维哥公司支付验货费用98 000港元和公证费3000港元。

维哥公司在提交答辩状期间对管辖权提出异议。认为双方在所签订的合同第7条中明确约定了解决合同纠纷的方式，即"双方进行友好协商解决或以国际商会仲裁为准"。请求法院依法驳回原告起诉。富源公司对维哥公司提出的管辖权异议没有提交答辩状。

厦门市开元区人民法院对维哥公司的管辖权异议经审查认为：原、被告在购销合同中，虽就解决合同纠纷的方式作了约定，但未就具体的仲裁委员会或仲裁机构作出明确约定，嗣后，双方亦未就解决合同纠纷协商一致，故被告维哥公司提出的管辖权异议的申请不能成立。依照我国《民事诉讼法》第38条的规定，于1995年10月27日裁定：驳回维哥公司对管辖权提出的异议。

一审裁定后，维哥公司不服，向厦门市中级人民法院提起上诉，认为双方签订的合同对解决纠纷的方式已约定"以国际商会仲裁为准"。该仲裁条款符合《中华人民共和国仲裁法》第16条规定的3项要素：①请求仲裁的意思表示明确；②仲裁的事项明确，即双方的合同纠纷；③选定的仲裁委员会明确，即国际商会。原审认定合同未就具体的仲裁委员会或仲裁机构作出明确约定，显然是错误的。请求依法裁定将此案提交国际商会仲裁。

厦门市中级人民法院经审查认为：上诉人维哥公司与被上诉人富源公司在其合同中约定"解决合同纠纷的方式为双方进行友好协商解决或以国际商会仲裁为准"。国际商会仲裁规则第八条规定："双方当事人约定提交国际商会仲裁时，则应视为事实上接受本规则"。国际商会仲裁院是执行国际商会仲裁规则的唯一仲裁机构，故双方当事人合同中的仲裁条款实际上约定了由国际商会仲裁院依据国际商会仲裁规则对本案当事人之合同纠纷进行仲裁，该仲裁条款有效，厦门市开元区人民法院对本案没有管辖权。上诉人提出的管辖权异议符合有关法律规定，理由成立，原审裁定驳回维哥公司提出的管辖权异议不当。依照我国《民事诉讼法》第153条的规定，于1996年5月5日裁定：①撤销厦门市开元区人民法院民事裁定。②驳回原告台湾富源企业有限公司的起诉。

[案例评析] 本案中双方当事人争议的焦点在于仲裁条款的效力和仲裁庭的管辖权。

双方当事人在合同中约定了解决这种贸易关系纠纷常用的国际仲裁方式，即约定由国际商会仲裁其合同纠纷。按照我国《民事诉讼法》及《仲裁法》的有关规定，当事人的这种关于解决纠纷方式的约定，不但对双方当事人有约束力，也对人民法院产生制约效力。

本案是在我国《仲裁法》实施后受理的，本案在审查当事人的仲裁条款效力时，应当适用该法。该法第5条规定："当事人达成仲裁协议，一方向人民法院起诉的，人民法院不予受理，但仲裁协议无效的除外。"可见，有效的仲裁协议排除法院对当事人之间纠纷的管辖权。但是，如果仲裁协议被依法认定无效的，法院就有权受理一方当事人的起诉，取得对该案的诉讼管辖权。本案一、二审法院对维哥公司提出的管辖权异议的审查，事实一致，结果不同，其分歧点就在于对当事人合同中的仲裁条款是否有效的认定上。

当事人之间的仲裁协议是否有效，应当根据我国《仲裁法》第16条规定的三项要素来认定，即：①有请求仲裁的意思表示；②约定了仲裁事项；③选定了仲裁委员会。根据本案当事人之间的仲裁条款，认定他们有请求仲裁的意思表示，约定了仲裁事项，一、二审在这两个要素上是没有分歧的。但"以国际商会仲裁为准"的约定，是否属"选定了仲裁委员会"，即是否明确选定了具体的仲裁机构，一、二审的意见相左，结果自然不同。

一审法院认为，双方当事人在合同中虽然约定了仲裁方式，但未就具体的仲裁委员会作出明确的选择，事后双方又未协商一致，故该仲裁条款无效。其根据是：国际商会是指哪个国家或地区的，不明确。因为许多国家和地区都设有国际商会，如我国就设有"中国国际商会"。国际商会本身并不是仲裁机构。所以，当事人关于"以国际商会仲裁为准"的约定，应属对仲裁机构约定不明确，不符合法律规定的第三项要求，故而该仲裁条款无效，法院就有权受理本案，据此驳回了当事人的管辖权异议。

二审法院认为，当事人对仲裁机构的约定是明确的，其仲裁条款有效，法院对本案无权受理，当事人应向国际商会仲裁院申请仲裁，并据此撤销了一审法院的裁定。二审法院的处理是正确的。理由如下：

1. 国际商会是国际性民间组织，它在很多国家和地区设有分会，总部设在法国巴黎。如果当事人的仲裁协议中所指的"国际商会"前没有冠以任何国家或地区的名称，在后面也没有加上"××国家分会"或"××地区分会"的字样，则应是专指总部设在法国巴黎的"国际商会"。本案当事人的约定即属这种情况，应认定是指在巴黎的"国际商会"。

2. 如果进一步了解《国际商会调解与仲裁规则》的规定，对当事人的仲裁条款是否明确选定了具体的仲裁机构，不难作出正确的判断。该《规则》的"仲裁规则"部分第一条规定，国际商会仲裁院是附属于国际商会的国际仲裁机构，并且是执行该"仲裁规则"的唯一仲裁机构。该"仲裁规则"第八条规定："双方当事人约定提交国际商会仲裁时，则应视为事实上接受本规则。"据此，本案当事人合同仲裁条款中"以国际商会仲裁为准"的约定，实际上就是约定了由国际商会仲裁院依其"仲裁规则"对合同纠纷进行仲裁，应当认定当事人的这种约定明确地选定了具体的仲裁机构，符合我国《仲裁法》第 16 条规定的第三项要求。当事人合同仲裁条款中为什么不写"以国际商会仲裁院仲裁为准"，而写"以国际商会仲裁为准"，可能是一种习惯而已。

在该案中，最高人民法院致福建省高级人民法院《关于厦门维哥木制品有限公司与台湾富源企业有限公司购销合同纠纷管辖权异议案的复函》(1996 年 5 月 16 日法函 [1996] 78 号) 答复说："本案双方当事人在其合同中约定'解决合同纠纷的方式为双方进行友好协商解决或以国际商会仲裁为准'，按照国际商会仲裁规则第 8 条规定：'双方当事人约定提交国际商会仲裁时，则应视为事实上接受本规则。'国际商会仲裁院是执行国际商会仲裁规则的唯一仲裁机构。故双方当事人合同中的仲裁条款实际约定了由国际商会仲裁院依据国际商会仲裁规则对本案当事人之合同纠纷进行仲裁。该仲裁条款有效，当事人应按仲裁条款进行仲裁，人民法院对本案没有管辖权。"

从另一个角度看，当事人在仲裁协议中没有明确指出仲裁机构的名称，而是仅约定了适用的仲裁规则，仲裁协议并不因此必然无效。仲裁规则并非我国《仲裁法》第 16 条规定的仲裁协议的必备条件，但是如果能够从当事人约定适用的仲裁规则明白无误的推导出符合立约本意的仲裁机构，那么该仲裁协议应当视为有效。在通用的仲裁规则中，世界各仲裁机构制定的仲裁规则都无一例外地写明本机构管理依本机构制定的仲裁规则启动的仲裁程序，除非当事人另有约定。因此，可以预计，从当事人约定的某个仲裁机构制定的仲裁规则中推导出管理案件程序的仲裁机构，其实并不困难。

由于该仲裁条款同时符合了法律规定的三项条件，本案中又没有发生我国《仲裁法》第 17 条所规定的三种致使仲裁协议无效的情形，故该仲裁条款应被认定有效，当事人应向国际商会仲裁院申请仲裁其合同纠纷，法院无权受理合同一方当事人的起诉，二审裁定正确。为了避免因仲裁条款约定不明引发纠纷，当事人订立合同时可借鉴仲裁机构推荐的示范条款。如中国国际经济贸易仲裁委员会推荐的示范仲裁条款："凡因本合同引起的或与本合同有关的任何争议，均应提交中国国际经济贸易仲裁会，按照申请仲裁时该会现行有效的仲裁规则进行仲裁。仲裁裁决是终局的，对双方均有约束力。"

[问题与思考]

1. 简述国际商事仲裁的概念及其特点。
2. 国际商事仲裁机构有哪些？
3. 试述仲裁协议的内容及其作用。
4. 怎样解决国际商事仲裁中的法律适用问题？
5. 1958 年《纽约公约》的主要内容有哪些？中国与该公约的关系如何？

参考书目

一、参考书目

1. 齐湘泉：《涉外民事关系法律适用法总论》，法律出版社2005年版。
2. 韩德培主编：《国际私法》，武汉大学出版社1989年版。
3. 钱骅主编：《国际私法》，中国政法大学出版社1992年版。
4. 章尚锦、张秀珍等编辑：《中国立法和司法解释中有关国际私法的条文摘编》，在2004年中国国际私法学会年会上发表。
5. 李旺：《国际私法新论》，人民法院出版社2001年版。
6. 赵相林主编：《国际私法》，中国政法大学出版社2007年版。
7. 刘振江主编：《国际私法纲要》，西北政法学院国际法教研室1983年编印。
8. 章尚锦、徐青森主编：《国际私法》（第四版），中国人民大学出版社2011年版。
9. 章尚锦、徐青森主编：《国际私法》（第三版），中国人民大学出版社2007年版。
10. 章尚锦主编：《国际私法》，中国人民大学出版社1992年版。
11. 刘振江、张仲伯、袁成第主编：《国际私法教程》，兰州大学出版社1988年版。
12. 邓正来：《美国现代国际私法流派》，法律出版社1987年版。
13. 李双元等：《中国国际私法通论》，法律出版社1996年版。
14. 章尚锦："我国国际私法和国际私法学发展的历史与现状"，载《法学家》1999年第5期。
15. 韩德培、肖永平编著：《国际私法学》，人民法院出版社、中国社会科学出版社2004年版。
16. 黄进、杜焕芳：《国家及其财产管辖豁免立法的新发展》，载《法学家》2005年6期。
17. 韩德培主编：《国际私法新论》，武汉大学出版社1997年版。
18. 黄惠康、黄进：《国际公法、国际私法成案选》，武汉大学出版社1987年版。
19. 中国国际私法学会：《中华人民共和国国际私法示范法》，法律出版社2000年版。
20. 姚玉如：《国际私法与国际经贸》，新华出版社1999年版。
21. 张茂："国际破产法统一化运动评述"，载《当代国际私法问题》，武汉大学出版社1997年版。
22. 金彭年主编：《案例分析应试指导国际私法》，中国人民大学出版社2000年版。
23. 丁伟、朱榄叶：《当代国际法学理论与实践研究文集——国际私法卷》，中国法制出版社2002年版。
24. 赵相林主编：《国际私法》，中国政法大学出版社2005年版。
25. 赵生祥主编：《国际私法》，法律出版社2005年版。
26. 赵秀文主编：《国际私法学原理与案例教程》，中国人民大学出版社2006年版。
27. 孙南申、杜涛主编：《当代国际私法研究——21世纪的中国与国际私法》，上海人民出版社2006年版。
28. 徐冬根、王国华、箫凯：《国际私法》，清华大学出版社2005年版。
29. 徐青森、杜焕芳主编：《国际私法练习题集》，中国人民大学出版社2006年版。

30. 邵景春：《国际合同法律适用论》，北京大学出版社 1997 年版。
31. 王利明主编：《民法》，中国人民大学出版社 2000 年版。
32. 梁慧星主编：《中国物权法研究》（上），法律出版社 1998 年版。
33. ［德］马丁·沃尔夫著，李浩培等译：《国际私法》，法律出版社 1988 年版。
34. 杜新丽：《国际私法实务中的法律问题》，中信出版社 2005 年版。
35. 赵相林：《国际私法教学案例评析》，中信出版社 2006 年版。
36. 宋连斌、林一飞编：《国际商事仲裁资料精编》，知识产权出版社 2004 年版。
37. 丁伟主编：《国际私法学》，上海人民出版社 2004 年版。
38. 韩德培等主编：《中国国际私法与比较法年刊》，法律出版社 2003 年。
39. 黄进等主编：《中国国际私法与比较法年刊》，北京大学出版社 2006 年。
40. 黄进等主编：《中国国际私法与比较法年刊》，北京大学出版社 2008 年。
41. 李双元主编：《国际法与比较法论丛》，中国方正出版社 2007 年。
42. 徐青森、杜焕芳主编：《国际私法专题研究》，中国人民大学出版社 2010 年版。
43. 田立晓："海牙国际私法会议及其公约的发展趋势"，载《政法论坛》2009 年 5 月。
44. 肖永平主编：《欧盟统一国际私法研究》，武汉大学出版社 2002 年版。

二、国际私法相关网站

1. 中国外交部网站：http://www.fmprc.gov.cn/
2. 中国民商法律网：http://www.civillaw.com.cn/
3. 中国涉外商事海事审判网：http://www.ccmt.org.cn/
4. 中国仲裁网：http://www.china-arbitration.com/
5. 联合国贸易法委员会：http://www.uncitral.org/
6. 海牙国际私法会议：http://www.hcch.net/
7. 罗马国际统一私法学会：http://www.unidroit.org/

附录：

中华人民共和国涉外民事关系法律适用法

《中华人民共和国涉外民事关系法律适用法》已由中华人民共和国第十一届全国人民代表大会常务委员会第十七次会议于2010年10月28日通过，现予公布，自2011年4月1日起施行。

第一章 一般规定

第一条 为了明确涉外民事关系的法律适用，合理解决涉外民事争议，维护当事人的合法权益，制定本法。

第二条 涉外民事关系适用的法律，依照本法确定。其他法律对涉外民事关系法律适用另有特别规定的，依照其规定。

本法和其他法律对涉外民事关系法律适用没有规定的，适用与该涉外民事关系有最密切联系的法律。

第三条 当事人依照法律规定可以明示选择涉外民事关系适用的法律。

第四条 中华人民共和国法律对涉外民事关系有强制性规定的，直接适用该强制性规定。

第五条 外国法律的适用将损害中华人民共和国社会公共利益的，适用中华人民共和国法律。

第六条 涉外民事关系适用外国法律，该国不同区域实施不同法律的，适用与该涉外民事关系有最密切联系区域的法律。

第七条 诉讼时效，适用相关涉外民事关系应当适用的法律。

第八条 涉外民事关系的定性，适用法院地法律。

第九条 涉外民事关系适用的外国法律，不包括该国的法律适用法。

第十条 涉外民事关系适用的外国法律，由人民法院、仲裁机构或者行政机关查明。当事人选择适用外国法律的，应当提供该国法律。

不能查明外国法律或者该国法律没有规定的，适用中华人民共和国法律。

第二章 民事主体

第十一条 自然人的民事权利能力，适用经常居所地法律。

第十二条 自然人的民事行为能力，适用经常居所地法律。

自然人从事民事活动，依照经常居所地法律为无民事行为能力，依照行为地法律为有民事行为能力的，适用行为地法律，但涉及婚姻家庭、继承的除外。

第十三条 宣告失踪或者宣告死亡，适用自然人经常居所地法律。

第十四条 法人及其分支机构的民事权利能力、民事行为能力、组织机构、股东权利义务等事项，适用登记地法律。

法人的主营业地与登记地不一致的，可以适用主营业地法律。法人的经常居所地，为其主营业地。

第十五条 人格权的内容，适用权利人经常居所地法律。

第十六条 代理适用代理行为地法律，但被代理人与代理人的民事关系，适用代理关系发生地法律。

当事人可以协议选择委托代理适用的法律。

第十七条 当事人可以协议选择信托适用的法律。当事人没有选择的,适用信托财产所在地法律或者信托关系发生地法。

第十八条 当事人可以协议选择仲裁协议适用的法律。当事人没有选择的,适用仲裁机构所在地法律或者仲裁地法律。

第十九条 依照本法适用国籍国法律,自然人具有两个以上国籍的,适用有经常居所的国籍国法律;在所有国籍国均无经常居所的,适用与其有最密切联系的国籍国法律。自然人无国籍或者国籍不明的,适用其经常居所地法律。

第二十条 依照本法适用经常居所地法律,自然人经常居所地不明的,适用其现在居所地法律。

第三章 婚姻家庭

第二十一条 结婚条件,适用当事人共同经常居所地法律;没有共同经常居所地的,适用共同国籍国法律;没有共同国籍,在一方当事人经常居所地或者国籍国缔结婚姻的,适用婚姻缔结地法律。

第二十二条 结婚手续,符合婚姻缔结地法律、一方当事人经常居所地法律或者国籍国法律的,均为有效。

第二十三条 夫妻人身关系,适用共同经常居所地法律;没有共同经常居所地的,适用共同国籍国法律。

第二十四条 夫妻财产关系,当事人可以协议选择适用一方当事人经常居所地法律、国籍国法律或者主要财产所在地法律。当事人没有选择的,适用共同经常居所地法律;没有共同经常居所地的,适用共同国籍国法律。

第二十五条 父母子女人身、财产关系,适用共同经常居所地法律;没有共同经常居所地的,适用一方当事人经常居所地法律或者国籍国法律中有利于保护弱者权益的法律。

第二十六条 协议离婚,当事人可以协议选择适用一方当事人经常居所地法律或者国籍国法律。当事人没有选择的,适用共同经常居所地法律;没有共同经常居所地的,适用共同国籍国法律;没有共同国籍的,适用办理离婚手续机构所在地法律。

第二十七条 诉讼离婚,适用法院地法律。

第二十八条 收养的条件和手续,适用收养人和被收养人经常居所地法律。收养的效力,适用收养时收养人经常居所地法律。收养关系的解除,适用收养时被收养人经常居所地法律或者法院地法律。

第二十九条 扶养,适用一方当事人经常居所地法律、国籍国法律或者主要财产所在地法律中有利于保护被扶养人权益的法律。

第三十条 监护,适用一方当事人经常居所地法律或者国籍国法律中有利于保护被监护人权益的法律。

第四章 继 承

第三十一条 法定继承,适用被继承人死亡时经常居所地法律,但不动产法定继承,适用不动产所在地法律。

第三十二条 遗嘱方式,符合遗嘱人立遗嘱时或者死亡时经常居所地法律、国籍国法律或者遗嘱行为地法律的,遗嘱均为成立。

第三十三条 遗嘱效力,适用遗嘱人立遗嘱时或者死亡时经常居所地法律或者国籍国法律。

第三十四条 遗产管理等事项,适用遗产所在地法律。

第三十五条 无人继承遗产的归属,适用被继承人死亡时遗产所在地法律。

第五章 物　权

第三十六条　不动产物权，适用不动产所在地法律。

第三十七条　当事人可以协议选择动产物权适用的法律。当事人没有选择的，适用法律事实发生时动产所在地法律。

第三十八条　当事人可以协议选择运输中动产物权发生变更适用的法律。当事人没有选择的，适用运输目的地法律。

第三十九条　有价证券，适用有价证券权利实现地法律或者其他与该有价证券有最密切联系的法律。

第四十条　权利质权，适用质权设立地法律。

第六章 债　权

第四十一条　当事人可以协议选择合同适用的法律。当事人没有选择的，适用履行义务最能体现该合同特征的一方当事人经常居所地法律或者其他与该合同有最密切联系的法律。

第四十二条　消费者合同，适用消费者经常居所地法律；消费者选择适用商品、服务提供地法律或者经营者在消费者经常居所地没有从事相关经营活动的，适用商品、服务提供地法律。

第四十三条　劳动合同，适用劳动者工作地法律；难以确定劳动者工作地的，适用用人单位主营业地法律。劳务派遣，可以适用劳务派出地法律。

第四十四条　侵权责任，适用侵权行为地法律，但当事人有共同经常居所地的，适用共同经常居所地法律。侵权行为发生后，当事人协议选择适用法律的，按照其协议。

第四十五条　产品责任，适用被侵权人经常居所地法律；被侵权人选择适用侵权人主营业地法律、损害发生地法律的，或者侵权人在被侵权人经常居所地没有从事相关经营活动的，适用侵权人主营业地法律或者损害发生地法律。

第四十六条　通过网络或者采用其他方式侵害姓名权、肖像权、名誉权、隐私权等人格权的，适用被侵权人经常居所地法律。

第四十七条　不当得利、无因管理，适用当事人协议选择适用的法律。当事人没有选择的，适用当事人共同经常居所地法律；没有共同经常居所地的，适用不当得利、无因管理发生地法律。

第七章 知识产权

第四十八条　知识产权的归属和内容，适用被请求保护地法律。

第四十九条　当事人可以协议选择知识产权转让和许可使用适用的法律。当事人没有选择的，适用本法对合同的有关规定。

第五十条　知识产权的侵权责任，适用被请求保护地法律，当事人也可以在侵权行为发生后协议选择适用法院地法律。

第八章 附　则

第五十一条　《中华人民共和国民法通则》第一百四十六条、第一百四十七条，《中华人民共和国继承法》第三十六条，与本法的规定不一致的，适用本法。

第五十二条　本法自 2011 年 4 月 1 日起施行。

图书在版编目（CIP）数据

国际私法原理与实务/孙智慧著. —2版.—北京：中国政法大学出版社，2011.12
ISBN 978-7-5620-4126-9

Ⅰ.国--- Ⅱ.孙--- Ⅲ. 国际私法—高等学校—教材　Ⅳ.D997

中国版本图书馆CIP数据核字(2011)第261465号

书　　名	国际私法原理与实务　GUOJI SIFA YUANLI YU SHIWU	
出版发行	中国政法大学出版社	
经　　销	全国各地新华书店	
承　　印	固安华明印刷厂	

787mm×1092mm　　16开本　　18印张　　400千字
2012年2月第2版　　2012年2月第1次印刷
ISBN 978-7-5620-4126-9/D·4086
印　数: 0 001-3 000　　定　价: 29.00元

社　　址	北京市海淀区西土城路25号
电　　话	(010)58908435(编辑部)　58908325(发行)　58908334(邮购)
通信地址	北京100088信箱8034分箱　邮政编码　100088
电子信箱	fada.jc@sohu.com(编辑部)
网　　址	http://www.cuplpress.com（网络实名：中国政法大学出版社）
声　　明	1. 版权所有，侵权必究。 2. 如有缺页、倒装问题，由印刷厂负责退换。